U0903917

教育系统关心下一代课题研究成果集萃

教育部关心下一代工作委员会 编

图书在版编目 (CIP) 数据

教育系统关心下一代课题研究成果集萃 / 教育部关心下一代工作委员会编 . — 北京：北京大学出版社，2021. 8
ISBN 978-7-301-32417-2

Ⅰ. ①教… Ⅱ. ①教… Ⅲ. ①青少年教育 – 教育工作 – 中国 – 文集
Ⅳ. ① G775-53

中国版本图书馆 CIP 数据核字 (2021) 第170949号

书　　名	教育系统关心下一代课题研究成果集萃 JIAOYU XITONG GUANXIN XIAYIDAI KETI YANJIU CHENGGUO JICUI
著作责任者	教育部关心下一代工作委员会　编
责任编辑	郑月娥
标准书号	ISBN 978-7-301-32417-2
出版发行	北京大学出版社
地　　址	北京市海淀区成府路205号　100871
网　　址	http://www.pup.cn　新浪微博：@ 北京大学出版社
电子信箱	zye@pup.cn
电　　话	邮购部010-62752015　发行部010-62750672　编辑部010-62767347
印 刷 者	三河市博文印刷有限公司
经 销 者	新华书店
	730毫米 ×980毫米　16开本　30印张　400千字
	2021年8月第1版　2021年8月第1次印刷
定　　价	128. 00元

序

十年树木，百年树人。做好关心下一代工作，关系中华民族的伟大复兴。教育部关工委成立三十周年是我国改革开放和社会主义现代化建设取得瞩目成就的三十年，也是各级教育系统关工委和广大“五老”为党的教育事业薪火相传、作出积极贡献的三十年。回眸三十年，各级教育系统关工委不忘为党育人初心，牢记立德树人使命，突出“五老”优势，为青少年健康成长作出了“独特贡献”，谱写了一曲曲离休不离岗、退休不褪色的动人篇章。

三十而立，风华正茂。值此之际，教育部关工委出版了《院士说》《匠心志》《我和我的祖国》《老校长下乡日志》《家庭教育公开课》《教育系统关心下一代课题研究成果集萃》等系列图书。它们是三十年来各级教育系统关工委和广大“五老”急党政所急、想青年所需、尽关工委所能的一个缩影，浓缩了教育“关工人”赤诚的教育情怀、创新的工作思路、为立德树人工作永无止境的探索实践。

这里有隐姓埋名三十载、只为沧龙游四海的“中国核潜艇之父”黄旭华一生无怨无悔、与时代同行的动人故事，也有一生只做一件事的“故宫男神”王津求学求艺的心得和精益求精、耐住寂寞的“工匠精神”，院士们、劳模们在教育系统关工委组织下纷纷走进校园、走近青年学生，用自己的人生经历、真挚情感讲与祖国同成长的故事、科教报国的情怀和人生的感悟，生动感人，直击学生内心，达到了“与君一席话，胜读十年书”的教育效果。

这里有老校长们深入贫困地区帮助学校加强管理及开展教师队伍、校园文化建设的工作日志，“一个人被需要才是幸福”“我们愿做贫困山区发展的隐形翅膀”，老校长们不仅仅把先进的教学理念、优质的教育资源送到受援地，大大提升了受援学校的办学理念、管理水平、教学水平，更是用这种大爱精神深深感染着周围的每一个人，甚至还稳住了年轻的特岗教师，提升了当地脱贫攻坚的满意度。

这里有针对新冠肺炎疫情期间出现的“疫情综合征”“儿童手机、网络成瘾”等家庭教育问题开设的“家庭教育公开课”实录，“及时沟通，彼此尊重，顺势而养，乘势而行，纠偏而行”“从孩子精神层面入手，让他成为一个快乐的好人”，千千万万家长们通过教育系统关工委组织的家庭教育公开课掌握了正确的家庭教育理念和科学方法。

这里有基层教育系统关工委鲜活生动的实践成果，也有将实践中积累的好经验好做法凝练升华后的理论成果，涵盖学习贯彻习近平新时代中国特色社会主义思想、关工委组织力建设、品牌活动建设、家庭教育等方方面面，凝聚了一代代教育关工人的智慧和心血，既是对这三十年探索实践比较全面的总结，更是谋划未来的工作基础。

这套系列丛书用朴实的文字记录了三十年来教育系统关工委在做什么、为什么做以及产生了什么影响，这是教育系统关工委三十年来，特别是党的十八大以来发展历程的见证和忠实记录，也是“五老”风采的集中展示。这些“故事”为守护青少年健康成长而书写，为服务社会、服务家庭而书写，为关工委自身建设发展而书写，是对过去的总结，也是教育系统关工委助力立德树人的鲜活实践的凝练。

三十而立，任重道远。站在两个一百年历史交汇点上，面对世界百年未有之大变局，教育部关工委愿始终与大家一起，以更加奋发有为的状态，在更高的起点上，引领青少年与时代同向同行、与国家民族命运与共，为培养社会主义建设者和接班人作出新的更大贡献。

今年是建党一百周年，也是“十四五”开局之年，谨以这套系列丛书作为我们教育系统关工委献给党百年华诞的一份礼物，是为序。

李卫红

教育部关心下一代工作委员会主任

目　录

思政育人篇

机制创新篇

组织建设篇

品牌工作篇

思政育人篇

青岛市教育局关工委课题组

网络与新媒体环境下教育关工委青少年思想道德建设研究

内容摘要

本文对在全市42所各类学校发放的10297份调查问卷，进行了充分的分析，从“网络与新媒体对青少年思想道德建设的影响”“网络与新媒体环境下青少年的思想特点”“教育关工委在网络与新媒体环境下青少年思想道德建设中的角色和作用”“网络与新媒体环境下教育关工委参与青少年思想道德建设的途径和方法”等四个方面进行了行动研究和理论研究，形成本研究报告。

关键词

网络与新媒体；关工委；青少年；德育

一、网络与新媒体对青少年思想道德建设的影响

思想道德建设属意识形态的范畴，是以德治国与依法治国相结合提升国家软实力的重要途径。网络与新媒体的推进是以信息技术为基础，以科技发展为引擎，深刻影响人类生存和发展的当代社会现实。网络与新媒体的出现与发展，对青少年思想道德建设，既是难得的历史机遇，又是不能回避的挑战。

（一）网络与新媒体对青少年的成长环境实现了全方位的覆盖，这对青少年思想道德建设正面影响巨大、意义深远

网络与新媒体相联系具有划时代的意义，改变了人们的生产方式和生活方式，对青少年的成长有重要的影响。2016年是中国接入国际互联网的第22年，我国网民已达7.1亿，为全球最多。同时，我国已拥有全世界最大的网络基础设施和最丰富多彩的网络应用。青岛市是网络的发达地区，网络与新媒体对青少年的成长环境已经实现了全方位的覆盖，这对青少年思想道德建设影响巨大，其潜在功能和效益是令人鼓舞的。

1. 上网工具的更新换代使网络的海量信息可以便捷地进入青少年的视野，这为思想道德建设的有效推进提供了充分的信息支持

调查显示，在青岛地区，随着电脑、平板电脑特别是智能手机的更新换代与日益普及，已有96% 的青少年成为网民。作为网上的“数字土著”，他们的生活已经和网络密不可分。其中，使用电脑上网的接近30%，用平板电脑上网的占7%, 而59% 的青少年是通过智能手机上网的（图1）。智能手机可以随身携带的性质使网上生活的便捷性明显增强。思想道德建设所需要的很大一部分资料都可以从网上快速搜索获得。

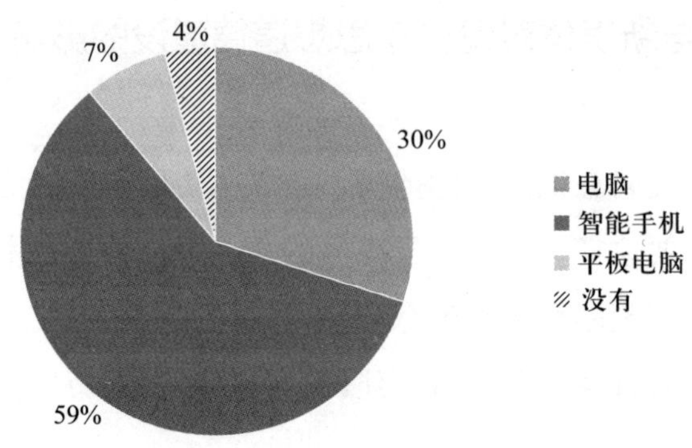

图 1 最常用的上网工具

2. 上网地点的转换和相对集中，使思想道德建设可以家校合作，保证教育的针对性和有效性

调查显示，青岛地区学生最常使用网络的地点是学校的占12.7%；在路上的占3.8%；在同学或朋友家的占2.3%；在自己家中的占75.1%（图2）。这表明，青少年上网已经由初期的以网吧为主，发展到现在以在家上网为主，家庭已经成为青少年与网上世界密切联系的主要场所。这就为学校和家庭相互配合，发挥教育的合力，使网上信息的正面教育作用得到更为充分的发挥，最大限度地避免网上不良信息对孩子成长造成负面影响提供了前提条件和重要保障。

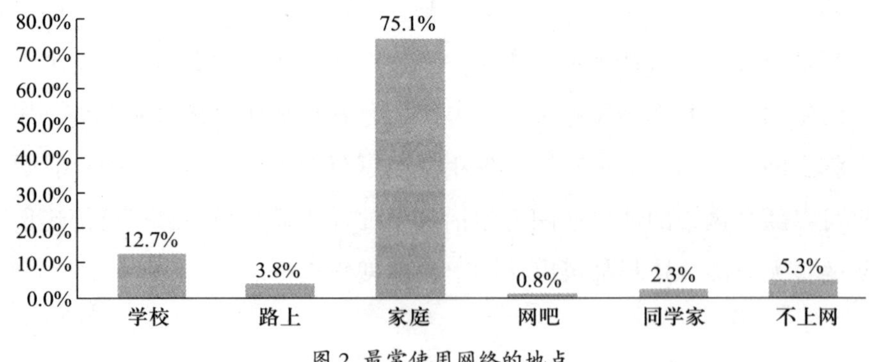

图 2 最常使用网络的地点

3. 网络作用的交互性和多领域覆盖性可以使思想道德建设更好地跨界组合，在内容和形式上形成新的思路与模式

调查显示，在青岛地区，网络和新媒体的影响已经深嵌于生活的方方面面，为青少年的学习、交流、消费和娱乐带来了便利和高效（图3）。网络思维的一个重要创新就在于跨界组合，形成新的系统。思想政治教育正可以依据网络的这一特点，点燃青少年心中的梦想，形成新的有效的教育模式。

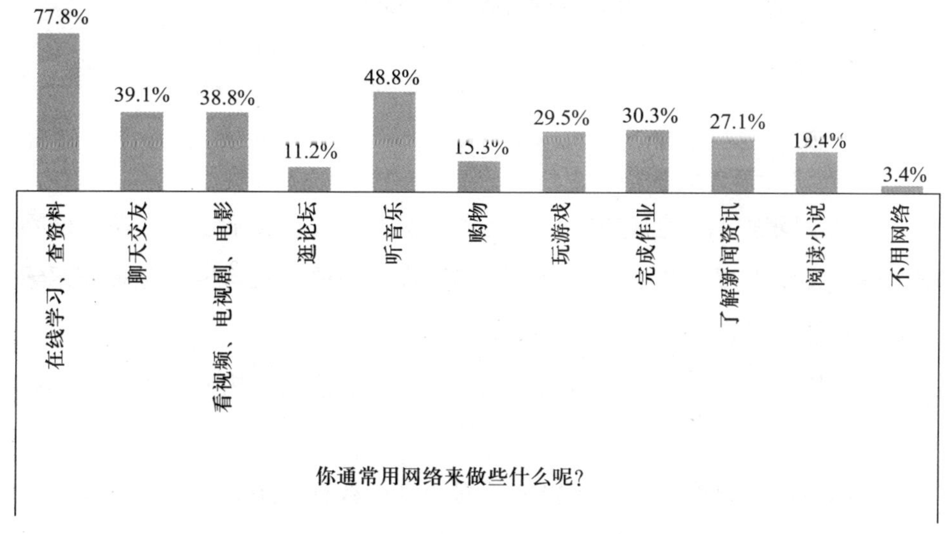

图 3 网络用途

4. 上网体验的内在性和自主性可以使教育者和受教育者在思想道德建设中保持视野交融，形成思想观念的无缝连接

在面对电脑屏幕或手机上网冲浪时，一个重要的特征是每一个体都是独自面对海量的信息，其选择和感受都由自己决定。从青岛地区学生上网的主观感受来看，回答“上网可以为你的生活带来什么”的问题时，答案是多种多样的（图4）。这就表明，网络为青少年营造了一个全新而又宽松的成长、学习和交流的环境，这种上网感受内在性、个性化的特点，可以

使教育者和受教育者在思想道德建设中保持视野交融，形成思想观念的无缝连接，有助于青少年不断接触新事物、新技术和新观念，让思想道德建设为促进青少年个性发展带来新的机遇和空间。

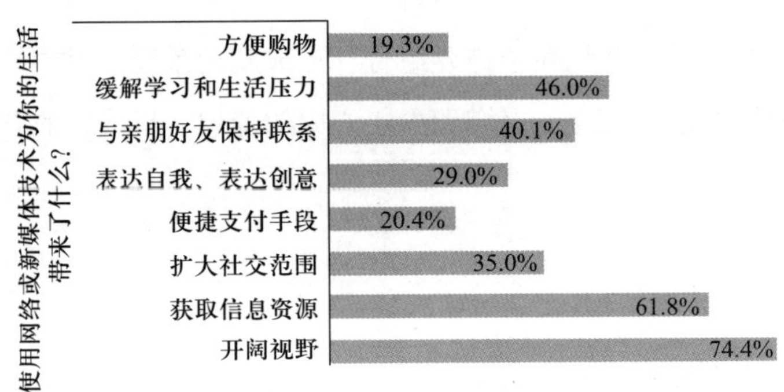

图 4 网络感受

（二）网络信息的开放性、多元性、多层次性、复杂性与虚拟性使网络世界从来就不是一个平静的世界，如果丧失警惕，对青少年思想道德建设的负面效应不容低估

1. 大量非主流意识形态信息的存在所带来的信息干扰冲淡了主流媒体的影响力

在思想道德建设中，主流媒体所起的宣传教育作用和我们对青少年的培养目标是相一致的。所以，对主流媒体的信任程度往往决定着思想道德教育的实际效果。网络是一个开放度很高的信息平台，不同文化、不同意识形态的媒体表现出不同的立场和思想观念，对同一问题的反应往往出现很大的差异。调查显示，学生回答“在网上看到的新闻、消息或观点与主流媒体相违背，你更倾向于信任哪个来源”时，信任主流媒体的为72.7%，信任网络草根媒体的为5.0%，两者权衡的为19.8%，信任海外媒体的为2.5%（图5）。虽然主流媒体明显占优，但依然有近30% 的学生对主流媒体表现出不同程度的不信任。

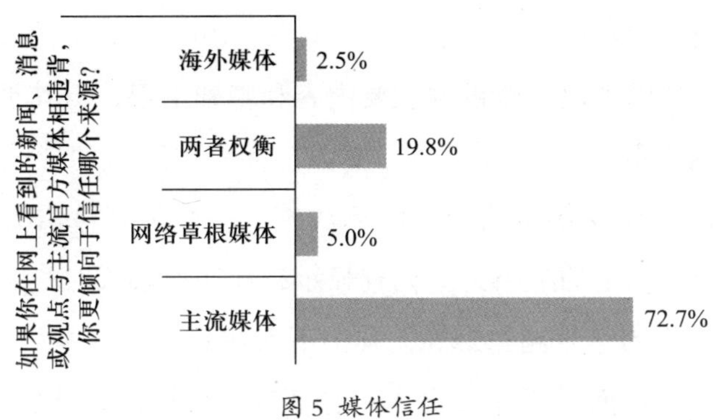

图 5 媒体信任

2. 无所不在的色情暴力网站对学生的身心健康造成不可低估的负面影响

从网络存在的大量网站来看，一些色情网站和暴力游戏网站无处不在，有时一些不良画面会突然出现、猝不及防，给青少年带来不好的影响。调查显示，经常浏览色情、暴力游戏等网站的占到9.5%，有时浏览的为4.3%，偶尔浏览的为7.3%，所占比重在全体学生中已超过20%（图6）。

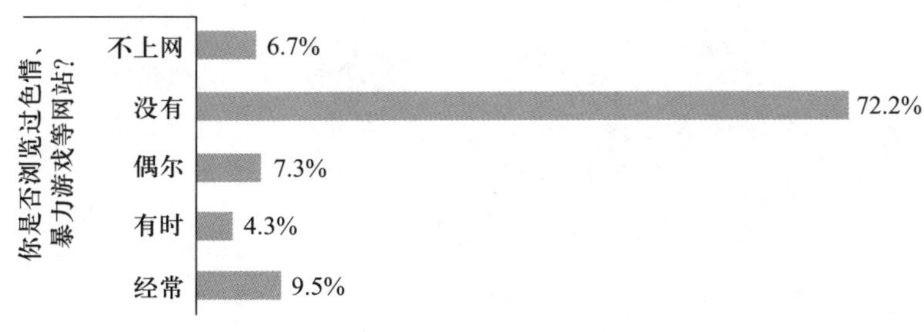

图 6 不良网站浏览

其中特别值得注意的是，在经常浏览不良网站的学生中，男生占到全体学生的14%；而从不同年级段情况看，职高三年级的学生占比最高，占到全体学生的15%。这一方面可能引发校园暴力，另一方面则有可能在学生走上职业岗位时造成潜在的社会隐患。

3. 网上活动的匿名制导致一些学生忽视语言修养，在不知不觉中降低

了自己的基础文明素质

语言文明是思想道德建设的重要内容和基础工程，但其重要性往往受到忽视。在网络的不少游戏和聊天室中，都采用匿名的形式。这给一些把握不住自己的青少年无人管束的解放感，一些污言秽语大量存在并在部分青少年中有一定的吸引力。调查显示，在网上聊天时，不太注意和从不注意文明用语的学生超过25%，其中不太注意的为19.9%，从不注意的为5.8%（图7）；在面对不文明语言的态度时，尽管17% 的学生未曾遇到，37% 的学生会向网管举报，但有35% 的学生明知不对，也不会去管，11% 的学生还觉得很酷，并跟着说（图8）。这种情况实际上是学校思想道德教育的一个盲点。

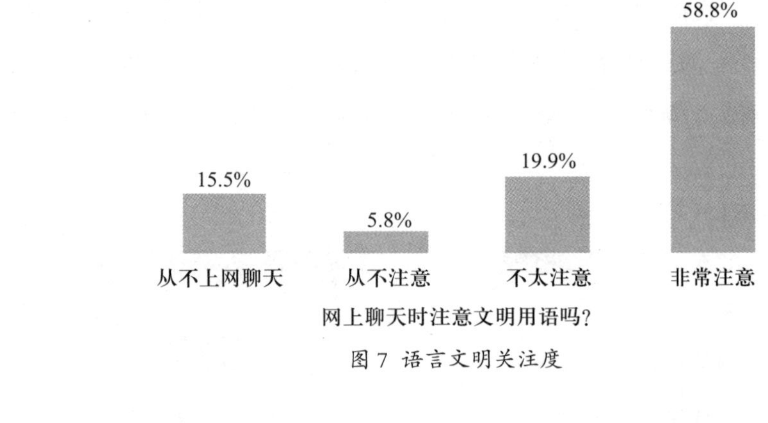

图7 语言文明关注度

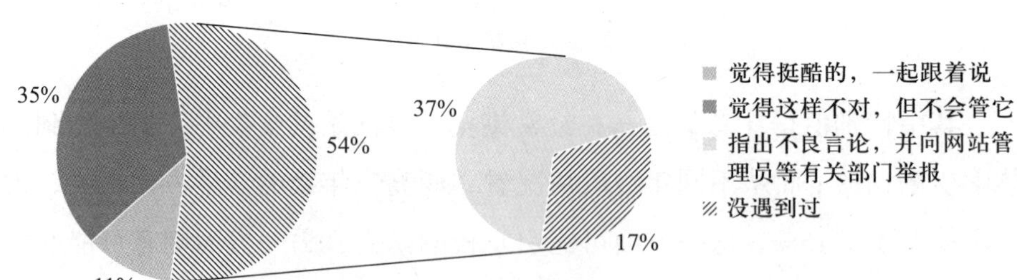

图8 对不文明语言的态度

4. 网络事件的突发性、多面性容易导致青少年思想混乱，给思想道德教育的实施增加了难度

网络信息是多变的、复杂的，诸如网络诈骗、网络传销、道德绑架、人肉搜索、地域攻击等一出出“事故”，直接影响青少年的认知，容易使他们的思想产生混乱。对这些事故的评价，涉及家庭伦理、法律、社会公德、风俗习惯等诸多方面。调查显示，43.5% 的学生遇到过网络诈骗，28.2% 的学生遇到过网络传销，14.0% 的学生遇到过道德绑架，21.5% 的学生遇到过人肉搜索，8.5% 的学生遇到过地域攻击（图9）。直面这些问题是对思想道德建设的挑战。

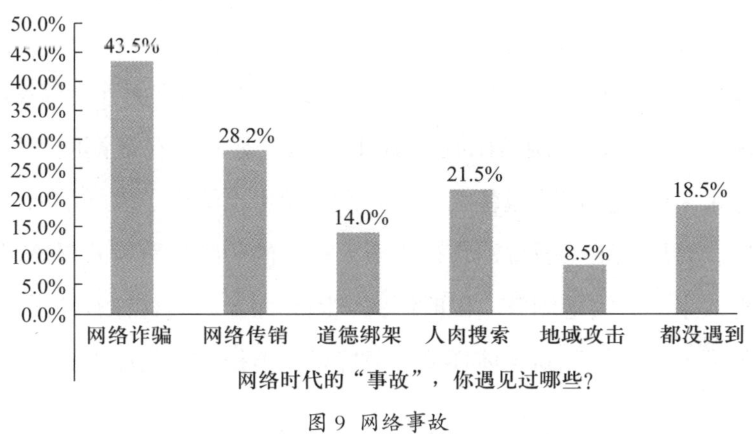

图 9 网络事故

5. 上网依赖度高，甚至发展为网瘾，是网络对青少年身心健康造成危害的一种表现，是思想道德教育应当认真关注的课题

网络和新媒体的使用可以给学生的生活和信息带来便利，但过度依赖网络甚至网络成瘾，却可能有害于青少年的身心健康。调查显示，34.7% 的学生认为自己并不依赖网络；28.0% 的学生认为自己对网络依赖度很轻，只是为了娱乐；26.9% 的学生认为自己网络依赖度一般，可上可不上；7.1% 的学生认为自己比较依赖，不能长时间不上网；3.3% 的学生表示自己非常依赖，一两天不上网就会不舒服（图10）。这一情况说明，已经有

约10% 的学生容易患上或者已经患上网瘾。

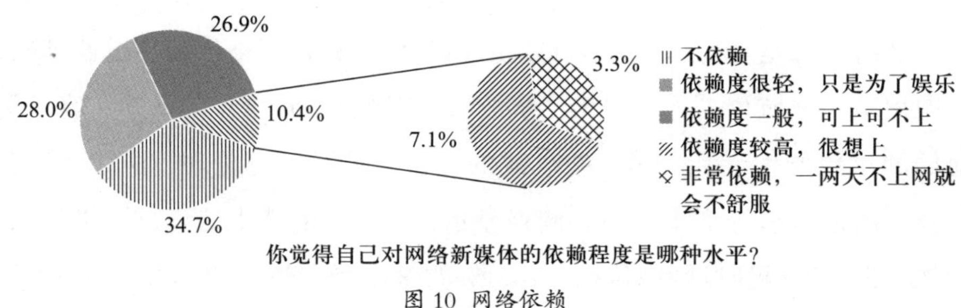

图 10 网络依赖

6. 网络的虚拟性和网络信息的复杂性容易使青少年产生多方面的困扰，使传统思想道德教育难以顺利推进

网上冲浪带有明显虚拟性的特征，网上的信息又混杂多变，青少年个体接受能力还受身心发育、所处学校、社区和家庭等多方面社会因素的影响，这就使不少青少年产生网络困扰（图11）。调查显示，在被询问“使用社交网络给你带来的最大困扰是什么”的时候，学生也给出了多样的回答。上述情况表明，对思想道德教育而言，用千人一面的传统教育模式是难以取得理想的教育效果的，因地制宜、因时制宜、因人而异、因材施教地采取富有针对性的教育成为网络和新媒体环境下搞好思想道德教育的必然选择。

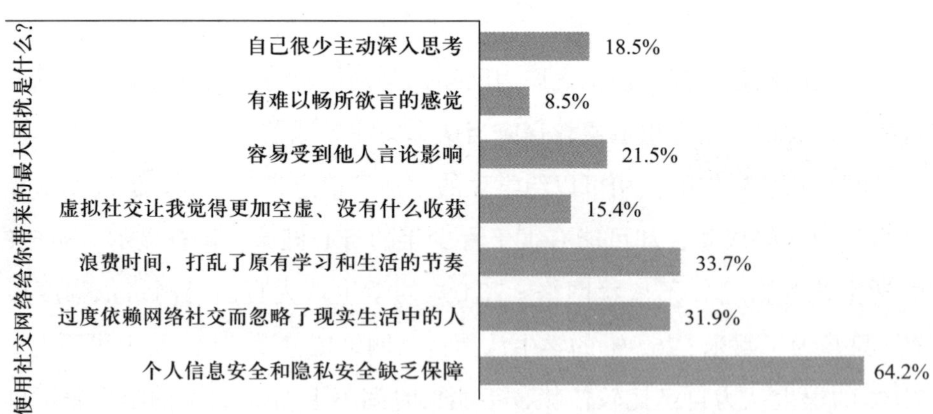

图 11 网络困扰

二、网络与新媒体环境下青少年的思想特点

青少年时期正是世界观、人生观、价值观初步形成的时期，他们的关注点越来越多，人生、国家和世界等越来越广大的事物开始进入他们的视野。由于理解这些问题是青少年成熟过程中一个充满矛盾又不断深化的过程，涉及的方面很多，既关乎国家的前途和命运，又关乎个人的发展和未来，所以他们常常会为此感到兴奋又苦恼、希望又迷茫，有时情绪上还有大的起伏摇摆，同时这一进程还与他们未来的择业、交往等问题交织在一起，相互纠结。这就使网络与新媒体环境下青少年的思想呈现出复杂的特点。

（一）观察视野开阔，兴趣丰富，选择判断能力较低

网络与新媒体带来了大量复杂信息，青少年通过新媒体，既能了解现实生活世界，又能了解不同国家、不同群体的各种社会现象、思想观点、文化思潮、学术流派，这打开了青少年的眼界。他们大都有比较宽的知识面，对关切的问题他们有足够的兴趣，能举出古今中外的例子，很多都是网上所得，但问及深层原因时却往往不知，也难以说出对事情的是非曲直的判断。好多方面的认知，具有碎片化的特征，停留在感性认识阶段。课题组认为，如果在网上意识形态的对立和争夺从来没有停止的情况下，不加导引地让青少年以这种方式去自发形成世界观、人生观、价值观，是不负责任的。

（二）被动接受多，分析判断不足，文化安全意识薄弱

在今天的世界上，通过文化理念上的潜移默化而改变人们的意识形态和价值观，进而分化瓦解一个国家的民族认同和政治认同，挑战国家体制和政府治理的合法性，最终导致国家垮台的事例屡见不鲜。从苏联解体、东欧剧变到今天世界各地延绵不绝的“颜色革命”，文化理念和意识形态

上的混乱以至崩溃，是根本的原因之一。从这个意义上看，如何确保文化安全，为中国的国家政治稳定和经济持续发展奠定牢靠的文化和价值认同基础，是确保国家总体安全的重大问题。而网上的意识形态对立是我国文化安全的潜在威胁。对此，我们的一些同志并没有引起足够的重视，不少青少年更是浑然无知。大部分青少年没有文化安全的意识，对网上的信息多是被动地接受，很少认真分辨，再说有些意识形态意味很浓的观念以"人权""民主""普世价值"等面目出现，本身就有很强的迷惑性。这更是我们在进行思想道德建设中不应忽视的问题。

（三）人生定位较早，目标选择较多，科学规划性不强

随着生活水平的普遍提升，越来越多的家长望子成龙心切，孩子从很小就报各种辅导班，让孩子不输在起跑线上。但这往往背离孩子的天性。不少家长从网上查得何处有何种兴趣班，就将孩子送去，或者直接在网上参与付费学习。这使孩子的人生定位普遍较早，对孩子的人生规划有有利的一面，但不少学生其实另有爱好，家长代替孩子选择不仅违背了孩子的意愿，而且违背了教育规律，对孩子的成长有明显的负面效应。这表明，要科学利用网上的信息资源为孩子的终身发展奠定基础，不仅应教育孩子，也要指导家长。

（四）竞争压力大，思想负担重，精神支撑相对薄弱

由于中国人口众多，行业内外的竞争非常激烈，这导致择业、就业、创业都会带来很大的压力，而择业竞争在青少年中曲折地表现为学业竞争，每一次重要考试，特别是升入高一级学校的考试都会给学生带来巨大的精神负担。有的学生在访谈中还表示，一旦考砸了，都有不想活了的念头。这表明，通过网上网下的互动，建立多种形式的心理辅导机制，为青少年提供应付心理压力的精神支撑是思想道德教育应当承担的责任。

（五）网上交往频繁，现实接触少，实际交往能力下降

新媒体使得人与人之间的依赖关系被人对新媒体的依赖关系所取代，容易导致人与人之间关系的疏远，减少和阻碍青少年与外界真实的情感交往，使一些青少年趋向于孤立、自私、冷漠和非社会化，对现实生活中他人的幸福和社会发展漠不关心，甚至有部分青少年沉溺新媒体而引发人格障碍。一些比较容易患上网瘾的青少年往往是学业竞争的失败者，而过度的网瘾又造成学业继续失败。这样的恶性循环最后导致教育的失败。

三、教育关工委在网络与新媒体环境下青少年思想道德建设中的角色和作用

我们认为，教育关工委是网络与新媒体时代具有中国文化特色的社会角色。这一角色的本质特征是传递理想和信念，立德树人。这涉及具有中国特色的代际关系问题，即离退休老同志在青少年思想道德建设中的历史地位和承担责任的问题。

（一）从关工委角色的文化依托来看，教育关工委可以更多地从中华文明的思想宝库中汲取养料，成为青少年精神家园的建构者，让文化自信为青少年思想道德建设奠定坚实的基础

在中国文化的视野中，“德”的本意为顺应自然、社会和人类客观需要去做事，不违背自然规律去发展社会，提升自己。其中，岁月感悟的价值是不容忽视的。离退休老同志是关工委的主体。在《论语·为政》中有这样一段话，子曰：“吾十有五而志于学，三十而立，四十而不惑，五十而知天命，六十而耳顺，七十而从心所欲，不逾矩。”这是孔子晚年对自己一生学习修养的概括总结，直至晚年达到最高境界。这表明，在中国传统文化思维中，岁月的增加不仅可以增加阅历，而且可以提升境界，也才

能由此获得更高的精神境界和处理复杂事物的能力。从中国革命和建设的实践来看，中国老一辈革命家从“邃密群科济世穷”到将马克思主义与中国实际相结合，最终由中国共产党领导中国人民建立了新中国，经历了漫长的岁月；而老一辈革命家又经过半个多世纪的探索和刻骨铭心的思考与义不容辞的历史担当，才走出一条中国特色社会主义道路，此中岁月的历练，对一代代老同志思想境界的提升的作用是十分明显的。从这一意义上说，在网络和新媒体时代，发挥关工委作为青少年精神家园的建构者作用，珍视“五老”群体的政治优势、经验优势、威望优势、时空优势和情感优势在青少年思想道德建设中的价值和意义，有着深厚的民族文化的意蕴。

在网络与新媒体所带来的快节奏的社会现实中，各种诱惑增多；当青少年尚不成熟又承担种种压力时，特别需要来自家长和长辈情感的支持和精神的鼓励，构建起精神家园。教育关工委发挥作用所依靠的“五老”就生活在广大青少年中间，与各级各类学校一代代教育工作者也联系密切。发挥“五老”的优势，使他们与在职教师和广大青少年一道在深入践行社会主义核心价值观的各种活动中共同建设好具有强大精神凝聚力的精神家园，这既是教育关工委的任务，也是“五老”在生活现实中可以发挥的作用。

（二）从关工委机制建立的“初心”和历史发展来看，离退休老同志在青少年思想道德建设中扮演着理想和信念传递者的角色，这体现了教育关工委的本质属性

从关工委成立发展的历史来看，关工委在历史风云变幻中起到了组织“五老”队伍传递理想、信念的重要作用，为培养德智体美劳全面发展的中国特色社会主义事业合格建设者和可靠接班人作出了重要贡献。到现在，各级关工委组织已经与青少年建立了广泛的社会联系，在教育系统，各级各类学校都设有关工委组织。广大老教育工作者以极大的政治热情和多种多样的形式积极参与关心下一代工作，是青少年心中梦想的点燃者和人生规划的指导者。关工委在青少年思想道德建设中的首要任务，就是要通过网上网下的各种形式的教育活动，让每一个青少年在确定自己理想的时候树立实现“中国梦”要从我做起的信念，这应当成为思想道德建设的一项奠基工程。

人生规划应当纳入青少年思想道德建设的视野，体现“中国梦”促进人全面发展的价值特征。与青少年相比，离退休的“五老”已经完整地经历了职业生涯，而在各级各类学校学习的青少年的职业生涯尚未开始。在网络与新媒体提供的各类信息混杂混乱的情况下，关工委发挥“五老”过来人的经验优势，将青少年职业理想与中国社会发展阶段的实际需要联系起来，这对青少年的健康成长非常重要。

（三）从网络对价值观传播的实际情况看，教育关工委应以积极姿态，依靠“互联网＋”的思维，在青少年思想道德建设中扮演更为主动的角色

网络起源于美国。自网络在中国发展以来，以美国为首的西方国家一直通过网络向中国渗透传输西方的价值观和意识形态，影响网民的思想和行为。他们在网上对我国进行负面报道，对我国政府工作中的不足夸大其词、横加指责，坚持从西方价值观角度来解读我国政策；散布谣言，捏造事实，直接攻击我国的政治制度和中国共产党的执政理念；还以多种形式如网络游戏、影视、论坛、课程等吸引中国网民，其目的是在中国网民中培植个人主义、道德虚无主义、自由主义、无政府主义等思想，弱化网民的国家认同和政治认同。今天，中国已经成为世界网络的第一大国，在技术上也逐渐处于领先的地位，网络安全和信息安全、文化安全、社会安全、政治安全也是密切相连的。教育关工委的老同志大都善于学习，逐渐熟悉网络思维，较快地掌握一定的上网技术，这是十分难得的。在网络引入中国初期，老同志组织起来成为网吧监督员，这是社会责任感的表现；在网络与新媒体深入发展的今天，关工委以关心下一代为己任，调动离退休老同志多操一点心，发挥时空优势，以总体国家安全观的视角全方位地考察青少年成长的环境，努力参与保障青少年成长环境安全健康的活动，为青少年思想道德建设提供正能量发挥着独特的作用。

（四）从关工委角色的社会建构来看，教育关工委在组织老同志为青少年思想道德教育开辟新途径，打开新思路，形成更好的社会德育环境等方面具有不可替代的角色优势

教育系统关工委的优势在于直接面对原来熟悉的工作对象——各级各类学校的学生，教育部门的老同志更了解青少年，与青少年有多方面的社会联系，参与关心下一代活动的热情是很高的，是青少年思想道德建设的一笔宝贵的社会财富。这使得关工委的社会角色在教育实践中表现为一个具有立体结构的角色丛，在“配合教育部门和学校”方面，关工委的老同志是参谋和助手、是联系青少年的桥梁和纽带；在面对青年教职员工时，老同志则表现为精神和作风的传递者；但就直接面对广大青少年来说，这一角色的功能非常丰富并具有很大的张力，在面对青少年开展思想道德教育时，关工委是青少年心中梦想的点燃者、安全环境的守护者、人生规划的指导者、精神家园的建构者、健康生活的倡导者。

四、网络与新媒体环境下教育关工委参与青少年思想道德建设的途径和方法

随着“互联网 +”成为国家战略，其价值已经超越经济领域在各行各业中迅速伸展。以“互联网 +”的思路来审视关工委参与青少年思想道德建设，不仅仅是学习上网的技术，在本质上是对传统思想道德教育的提升，是让关工委有更为开阔的视野，以创新的思想拓展思想道德建设的固有活

动领域，将网上网下的教育资源有机相加，形成更为优异的教育结构，更好地体现关工委在完成全面关心青少年健康成长、立德树人的历史任务，实现中华民族伟大复兴的中国梦这一历史壮举中的社会价值。

（一）利用“互联网 +”推广典型，创建品牌，在青少年思想道德建设中积极作为

就青岛市教育关工委工作的实践而言，这体现为一种共性与个性相结合的态势。在共性上，青岛市的各级各类教育关工委都秉持关工委立德树人的本质特征，在向领导建言献策、通过蓝绿工程传递经验和作风，以及直接面对青少年发挥“五老”优势方面，都体现了四个自信（道路自信、理论自信、制度自信、文化自信）的政治坚守和政治定力；在个性上，则根据学校、学区和师资、学生特点的不同，秉承“互联网 +”的思维，协助各校在职同志形成不同学校的教育风格，打造富有个性的德育品牌。

学校德育品牌是指在鲜明的个性特点基础上形成的，具有独特性、创新性、科学性和广泛影响力的学校德育模式和文化，是提高德育实效性、促进学校优质发展的行动策略和有效途径。在网络与新媒体高度发达的青岛地区，我们以“塑造未来”的总体品牌，助力青岛各级各类学校打造德育品牌。“五老”积极参与各学校“理念指导—资源诊断—目标定位—主题提炼—整体规划—行动研究—模式构建—营造文化”等8个环节，逐步凝练德育特色，使青岛德育呈现出品牌化的发展趋势。目前，青岛各校的德育品牌已有80个，而且均已上网，在网上长久展示。在青岛的德育品牌中，既有像青岛市实验小学“自能公民”、青岛实验初级中学“快乐育才”和青岛二中“自主成就梦想”等传统名校的德育品牌，也有像崂山区特殊教育学校“大爱无声”、崂山区林蔚小学“活润育心”等特殊教育和偏远学校的德育品牌。这在网络与新媒体不断推进发展的社会环境中，促进了全市德育工作均衡发展和特色发展，提高了全市德育工作整体水平，进而为完成教育工作立德树人的根本任务奠定了坚实的基础。

（二）通过网上网下多种途径和方法丰富教育内容，加强正面引导，及时扩充，动态伸展，快速影响青少年

网络与新媒体提升了当代生活，也带来了挑战，正是通过生活本身的变化影响着青少年的思想观念和行为。“五老”发挥作用的主要途径为教育督导视导、科研建言献策、师生新老交替、优秀教师返聘、举行教育讲座、指导家长学校、社区环境治理、学生社会实践、重要节日共庆等；主要方法则为网络入群法、历史教育法、老少共话法、榜样引领法、动静交替法、阵地升级法、典型推广法、舆论净化法、故事感染法等。在网络与新媒体环境下，青岛教育关工委通过上述途径和方法的灵活运用和创新组合，直接或间接地服务于青少年思想道德建设，提升了青少年的生活品位，形成了多样化的德育品牌，呈现出生动喜人的教育局面。

我们要发挥关工委的强项，综合运用网络和新媒体平台和“五老”优势，一方面及时准确地解读党和国家的方针政策，讲好党史国史校史，弘扬中华优秀传统文化，传播正能量，唱响主旋律；另一方面，针对负面新闻事件、错误观点和思潮，开展针锋相对的斗争，敢于评论、善于评论，深刻犀利地揭露各种错误观点和思潮，坚决有效地回击各种攻击和抹黑，引导青少年正确认识和理解社会问题。近年来，青岛市教育关工委通过网上网下的各种老少共话活动，以主流媒体为中心，使思想政治建设的内容动态伸展，及时沟通两代人的生活。一些学校关工委通过老少共话“中国梦”、老少共话核心价值观、老少共话中华民族传统文化、老少共话青岛史和学校历史、老少共话供给侧改革、老少共话“一带一路”、老少共话人类命运共同体、老少共话中东乱局、老少共话海峡两岸、老少共话钓鱼岛、老少共话中国航天等网上网下的各种活动，既动态跟进了党中央的部署，又及时拉近了两代人的生活距离。

（三）通过教育关工委传统阵地的网上升级，在更大范围内对青少年群体产生影响，造成具有正向引领作用的社会舆论场，整体推进青少年思想道德建设

道德是主要靠社会舆论和人们的内心自律来维持的规范。就青少年思想道德建设而言，社会舆论是外在的因素，是青少年内心自律赖以形成的外部条件。利用网络、新媒体资源引导和督促全社会同心同德更多地关注青少年思想道德教育工作，由青岛市教育局关工委和青岛市老教育工作者协会主办的《老教育工作者》杂志是关工委组织“五老”开展各种活动的重要舆论阵地。《老教育工作者》刊物上网，在更大的范围内，以更加快捷的方式影响思想道德建设的舆论场，从而产生凝心聚力的舆论效果。例如，决定以“光荣岁月”为题，给离退休的老同志立传，抢救这笔精神资源。教育局关工委以故事的形式集中力量为这些老同志拍摄专题片，其中《“光荣岁月”陈模篇》已在青岛电视台党建频道播出，深深感动了观众和青少年学生。

（四）积极运用网络和新媒体工具，以更符合青少年接受习惯的方式，直接或间接地影响青少年，使“五老”和青少年的接触更加生活化、多样化，力求取得教育实效

网站和微信平台是当今网络信息的生产者和传播的重要渠道，处于网络文化建设的最前沿，在构建舆论引导的新格局中发挥着重要作用。学校官方网站、微信交流平台、QQ交流平台发布重要文件，刊登领导讲话，报道工作动向，介绍工作经验，传播典型事迹，指导开展“立德树人”的各项活动；传达科学的家庭教育理念、知识和方法，交流家庭教育工作和家庭教育的经验，学校、教师与家长相互联系、沟通情况，形成学校、社区、社会“三位一体”教育青少年的格局。当今的青少年都有自己熟悉的网络小环境。调查显示，目前青岛地区已有95%以上的青少年加入了各

类网络群。其中加入 QQ 群和微信群的人数尤其多，有的青少年还根据自己的交往范围加入多个网络群体。

针对这种情况，不少教育关工委的老同志，通过 QQ 群和微信群与青少年连上线、搭上话、交上心，用学生喜闻乐见、爱用常用的方式把大道理转化为他们乐于接受的小常识，营造出一个和谐新颖的育人环境。有的老同志还通过加入不同的网络群与青少年家长、各级各类学校的班主任和科任老师建立了多种联系。这就为更加深入地了解青少年思想情况、更积极地发挥余热，以各种形式尽其所能地参与学校的教育实践创造了良好的条件。有的学校的关工委通过搭建青少年喜爱的网络平台，建立青少年能主动参与的虚拟社区，积极构筑青少年群体在新媒体中的“精神家园”；有的学校充分利用电脑程序，把枯燥的学习素材整合成音形色兼备的多媒体，变“娱乐软件”为“学习软件”；有的学校成立网上志愿服务队，开展“节约一滴油，捐赠一元钱”“传播绿种子，倡导新风尚”等一系列公益活动，吸引青少年主动参与到活动中来，并让他们在参与的过程中，践行社会主义核心价值观。老同志通过多种多样贴近生活的方式，配合教育主渠道，帮助青少年逐渐形成正确的世界观、人生观、价值观。

（五）通过各种途径和方式的监管与治理，不断优化青少年成长的社会环境，形成强大的向心力与聚合力，保障青少年健康成长

学校是育人的主渠道。市教育局选聘推荐了一批老教育工作者担任责任督学。他们发挥老同志的诸种优势，通过日常督导、专项督导和随访督导，助力学校在职的教育工作者提升教育内涵，优化了学校的育人环境。

家庭教育最为重要的作用力在于形成良好的家风，这将影响青少年的终身发展。青岛教育关工委通过各种类型的家长学校对家长进行指导和培养，并通过 QQ 群、微信群和各种新媒体，以及富有感染力的方式传递科学育人的方法，通过个案分析和富有针对性的对比指导，提升不同文化层次的家长的家教水平，并通过切近的关爱与家长、学生一道优化家庭育人的氛围。

社区是青少年成长中具有显著影响力的社会环境，也是青少年接触社会、进行社会实践的重要德育场所。社区的精神氛围是社会舆论场的重要依托。多年以来，一些老教育工作者成为社区正能量的辐射源，他们或被选为居委会的负责人，或依靠自己在文化素质和专业特长方面表现出来的种种优势，在社区中成为有相当影响力的长辈。他们通过自身的品格修养所形成的人格魅力，成为社区精神文明的体现，潜移默化地影响着青少年的思想道德素质。

（2017年4月）

课题组负责人：韩曙黎；

课题组成员：耿仕仁，王乐天，徐远航。

大连理工大学关工委课题组

大学生思想政治教育“三进”教育模式中“五老”作用发挥机制研究

内容摘要

在大学生中推动马列主义、毛泽东思想和中国特色社会主义理论体系，特别是习近平新时代中国特色社会主义思想“三进”（进教材、进课堂、进头脑），是高校立德树人根本任务的重要内容，也是高校关工委的主要工作。本文就多年来高校“五老”积极参与大学生思想政治教育“三进”特别是“进头脑”工作，所起到的独特配合、补充作用，进行调查研究，总结和分析了广大高校“五老”参与大学生“三进”教育工作的成功做法和工作经验，特别是基于我校关工委工作的实践，凝练出“四个结合”“发挥四个优势”的有效做法和一般规律，重点就“五老”在大学生思想政治教育工作中进一步发挥作用的机制创新，提出了五个方面的意见和建议。

关键词

高校关工委；思想政治教育；“五老”；机制创新

一、“五老”助力高校教育主渠道，努力构建思想政治理论课的“铸魂工程”

党的十八大以来，高校发挥思想政治理论课主渠道作用，推进马列主义、毛泽东思想和中国特色社会主义理论体系，特别是习近平新时代中国特色社会主义思想“三进”。一些高校马克思主义学院结合思想政治理论课特点，在教学中以“三进”为核心，在突出理论精髓、基本原理的同时，注重联系三个实际：联系国际经济政治变化的实际，联系我国改革开放的实际，联系学生的思想实际，使思想政治理论课常讲常新。重点在把握三个结合上取得实效：一是将教材和原著相结合，运用原著丰富教材，以此增强教学的理论深度；二是将教材与党的重要文件相结合，运用文件的新精神提升教材；三是将教材与学生关心的社会热点问题相结合，突出现实针对性活化教材，从理论与实际的结合上丰富和更新教学内容。努力实现三个转化：一是教材体系向教学体系转化，二是科研成果向教学资源转化，三是理论体系向学生信仰体系转化。

仅以大连理工大学为例。在课堂教学方面，本校率先在五门思想政治理论课上采用“大班授课、小班研讨”教学模式，累计组织了5580余场小班讨论，经过多轮实践探索与总结，形成了“大班授课—小班讨论—大班交流”的教学模式以及“讨论前充分准备—讨论中正确引导—讨论后总结提升”的讨论流程，共有包括政治理论课教师、学生辅导员、关工委“五老”等在内的5580人次的指导教师，参与组织了全校五门思想政治理论课的“小班讨论”。本校在全国率先将案例教学引入思想政治理论课，创建了国内首家“高校思想政治理论课案例教学共建共享中心”，出版了《思想政治教育案例分析》、“多媒体教学案例”等多种教学辅助教程。在实践教学方面，本校利用大连地区经济文化发展的特色，以大连地区爱国主义教育基地、改革开放前沿单位作为稳定的社会实践基地；组织学生进行社会实践，举办社会实践调查报告会；组织学生听取“两院院士谈哲学”等报告会及参加座谈会、征文比赛等。学校思想政治理论课多层面推进“三进”的改革措施，加深了学生对基本理论的理解，形成了较好的理论学习研讨和良好的育人环境，增强了学生的社会责任感和适应社会的能力。

大连理工大学关工委积极组织“五老”参与、助力学校思想政治理论课主渠道工作。多位老教师曾被返聘参与思想政治理论课的教学工作，多年来更是组织了20多位老教师参与学生课余马克思主义理论社团建设。“五老”不仅积极参与小班讨论、案例撰写、业余理论学习指导、爱国主义教育等，还用他们的切身体验、学识经验等人生经历丰富的优势，参与到大学生课外的思想政治教育活动中，通过红色基因传承教育、党史、革命史故事、党课、重大历史节点纪念教育等活动，延伸思想政治理论课教学内容，拓展教育多样化途径，以亲和的“忘年交”方式助力“进头脑”这项“铸魂工程”。

二、“五老”参与、助推以学生理论社团为载体的“青马培养”实践与探索

在教育部关工委和校党委统筹领导下，高校关工委开展工作的重要经验，就是全面落实立德树人的根本任务。例如，高校关工委创建了十大工作品牌，就是高校关工委工作实践的一次总结与升华。特别是其中的“特邀党建组织员”“社团指导”“老少共话”“五老报告团”等，都对“进头脑”发挥了不同程度的作用。“五老”从教育内容、手段、方法等多角度，在实践、探索中积累了一些有借鉴意义的经验。特别是在助推“青马培养”为目标的学生理论社团方面，一些高校关工委的探索、实践和积累的经验，

值得相互借鉴和推广。

仍以大连理工大学为例。本校有重视德育教育的优良传统，校关工委是比较早尝试开展互动式理论学习与研讨的高校关工委之一。关工委成立26年来，在学校党委的领导下，紧密配合学校教育主渠道，通过搭建学生课余马克思主义理论研究会平台，坚持把理想信念教育摆在关工委工作的首位。1991年校关工委成立之初，就与校团委密切配合，指导大学生课余“马列学习小组”和“党章学习小组”（以下简称“两组”）开展活动，作为思想政治理论教育主渠道的补充和拓展。1998年之后的大学生邓小平理论暨“三个代表”重要思想研究会，特别是2007年以来助推“青马”培养工作十年来，关工委以“学理论，讲真话，进头脑，践行动”为指导思想，帮助制订“青马”班的理论学习计划，组织学习研讨。每期学习班都由多名理论功底强和有思政工作经验的“五老”，担任指导教师跟班研读。“青马”班以研读马列经典著作为特色，以研读马克思主义中国化最新理论成果为重点，开展互动式理论思辨与研讨。在培养的380余名大学生骨干中，除了学员中原有的党员之外，其他学员入党积极分子比例约为98.5%，入党比例约为39.2%，80余名品学兼优学员被推荐读研，有的已完成硕士、博士学业留校工作。

在助力“青马”培养方面，大连理工大学关工委既具有其他高校关工委工作一些共同的特点，也有自己的特色。

（一）在学习内容设计和实施上注重四个结合

1. 把坚持学习马克思、恩格斯、列宁经典著作同学习马克思主义中国化两次历史性飞跃的理论成果相结合，从理论源头上帮助学生认识中国特色社会主义道路的科学性和必然性

理论认同是政治认同、情感认同的前提和基础。邓小平同志说：“老

祖宗不能丢啊！”[①]“老祖宗”就是马克思列宁主义、毛泽东思想的基本原理，就是对共产主义、社会主义的基本信念。研读《共产党宣言》等马列经典原著，从理论源头上帮助学生认识世界和中国的发展大势，从而认识中国特色社会主义道路的必然性、真理性和科学性。选学毛泽东的《矛盾论》《实践论》和邓小平等领导中国改革开放的重要论著，认识马克思主义是在实践中不断发展的科学理论，引导学生认识、把握从《共产党宣言》到列宁主义，从毛泽东思想、邓小平理论、“三个代表”重要思想、科学发展观到习近平新时代中国特色社会主义思想的继承、创新关系。深刻认识毛泽东创造性地实现马克思主义中国化的第一次历史性飞跃，同样也为第二次历史性飞跃所作的独特贡献；深刻认识改革开放以来邓小平等中国共产党领导人为实现马克思主义中国化的第二次历史性飞跃，创立中国特色社会主义理论体系，创立习近平新时代中国特色社会主义思想所作的重大贡献。通过学习，使“青马”班学生具有一定的理论功底，培养和提高他们学习马克思主义理论的兴趣，学习运用马克思主义的立场、观点、方法。李伟是大连理工大学船舶工程专业的本科生，他被研究会的学习研讨氛围所感染，从普通班学员再到连续当了两期“青马”班学员，并成为校团委红色时尚宣讲团首任团长。毕业时面临诸多的就业机会，却报考本校马克思主义学院专业研究生，被大连市委讲师团聘为“学党史讲故事”活动主讲人、宣传党的群众路线理论志愿者。研究生毕业后他又选择到校党委保卫部当政保专干。他经历了从一个理论学习者到理论传播者到理论研究者再到理论践行者的三次转变。

2. 把基本原理学习同学习当代中国马克思主义新实践、新理论成果相结合，运用改革开放特别是党的十八大以来的鲜活素材，激发学生从理论与实践的辩证关系中认识当代中国马克思主义

① 邓小平文选（第3卷）[M]. 北京：人民出版社，1993：369.

改革开放近40年，特别是党的十八大以来，以习近平同志为核心的党中央带领全国各族人民开拓了中国特色社会主义崭新局面。这为关工委"五老"指导学生理论社团学习研讨，提供了极好的理论和实践方面的教育素材。例如，校关工委"五老"在指导研读党的十八届三中全会的决定时，将"使市场在资源配置中起决定性作用和更好地发挥政府的作用"重大理论观点，同邓小平"南方谈话"关于建立社会主义市场经济的思想、党的十四大提出的"我国经济体制改革的目标是建立社会主义市场经济体制"、党的十五大提出的"使市场在国家宏观调控下对资源配置起基础性作用"理论观点相结合，引导学生认识理论与实践的辩证关系，使学生对习近平总书记所说的"改革是由问题倒逼而产生，又在不断解决问题中得以深化"①的思想有了更深刻的理解。坚信中国特色社会主义是科学社会主义理论逻辑和中国社会发展历史逻辑的辩证统一，是当代中国发展进步的根本方向。关工委"五老"将理论学习与国内外热点问题、学生对社会现实问题的思考与思想困惑结合，师生一起分析研讨，积极启发和引导学生从国内外大环境的视角观察、分析认识中国特色社会主义的发展大势和优势，同时帮助学生理性地认识当前阶段中国存在的各种矛盾、风险、挑战，化解社会上一些片面、消极情绪舆论对学生在认知上的误导和负面影响，正确认识实现国家价值目标、社会价值目标与实现个人价值的辩证关系，激发进取欲望和动力，增强在思想上、情感上对党和政府的向心力。

3. 把理论学习研讨同社会实践相结合，创造条件鼓励学生接触社会、了解国情，培养"青马"班学员的社会关怀和责任感，使学员在加深对基本国情了解的同时兼具国际视野

深刻了解国情是培养青年马克思主义者的必修课。现在的大学生独生子女居多，成长环境比较优越，缺乏艰苦环境的磨砺。通过有组织的社会

① 习近平在中共十八届三中全会上作的说明，2013年11月9日．

实践，提供深入接触社会、了解国情的机会，培养对劳动创造的敬畏，对工人、农民、知识分子等基本民众的尊重，深切感受几代中国共产党人带领全国各族人民改变国家面貌、实现民族伟业而奋斗的艰苦卓绝。让理论知识鲜活起来并立志承担时代责任和历史使命，逐步成长为可堪大用、能担重任的栋梁之才。许多学校整合并不断开发社会资源，建立“青马培养”实践教育基地，开设社会调查通识课程教授社会调查的理论与技巧；打造重要载体，通过志愿服务体验到经济发达地区企业社区参观考察、挂职锻炼，组织前往西部经济欠发达地区支教；等等。由于条件所限，关工委“五老”不可能独立组织实施学生社会实践工作，但在参与筹划、指导实践等环节则可以发挥很好的作用。

4. 增强学生的理论认同与帮助学生解决实际问题相结合，让学生从学校小环境中感受周边的亲情与温暖，激发对国家、社会的情感认同

正确“三观”的确立是一个潜移默化的过程。社会生活中一些现实问题、矛盾与理论之间客观上存在的落差，会让学生感到茫然和不解；多元的舆论环境，给学生提供了更开阔的视野和多样的选择，但一些非主流或反主流意识形态舆论也会对学生产生负面影响甚至误导；青年学生的独立意识比较强，容易对教育产生戒备甚至排斥心理；学生个体经历和认知能力客观上也存在差异。“进头脑”固然有赖于社会大环境的进一步改善，但也需要营造有利于学生健康成长进步的气场。“五老”坚持遵循教育规律、思想政治工作规律、学生成长规律，发挥“五老”“理、情、行”并用的工作特点，给学生一种朋友般和谐共生的小环境。“以理靠近”，作为教育的融入点和落脚点。以问题为导向，将理论与学生对现实问题的关切结合起来。每次学习研讨前老师们都会认真备课，查阅大量资料，想出若干问题“考”学生，鼓励学生在宽松、自由氛围中学习研讨，加深学生对枯燥的理论知识的理解。有学员说：“在理论研究会，一群平均年龄近80岁的老教师，成为我理论学习道路上的第一批引路人。理论学习成为我整

个大学时光难以忘却的记忆。""以情贴近"，关切学生的成长需求。"五老"在课上像关爱自己的晚辈一样扶助学生学习理论，课下不少学生成为"五老"家的常客，一边喝茶、喝咖啡，一边聊对社会热点和个人发展的打算，在暖融融的氛围中谈烦恼谈期待，了解彼此的关切。金同稷教授从校党委书记位置离任后出任关工委主任16年，他不仅谋划"五老"帮助青年学生扣好人生的第一粒扣子，更是亲力亲为并与学生结对子。全国道德模范、校关工委成员邵春亮教授几十年关爱、呵护、引导少数民族地区学生，获得学生们的敬爱。同时，"五老"主动加强与主渠道教育的沟通，配合学校相关部门帮助学生解决心理、学业和职业规划等方面的实际问题。关工委有老教师退休六年来与近千名学业有困难的学生促膝谈心，鼓励学生增强克服困难的信心，并主动与辅导员、任课教师、家长沟通，帮助不少学生顺利完成了学业；有的运用自己丰富的学生工作经验，对家庭遇到突然变故的学生进行有效的心理疏导，配合学校、社会、家庭对该学生及其家庭伸出援手，让学生从朴素的感恩上升到对党和社会制度的再认识，从而在校期间加入了中国共产党。"以行推进"，用理想信念的坚定和对事业的执着精神给学生以感染。大连理工大学关工委"五老"教授们与"青马"学员每周的"信仰约定"20多年来风雨无阻，从未间断。21个春秋坚守在第一线并与学生有"忘年交"的84岁高龄的朱舜卿教授说，这已经成为自己退休生活的主要内容和乐趣。集信仰、学识、责任于一身的"五老"行为的示范效应与言教结合，让书本上的理论变得生动和容易理解接受。有学生感言：这些年正是社会上崇尚金钱至上、信仰缺失的年代，而老教授们持之以恒与学生们的这种信仰坚持、坚守、坚定，若没有强大的信念支撑和学校良好的文化支撑，几乎是不可能的！

（二）在学习研讨方法上发挥四个优势

1. 学习研讨活动大都在课余时间

学习研讨活动主要通过组织并依托课余学生理论社团开展，即便是主渠道有组织的培养计划，基本上都在课余和每周的休息日进行或在假期相对集中安排，有别于系统课堂教学受课时限制，活动时间有较大的弹性，与正常的教学活动不会产生太大的冲突，安排得当，不至于加重学生的学业负担，便于学生参与。课题组问卷关于“课余理论学习研讨感受最有收获”一题，学生选择课堂教学知识的延伸和补充的占35.4%，选择学习研讨的良好氛围的占26.6%，选择培养和提高了分析问题和解决问题的能力和方法的占20.5%，选择培养了学习政治理论和国家大事的兴趣的占17.5%。

2. 学习研讨方法上坚持平等与互动

理论认知与情感认同相伴更易于被接受。依托学生理论社团开展的学习研讨活动，不同于传统课堂教学以老师主讲单向灌输为主、受学时进度和人数等所限，难以双向互动与交流。在课余理论社团的平台上，关工委“五老”的几大优势可以更充分地彰显。以多学科专家组成的指导教师易于形成合力，发挥优势互补的作用。“五老”不以教育者自居，营造一种更为平等、宽松且师生都“讲真话”的学习研讨氛围，师生围坐在一起的亲近感让学生会更加放松地表达所思所想，也便于“五老”有针对性地引导，对理论问题和现实问题进行理性的互动与情感交流，相互启发，共同提高。这种用“忘年交”之情营造的特有文化氛围，有利于“进头脑”，提高思政教育的针对性和吸引力。本课题的问卷调查中，对“‘五老’人员在服务大学生思想政治教育过程中的作用”一题，认为“非常重要”和“比较重要”的分别达到38.7% 和47.8%；在“你认为发挥‘五老’在加强大学生思想政治教育‘三进’中作用的有效方法”一题，有43.5% 的学生选择“就共同关心的问题交流讨论”，46.3% 表示很愿意和“五老”面对面交流，43.1% 表示很想与“五老”一对一结成“忘年交”，47.6% 的学生选择"可以尝试做"。

3. 培养方式上便于探索和试验

关工委"五老"依托课余学生理论社团助推"青马培养"，在坚持助推马克思主义和中国特色社会主义理论"进头脑"既定培养目标下，内容选择和教育方式等方面都比较灵活，没有很多的条条框框。特别是可以随机增加党和国家最新出台的大政方针政策和时政热点等内容，发挥比课堂教学更"短、平、快"的优点。关工委"五老"在培养人上有韧性，舍得下"拙力"，不期待立竿见影，不追求短期效应。试图通过做些力所能及的试验和探索，争取摸到当代大学生接受马克思主义理论、接受中国特色社会主义理论体系"入脑"规律性的东西。

4. 朋辈之间可以相互启发和教育

关工委"五老"依托课余学生理论社团助推"青马培养"，都会鼓励学生在自学的基础上就马克思主义论著或当前国内外的热点问题等表述自己的观点。这个过程会促使学生的学习与思考，是一个自我教育的过程。理论学习研讨活动中的师生互动特别是同学间的朋辈交流、相互启发，常常会碰撞出思想火花。理论社团在学习计划之外，会就同学感兴趣的国内外热点问题举办各类专题讨论和演讲。例如，在每年春天我国两会前后举行"模拟人代会"活动；在适当时机举办内容各异的论坛。这些活动，都由学生自选题目、自由组合，在学习研讨的基础上，由学生组合上台演讲。在这个过程中，指导老师只给予指导与点评。这些活动可以引导学生关心国家大事、关注社会民生，尤为重要的是促使学生学习和了解我国根本政治制度的运作和我国民主政治的优势。

当前社会思想文化和意识形态领域形势严峻复杂，马克思主义指导思想面临多样化社会思潮的挑战。境内外敌对势力不遗余力地诋毁马克思主义，同我们争夺阵地、争夺青年、争夺人心。市场逐利性和网络新媒体也对社会主义核心价值观和传统教育引导方式带来挑战。受多重因素的影响，一些学生包括有些纳入“青马培养”的学生，对学习马克思主义理论兴趣不高。关工委“五老”在思想政治理论教育过程中，对马克思主义同当代中国发展具体实际相结合不断出现的理论和现实问题，也要学习、研究，有提高针对性、说服力水平的过程。因此，对真正“入脑”的成效不能估计过高。

同时，高校普遍比较缺乏“五老”发挥作用的有效工作机制。因此，根据全国高校思政工作会议精神和中发〔2016〕31号文件要求，如何在加强高校关工委“五老”队伍建设，把握好发挥“五老”作用与主渠道教育关系等问题，都亟待通过完善和创新工作机制，以利于更好发挥“五老”在参与和服务高校思想政治教育和理论教育中的特殊作用。

三、健全和创新“五老”在“三进”教育中发挥作用的长效机制的意见和建议

（一）完善、创新关工委工作的领导机制

高校关工委是在各自学校党委领导下、以离退休老同志为主体、有在职同志参加的群众性工作组织。因此，党委的领导与统筹是关键。面对新的形势和任务，高校党委要将关工委和“五老”参与、助推大学生“三进”工作，纳入党委思想政治工作总体布局中，从五个方面构建机制：一是主管校领导分工明确，责任到人；二是关工委组织健全，并及时调整和充实；三是将关工委工作列入党委工作议程，定期研究讨论；四是与关工委工作的信息畅通，明确任务，及时指导；五是让关工委同志及“五老”能及时学习到党的相关文件精神，了解大势大局，与时俱进。同时，关工委领导班子本身创新领导机制还必须做到两点：一是主动争取校党委的领

导，围绕党委提出的工作任务积极主动地思考和作为；二是要自觉接受上级关工委的指导，心中有大局，工作接地气。教育部对直属高校党委落实中央和部党组对关工委工作指示应有相应的责任要求，并对各高校党委领导关工委情况建立检查、评估制度。

（二）完善、创新“五老”队伍的组织建设机制

1. 健全校级和学部（院、系）两级关工委领导班子

校级关工委领导班子要按照教育部党组〔2009〕20号文件要求，由现职领导、离退休老同志和有关部门负责人组成，并建立长效的议事规则和成员调整补充制度。二级关工委是“五老”在“三进”教育中发挥作用的基层组织，二级关工委的工作应该成为学校关工委工作的主体。

2. 加强关工委日常办事协调机构建设

关工委秘书处（办公室）要明确其机构和责任，承上启下，密切联系广大“五老”。要选配政治意识和服务意识强、热心关工委工作、有能力和水平的老同志担任负责人。有条件的学校选配在职的干部与老同志一起工作。

3. 建立“五老”人员动态补充机制

当前“五老”人员青黄不接仍是关工委工作的一个短板，特别是具有一定思想理论素质、熟悉大学生思想政治工作且较年轻的老同志更是关工委工作急需的力量。应制定相应的政策支持和长效实施计划，确保“五老”队伍后浪推前浪，代代有人代代强。

4. “五老”队伍特别是骨干队伍自身建设

面对大学生的“进头脑”教育，“五老”自身必须不断地认真学习，打铁还需自身硬。首先要弄通马克思主义基本原理，特别是深入学习习近平新时代中国特色社会主义思想，筑牢信仰之基，把稳思想之舵，研究和解答新形势下的难点和热点问题。同时，还要接受和学习新知识和先进工

作手段、方法。为此，在个人自学的基础上，各高校关工委也应建立并坚持学习培训制度，结合工作实际深入开展理论研究。同时，多创造机会让“五老”参与社会实践活动。近几年，教育部关工委每年举办全国教育关工委领导干部培训班的制度性建设，起到了“充电”“补短板”作用。

（三）完善、创新“五老”发挥作用的运行机制

以现职党政领导为主导提出工作任务，以离退休老同志为主体开展工作。这既体现了关工委的工作性质，也是关工委工作运行的基本机制，“五老”也是在这个框架下发挥作用的。要保证这一基本机制的有效运行，还需要不断创新和完善一些具体的运行机制。

1. 要明确关工委的工作定位、工作任务和工作方针

大学生思政理论教育工作的主体是在职教职工，主导是在职领导，关工委和“五老”的工作只是“围绕中心、配合补充，因地制宜、量力而行，立足基层、注重实效”。按照校党委关于思政教育工作的总体部署和计划要求，积极主动地请缨参与，量力而行，取得实效。

2. 建立关工委与相关部门的联动工作机制，也就是“五老”与主渠道的沟通、配合、协调、合作机制

宣传部门、马克思主义学院、学生工作部门、教务部门等是大学生思想政治教育和思政理论教育工作的具体主管和责任单位，关工委和“五老”发挥作用的工作只有得到他们的支持、协调与合作，才能实现。关工委和“五老”积极主动地配合主渠道，围绕中心任务，同台唱戏、借台唱戏，有条件的要搭台唱戏。

3. 不断拓宽“五老”发挥作用的渠道和平台，创新工作模式和方式方法

多年来高校关工委在实践中不断拓展工作渠道，形成了很多务实有效的工作平台，创建出全国高校“关工委工作十大品牌”。这是来自“五老”

的实践智慧总结，也是“五老”发挥作用的主要平台。但在信息智能时代，也要将思想政治工作传统优势与信息技术融合，不断开创新的工作模式和方式方法，创建新的工作品牌，关工委和“五老”的价值才能持续展现。

4. 因地制宜，坚持特色，保证重点工作不断创新发展

关工委工作不要求面面俱到、样样出彩，有条件的可以全面开花。大多数高校关工委还是要因地制宜，联系自身实际，坚持特色，突出重点。正如有的高校总结的那样：关工委工作做一件事不算少，多做几件更好，做一件就要作出成效。对于重点工作要给予重点支持，使其不断创新发展，争取更大的效果。

5. 始终把“进头脑”作为“五老”开展工作的出发点和落脚点

关工委的工作归结到一点，就是做大学生的思想政治工作，是做人的工作，是做人的“进头脑”工作。如何使习近平新时代中国特色社会主义理论和社会主义核心价值观等在大学生中能够从认识、认知到认同，直至“进头脑”，帮助他们“扣好人生第一粒扣子”，从而树立正确的世界观、人生观、价值观，成为社会主义事业的合格建设者和可靠接班人，这是关工委和广大“五老”的根本任务，并应贯彻于工作的全过程。

6. 加强关工委工作的信息宣传工作

新形势下关工委工作的意义和“五老”的奉献精神很需要扩大社会的认知面，也是高校“三全育人”的需要。全面加强关工委和“五老”工作的宣传势在必行。除了关工委要利用好网络新媒体，加强关工委工作的宣传力度外，学校主流融媒体更要主动宣传关工委工作和“五老”典型，营造尊重、支持“五老”工作，弘扬“五老”奉献精神的良好舆论氛围。

（四）完善、创新“五老”发挥作用的条件保障机制

教育部党组〔2009〕20号文件明确要求：各级教育部门和学校领导要为关工委开展工作提供必要的工作条件和经费支持。一要保证关工委组织

健全，办事机构正常运转，使“五老”有“在组织”的感觉；二要提供必要的办公、开会、学习研讨、交流谈话等场所，使“五老”有“家”的温暖和方便；三要提供相关的学习资料，参加相关的会议等，使“五老”能及时了解新的信息，学习掌握党中央和各级政府相关文件精神，便于主动开展工作；四要保证关工委日常运行经费的落实，应将此列入学校年度经费预算计划中，并根据实际工作需要和物价增长因素，形成长效的调整增加机制。

（五）完善、创新“五老”发挥作用的激励机制

“五老”参与大学生思政工作和思政理论教育“三进”工作，应尊重他们的劳动和付出。因此，建立健全激励机制，充分调动“五老”的积极性，使其更好地发挥作用，应着重于以下几点：一是尊重爱护他们，关心他们的思想和生活，支持和指导他们的工作，使他们工作安心、顺心；二是及时地、适当地宣传他们的工作成绩和工作精神，营造关心尊重“五老”、支持“五老”发挥作用的良好氛围，吸引更多的符合条件的“五老”参与关心下一代的工作；三是建立长效的评比奖励制度，给予荣誉称号，使他们有更大的获得感；四是落实好教育部党组〔2009〕20号文件规定的工作补贴政策，对担任关工委领导职务且坚持日常工作的离退休老同志个人给予适当补助，对因工作需要并经领导批准返聘的秘书处（办公室）工作人员应执行本单位返聘人员的有关规定，对工作成绩突出的老同志要给予表彰和奖励。

参考文献

[1] 中共中央宣传部．习近平总书记系列重要讲话读本（2016版）[M]. 北京：学习出版社，人民出版社，2016.

[2] 习近平在全国高校思想政治工作会议上强调　把思想政治工作贯穿教育教学全过程　开创我国高等教育事业发展新局面 . 新华网，2016-12-08.

[3] 教育部关心下一代工作委员会，编 . 桑榆霞满天——全国高校关工委工作十大品牌优秀案例选集 [C].2015年纪念教育部关工委成立25周年暨第五次工作会议交流材料，2016.

[4] 教育部关心下一代工作委员会，编 .2016年全国教育关工委领导干部培训班交流材料 [C]，2016.9.

[5] 教育部关心下一代工作委员会，编 .2017年全国教育关工委领导干部培训班交流材料（上下）[C]，2017.4.

[6] 共青团中央关于印发《"青年马克思主义者培养工程"实施纲要》的通知（中青发〔2007〕27号，2007年10月16日）.

[7] 宇文利 . 切实加强和改进高校思想政治理论教育——学习习近平总书记在全国高校思想政治工作会议上的讲话精神 [J]. 理论研究动态（教育部关工委理论研究中心），2017（4）: 7–13.

[8] 徐奉臻 . 在思政课教学中何以实现中国梦之"三进"——以"中国近现代史纲要"课为例 [J]. 思想政治教育研究 ,2015（3）: 52–55.

[9] 郭凤志，热合木江 · 巴拉提 . 关于高校思想政治理论课教学方法改革的思考 [J]. 思想理论教育，2015（1）: 69–72.

[10] 张宏伟 . 案例教学提升思想政治理论课吸引力和感染力探析——以"毛泽东思想和中国特色社会主义理论体系概论"课为例 [J]. 思想教育研究，2016（5）: 88–91.

[11] 张艳红 . 思想政治理论课教学方法变革的发展历程及规律探析 [J]. 思想理论教育导刊，2017（3）: 105–109.

（2017年6月）

课题组负责人：马宽；

课题组成员：于泽涛，金同稷，朱舜卿，赵秋娜，陈晓辉，索普一，史云峰，何熙文，孙效里，孙建平，邵春亮，冯立芳；

报告执笔人：马宽，于泽涛，赵秋娜，陈晓辉，冯立芳；

统稿：马宽。

东北林业大学关工委课题组

发挥“五老”优势推进高校教师师德师风建设研究

内容摘要

“五老”是党和国家宝贵的精神财富和重要的人力资源，是实现中华民族伟大复兴不可或缺的重要力量。“五老”具有政治优势、经验优势、威望优势、时间优势，高校充分释放“五老”的潜能与活力，发挥“五老”独特的优势，是推进师德师风建设的重要切入点和支撑点。

关键词

“五老”优势；高等学校；师德师风建设

“五老”是党和国家宝贵的精神财富和重要的人力资源，他们亲历中国革命、建设、改革、发展的全过程，既接受过腥风血雨的革命考验，也经历过困苦生活的磨砺洗礼，一生无私奉献，创造了不朽的历史伟绩，是实现中华民族伟大复兴不可或缺的重要力量。2014年11月26日，习近平在北京亲切会见全国离退休干部先进集体和先进个人代表时强调：“要发挥老同志的政治优势、经验优势、威望优势，组织引导老同志讲好中国故事、弘扬中国精神、传播中国好声音，推动全党全社会更好培育和践行社会主义核心价值观。”[①]2020年11月，在纪念中国关心下一代工作委员会成立30周年暨全国关心下一代工作表彰会议上，习近平总书记指出：“广大‘五老’是党和国家的宝贵财富，是加强青少年思想政治工作的重要力量。各级党委和政府要加强对关心下一代工作的领导，支持更多老同志参加关心下一代工作，使广大‘五老’在关心下一代的广阔舞台上老有所为、发光发热，为培养社会主义建设者和接班人作出新的更大贡献。”[②]

一、“五老”助推师德师风建设的优势分析

2020年是中国关心下一代工作委员会成立30周年。三十年来，中国关工委队伍不断发展壮大，在促进青少年健康成长、加强社会主义精神文明建设、促进社会和谐稳定等方面发挥了重要作用。目前，全国关工委组织已达107万个，从事关心下一代工作的“五老”有1300多万人，已成为深受青少年欢迎、具有广泛社会影响的群众性工作组织。2015年8月25日，纪念中国关工委成立25周年暨全国关心下一代工作表彰大会在北京召开。

---

① 习近平.三个优势“寄语老干部”新作为[EB / OL].(2014-11-28)[2019-12-21]. http://cpc.people.com.cn/pinglun/n/2014/1128/c241220-26114171.html.

② 习近平.支持更多老同志参加关心下一代工作 为培养社会主义建设者和接班人作出新的更大贡献[N].人民日报，2020-11-19（01）.

会议上，习近平总书记指出：“广大老干部、老战士、老专家、老教师、老模范等离退休老同志是党和人民的宝贵财富。我们要弘扬‘五老’精神，尊重‘五老’，爱护‘五老’，学习‘五老’，重视发挥‘五老’作用，推动关心下一代事业更好发展。”①习近平总书记明确了“五老”具有政治优势、经验优势和威望优势。明确“五老”的优势，是助推高校师德师风建设的重要前提。

（一）政治优势

“五老”有着鲜明的政治身份，多数为中国共产党党员，一生忠诚于党，为党的事业默默奉献，无私耕耘。“五老”的政治优势源于自身丰富的政治经历和工作实践，“五老”大多拥有深厚的政治理论素养和党性修养，对共产主义有着坚贞不渝的真挚信念，富有大局意识，政治敏锐性极强，时刻检视自身言行，珍视党员身份，大是大非面前始终保持正确的政治立场，敢于旗帜鲜明地澄清问题、申诉观点，在党的路线、政策、方针、部署上往往领悟得十分透彻，率先践行，具有超前性和预见性，表现出思想与行动的高度统合。

（二）威望优势

“五老”群体一生创下无数丰功伟绩，承袭着无数荣誉和光辉历史。高深的思想境界、甘于奉献的献身精神、敢于担当的高贵品质，赋予“五老”厚重的人生底蕴和强大的人格魅力。在人民群众眼中，“五老”的一言一行、一举一动都会产生热烈的反响，展现出极强的凝聚力、引导力、渗透力。威望优势是“五老”特有的优势，彰显了人民群众对“五老”的高度信任和充分肯定，也是“五老”发挥余热的重要支撑切入点。

① 张烁．坚持服务青少年的正确方向　推动关心下一代事业更好发展 [N]. 人民日报，2015-08-26（01）.

（三）经验优势

“五老”长期处于工作一线，一生中历经磨砺与苦难，阅尽世间百态，有着丰富实践经验和不可替代的领导优势，这造就了他们对事物的发展有着较强的敏锐性和洞察力，在组织、教学、管理、科研的各项工作中形成了比较系统成熟的工作思路和方法理念。这些珍贵的阅历和经验来之不易，源于“五老”不懈的追求与探索，映射了“五老”对于教育事业的热爱与深情。如何发掘“五老”所蕴含的经验资源，也是发挥“五老”优势的一项紧迫命题。珍视经验、传承经验既是对知识和智慧的汲取，更是对“五老”精神的承载与弘扬。

（四）时间优势

当前，“五老”大多已经退出工作岗位，但他们仍然秉持“离岗不离党”“退休不褪色”的共产党人本色，对党和社会主义事业怀有深厚的情感和眷念。与此同时，我们还应看到“五老”一生经历坎坷，历经社会发展的多个阶段，打上了深深的历史烙印，每一位“五老”都是一部真实生动的历史教材，内含着中华民族抗争史和奋斗史，这些弥足珍贵的历史资源在时空上同样具有不可比拟的重要优势。习近平总书记在全国离退休干部先进集体和先进个人表彰大会上强调，要组织引导老同志讲好中国故事、弘扬中国精神、传播中国好声音，推动全党全社会更好培育和践行社会主义核心价值观。总书记的讲话再次肯定了“五老”跨越时空的历史价值与独特优势。

二、当前师德师风建设中存在的问题与不足

师德师风是教育工作者在从事教育活动中所展现的道德风范和品行修养，以及在此基础上外化而成的社会风貌和工作作风。由此我们可以看出，

师德师风作为高校的根基和灵魂，有着十分丰富的内涵外延，涉及教书育人、科学研究、服务社会、文化传承的各个过程，关系人才培养的质量和水平，关乎高等教育事业的持续健康发展。通过问卷分析，当前师德师风建设整体呈现良好的发展态势，教师师德师风素养进步明显，但与此同时，我们同样发现教师群体不同程度存在师德师风不端现象，诱发原因呈现多元、多变、多发趋势。

（一）政治观念层面

目前，高校少数教师政治观念不强，缺乏大局意识和政治敏锐性，对师德师风建设漠不关心，对师德师风建设具体要求整体性把握不足。政治视野过于狭窄，必然导致师德师风建设中政治导向脱节甚至断裂，教师只能从内容层面予以理解，还不够精炼，缺乏理论和实践广度和深度。提升自身政治理论水平和素养的主动性也相对不足，比较被动，未能将政治导向的突出作用和价值融入育人全过程。政治思想的不成熟，也导致了部分教师价值观念体系混乱，如过分注重个人名利得失、安于现状、急功近利、教学敷衍等错误倾向，只注重知识的传授，忽视了学生思想、心理、情感认知的疏导。上述症结产生的不利影响一定程度上向学生群体传导。

（二）价值认知层面

少数教师整体呈现出认同感强但归属感弱的不对称现状，存在育人情怀和责任意识相对弱化的问题。目前，高校教师普遍表示十分珍视教师这一神圣职业，自身较高的社会地位和社会威望也让受访教师倍感荣幸，但普遍担忧较低的收入和有限的晋升渠道，尤其是初中级教师群体。发展前景的受限，也促使职业理念确立存有偏差，部分教师对职业的认知停留在谋生手段的浅表层，过于注重个人利益得失，社会基层服务和创新意识欠缺，逃避行业锻炼，没有契合社会现实需要而开展课题攻关研究，研究成果应用性不强，成果转化能力偏弱。

（三）育人理念层面

目前高校教师进入门槛颇高，学历层次普遍高于其他行业，高校教师多数取得硕士研究生及以上学历，专业基础扎实，其中中青年教师工作热情高，精力充沛，然而部分教师在立德树人理念上存在认知偏差，只侧重知识传授，课后又疲于处理日常事务，与学生少有交流，双方距离感较强。部分教师认为只需要做好专业教学即是本职工作，忽略了学生成长发展中的情感、心理、价值导向等现实需要，当学生困惑、低落时，无法及时给予疏导和指导，进一步阻碍了师生关系的和谐建构。此外，部分教师将更多的精力投入科研项目的申报和成果转化中，弱化了育人环节，认为科研的成果更加直接，有利于自身的提升，而教学的成果相对隐性，无法立竿见影地表征出来，即使付诸努力，也不见得获得回报。

三、“五老”优势融入师德师风建设的路径选择

2020年11月，在纪念中国关心下一代工作委员会成立30周年会议上，习近平指出："青少年是祖国的未来和民族的希望。中国关工委成立30年来，特别是党的十八大以来，团结带领广大老干部、老战士、老专家、老教师、老模范等离退休老同志，不忘初心、牢记使命，为促进青少年健康成长发挥了重要作用。"[①]“五老”的优秀品质、光荣传统、过硬的政治素养、深厚的理论学术功底和丰富的育人经验，仍然是当前师德师风建设中不可或缺的重要因素。充分释放“五老”的潜能与活力，发挥“五老”独特的优势，是推进师德师风建设的重要切入点和支撑点。

（一）依托“五老”政治优势，筑牢师德师风建设思想根基

政治优势是“五老”区别于其他群体的核心优势，丰富的政治斗争经验和敏锐的政治鉴别力，使“五老”能够第一时间洞察教师思想建设中存

在的错误倾向。切实发挥“五老”自身的政治优势，力图将优势转化为驱动力，围绕坚定理论方向和价值观念培育两个切入点，不断强化师德师风建设的政治导向。在整个过程中“五老”的政治优势在于通过大量实例以及自身政治经历，通俗易懂地宣讲习近平新时代中国特色社会主义思想的主旨和内涵，有针对性地将社会主义核心价值观的内在要求渗透到师德师风建设的各个环节，从而将师德师风的建设上升到一定政治高度，避免了传统空洞抽象的说教，能够以自身鲜活的政治素材和政治情感为导引增强说教的感召力和说服力。

（二）依托“五老”威望优势，强化师德宣传导向功能

“五老”有着深厚的群众基础，长期与人民群众保持着密切联系。师德师风建设由于其特有的复杂性和敏感性，在推进的过程中必须凸显“五老”的宣传、引领、示范作用，通过“五老”的身体力行和模范践履，将对广大教师群体提供一种可参照的行为遵循和价值指引，可以说“五老”是一支极具渲染力和感召力的宣传力量。因此，发挥威望优势的关键在于，努力发掘和弘扬“五老”群体自身所蕴含的师德资源，搭建平台，创建载体，鼓励“五老”深入高校开展行之有效的宣讲和报告，由德高望重的“五老”亲临现场，躬身示范，将进一步增强师德师风建设的导向力和说服力。切实将“五老”纳入师德师风宣传督导队伍，对于高校师德师风建设中出现的难点问题，要及时应对并有效引导。

（三）依托“五老”经验优势，增强师德师风建设引领性

习近平总书记在全国教育大会上指出：“教师是人类灵魂的工程师，是人类文明的传承者，承载着传播知识、传播思想、传播真理，塑造灵魂、塑造生命、塑造新人的时代重任。”[①]总书记的讲话明确了教师的功能定

① 习近平．支持更多老同志参加关心下一代工作 为培养社会主义建设者和接班人作出新的更大贡献 [N]. 人民日报，2020-11-19（01）.

位，也为师德师风建设界定了方向。“五老”在长期实践中积淀形成的经验优势，是“五老”一生工作经历和人生阅历的高度凝练，是一笔宝贵的精神财富。针对部分教师在师德师风建设中的迷惘和认知缺失，“五老”可以充分利用自身丰富的经验优势加以指导引领，逐步帮助广大师生树立正确的师德师风内在评价标准和育人理念，将经验优势转化为师德师风进程中的指向标，逐步探索科学严谨的大思政工作范式。

（四）依托“五老”时间优势，拓展师德师风建设辐射性

“五老”退休后，有着较为充裕的时间和空间优势。没有工作压力，也不必为物质生活担忧的老教师和老干部等人员，更加关注的是自身精神世界的营造，他们有着强烈的意愿继续服务党和人民的伟大事业。师德师风的建设不是一蹴而就的，而是一项长期的系统工程，夯实建设成效的关键在于保证建设的持续性和深入性。高校是师德师风建设的重要场域，必须将“五老”充实到师德师风专家库，构建“五老”、教师、学生和社会多方参与的考核评估监测体系，形成长效机制。以“五老”为重要主体参与到师德师风的相关网络学习平台、微博平台和微信公众号等，拓展师德师风教育的覆盖范围以及传播时效，通过弘扬传承“五老”精神强化广大师生对师德师风的整体把握，以时空性弥补建设中的复杂性和不确定性，进一步扩大辐射带动范围。

当前，“五老”在师德师风建设中的独特优势已经被社会各界广泛肯定。持续深入推进师德师风建设离不开“五老”的长期参与和投入。在新时代的伟大征程中，充分发挥“五老”群体的作用、优势，实现“五老”群体的老有所为和老有所用，必须构建发挥“五老”优势的激励机制和保障机制，进而基于顶层设计和制度建设的规约性和引领性为进一步彰显“五老”优势创设有利条件。其一要实行良性的激励机制，从制度层面充分激发“五老”的服务热情，围绕价值实现激励、个人发展激励、工作满足激励、情感沟通激励、物质保障激励、差异化激励等六个层面构建符合“五老”特质的工作激励机制，突出精神激励的重要性，实现“五老”对自身价值的认同感和归属感。其二要构建发挥“五老”优势的条件保障机制。“五老”具备的独特优势是助推高校师德师风建设的重要推力，因此发挥“五老”优势也应上升为一项常态化的工作与任务。结合“五老”人员在服务社会工作中遇到的现实和机制困境，必须围绕经费保障、组织保障、人员保障、能力保障等环节，全方位为“五老”人员的社会服务工作注入动力。

参考文献

[1] 秦小红 . 当前高校师德师风建设刍议 [J]. 西南农业大学学报 (社会科学版)，2006（1）：202–205.

[2] 蔡凌 . 关于高校师德师风建设的几点思考 [J]. 湖北师范学院学报 (哲学社会科学版)，2009（4）：119–121.

[3] 魏斌 . 高校青年教师师德师风建设内外因分析研究 [J]. 教育探索，2011（5）：125–126.

[4] 梁晓光 . 发挥关工委优势 做好大学生思想政治工作 [J]. 内蒙古财经学院学报 (综合版)，2009（1）：34–36.

[5] 齐秀娟 . 高校“关工委”在大学生思想政治教育中的作用探析 [J]. 河北科技师范学院学报 (社会科学版)，2014（3）：108–112.

（2020年4月）

课题组负责人：陈文斌；

课题组成员：郭岩，杨殿毅，郝佳婧，乔恩杰，何鎏，黄鹏，曹石；

报告执笔人：陈文斌，杨殿毅；

统稿：郭岩。

东华大学关工委课题组

新时代高校关工委助力青少年思想道德教育的实践与理论研究

内容摘要

“坚持党对意识形态工作的领导权”是新时代青年学生思想道德教育的新要求，也是新时代关工委担负的新使命。十九大提出了适应新时代要求的思想道德建设新内容。总的说来，目前高校思想道德教育主渠道工作值得充分肯定，但还存在短板。老同志助力学生思想道德教育有利于弥补目前高校思想道德教育短板。我们一要通过构建宣讲、咨询平台，做好“教育引导”工作；二要通过构建学风教风建设平台，做好“实践养成”工作；三要通过构建学生积极分子教育平台，做好先进群体“思想引导”工作；四要通过构建网络易班平台，开辟“思想引导、实践养成”新空间；五要通过构建老同志助力思想道德教育制度平台，做好“制度保障”工作。

关键词

新时代；高校关工委；青少年思想道德教育

高校在“培育和践行社会主义核心价值观”“加强思想道德建设”工作中担负着重要使命。而这项使命的完成，不仅是高校在职教师的职责，关工委老同志也有着义不容辞的责任。

一、从新时代思想道德教育的新要求看关工委助力思想道德教育的新使命与优势

（一）新时代关工委新使命：“牢牢掌握意识形态工作领导权”

党的十九大报告明确提出“牢牢掌握意识形态工作领导权”[①]的要求。这是新时代思想道德教育的战略任务，也是新时代关工委的新使命。对青少年进行以理想信念为核心的主旋律教育和以爱国主义、集体主义、社会主义以及艰苦奋斗为基本内容的思想道德教育是关工委的中心任务和重要使命。十九大提出的新时代思想道德教育的新要求对新时代关工委的中心任务提出了新的更高要求。

1. 新时代关工委工作要牢牢把握思想道德教育的坚定政治方向

新时代，面对国际国内形势的深刻变化，青年学生思想道德建设既面临新的机遇，也面临严峻挑战。其一，随着我国对外开放的进一步扩大，国际敌对势力与我国争夺接班人的斗争也日趋尖锐和复杂。其二，随着我国改革开放的日益深化以及社会主义市场经济的日益发展，一些领域道德失范、诚信缺失，假冒伪劣、欺骗欺诈活动有所蔓延；一些扭曲的价值观有所泛滥。大学校园不是真空地带，社会上的各种不良思潮难免会侵入大学校园。其三，随着互联网等新兴媒体的快速发展，形形色色的有害信息也通过网络传播，腐蚀青年的心灵，毒害青年的灵魂。凡此种种，无不凸显思想道德教育的艰巨性，也无不凸显在思想道德教育中坚定政治方向的

① 习近平谈治国理政（第三卷）[M]. 北京：外文出版社，2020：32.

重要性。

2. 新时代关工委工作要把理想信念教育放在思想道德教育的首位

牢牢掌握意识形态工作领导权，最根本的就是要把理想信念教育放在思想道德教育的首位，切实解决好青年学生的“为了谁”“依靠谁”“为谁服务”的问题，把握好青年学生思想意识的“总开关”。

3. 新时代关工委工作要把提升青年学生的“文化自信”作为思想道德教育的根本

十九大报告指出：“文化自信是一个国家、一个民族发展中更基本、更深沉、更持久的力量。”[①]坚持文化自信是更基础、更广泛、更深厚的自信。不断增强青年学生的文化自信，就是不断增强青年一代的精神力量。思想道德教育本质上是一种先进文化教育。我们要通过中华优秀传统道德文化、党和人民伟大斗争中孕育的革命道德文化和社会主义道德文化三方面，从内心激发出青年学生对中国特色社会主义文化的自信。

4. 新时代关工委工作“要以培养担当民族复兴大任的时代新人”作为思想道德教育的着眼点

十九大报告提出了“培养担当民族复兴大任的时代新人”[②]的重大战略命题。新时代思想道德教育必须以“培养担当民族复兴大任的时代新人”为着眼点，以培养对象能“担当民族复兴大任”为评价思想道德教育成效的准绳。

（二）关工委老同志助力思想道德教育的优势

新时代关工委助力大学生思想道德教育必须着眼于担负十九大提出的新使命。而“五老”在担负新时代新使命方面具有显著优势。老同志识大体、顾大局，政治敏锐性强，独具慧眼，对社会问题看得透彻、想得深

① 习近平谈治国理政（第三卷）[M]. 北京：外文出版社，2020：18.

② 习近平谈治国理政（第三卷）[M]. 北京：外文出版社，2020：33.

远，有政治定力。老同志的经历既是一种思想上的理性力量，又是一种政治上的成熟表现。他们有坚定的“四个自信”，正确的“四观”，以及强烈的社会责任意识、规则意识、奉献意识。充分发挥这一政治优势，弘扬他们的可贵品质和宝贵精神，发挥这笔精神财富跨越时代的穿透力、影响力，能为“牢牢把握意识形态工作领导权”奠定坚实基础，增强青少年思想道德教育的说服力。

二、从新时代思想道德教育新内容、目前高校思想道德教育短板看关工委助力思想道德教育的必要性与优势

（一）新时代思想道德教育新内容

十九大提出了一系列适应新时代要求的具有时代特色的思想道德建设新内容。主要有以下几方面。

1.“深化中国特色社会主义和中国梦宣传教育”

“广泛开展理想信念教育，深化中国特色社会主义和中国梦宣传教育”[①]，是十九大提出的加强思想道德教育的首要任务。

我们要从确保党的事业后继有人和社会主义事业兴旺发达的战略高度，从全面决胜小康和实现中华民族伟大复兴的全局高度，从开启全面建设社会主义现代化国家新征程、实现第二个百年目标的高度，从构建新发展理念指引下的新发展格局的高度充分认识加强和改进思想道德建设的重要性和紧迫性。新时代思想道德教育的首要任务就是要让青年学生明确时代重任，明确自己肩负的新使命。深化中国特色社会主义和中国梦宣传教育，是提升时代新人思想道德水准的根本。

2.“引导人们树立正确的历史观、民族观、国家观、文化观”

---

① 习近平谈治国理政（第三卷）[M]. 北京：外文出版社，2020：33.

“弘扬民族精神和时代精神，加强爱国主义、集体主义、社会主义教育，引导人们树立正确的历史观、民族观、国家观、文化观”①，是十九大提出的加强思想道德教育的又一项重要任务。

“四观”教育的核心是“弘扬民族精神和时代精神”。强化“四观”教育，学好“四史”，自觉讲品位、讲格调、讲责任，强化广大青年学生对祖国、对民族的认同感；正确评价国家发展史、民族演化史、新中国发展史、改革开放史、社会主义发展史、中国共产党带领中国人民进行革命建设与改革的历史；增强中华优秀传统文化和社会主义先进文化自信，意义重大。这是新时代思想道德教育的主题。

3.“弘扬时代新风”

“弘扬科学精神，普及科学知识，开展移风易俗、弘扬时代新风行动，抵制腐朽落后文化侵蚀”②，是十九大提出的具有鲜明时代特色的思想道德教育任务。培育“时代新风”，包括两方面相辅相成的内容：一是培养青年学生的劳动观念和创新意识；加强青年学生的心理健康教育，培养学生良好的心理品质。二是净化青年的成长环境。培育“时代新风”，就要“弘扬科学精神”“抵制腐朽落后文化侵蚀”。这也是新时代思想道德教育不可或缺的重要任务。

4.“强化社会责任意识、规则意识、奉献意识”

十九大报告指出：新时代思想道德教育要“推进诚信建设和志愿服务制度化，强化社会责任意识、规则意识、奉献意识”。③新时代加强责任意识和诚信意识培育的新意在于，与“强化社会责任意识、规则意识、奉献意识”以及“志愿服务制度化”相结合。这是在前一阶段责任意识和诚信意识培育基础上的深化。今天高校的青年学生，是后备的干部队伍。习近

① 习近平谈治国理政（第三卷）[M]. 北京：外文出版社，2020：33-34.
② 习近平谈治国理政（第三卷）[M]. 北京：外文出版社，2020：34.
③ 习近平谈治国理政（第三卷）[M]. 北京：外文出版社，2020：34.

平总书记在谈到新时代干部标准时指出：建设“忠诚干净担当”的高素质干部队伍。这里所说的“忠诚干净”即是“诚信意识”“规则意识”；“担当”即是“责任意识”“奉献意识”。要培育适应新时代要求的干部队伍，必须从大学生抓起。从这个意义上说，当今大学生思想道德教育关系到我党事业是否后继有人的问题。

5.“推动中华优秀传统文化创造性转化、创新性发展”

十九大报告指出：“推动中华优秀传统文化创造性转化、创新性发展。”[①]深入挖掘中华优秀传统文化蕴含的思想观念、人文精神、道德规范，把优秀传统文化的精神标识提炼出来、展示出来；把优秀传统文化中具有当代价值、世界意义的文化精髓提炼出来、展示出来；并结合时代要求继承创新，让中华文化展现出永久魅力和时代风采。这是新时代思想道德教育的又一重要使命。

（二）目前高校思想道德教育主渠道（思政课）短板

对照十九大提出的新时代思想道德教育新要求，目前高校思想道德教育亟须强化，尤其是思想道德教育主渠道（思政课）还存在不少短板。

其一，在教学理念方面，教师问卷调查显示：对当前高校思想道德教育主渠道（思政课）作用发挥的整体认同度非常高。100% 的调查对象认为当前高校学生思想道德教育主渠道的教育理念是立德树人和促进学生德智体美劳全面发展，并有80% 和90% 的调查对象分别认为当前高校学生思想道德教育能做到以学生为中心、教育效果基本达到立德树人预期目标。

但调查也显示：在教学理念的确立上还存在许多不尽人意、值得改进的地方。10%~15% 的调查对象认为，教师未把思想道德教育理念融入思政课教学之中。

---

① 习近平谈治国理政（第三卷）[M]. 北京：外文出版社，2020：18.

同样问题的调查，在学生问卷中得到了类似的结果。14% 的学生认为，目前思政课的教育理念不够明确，教师未能把有针对性的思想道德教育融入教学之中。

其二，在具体教学设计方面，教师问卷调查显示：20% 的调查对象认为思政课教师未能把思想道德教育纳入各门课的教案中，65% 的调查对象认为学校思想道德教育设计尚需完善。

同样问题的调查，在学生问卷中得到的结果基本相似。调查显示，大部分学生虽然认同学校的思想道德教育能针对学生思想特点，但仍有61%的学生认为思政课的教学环节设计尚需完善。

其三，在教学内容方面，教师问卷调查显示：20% 的调查对象认为，自己学校的思政课、社会实践和日常教育中的思想道德教育内容尚显不足，未把思想道德教育作为各门课的有机组成部分。此外，25% 的调查对象认为思政课教材体系不够科学合理；45% 认为目前思政课内容应进一步改进和完善。

同样问题的调查，在学生问卷中得到的结果基本相似。调查显示，11% 的调查对象认为，思想道德教育主渠道中对社会实践、日常教育重视不够，思想道德教育未得到充分体现。13% 的调查对象认为目前的思政课教材体系不够科学合理；70% 的调查对象认为目前思政课内容有待改进和完善。

即使思政课教师在思想上确立了思想道德教育的观念，在教学中融入了这方面的内容，在实际贯彻中也不一定真正落地。

一项对“高校思想道德教育主渠道能否将理想信念教育放在首位”的调查中，不少关工委老同志认为，思想道德教育在很大程度上存在“纸上谈兵，空喊口号”的情况，尽管思政课教师能在思想上重视理论信念教育，但没有“落细落小”，落到实处。对照落实十九大“牢牢掌握意识形态工作领导权”的工作要求，70% 的老同志认为还需要进一步加强：教育理论层次还有待提高；社会环境还有待改善；教学内容和形式还有待完善；高校教师队伍还有待加强。

具体地说，目前高校思政课在思想道德教育方面存在的短板主要是：

1. 与学生思想道德实际有一定程度脱节，理论教育的实践性、指导性不强

面向关工委老同志的调查显示：超过70% 的老同志认为，目前思政课内容和学生思想实际、身心发展需求存在一定程度的脱节。课堂上讲理论多，讲结合学生思想道德实际的实践性、指导性内容少。如不能把“四史”“四观”“文化自信”等与学生思想容易产生共鸣的有关内容有机融入教学，从而无形中拉大了思想道德教育与学生的距离感，让学生误认为“思想道德教育只是停留在书本上的知识”“与我关系不大”等。

2. 教育手段偏重传统型，亟须现代化转型

面向师生与关工委老同志的调查结果不约而同地提到了当今高校思政课教学方法与教学手段的不足。

首先，在教学方法上，面向教师的调查显示：45% 的调查对象认为思政课教育方法主要采用灌输式、填鸭式；25% 的调查对象认为思政课不注重启发性教育；35% 的调查对象认为思政课教学缺乏师生互动。

同样问题的调查，在学生问卷中得到的结果基本相似。调查显示：我校学生对思政课教学方法认同度并不高。36% 的受访学生认为思政课教育方法主要采用灌输式、填鸭式，不注重启发性教育，缺乏师生互动；31% 的学生认为思政课教学方法未能与现代化同步。

其次，在教育手段上，教师问卷有30% 的调查对象认为思政课教育手段还停留在传统层面；50% 的调查对象认为思政课教育手段亟须向现代化转变；65% 的调查对象认为思政课网络教学应当加强；60% 的调查对

象认为思政课教学手段亟须革新。

同样问题的调查，在学生问卷中得到的结果基本相似。调查显示：虽有77%的学生认为思政课教育手段能满足学生学习的要求；但还是有40%的学生认为思政课教育手段还停留在传统的课堂教学层面；57%的学生认为思政课教育手段需要向现代化转变；63%的学生认为思政课网络教学应当加强。

关工委老同志对当前高校主渠道的教育内容和教育方法的评价基本类似。普遍认为，教学过程枯燥、教学内容乏味的状况未得到根本改观。教学手段的现代化转型极为迫切。

3. 教师教育教学水平有待提高

教师问卷调查显示：目前思政课师资力量不足的现象不同程度地存在；思政课教师选拔、岗前培训、在岗研修等机制还不健全；思政课教师不注重将科研成果转化为教学效果。同时，55%的调查对象认为，思政课教师在教学经验、科研能力等方面需进一步提升。调查显示，接近一半的老同志具有相同的看法，认为部分高校思政课教师专业素养缺乏、教学经验尚显不足，严重制约了主渠道作用的充分发挥。

以上短板的存在，影响了十九大提出的新时代思想道德教育新使命的完成、新内容的融入。

（三）关工委助力思想道德教育有利于弥补思政课短板

1. 有利于紧密结合新时代要求，落实以“培养担当民族复兴大任的时代新人”为思想道德教育的着眼点

目前高校学生思想道德建设在体制机制、思想观念、内容形式、方法手段、队伍建设、经费投入、政策措施等方面还有许多与时代要求不相适应的地方。关工委助力学生思想道德教育，有利于引导大学生紧跟国内外形势、了解时代特点、面向社会“热点”；有利于引导学生正确分析社会

问题，在纷繁复杂的社会现象中辨明方向、分清是非，保持头脑清醒，坚定正确的政治方向。

2. 有利于紧密结合学生思想特性，强化思想道德教育个性，增强思想道德教育感染性、实效性

老同志助力思想道德教育，除具有特殊的政治优势外，还有特殊的经验优势、情感优势、威望优势。请老同志讲形势、讲党史、讲国史、讲道德、讲责任，更容易得到青年情感上的认同，更具感染性。这样的思想道德教育无疑更加贴近青年学生的思想特点，从而增强思想道德教育的实效。

3. 有利于贯彻教育与实践相结合原则，切实做到“强化教育引导、实践养成、制度保障”

思想道德教育要坚持知行统一、教育与实践相结合的原则。既要重视课堂上的理论知识教育，又要注重实践教育、体验教育、养成教育，注重自觉实践、自主参与，让青年学生在自主参与中思想感情得到熏陶、精神生活得到充实、道德境界得到升华。而后者恰恰是课堂教学所欠缺的。老同志阅历广、视野宽、实践经验丰富，助力学生思想道德教育实践活动，能以亲身经历有意识地引导受教育者的实践养成。这正是弥补思想道德教育主渠道不足的一个重要手段。

同时，思想道德教育是一个系统工程，除思政课这一主渠道外，亟须形成一种全员参与的合力，需要形成一整套确保思想道德教育有效实施并能“常态化”运行的制度体系。这种制度体系要渗透到日常教学全过程、学生德育工作全过程、校园文化建设全过程以及学校管理全过程。认真组织老同志助力学生思想道德教育，并形成一种常态化的制度，使老同志在思想道德教育中的作用能够持之以恒地得到发挥，成为思想道德教育系统工程中的一个重要环节。

三、构建新时代高校关工委助力思想道德教育平台——以东华大学为例

经过多年的实践探索，关工委在助力青年学生思想道德教育方面，积极配合主渠道，主动作为，做了大量工作，发挥了积极作用，得到多方面的充分肯定。但还有很大的改进余地。首先，受自身缺乏现代信息知识与技能的局限，大量助力思想道德教育的方式依然沿用传统的“老办法”，走传统的“老路子”，以线下讲座、报告、谈心等传统方式为主，未充分利用现代信息技术含量高的现代化教育手段。其次，关工委助力思想道德教育工作覆盖面还不够广、渗透性还不够深、工作渠道还不够多元化，许多教育未能贯穿于学生成长成才的全过程，未能触及学生的心坎中。为担负新时代关工委的新使命、新要求，必须着力弥补助力思想道德教育的短板，努力开创关工委工作新境界。

（一）对策与建议

1. 围绕一个着眼点

高校关工委助力思想道德教育要以培养担当民族复兴大任的时代新人为着眼点。要以坚定的理想信念筑牢青年学生精神之基，坚定青年学生对马克思主义的信仰，对社会主义和共产主义的信念，对中国特色社会主义道路、理论、制度、文化的自信；要培养时代新人坚定对社会主义核心价值观的认同，将社会主义核心价值观转化为情感认同和自觉行为，养成日常行为准则，当好践行社会主义核心价值观的先锋和模范，在勤学、修德、明辨、笃实方面作出表率。这是思想道德教育的根本，必须紧抓不放、持之以恒。

2. 主抓两个渠道

一是牢牢把握课堂教育主渠道。关工委要助力思政课与课程思政，助力提高课堂教育效果。首先要为培养高素质、专业化的教师队伍出谋划策，

利用自身的政治优势、威望优势与经验优势助力青年教师队伍建设，以培育和弘扬社会主义核心价值观为主线，提高专业课教师的政治理论水平和人文素养。其次要助力课程建设，助力课程教学体系的完善。再次，要助力挖掘社会资源，尝试与社区街道等建立校外实践教育基地，将课程教学与专业实践、社会实践相结合，形成整体育人的协同效应。

二是积极拓展网络新渠道。在“互联网 +”时代，高校关工委需要不断与时俱进，打造适合大学生特点的关工委网上平台，实现线上线下同步育人。

3. 覆盖三个阶段

一是及时介入新生入学教育。新生入学教育是学生迈进学校的第一堂课。关工委一要助力新生思想教育与专业入门指导，引导学生确立远大理想，了解所学专业的地位、作用和发展前景。二要运用自身优势和专业特长，向学生传授做人、做事、做学问的经验，引导其合理规划大学生活，尽快进入大学生角色。

二是动态跟踪学生成长。关工委要助力学生全面提升素质，要经常深入学生课堂、宿舍、社团等，参与学生活动，了解学生近况，帮助学生成长。

三是把好毕业离校教育关。关工委要助力搭建就业指导工作平台，利用老同志信息资源广泛、社会经验丰富的优势，对学生的就业问题有针对性地开展指导工作。同时，也要帮助大学生以良好的心态实现从学校到社会的过渡，加强以适应社会、爱校荣校、历史使命感和社会责任感教育、公民道德和职业道德教育、感恩教育为主要内容的大学毕业生思想道德教育。

（二）做法与经验（以东华大学为例）

1. 构建宣讲、咨询平台，通过专题宣讲与咨询活动，做好“教育引导”工作

近年来，东华大学关工委银发讲师团的老同志为青年学生开设了“以

社会主义核心价值观引领人生路”“仰望头上灿烂星空，坚持崇高理想信念”“让青春在党旗下绽放”等专题讲座，构建好思想道德教育宣讲平台。同时，老同志定期与青年学生面对面谈心，就理想信念、学业生涯规划、就业指导、学风建设、学习方法指导、学术论文写作指导、大学生恋爱观等内容进行专题咨询，构建好咨询平台。老同志认真备课，搜集大量有关资料，并结合自身经历，有效地提高了宣讲与咨询活动的质量，弥补了主渠道教育的不足。

2. 构建学风教风建设平台，通过教学巡视（督学）把思想道德教育融入日常教学环节，做好“实践养成”工作

东华大学本科生教学巡视组与研究生教学督导组的老同志通过经常性的教学巡视以及师生座谈，通过对日常教学环节的关注，联系青年学生日常学习生活中的言行进行有的放矢的思想道德教育。他们通过认真听课、查阅试卷、检查教学大纲、参加毕业论文答辩、参加青年教师讲课竞赛评比、参与新进教师试讲工作等，发现典型，揭示问题，加强引导，从教学大纲、教学目标、授课计划、培养方案、教案设计等各个方面优化课程设置，在“实践养成”上下足功夫。

3. 构建积极分子教育平台，把思想道德教育融入入党积极分子、发展对象培养及学生党员教育环节，做好学生先进群体的“思想引导”工作

思想道德教育首先要在学生党员这个学生先进群体中落实，以此带动面上大多数。东华大学各学院都有关工委老同志担任特邀党建组织员，他们承担起了学生党员和入党积极分子的工作，定期与他们进行个别谈心，参加学生党员的专项特色活动和基层学生党支部的组织生活，力求在思想道德教育上先行一步。

4. 构建网络易班平台，开辟“思想引导、实践养成”的新空间

近年来，东华大学各学院的关工委老同志努力探索“O2O”（线上线

下相结合）思想道德教育模式，取得了初步成效。

一是“O2O”咨询模式。在精心搭建线下咨询平台的同时，拓展易班功能，开辟线上咨询平台，如“名师汇”“名师工作室”“老教授在身边”“薪火相传”等，充分运用网络手段创新思想道德教育工作方式，与学生进行“一对一”“一对多”“一对N”网上交流，扩大工作覆盖面，提高工作效率。

二是“O2O”宣讲模式。为突破时空的局限，扩大受益面，作为线下宣讲平台的延伸，人文学院关工委选取了线下讲座内容的精华，摄制了课程“微视频”，在网上发布，极大提高了思想道德教育的覆盖面与成效。

5. 构建老同志助力思想道德教育制度平台，做好“制度保障”工作

为保证院党政领导和关工委老同志、专职辅导员齐心协力、拧成一股绳，各学院建立了一系列老同志助力思想道德教育的工作制度，如例会制、沟通交流制、学生咨询活动制，以及教学巡视、督学、学生党建活动的具体工作制。这些制度规定了老同志的工作职责、工作量、工作方式等，为老同志助力思想道德教育工作的常态化、制度化提供了保障。

推动新时代思想道德教育不断强起来，促进全体青年学生牢固确立坚定理想信念、科学价值理念、崇高道德观念，为服务党和国家事业全局作出更大贡献。这是新时代思想道德教育的重要使命。高校关工委老同志在承担这一使命上义不容辞、大有可为。

（2020年12月）

课题顾问：浦解明；

课题组负责人：贺善侃；

课题组成员：侯晓彤，汪永安，穆莉，资雪琴，李磊；

报告执笔人：贺善侃。

浙江大学关工委课题组

新时代背景下高校关工委构建思政育人体系创新研究

内容摘要

新时代高校关工委充分发挥“五老”独特优势，以立德树人为根本，注重丰富思政育人手段，完善思政育人平台，发挥关工委在高校思政育人中的引领作用和发散效应，有效构建理论、路径、模式、制度“四位一体”的思政育人创新体系，引导青少年全面发展，取得了正面的社会效应和丰厚的育人成果。

关键词

高校关工委；思想政治教育；体系创新；立德树人

一、绪论

（一）高校关工委成立30周年的成果综述

关工委成立30年来，广大离退休老同志做了大量的关心下一代工作，辛勤耕耘，无私奉献，育人成绩显著①。

1. 高校关工委在学生工作中发挥积极促进作用

（1）发挥在学生思想政治教育中的协助引领作用。高校关工委成员具有思想道德素质较高、教学管理经验丰富的独特优势，通过向学生讲述自身革命经验、学习体会、实际经历、典型事例，能够加强对学生理念信念的引导，对大学生能够产生相当大的影响力，使学生认识崇高理想信念的重要性，从而依托老同志帮助青年学生形成马克思主义的坚定信仰和树立共产主义的远大理想②。

（2）发挥在高校学生党建工作中的监督作用。对于不同层次的党建教育对象，关工委老同志通过分享自身阅历，借助党课、座谈交流等形式多样的教育助力大学生增加学习党史知识、提升坚定的思想觉悟、增强入党信念、端正入党动机、发挥思想引导作用，确保发展和培养大学生党员质量。

（3）发挥在贫困生帮扶过程中的补充作用。由关工委老同志为贫困生做学业和心理帮扶工作，有利于引导学生树立起积极乐观、艰苦奋斗、自强不息的生活态度，勤奋拼搏的学习品质，使他们以正确、正面的态度和心理状态对待贫困，勇于面对生活，塑造健全人格，通过依靠自身勤学苦练服务社会和人民，逐步实现自己的人生价值。

---

① 彭军．充分发挥高校关工委在培养青年教师中的特殊作用[J]. 学理论，2013（30）：342–343.

② 王智勇，徐波．试论高校关工委在高校育人中的作用[J]. 辽宁师专学报（社会科学版），2011（6）：117–118.

（4）发挥在职业生涯规划中的启发作用。高校关工委的老同志有丰富的实践经验，有坚定的政治立场，把握规律意识强，具有高学历、高素质、专业性强等优势，对于大学生的职业生涯设计、人生道路规划会起到很好的指导作用，能够胜任就业择业人生导师的角色[①]。

2. 高校关工委在青年教师培养中发挥积极促进作用

（1）多位并举推进师德建设。利用辅导报告、现身说法、讲座培训等方式多措并举，助力青年教师提高师德认知水平、党性修养，规范职业道德和敬业精神。

（2）结对帮扶促进学术成长。聘请关工委老同志担任青年教师的学术和科研工作的人生导师，在工作上通过“传帮带”的模式给予年轻教师更多的关心关爱和实质性指导，帮助青年教师尽早转变角色，明确自我定位，实现科研技能早日提升[②]。

（3）实践指导提升授课技能。由老同志通过上示范课、听课反馈、咨询授课等方式为青年教师提供授课技能辅导，为青年教师树立榜样、传授教艺、指点迷津、释惑解难，在教学方法和教学技巧等多方面给予青年教师专业性的指导，推动青年教师的教学业务水平快速提升[③]。

（4）党建引领提升干部素质。通过邀请老同志，发挥自身工作经验优势和党性优势，促进青年党务工作者的思想深化、素质提升、技能拓展和经验升级，有助于促进高校学生党建工作发展，同时助力青年干部成长[④]。

---

① 陈松庆，王书莉．高校关工委助力大学生科技创新能力培养的探索与实践 [J]. 才智，2017（35）：32.

② 王智勇，徐波．试论高校关工委在高校育人中的作用 [J]. 辽宁师专学报（社会科学版），2011（6）：117–118.

③，④ 胡欣敏，陈荣武．高校关工委推进青年教师队伍建设的实践与思考 [J]. 安徽工业大学学报（社会科学版），2012（5）：124–125.

（二）新时代背景下高校关工委构建思政育人体系现状与存在的问题

1. 新时代的特征

中国正致力于建设和发展中国特色社会主义，正在为建设社会主义现代化强国、实现中华民族伟大复兴以及实现“两个一百年”奋斗目标而努力。这就需要培养能够完成国家伟业、拥护中国共产党领导和社会主义制度、立志为中国特色社会主义事业奋斗终身的有用创新型人才。积极开展新时代中国特色社会主义思想学习、宣传、教育，牢固树立“四个意识”，坚定“四个自信”，培养青年学生的爱国情怀，鼓励青年学生学好本领，积极投身到祖国最需要的地方去建功立业，为实现中华民族的伟大复兴而努力奋斗。

2. 高校关工委构建思政育人体系现状

高校思想政治教育要坚持以习近平总书记提出的“三全育人”，即全员育人、全方位育人、全过程育人为目标，培养适应社会发展的高素质人才。高校关工委根据立德树人根本任务要求，有效发挥自身扎实的理论优势，通过发挥“五老”优势，配合补充构建“大思政”育人体系，与各教育主体协同配合，有效互动，提高思想政治教育的效果，构建育人合力，实现育人目标[①]。

3. 高校关工委构建思政育人体系面临的问题和挑战

（1）新时代赋予高校关工委新的工作内涵。习近平总书记在全国教育大会中指出，要努力构建德智体美劳全面培养的教育体系，健全立德树人落实机制。这对高效关工委工作赋予了新的价值内涵。

（2）高校关工委制度建设创新机制有待加强。有些关工委缺乏规范化和制度化的组织架构和激励保障机制，难以充分调动和发挥“五老”的

---

① 杨恒．立德树人视域下高校思想政治教育协同育人机制研究 [J]. 南京理工大学学报（社会科学版），2020，33（6）：76–81.

工作积极性，未能充分发挥“五老”的工作优势，对育人的长期效果产生一定影响。

（3）高校关工委育人模式创新手段有待加强。新时代高校大学生思想观念、学习方式、生活习惯、社交形式等发生了重大变化，这也激励高校关工委“五老”不断在工作内容、方法、手段、形式、载体、路径等方面求变革，谋创新，拓展网络教学，增加交互学习、情景体验教学等方法手段，让思政教学过程“活”起来，提高青年学生的接受度[①]。

二、高校关工委构建思政育人体系的创新研究——以浙江大学为例

（一）高校思政育人工作概述

在2016年召开的全国高校思想政治工作会议上，习近平总书记强调思政课是落实立德树人根本任务的关键课程。思政课作为关键课程就是要解决好“培养什么人、怎样培养人、为谁培养人”这个根本问题[②]。

在课程教学中融入思政育人工作，将广大青少年的思想政治学习变为更加自觉的行为。思政工作开展好，才能更有利于完成社会主义精神文明建设、做好国家经济建设和其他相关工作。坚持党的思想政治建设，是一切工作的保证。深刻理解思政工作的内涵与外延，有助于我们可持续地、深入地开展相关工作[③]。

---

① 赵舫，刘海洋，于金秀．高校关工委围绕立德树人根本任务构建全过程全方位育人体系研究 [J]. 西部学刊，2019（8）：82–85.

② 谢梦菲．新时代立德树人目标下德育一体化研究 [D]. 郑州大学学位论文，2019年7月．

③ 郑永廷．把高校思想政治工作贯穿教育教学全过程的若干思考——学习习近平总书记在全国高校思想政治工作会议上的讲话 [J]. 思想理论教育，2017（1）：4–9.

（二）高校关工委构建思政育人体系创新研究数据分析

进入新时代，关工委“围绕中心、配合补充，因地制宜、量力而行，立足基层、注重实效”[①]，“五老”人员充分发挥自身优势助力青少年思想政治教育。为总结前期经验举措，对关工委老同志进行专项问卷调查《新时代背景下高校关工委构建思政育人体系创新研究调查问卷》，同期对兄弟院校关工委进行专项问卷调查《高校关工委构建思政育人体系创新研究调查问卷》，进而总结得出关工委构建形成的思政育人创新体系。

1.《新时代背景下高校关工委构建思政育人体系创新研究调查问卷》结果(图1~3)

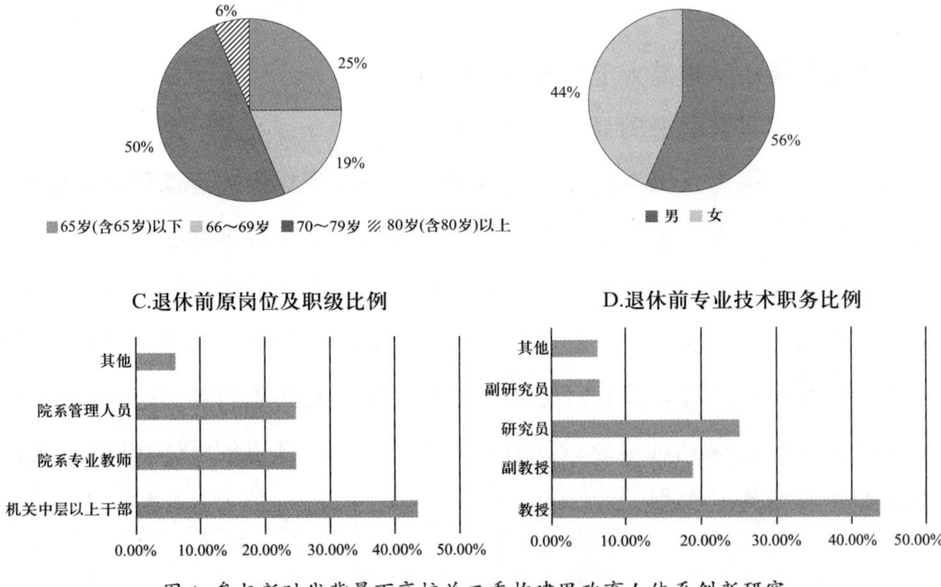

图1 参与新时代背景下高校关工委构建思政育人体系创新研究

① 关于加强全国教育系统关心下一代工作委员会建设的意见（教党〔2009〕20号）.

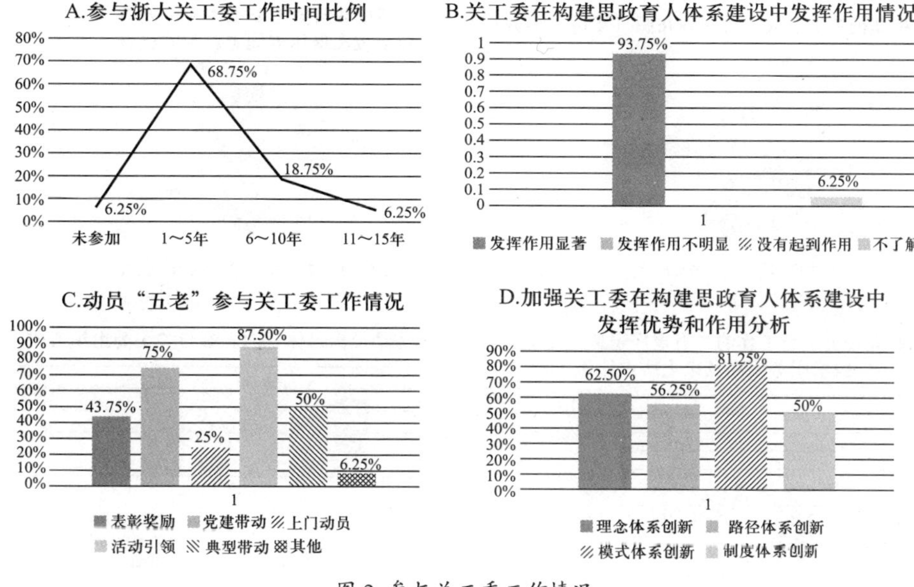

图 2 参与关工委工作情况

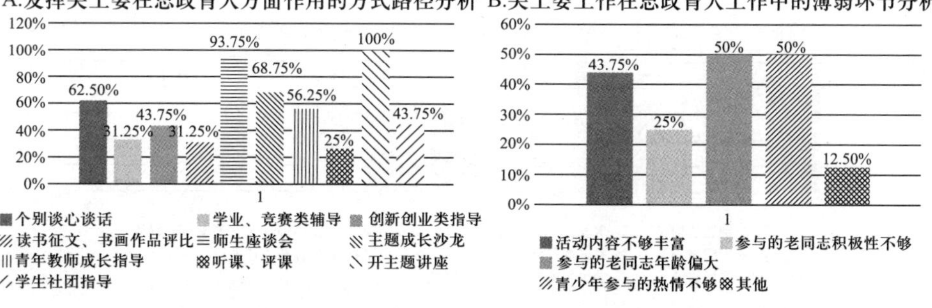

图 3 关工委工作在思政育人方面方式、路径及薄弱环节上的分析

2.《高校关工委构建思政育人体系创新研究调查问卷》结果（图4和5，表1）

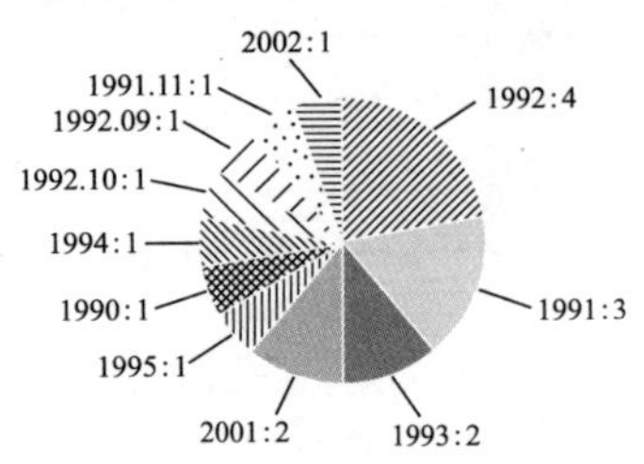

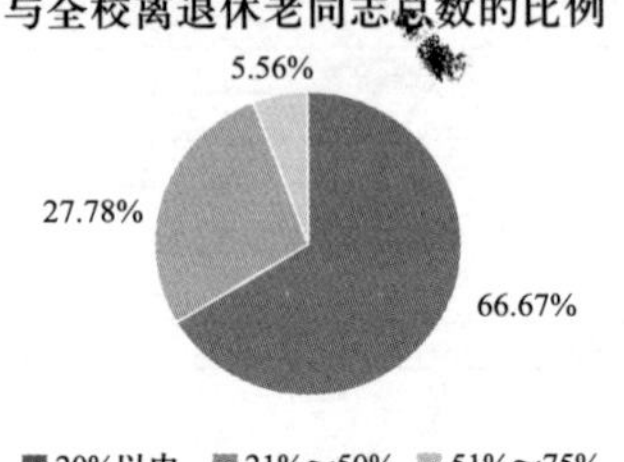

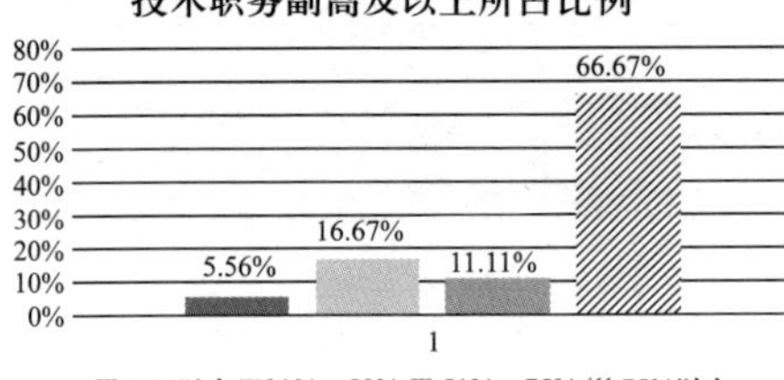

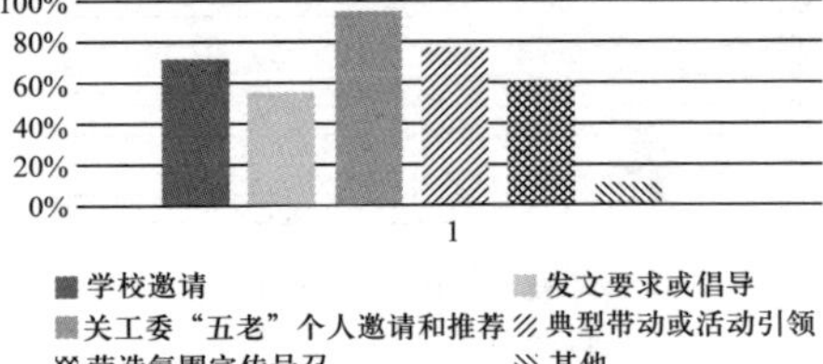

图 4 高校关工委工作基本情况

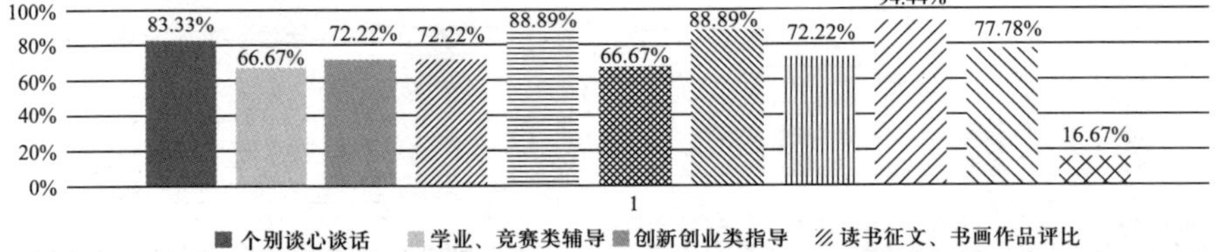

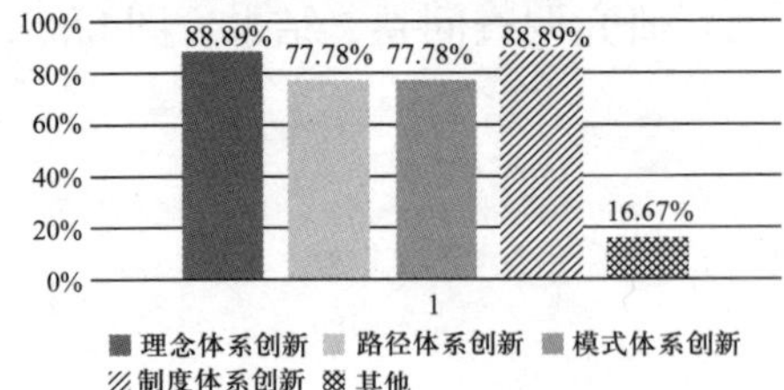

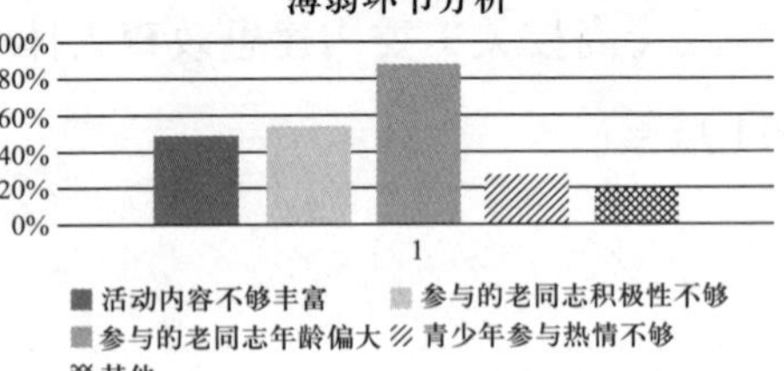

图 5 高校关工委在思政育人活动方式、路径及薄弱环节上的分析

表 1 高校对于创新关工委在构建思政育人体系中的创新做法

（根据调查问卷结果统计整理）

序号	创新做法
1	完善关工委工作的主导机制、组织机制和运行机制，使关工委工作融入学校的育人体系，发挥好老同志的自身优势。
2	建立老同志的特长和青少年的特长相匹配的菜单式的工作体系。
3	（1）发挥学生委员的作用，调动学生委员的积极性，融入关心下一代工作，畅通老同志与学生的沟通渠道，协助老同志了解学生需求并参与二级关工委助力学生成长的各项活动。（2）尝试利用新媒体转发党建、组织建设相关文章，方便老同志第一时间了解上级精神和关心下一代工作的最新要求。（3）积极探索线上会议渠道，力争开辟简单有效的线上沟通方式，在响应国家不聚集的号召的同时避免老同志车马劳顿。
4	建议离退休工作部门明确设立专门的关工委科室，履行校关工委秘书处职责，保证编制和稳定工作队伍。
5	加强新媒体在关工委育人工作中的应用。

关工委各方面运作模式、体制机制建设较为完善。从关工委发挥作用的情况来看，大多有1~5年工作时间，有些甚至具备十多年工作经历，在此过程中积累了丰富的工作经验，在思政育人方面作用明显。特别是高校关工委老同志善于通过与学生个别谈心谈话、师生座谈会、主题讲座等形式，对广大学生实施教育引导，在思政育人的模式体系创新、理念创新、路径创新、制度体制创新等方面成果显著。

当前高校关工委也存在活动内容不够丰富、学生参与积极性不高等问题，这就需要关工委切实了解广大学生需求，不断创新活动形式，有针对性地设计活动方案，丰富活动内容。此外，关工委队伍也存在年龄偏大问题，以浙江大学关工委老同志为例，有56% 的关工委老同志年龄在70周岁以上，其中8% 的老同志超过了80岁，亟须进一步吸收新鲜血液扩充团队力量。

（三）与时俱进，构建思政育人的理论创新体系

思政育人理论创新体系要紧紧抓住“一个核心”“大思政”和“三个契合”。

“一个核心”即“立德树人”。在新时代背景下，围绕立德树人根本任务的现状和青少年的需求，分析其中存在的问题，为实现“中国梦”培养接班人。

一直以来，党中央高度重视“大思政”的工作思路。2019年，习近平总书记在学校思想政治理论课教师座谈会上强调，思想政治课要配齐建强专职教师队伍，要建设专职为主、专兼结合、数量充足、素质优良的思想政治课育人队伍[①]。浙江大学也有组织专门的队伍来开展“大思政”工作，包括专职的政治课教师、专业课班主任、机关和研究生专兼职辅导员、关工委队伍等，学校其他部门和课程老师的中心工作也围绕“立德树人”进行，确保打造浙江大学的“三全育人”链条。

高校思政工作始终符合“三个契合”原则。一是要契合国家重大战略。开展高校思政工作要坚持弘扬社会主义核心价值观，坚持以人民为中心的宗旨。二是要回应时代重大关切。思政工作重点要关注世界和中国的变化大格局，引导学生了解时事政治，认清面临的国际国内主要矛盾[②]。三是要满足青年学生重大需求。在满足青年学生重大需求的过程中，要坚持以政治建设为引领，以问题为导向，坚持以习近平新时代中国特色社会主义思想为指导，努力为国家培养具有国际视野、求是创新、德智体美劳全面发展的建设者。

（四）凝练提升，构建思政育人的路径创新体系

新时代高校思政育人的路径创新既是丰富大学生思政教育的本质，又

---

① 中国共产党章程 .2017年10月 .

② 庞娟 . 新媒体时代大学生思想政治教育创新研究 [D]. 山西大学博士学位论文，2019年12月 .

是对他们思想发展的重要引导。构建思政育人的路径创新体系，才能激发大学生的积极性和自发主动性，通过人与人的互动交流、在丰富平台的展示、多方位多媒体的汲取知识，才能无死角地关心关爱青少年，不断提高思政工作的效率和能力①。

1. 互联互通，加强“两个层面”互动

“两个层面”即“‘五老’队伍与青少年群体”，构建齐抓共管协同育人的青少年思政教育工作体系。关工委工作应融合到学校人才培养完整的“三全育人”体系当中去，既有自己的特色，同时和学校大的路径方针相联系相衔接，凝聚校内外育人力量、整合课内外育人资源。关工委要发挥其中的补充作用，努力构建齐抓共管、协同育人的思政教育工作合力。

2. 推陈出新，探索“四条路径”建设

努力与“互联网 +”、大数据、自媒体等新型媒介载体融合，增强灵活运用各种新技能的本领和素养，让关工委的工作常做常新，推陈出新。在信息化高速发展的新时代，思政工作过程中存在着“危”与“机”，同时也带来了新的机遇和挑战，高校思想教育一定要坚定党的领导。

深化继续教育，将创新创业和思政教育有机融合，邀请创业上有建树、责任心强、有育人情怀的知名企业家担任学生创业导师，通过企业家设计学生实践培养计划、指导学生开展创新创业、参与学生职业生涯规划、组织学生深入企业实践锻炼等“导师带徒”方式，在提升学生实践能力的同时，也为导师企业激发创新活力，形成校企共建、“师徒”双赢的协同创新机制。

3. 坚定信念，实现“五个突破”发展

思想政治教育的发展始终与党和国家的发展息息相关。在思政育人过

---

① 赵舫，刘海洋，于金秀．高校关工委围绕立德树人根本任务构建全过程全方位育人体系研究 [J]. 西部学刊，2019（8）：82–85.

程中加大价值观的权重既是教育的目的，也是大学生的需求。因此，在思政课程中融入价值观，将价值观教育深入学生的内心，成为研究的关键[①]。关工委老同志通过各种讲座座谈、实践互动等活动寓教于乐，努力实现“政策发展、方法体系、思维体系、目标模式、最佳效果”五个突破。

（五）寓情于教，构建思政育人的模式创新体系

在育人模式体系中要搭建不同平台、建立多重基地、创建自己的品牌，从多维度助力青少年的思政教育。既要与互联网时代相适应，更要注重强化人际传播，通过代际沟通，寓情怀于教育，和学生面对面交流，发挥青年对老同志的热爱与尊敬优势，加强对青年学子的教育和熏陶。

1.“五老”思政育人的八大模块

（1）理论育人模块：马列经典著作学习，特别是习近平新时代中国特色社会主义思想的研究和探讨。

（2）党建引领模块：党建理论学习、党章和党的知识教育，党性修养教育。

（3）“四史”教育红色文化传承模块：党史、新中国史、改革开放史以及社会主义发展史学习研讨，传承红色基因、党的优良传统教育。

（4）道德修养模块：坚定理想信念，高扬爱国主义精神，培育和践行社会主义核心价值观。

（5）求是创新与浙大精神模块：浙大校训，浙大精神，浙大共同价值观，浙大历史和时代贡献，浙大故事。

（6）时代使命与责任担当模块：实现中华民族伟大复兴是新时代青年运动的方向，弘扬民族精神、时代精神，勇做新时代的奋进者、开拓者、奉献者。

---

① 庞娟．新媒体时代大学生思想政治教育创新研究 [D]. 山西大学博士学位论文，2019年12月．

（7）增强综合素质模块：科学精神与人文精神，开学第一课，传承好家风，师德讲座等。

（8）实践育人模块：重走长征路，重走西迁路，红色历史寻踪，田野调查，社会考察，时代模范采访等。

2.“五老”思政育人的方法路径

（1）演讲和报告，包括云课堂、线上交流、可省际校际交流、共享。

（2）“五老”参加党课党日活动，制作微党课，参加学生党支部活动、主题教育活动、“相约”座谈、革命传统纪念日活动等。参加学生田野调查、社会考察、校园文化巡礼等活动，介绍相关背景，解读历史，陈述沿革，谈出感悟，读活无字之书。

（3）老党员与学生党支部结对，老少共话，共同成长。可充分运用视频、微信、微博等现代信息手段，通过实物展示、历史细节再现、人生风采掠影，让学生感受其中。

（4）著书育人。通过讲座、首发式、著作赠送、研讨会等活动，助推思政育人。

（5）资助育人。传递关爱，沟通心灵，励志成长，赠送图书及学习用品等。

（六）顶层设计，构建思政育人的制度创新体系

浙江大学关工委成立以来，经过多年反复探索和实践已经形成较为完善的各项长效机制，包括组织机制、经费保障机制，建立了一系列关工委长期发展计划，包括“乐龄计划”等。将离退休老同志潜在的优势转化为现实的优势，将个人的优势转变为组织的优势，将分散的优势整合成集体的优势，实现优势互补，相互学习，取长补短，逐渐规范，不断完善，并在实践中贯彻落实。

1. 关工委成员的聘任制

礼贤纳士，把好“五老”队伍的政治觉悟和业务能力关，坚持高标准严要求，并把选人关口前移，在即将退休的教师干部职工中提前物色，真诚邀请。

2. 例会制度

上下半年各2次，全年4次。用于本年度的布置任务和回顾小结，做到有始有终，全盘有数，分工协作，彼此衔接协调。

3. 学习制度

一般为上半年的全国两会召开、下半年党中央全会召开之际，由1~2位同志作中心发言，学习领会党和国家的大政方针和政策号召。

4. 外出学习考察制度

每年组织1~2次社会考察、校际交流、田野调查。

5. 集体备课试讲制度

反复完善宣讲内容，切实保证宣讲效果。

6. 选题上网发布和应需而作的专题相结合的运作机制

编辑关工委工作简报，通过网站、微信宣传报道关心下一代工作和成绩，编辑专题宣传册，既起到精神激励作用又指导当前工作，并积累总结阶段性成果。

7. 各类活动记录保存的台账制度（包括文字、图片、录音、录像、视频资料等）

支持鼓励编写出版有关“五老”思政育人的书籍资料，探索著书育人的路径。

8. 思政育人平台、品牌、校内外基地建设的协调共建制

使关工委工作更具规范性、精准性。

三、高校关工委构建思政育人体系的社会意义

（一）“五老”参与思政育人的引领作用

“五老”是高校关工委思政育人的主体之一，他们通过各种有效的途径和方式，为青年大学生成长提供理论指引和人生启迪，为青年大学生实践磨炼提供亲历体验和苦乐成败的资鉴，为青年大学生塑造人生呈现自己曾经的愿景规划和实践轨迹，为青年大学生未来建功立业既鼓励支持又要为困难挫折预留心理空间。在思政育人中始终做到以德立身，以德立学，以德施教。党员老同志自觉“在党爱党，在党言党，在党为党”，活到老，学到老，奋斗到老，求实求是到老，真正赢得青年大学生发自内心的尊重和热爱，从而也真正体现“五老”思政育人的价值。

（二）“五老”发挥正能量的发散效应

关工委在思政育人实践中，高举中国特色社会主义旗帜，紧紧围绕党的教育方针，与国家同呼吸、共命运，紧跟时代步伐，始终以培育和践行社会主义核心价值观为主线，充分体现弘扬以爱国主义为核心的民族精神、以改革创新为核心的时代精神[①]。在思政育人活动中，构成了一个立体多层面的结构。

1. 宏观层面

各类主题教育辅导报告、培训讲座、党的理论知识辅导课、新生开学第一课、教职工始业教育等活动，主要在线下开展，也会根据实际情况在线上同步开设课堂供更多的学生学习参与。

2. 中观层面

在院级层面采取座谈交流的形式，如开展各类相约活动、午间辅导沙龙，地点设在各类大小会议室、学生学习驿站、党员之家等。

---

① 中国共产党章程 .2017年10月 .

3. 微观层面

主要形式为老党员与学生党支部、入党积极分子小组、党章学习小组或学生个人结对互动交流，开展小范围层面交流，老少共话，面对面、有针对性地解疑释惑，实现一把钥匙开一把锁的教育成效。

三个层面，形式各异，功效不同，但目标、价值取向一致；三个层面相互关照，点面结合，相得益彰。

（三）“五老”促进老龄化社会探索发展

当前，我国已进入“老龄化”社会，高龄人口数量日趋庞大，社会整体养老压力与日俱增。一方面给予广大老年人更多关注和关怀，切实解决老年人养老、就医以及精神慰藉等多方面需求。另一方面充分发挥低龄退休老年人作用①，真正实现老年人自我管理、自我服务，吸引更多时间充裕、精力充沛、身体健康的老年人参与社会各项事业建设，在整个社会营造“老有所为”的正能量氛围。

高校关工委老同志具有坚定的理想信念、丰富的教育教学经验，对学校各方面事业建设和发展了如指掌，具有较深的归属感、认同感，是高校开展各项事业的宝贵资源。他们参与高校思政育人工作能充分发挥独特优势，在引导大学生树立正确“三观”方面起辅助作用，在大学生党建工作中起协助作用，在大学生道德品质养成方面发挥模范作用，在大学生素质教育工作中起指导作用②。

高校关工委老同志参与育人事业，也有利于丰富老同志退休生活，促进其价值感、获得感、幸福感的实现。同时也有利于缓解人口老龄化问题所导致的社会事业滞后等多方面问题，进一步促进社会和谐，为老龄化社

---

① 张鉴．老龄化社会低龄老年人实现“老有所为”对策研究 [D]. 天津大学硕士学位论文，2015年11月．

② 刘弢．充分发挥高校关工委在大学生思想政治教育中的独特作用 [J]. 西南科技大学学报，2014（1）：115–118.

会多元共治体系的探索和发展提供可靠方案。

四、结论

高校关工委从“理论创新—路径创新—模式创新—制度创新”四个维度有效构建“四位一体”的思政育人创新体系，为实现“三全育人”贡献“五老”的智慧和力量，进一步助力青少年健康成长。

（一）构建高校关工委思政育人体系，进一步发挥优势效应

与时俱进构建思政育人的理论创新体系，“五老”通过“让有信仰的人讲信仰，促进思政理论课由‘被动灌输’向‘主动内化’转变”的方式，不断丰富高校“大思政”工作体系的内涵。

（二）构建高校关工委思政育人体系，丰富思政育人手段

凝练提升构建思政育人的路径创新体系，不断丰富思政育人手段，逐步提高思政育人的方法和载体，进而形成具有特色的育人品牌。“五老”思政育人着重点在育人内容和方式方法有效性上的创新，让思政育人往实里走，往细里走，往深里走，往学生心里走。

（三）构建高校关工委思政育人体系，引导青少年全面发展

寓情于教构建思政育人的模式创新体系，加强青少年思政教育工作，提升他们的综合素养，引导青少年热爱祖国、热爱党、热爱人民，帮助他们明确自己的奋斗目标。坚持正面引导，通过有计划、有组织的教育活动形式，扩大学生的眼界，陶冶学生的品行，激发兴趣，培养能力，教育学生树立正确的价值观，帮助青少年不断进步。

（四）构建高校关工委思政育人体系，完善思政育人平台

顶层设计构建思政育人的制度创新体系，通过理论探索和实践总结的方式，不断完善思政育人平台，逐步巩固高校关工委各项长效机制的建设

和发展。“五老”是高校思政育人工作不可或缺的生力军和重要力量，学校党政各职能部门和群团组织以及处于一线的各个学院，都应该来关心、支持、帮助关工委的思政育人工作，做到信息沟通、合作渠道畅通，尊重老同志的特点，为他们创造更加有利的支撑条件，保护好他们继续发挥作用的积极性、主动性、创造性，统筹协调有序推进高校思政育人工作。

（2021年1月）

课题组负责人：朱征；

课题组成员：邹先定，陈会贤，张文馨，张晓昀，彭凤仪，张梦新，李乐鹏；

报告执笔人：朱征，陈会贤，张文馨，张晓昀。

广州大学关工委课题组

粤港澳大湾区建设背景下青少年爱国主义教育成效与经验的研究

内容摘要

爱国主义是中华民族精神的核心要义，是每一个中国人的坚定信念和精神依靠。在长期的教育实践过程中，广州地区教育系统关工委以其毗邻港澳的独特地理优势，充分发挥粤港澳“五老”队伍作用，坚持开展多形式的爱国主义教育并取得不错成绩。在粤港澳大湾区建设背景下，更要搭建粤港澳三地爱国主义教育平台，形成生动的爱国主义教育样本，为推进爱国主义教育拥有更丰富的载体、更多样的资源、更扎实的举措而思考谋划。

关键词

爱国主义；青少年教育；粤港澳三地

建设粤港澳大湾区是习近平总书记亲自谋划、亲自部署、亲自推动的国家战略。中共中央、国务院印发的《粤港澳大湾区发展规划纲要》，明确粤港澳大湾区范围为香港、澳门，及广州、深圳、东莞、佛山等九城市。其发展目标是：到2022年，粤港澳大湾区作为国际一流湾区和世界级城市群框架基本形成；到2035年，粤港澳大湾区作为国际一流湾区将全面建成。这个发展蓝图，将极大地鼓舞中国人圆梦的信心，将全面带动整个经济建设和社会事业的发展。

在这个大背景下，粤港澳大湾区的各级关工委如何发挥自己独特的优势，以立德树人作为根本任务，为建设大湾区培养德智体美劳全面发展的各类建设人才，是亟待解决的一个重要课题。广州市教育系统关工委遵照习近平总书记有关指示精神，学习和领悟《粤港澳大湾区发展规划纲要》和《新时代爱国主义教育的实施纲要》赋予关工委的工作任务，以贯彻落实以上两个纲要为契机，积极探索在“一国两制”框架下，加强穗港澳三地青少年的文化交流，开展了形式多样的对青少年进行爱国主义教育的活动。近年来在教育部关工委、广东省及广州市关工委的指导和带领下，广州市教育系统关工委充分发挥广州毗邻港澳的优势，与香港、澳门的学校联谊共建，系统深入地开展形式活泼的爱国主义教育，并取得了一定的成效。这中间不少成果值得回顾，好些经验值得总结，有的方面还能为下一步更加深入地开展工作提出有针对性的建议。

一、大湾区背景下青少年爱国主义教育已初见成效

（一）主体明确，覆盖面广

目前，在市委、市政府领导下，在教育部门统筹安排下，爱国主义教育已经在全市各级各类学校实现了全覆盖，形成了纵横交错、覆盖全面的

良好格局。

一是实现各学段全覆盖。从幼儿园、小学、中学到大学，广州市教育系统关工委充分发挥自己的独特优势，协助学校和在职老师对青少年学生进行有效的爱国主义教育。把不同成长阶段的爱国主义教育当作一个系列工程来抓，一并思考、一并规划、一并部署、一并落实，形成了较为完整的教育链条，构建了大、中、小学一体化纵向衔接、各阶段循序渐进的爱国主义教育机制。通过“五老”课堂等重要途径，针对不同年龄段学生的认知特点，采取互动式、启发式、交流式等教育形式，加强党史、新中国史、改革开放史、社会主义发展史的宣传教育。在这个衔接机制中，老党员、老战士、老模范、老教师、老专家组成的“五老”队伍，自觉承担起“立德树人”使命，延续“教书育人”职责，发挥“银发引领”作用，体现“大爱”情怀，开展了各种以爱国主义教育为主题的教育活动。不少学校成系列、成规模，打下了牢固的思想根基。

二是穗港澳三地已联手开展教育活动。目前，广州市已按《粤港澳大湾区发展规划纲要》的要求，与港澳缔结姊妹学校233对，近年来，每年教育交流活动超过200次，师生累计交流超过4万人次。2019年3月以来，广州市教育系统关工委按市关工委《关于开展“腾飞中国·辉煌70年”爱国主义活动的实施方案》《“我和我的祖国”穗港澳青少年爱国主义教育系列活动工作方案》，明确以“我和我的祖国”为爱国主义教育的主题，联合香港广州社团总会、澳门广州社团总会、香港新活力青年智库，以及各相关社会力量、社团和组织共同举办粤港澳三地老少牵手文艺汇演、青少年演讲（朗诵）会、老少牵手书画展、青少年征文大赛、开学第一课等“五个一”系列活动。这些活动全面铺开，形成了穗港澳同频共振的良好局面。

（二）主题性强，效果显著

爱国主义范围很广，选项也多，在这方面要结合实际作出选择。近年来，广州市教育系统关工委围绕爱国主义主题多角度切入聚焦，突出家国意识与爱国主义，着力时代新人的培育，取得了较好的效果。广州市教育系统关工委坚持以习近平新时代中国特色社会主义思想铸魂育人，根据党和国家大政形势和上级关工委的要求，结合广州教育系统的工作实际，坚持每年聚焦教育主题制定一个实施方案、进行一次年中交流、完成一次年终总结，把青少年主题教育作为一件大事来抓。2016年，以建党95周年和长征胜利80周年为契机，开展学党史国史主题教育活动，讲师团深入36所学校宣讲长征精神，近万名中小学生、高职学生受教育。2017年，以"喜迎党的十九大，书写爱国情怀"为主题，组织全市中小学生以书画艺术形式宣传党的十九大精神，弘扬中华优秀传统文化。2018年以来，深入开展"传承红色基因，争做时代新人"主题教育活动，动员组织老战士、老模范、老同志等用亲身经历为青少年讲述红色故事、广州故事，传递时代精神。2019年，开展了"腾飞中国、辉煌70年"主题教育活动，在全国率先建立穗港澳三地青少年交流平台，共同开展了生动活泼的"我和我的祖国""5+1"系列活动。为了确保主题教育活动生动有效，充分发挥广州作为历史名城、千年商都、革命策源地等丰富资源的优势，建立了中共三大会址纪念馆、广州农民运动讲习所旧址、广东区委旧址等一批教育基地，编印了《华南抗日传奇故事连环画》《流溪河畔木棉红》《初心本色，榜样力量》等一批带有乡土味的历史故事书。结合主题教育还开展了各种主题的朝阳读书活动。在开展主题教育活动过程中，广州市教育系统关工委组织大批"五老"进社区、进校园，讲好中国故事、广东故事、广州故事。仅2019年开展的一系列主题教育活动即达到2847场次，受教育青少年将近12万人次。

（三）时间线长，品牌彰显力强

2010年以来，广州市教育系统关工委在市关工委的组织协调下，联合广东广播电视台新闻频道坚持在每学年开学第一天举办“开学日系列活动”，以其鲜明的主题、深刻的内涵、新颖的形式，成为给莘莘学子注入成长正能量的品牌活动。2017年，在天河区华阳小学举办“童心向党”开学典礼暨“尊师重道　古诗诵读”开学日系列活动，活动以迎接党的十九大召开、传承中华优秀传统文化为主题，通过诵读古典诗词及歌舞表演，抒发孩子们爱党爱国的深情和尊师重道的真情。2019年，首次由穗港澳三地部分中小学在线上举办开学日活动，共同举行升国旗、唱国歌仪式。市关工委在白云区江夏小学举办“我和我的祖国”开学日活动，通过舞蹈《我和我的祖国》、朗诵《中华孝道代代传》等文艺表演，为祖国庆贺华诞。活动中还为一年级新生举行了“开笔礼”仪式，收到很好的感染教育效果。2020年，在荔湾区环市西路小学举办以“时刻准备着”为主题的开学日活动，师生们以饱满的热情、活泼的形式自编自演了五幕校园剧《时刻准备着》，将习近平总书记“扣好人生第一粒扣子”的要求和“六一”寄语融入五幕剧情，通过艺术的形式表达了要把勤学习、树理想、炼意志、强体魄融入学习和生活中，为实现中华民族伟大复兴的中国梦时刻准备着。关工委的开学日关爱系列活动连续10年，时间跨度较长，而且发挥了省级广播电视台音频、视频新媒体的优势，其宣传效果已突破广州，辐射广东，甚至影响到省外。

多年来，广州市教育系统关工委积极参与了市委宣传部、市文广新局、市关工委等单位联合举办的“羊城之夏”青少年暑期系列活动，重点依托广州少年儿童图书馆、广州图书馆及11个区图书馆作为活动主阵地，组织开展各具特色的阅读活动，引导广大青少年多读书、读好书、好读书。近五年共开展活动9307场，吸引了190.5万人次参加。2019年，第40届“羊城之夏”围绕“献礼新中国，共享新阅读”主题，策划开展了“歌颂伟大祖国·畅想美丽广州”少儿朗诵展示活动2756场次，吸引56.5万人次参加。

由市关工委、市未成年人心理咨询与援助中心(广州大学心理咨询中心)、市少儿图书馆共同举办的2019年家庭教育暨家长学堂系列活动，受到了家长和孩子们的欢迎和好评，引起了珠、深、港、澳多地的关注。

（四）社会反响广，带动效果好

大湾区建设背景下的青少年爱国主义教育开展产生了巨大的社会反响。“我和我的祖国”主题教育系列活动历时一年，社会反响巨大，带动效果得到充分展现。截至目前，共有来自穗、港、澳三地15万余青少年踊跃参加，穗港澳三地共有近30个部门参与组织发动工作，中央电视台综合频道、广东电视台、广州电视台等近20家中央省市新闻单位以及《大公报》等港澳媒体进行宣传报道，参与人数之多、声势之大、效果之好，为近年少有，得到了中国关工委、省关工委领导及社会各界充分肯定和广泛赞誉。中国关工委主任顾秀莲评价说：“广州市围绕粤港澳大湾区建设，在穗港澳三地青少年中共同开展‘我和我的祖国’主题教育系列活动，我感到十分高兴，这是一个加强穗港澳三地青少年融合的创新举措。三地青少年共同搞征文比赛、搞书画展、搞演讲、搞文艺演出，通过这些活动共同加深对‘我和我的祖国’的感受。这项活动一定要搞好，不但广州要搞，还可以推广到内地去，让全国关工组织和广大‘五老’都来关注、关心、关爱港澳青少年，让他们能健康成长。”一分耕耘，一分收获。广州关工委顺势而为、开拓创新，为穗港澳三地广大青少年搭建了一个又一个抒发爱国心声、展现文艺才华的生动舞台，深化了对新中国成立70周年发展历程和辉煌成就的认识，促进了港澳学生增强文化认同、民族认同、国家认同，激发了三地青少年的爱国情、报国志，凝聚起老少牵手同心共筑中国梦的强大正能量，为粤港澳大湾区建设增光添彩。

二、大湾区背景下青少年爱国主义教育的经验

（一）重视顶层设计，加强组织领导，压实工作责任

以关工委开展活动，既是为实现“老有所为”提供展示平台，也是为培养青年接班人进一步发挥作用提供实践舞台。广州市教育系统关工委是在同级教育部门和各级各类学校党组织的领导下、以离退休老同志为主体、有在职同志参加的工作机构，体现了在爱国主义教育要求下，实现老有所为、教化育人的发展目标。一直以来，广州市委市政府高度重视关工委工作，层层压实责任，给关工委工作配备了强有力的领导机构。关工委组织架构明确，育人服务意识鲜明。市委常委、组织部部长和市委退休领导任市关工委主任，来自各基层的代表担任市关工委副主任。市教育系统的领导是其中一位副主任。教育系统内条件成熟的中小学均成立关工委，十所市属高校全部成立关工委，市教育系统关工委主任由教育局领导或高校正职领导担任。教育系统关工委定期召开会议，研究工作。经过多年的建设与积累，基层关工委建制齐备，组织健全，成为响应党和国家号召、教化育人的续航持久驱动力。累计至今，在广州市就有10多万关工队伍，其中教育系统“五老”队伍达到2万人，领导班子近500人。

（二）重视对症求解，布局谋篇，统筹设计

习近平总书记强调：“当代中国，爱国主义的本质就是坚持爱国和爱党、爱社会主义高度统一。”把握爱国主义教育核心要义和精神内涵，做好文章。广州市在粤港澳建设背景下主要做了两方面的工作。

一是要紧抓三地青少年的同与不同，寻找三地交流最大交汇面。三地青少年成长阶段相近，但接受教育的制度背景不同，文化背景不同，形成了既有共性又有特性的价值观与思想理念体系。根据2015年《当代穗港澳青年发展观基本特征与差异性研究》“青少年价值观调查”的问卷数据统

计发现，在社会经济发展的侧重点和关注度方面穗港澳三地青年发展观差异明显，广州青年发展观同质性较强，看重社会稳定和经济发展，但社会参与、政治参与意识不足；香港青年发展观较为复杂，看重言论自由和决策参与，但对国家认同和关注不足；澳门青年发展观多元化特征最为突出，既看重经济发展，也对其他社会政策和政治权利表示关心。教育系统关工委在工作思路上充分认识三地同源存异的实际情况，在活动的组织上、项目的设计上，特别重视包容推进，重视能够取得春风化雨的融合效果。

二是紧扣人的全面发展培养目标，寻找三地青少年最易交汇点。爱国主义是中华民族精神的核心，是千百年来中华民族生生不息、薪火相传的民族文化生命基因。广州市教育系统关工委参与推动以古之六艺“礼、乐、射、御、书、数”为基本开展的三地交流活动，让粤港澳三地学生在学习和传播优秀传统文化过程中不知不觉体会到同源共建历史文化事实，让大家自然生发对民族文化的感情，对传统艺术的热爱，对文化传承的自觉。普通话的学习交流也是一个重要的交汇点。20世纪90年代以来，穗深珠港澳五地就已经开展普通话交流，不少老教授、老教师还受邀到香港、澳门为港澳的教师教授普通话，提高特区学习普通话的水平，在认识国家通用语言文字的基础上逐渐形成更加坚实的国家认同的基础。此外，三地学校及老年教育工作者经常组织开展的活动涉及演讲、朗诵、绘画、书法交流等，也逐渐成为培育爱国主义情怀的最易交汇点。

（三）重视教育阵地建设、机制牵引，最大限度发挥育人功能

广州市教育系统关工委在实践活动中比较重视发挥学校的功能与作用，在育人范围内找到最大的增值效应，尤其是特别重视和发挥地方高校的牵引。广州地区基础教育阶段中小学校合计1500余所，高校近百所，高校在爱国主义教育活动中具有很强的牵引作用。2019年，“腾飞中国辉煌70年”青少年爱国主义教育活动在广州大学启动，共有来自省、市及珠三角九市各级关工委领导及大中小学生的450名代表参加了活动，到场的各位老同志结合祖国发展、亲身经历的分享和讲述，给予青少年强烈的思想冲击，爱国与爱党、爱社会主义在这里得到了高度统一。除此之外，“书记校长第一课”“名师大讲堂”经过长期打造，已成为高校全员育人的重要体现。教育部关工委铸就的“院士回母校”“老校长下乡村”活动在各高校得到了落实，个人发展与祖国命运紧密相连。以研学旅行、志愿服务、创新创业、文化活动等多元载体分层分类共建实践育人共同体，在组织这些富有情感、有温度、有高度、有深度、有气度的主题活动中，很多方面都有着广州市教育系统关工委老同志的身影。相信假以时日，这些活动一定会通过各种方式（包括合作办学）延伸或影响到港澳大学尤其是香港地区的高校中去，事实上现在很多时候已经是在这样行动了。

三、进一步推进大湾区青少年爱国主义教育的思考与建议

（一）精准把握大湾区建设的总体要求，明确新时代教育系统关工委的使命与责任

粤港澳大湾区是由香港、澳门两个特别行政区和广东省广州、深圳、珠海等九个珠三角城市组成，爱国主义是其中很重要的纽带，爱国主义建设也是新时代大湾区建设教育系统关工委的使命与责任，只有青少年厚植爱国主义精神，才能共同推动发展粤港澳大湾区这个富有活力和国际竞争力的一流湾区和世界级城市群。我们应该清醒地看到，粤港澳大湾区的建设不仅给关心下一代工作带来机遇，而且使关工工作创新发展面临诸多挑战。世界一流湾区的建成必将促使国际交往程度提升，且大湾区是在“一国两制”框架下建设发展的，粤港澳社会制度不同，法律制度不同，尤其是青少年从小接受教育的背景不一样，在当前世界多极化、经济全球化、

社会信息化、文化多样化深入发展情况下，广大青少年受到的影响冲击必将是关工委开展爱国主义教育的全新挑战。因此，在新时代如何爱国，如何发扬爱国主义精神，如何铸魂立根就显得更加重要。

（二）紧抓大湾区发展规划带来的特殊发展机遇，统筹抓好爱国主义教育行动推进

一要统筹抓好基于大湾区青少年创业导向的爱国主义教育。党的十九大开幕会上，习近平代表第十八届中央委员会向大会作报告时说："要支持香港、澳门融入国家发展大局。"广州从2019年6月1日起，正式实施《发挥广州国家中心城市优势作用支持港澳青年来穗发展行动计划》，提出了一系列支持港澳青年来穗发展举措，包括符合条件人才补贴免征个税、筹建1000套港澳人才公寓等诸多政策。该行动计划涵盖了支持港澳青年在穗学习、实习、交流、就业、创业、生活等方方面面。主要内容包括实施"乐游广州""乐学广州""乐业广州""乐创广州""乐居广州"计划以及搭建高效便利服务平台（简称"五计划一平台"），共15项具体措施。大湾区的建设，为港澳地区的年轻人提供了很好的交流机会，也能够让年轻人感受到自己是粤港澳三地融合发展的参与者，并能在推广爱党爱国思想过程中有成就感，主动把"一个中国"烙入心里，在"五乐"基础上把爱党爱国的思想转化为实际行动，讲好羊城故事，发出湾区好声音。

二要统筹抓好基于欢迎港澳青少年到广州读书求学基础上的爱国主义教育。大湾区教育建设还体现在粤港澳三方教育合作发展上。《粤港澳大湾区发展规划纲要》是支持粤港澳高校合作办学、鼓励港澳青年到内地学校就读的政策文件。香港科技大学（广州）落户南沙，与香港中文大学、香港理工大学、澳门大学等港澳优质高校开展多领域的合作。大湾区要推进职业教育在招生就业、素养教育、培养培训、师生交流、技能竞赛等方面的合作，扎实推进示范性的爱国主义教育基地。大湾区还大力加强基础

教育交流合作，鼓励粤港澳三地中小学校结为“姊妹学校”，研究探索三地幼儿园缔结“姊妹园”。广州11个区相继发布义务教育阶段学校招生相关细则，明确出台港澳随迁子女就读细则，先后决定在新学年开设港澳子弟班。这就意味着，随着大湾区建设发展，粤港澳三地青少年之间的交往越来越频繁，到广州读书的港澳青少年越来越多。统筹做好三个抓手建设，从课程体系、载体建设、机遇发展中搭建爱国主义教育体制。

三要抓住国民待遇，促进爱国情感。大湾区的建设，促使大湾区内的九市二区形成了一个湾区共同体。以学校为主阵地，在国民教育过程中可以促使课程体系有更多的融合与发展。改革开放以来，粤港澳三地在国民教育政策方面都是以政府为主导进行顶层设计，道德教育是国民教育的核心内容，不同点是香港地区重视在各学科中渗透公民教育，各种社会力量参与到公民教育行动中，重视公民的参与式学习。通过教材、课堂、生活、情感多元渗透模式与教育衔接。香港和澳门地区的教育政策，更加重视道德和社会性培育，但港澳地区的教育政策都过分强调公民教育，国民教育政策相对缺乏。尤其是香港地区，自2012年国民教育风波后，国民教育已被搁浅。澳门地区相对来讲爱国爱澳教育实施得较好，2007年以后已采用人教社编订的《品德与公民》教科书。珠三角九市尊崇与贯彻国家教育方针课程大纲的课程标准及实施，管理方面强调党和政府对教育工作的领导，突出立德树人的根本任务，强调思想政治教育的重要性。我们认为，粤港澳大湾区有共同的历史文化、共同的心理习惯，人缘相亲，比邻而居。如果增强香港、澳门居民对大湾区共同体的认同，势必会增强国家认同。而单纯采用政治灌输的思想政治教育方式未必在香港和澳门地区适用。应该把社会主义核心价值观的教育融入历史文化和地理等学科教育中，用传统历史文化认同凝聚社会团结。渗透式的国民教育方法更为可行。而且加强对大湾区历史文化和地理空间领域的情感体验教育，能进而增强对国家共同体的认识，共同体能给人们一种归属感，有了归属感，才能在心理上认同国家。因此要加强非政治化的道德教育倾向引导，侧重祖国历史文化和地理方面的认知，进而培养爱国情感，增强国家认同。

四要抓住教育载体，以社会实践促进报国行为。推动爱国精神转化为强国报国的自觉行动。以“激情追梦”行动促进爱国行为养成，以“奋斗圆梦”行动融入国家发展大局。将自身的职业规划与人生理想同祖国的建设大局紧密相扣，投入重大领域、紧缺行业和基础学科的研究和工作中，扎根人民，奉献国家。通过搭建各种实践平台，开展各类实践活动，引导师生们将“小我”的价值实现融入“大我”的目标体系，报效祖国。广州大学关工委科技辅导团，由一批热心并富有青少年科技创新教育经验的老教授、老专家于2003年发起建立。这些专家将落实国家《全民科学素质行动计划纲要（2006—2020年）》作为使命，17年来培养了2500多名大学生志愿者，深入到各中小学校和青少年群体中广泛、深入开展科技辅导工作，成为一支活跃在青少年科技辅导一线的“老教师尖兵队”，为推动形成崇尚科学、鼓励创新的良好风尚，培养具有良好科学素养的知识技能型人才发挥了独特作用。截至目前，科技辅导团已深入100多所中小学开展科技教育活动，建立中小学青少年科普教育实践基地40余个，辅导学生上万人。不少的农村薄弱校实现了科技项目“零”的突破，集体、个人获得多项荣誉。不少学生在接受科普教育的同时，也立下报国志愿，不少当时在校的大学生志愿者毕业后自愿投入教育系统的科普教育行列中，成为其中的专业人士或科技辅导老师。十余载努力，形成了“老手、大手拉小手”的共建模式，形成了生生不息的延续循环，是科技立志、科普报国的生动体现。

五要抓住“百年未有之大变局”，体认爱国情感。香港2014年的“占中”事件以及“修例”风波引起的香港动乱，要引起我们高度警惕。这两个事件的背后明显有国外反动势力在那里推动，但卷入其中的绝大多数都是香港青少年。而这些年轻人，都是香港回归以后成长起来的新一代，这不得不令每一个关心香港前途命运的有良知的人深思。由于种种原因，特别是香港教育制度的严重缺失，致使香港的年轻一代对祖国的历史、对香港的历史知之不多。正如全国政协副主席、香港前特首梁振英所强调的，香港市民尤其是年轻一代应深入了解香港与国家在以往历史中所承受的苦难，应该知道国家力量的重要性，以及知道香港与国家，香港市民与全国人民有共同命运。梁振英这番话，指出了香港新一代学习历史、牢记历史以弘扬民族精神的重要意义。回顾香港部分青少年学生之所以参与违法“占中”以及一些暴力冲击活动，归根结底在于他们对中国历史，特别是近代外国列强侵略中国和中华民族救亡图存的历史缺乏认识，导致国家民族观念薄弱，反映香港特区的青少年在历史教育方面存在严重缺失。同时也急需大湾区九城市的关工委知难而上，主动为做好青少年教育包括香港、澳门青年的教育贡献一份力量。这次全球新冠疫情的国际大考中，中国体现出来的大党气概和大国担当，再一次验证了“中国共产党为什么‘能’、马克思主义为什么‘行’、中国特色社会主义为什么‘好’”等重大问题。突出讲好抗疫故事，弘扬伟大抗疫精神，用好国际比较的方法，广泛开展宣传教育，加强思想舆论引导，一定能够充分彰显中国特色社会主义制度的显著优势。

（三）要统筹抓好基于城市互动机制衔接基础上的爱国主义教育

一要在开展过程中有大局思维，着眼于粤港澳多地布局。正如前所述，大湾区是由多个城市共同组成，而城市化是一个多元有机综合体。在粤港澳城市体系建设、产业集群发展中，要准确把握习近平总书记对广东改革发展的新要求新期望，深而学之、起而行之，努力在新时代新征程上走在全国前列。为粤港澳大湾区发展注入新动能，为全国推进供给侧改革、实施创新驱动发展战略、构建开放型经济新体制提供支撑，建设富有竞争力的一流湾区和世界级城市群，打造高质量发展的典范。总结和解构深圳特区所创造的伟大发展奇迹的中国密码，不仅需要用党领导人民群众进行经济建设改革和伟大社会革命的成效说话，用改革开放以来所取得的一系列社会主义现代化建设的巨大成就说话，还需要用好抗击新冠疫情这部鲜活的教材体现出的新时代中国特色社会主义的制度优势说话。通过对过去历史与现实情况、国内与国外的纵横比较，建立起爱国主义教育的现实体验体系。

二要在珠三角地区爱国主义教育一体化意识上下更多功夫。我们认为，要积极推进大湾区青年祖地寻根之旅活动。通过考察访问优秀历史文化遗存，探寻族群融合发展脉络和人文底蕴，弘扬爱国主义精神。广东正在加快形成“一核一带一区”区域发展新格局。在2020年9月开展的“潮客一家亲——大湾区青年粤东祖地寻根之旅”活动，就是一次很好的试验活动。要充分利用各种教育资源，使得大湾区爱国主义教育一体化建设迈上新台阶。在贯彻落实大湾区建设进程中，把握习近平总书记对香港、澳门的殷切希望，充分发挥广州作为大湾区核心引擎的作用优势，促进和加强穗港澳三地青少年交流。以帮助青少年找准成长成才的时代坐标和现实路径为重点，不断扩大活动覆盖面。一方面继续推进教育部关工委“院士回母校”“大国工匠进校园”“名校长下乡扶贫”等活动；另一方面不断深化我省教育关工委品牌活动内涵，比如推广高校关工委配合做好高校思想政治工作的经验，比如推进高校关工委讲师团进中小学校宣讲，有组织地面向中小学生开放实验室、展览馆的做法等。重视九市交流互通机制，在同一品牌、同一主题活动深化中相互学习，寻找建立最有效的大湾区爱国主义教育一体化实践方案。

三要注意构建香港、澳门地区的各种相关社团与关工委对接互动的机制。把粤港澳大湾区青少年爱国主义教育工作做好，还有一个工作平台，形成大湾区青少年爱国主义教育的更大合力。大湾区9+2城市群要充分发挥穗港澳三地文化同源、人缘相亲、民俗相近的优势，彼此主动联系。作为大湾区四大中心城市之一的广州，当然在这方面要更主动协调香港、澳门爱国爱港澳社团，探索穗港澳三地联合开展青少年爱国主义教育的新做法、新机制。

（2020年11月）

课题组负责人：卢捷，陈万鹏；

课题组成员：赖卫华，陈少梅，黄斌，胡艳芝，李燕冰；

报告执笔人：卢捷，陈万鹏。

西南科技大学关工委课题组

新媒体环境下高校关工委融入大学生思想政治教育研究与实践

内容摘要

在网络和新媒体环境下，了解新时代、新青年、新媒体的特点，才能够更加有效、有力地开展高校关工委工作。加强新载体建设是新媒体环境下高校关工委工作必不可少的一环，构建大团队支撑是新媒体环境下高校关工委工作的必由之路，形成多机制保障是新媒体环境下高校关工委的重要基础。西南科技大学关工委在利用教育网站服务青年师生成长的实践和效果的基础上，就改进网站教育功能、建设关工委微信公众平台、推进大学生思想政治教育三个方面进行了实践。

关键词

新媒体；高校关工委；大学生思想政治教育；融入性研究

习近平总书记指出，做好高校思想政治工作，要因事而化，因时而进，因势而新。要运用新媒体新技术使工作活起来，推动思想政治工作传统优势同信息技术高度融合，增强时代感和吸引力。互联网的发展为创新高校思想政治教育开启了全新思路。随着信息技术的快速发展，网络与新媒体在人们生活、学习和工作中发挥着越来越重要的作用。在高校，网络与新媒体已成为大学生获取知识和各种信息的重要渠道，我们的服务对象正在迅速成为“触屏一代”，网络与新媒体背景下大学生思想政治教育面临着新的机遇和严峻挑战。西南科技大学关工委较早开办教育网站，成为关工委参与大学生思想政治教育的一个阵地，在学校关心下一代工作中发挥了独特的作用，积累了丰富的经验。

一、课题开展情况

自课题2016年立项以来，课题组成员一共七人，严格按照课题申报书的进度安排和研究内容，共召开了八次课题组全体会议，分为调研总结组、公众号创作组、机制保障组三个工作组，工作中又吸纳了相关的教职工和学生团队参与其中，按照各自小组分工进行了充分的调研、总结和反思。课题研究采用“融入＋交互”的研究视角，深入探讨网络与新媒体环境下高校关工委工作促进青年大学生思想道德建设的实践经验和机制创新。课题的研究实践过程追踪表明，调动了学校的所有可用人力资源和工作资源，合理使用课题经费，集中学校工作优势，将课题的成果更广泛地应用到实际工作中来，并立足于能够提升凝练成为可以复制推广的工作经验。

课题组成员既包括西南科技大学关工委常务副主任，曾荣获“全国关心下一代工作先进工作者”荣誉称号的老同志，也有负责管理学校新媒体联盟的管理干部，包括博士和教授，涉及马克思主义学科、思想政治教育、法学和管理等多个学科，保证了本课题组能有效地开展理论研究和实践调研，使理论和实践得以统一，也使得课题组能够顺利及时地完成各项课题研究任务。尤其是在课题研究的后期，加入了四川旅游学院的相关工作同志，使得课题的成果有了校际的交流和互动，为课题后期研究注入了新的力量。

为了更好地开展本课题的研究与实践，课题组开展了扎实而细致的课题调研，为后续的理论研究提供了第一手资料和数据支撑。随着信息技术的快速发展，网络与新媒体在人们生活、学习和工作中发挥着越来越重要的作用。网络等新媒体已成为大学生获取知识和各种信息的重要渠道，作为当今时代最为重要的即时通信方式，带给大学生的思想道德教育既有机遇也有挑战。西南科技大学关工委老教师通过开办教育网站，配合主渠道开展社会主义核心价值观教育，特别是“乔老师在线”，实现与大学生在网上互动交流，答疑解惑。本文在总结关工委利用教育网站服务青年师生成长成才的实践和效果基础上，就改进网站教育功能、建设关工委微信公众平台、推进大学生思想政治教育三个方面进行了考察和探索。

二、西南科技大学创建关工委发展新模式

（一）“乔老师在线”应运而生

自1999年起，高校招生规模不断扩大，教师紧缺，课后没有教师辅导，这给学校教学工作带来了很大的压力。2000年春，年届退休的乔生炳老师想到了计算机网络，在青年教师的帮助下建立了一个简易的物理教学辅导网站，实现了与青年教师和大学生在网上交流，延伸了教学空间。2001年建成并开通了理学院“大学物理教学网站”。

在实践中，老教师利用网站，在对青年教师进行教学指导、对大学生

进行学习辅导的同时，还在网上与青年师生进行思想交流，答疑解惑，客观上发挥了关心下一代的作用。学校关工委敏锐地把握这一信息，及时将其作为关心教育下一代的新平台。网站在保持教学辅导功能的基础上，增设了“思想交流”“心理咨询”等栏目，网站更名为“乔老师在线”，作为理学院关工委教育网站。老教师通过网站解答学生在学习和生活中遇到的思想和心理问题，排解心理障碍，指导他们处理好学习和人际关系中的矛盾。短短几年，网站受到了广大网友的青睐，不仅吸引了西南科技大学在校的青年师生，也吸引了广大校友，甚至还吸引了国内外其他高校的师生，先后有十多万人次访问过该网站，起到了较好的育人作用。有鉴于此，学校关工委及时在理学院召开现场会，推广“乔老师在线”的成功经验。乔生炳老师先后被评为学校和全省教育系统关心下一代工作先进个人，网站成果获四川省教学成果奖二等奖，被《中国火炬》等刊物报道。

（二）建设学校关工委教育网站

学校党委、行政高度重视网络思想政治教育，十分关注“乔老师在线”教育网站的建设和发展。怎样在保持“乔老师在线”特色基础上，将其建设成为配合主渠道开展“中国梦”、党史国史和社会主义核心价值观教育的一个新阵地，在服务青年师生成长成才中发挥独特作用，成为学校关工委的一项重要任务。

首先，组建关工委教育网站。2013年，校关工委借成立20周年之机，明确提出了“建立校关工委教育网站，延伸、拓展关工委工作途径，突出思想引领、人生导航的特色，成为有平台、有团队、有日常工作、有设备、有经费保障的教育网站”的新任务，并将其作为2013年关工委重点工作。在学习外校经验基础上，结合学校实际情况，将校关工委工作网站和“乔老师在线”进行整合、改版、扩建，于2014年年初建成了“西南科技大学关工委教育网站”。

新组建的关工委教育网站在突出“乔老师在线”互动功能的基础上，设置了16个一级栏目：关工委概览、工作动态、学习园地、主题教育、新生导航、老少共建、学业事业、道德法律、交友恋爱、青蓝工程、考研考证公考、好书推荐、文学艺术、养生保健等，在部分一级栏目下设置了二级栏目。“乔老师在线”互动栏目面向学生、青年教师、校友和学生家长。

其次，关工委教育网站的定位。在学校党委宣传部和校关工委领导下，把教育网站办成配合主渠道开展大学生思想政治教育的阵地；服务青年教师和大学生健康成长、校院关工委交流工作的平台；展示老少共建和“五老”风采的舞台。网站有别于学校主渠道的工作网站，有别于青年类、老年类网站，突出其思想引领、人生导航、关爱教育的特色。

再次，网站的组织管理与运行机制。一是在校关工委下设教育网站工作组，配备正副组长，由关工委常务副主任分管。定期向校关工委常务工作组汇报网站建设与运行情况，主动争取学校相关职能部门的支持。二是成立了由老教师、在职人员和勤工助学在读研究生组成专兼结合的网站编辑部。三是加强对网站运行的管理，制定了《关工委教育网站管理办法》，明确编辑职责与分工，以及撰、荐、校、审文章的标准和程序，并严格执行。四是网站刊发文章、信息，以推荐与原创相结合，内容以修身、修业、励志为主，定期更新。

最后，开展专项活动，促进网站建设。一是开展关工委教育网站阅读竞赛活动。为了扩大关工委教育网站的影响，更好地发挥网站的教育功能，校关工委在2015年6月至10月，在全校开展了关工委教育网站阅读竞赛活动，活动收到700余件作品，经评审，有143件作品获奖。二是由马克思主义学院关工委牵头，与校关工委一道，申报教育部关工委专项课题——“网络与新媒体环境下高校关工委融入大学生思想道德教育研究”获准立项。三是在学校关工委组织的专项课题申报立项时，对关工委网站建设的相关课题予以资助。

（三）建立“桑榆清语”关工委微信平台

为扩展教育网站与新媒体、多媒体功能，扩大信息量，更好地服务青年师生和学校关心下一代工作，组建西南科技大学关工委微信公众号平台。该微信公众号包括四大模块：一是学校关工委基本信息模块，对学校关工委概况、服务内容、联系方式等情况进行介绍，以帮助订阅者了解关工委、提出需求、建立联系。二是新闻资讯模块，它将实时推送校内外乃至国际国内的重大新闻动态。三是活动推介模块，目前关工委的工作活动动态的开展形式主要以网站公告、海报宣传以及各部门院系的宣传通知为主，信息公开范围稍显限制。因此，该模块的功能将会较好地弥补这方面的问题。微信公众号的活动推介模块还将具有在线报名功能，进一步方便全校师生报名参与，扩大活动的影响范围。四是在线答疑咨询模块，此模块是独具特色的关工委微信公众号的核心部分，它包含两个方面的内容。一方面是针对青年师生在教学工作、专业知识学习等方面存在的疑难咨询，订阅者可以通过此公众号在线进行相关咨询。另一端是由学校关工委组织的专家团队在线答疑。另一方面是针对青年师生在思想、生活、情感等方面存在的问题、疑惑进行咨询。另一端是学校关工委老教师在线答疑。关工委老教师懂教育、善教育、会教育，利用这一平台，可以充分发挥他们所具有的政治优势、威望优势、经验优势、时空优势和亲情优势，与青年师生交流互动，答疑解惑。

校关工委网站组会同马克思主义学院关工委建立“桑榆清语”关工委微信平台。笔者针对“大学生是否会转发高校关工委微信公众号的推送信息”进行了调查，问卷显示有18.53%（图1）的大学生选择“不会转发”。因此，平台坚持需求导向，通过调研，摸清学生用户群体的使用需求，以“融入＋交互”为特色，融合网络思想政治宣教阵地、关工委信息发布平台、“乔老师在线”互动平台为一体的综合移动互联网平台。

微信平台坚持“三贴近”话语体系，即贴近实际、贴近生活、贴近学生。以学生听得懂、喜欢看、爱转发为目标，用轻松幽默的话语推出银发风采、“忘年交”故事等新媒体专栏。用微视等新媒体软件展示校园正能量，将传统的思想政治教育活动转变为充满信息传递、情感交流、思想沟通和智慧碰撞的互动。与“乔老师在线”一道，形成关爱活动“线上”+“线下”互动。让学生接受涵养品德、浸润心灵、润物无声的思想教育和价值观灌溉。在传播正能量、唱响主旋律的同时，对负面新闻、错误观点和思潮开展针锋相对的斗争，引导青年大学生正确认识理解社会热点和问题。

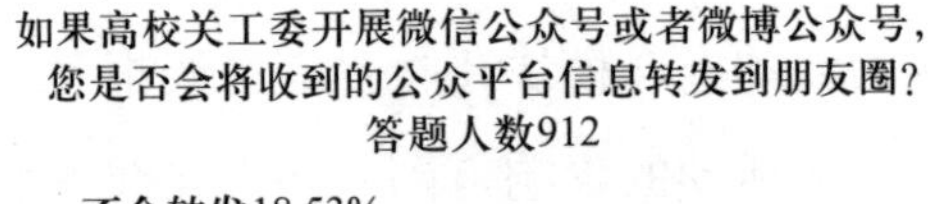

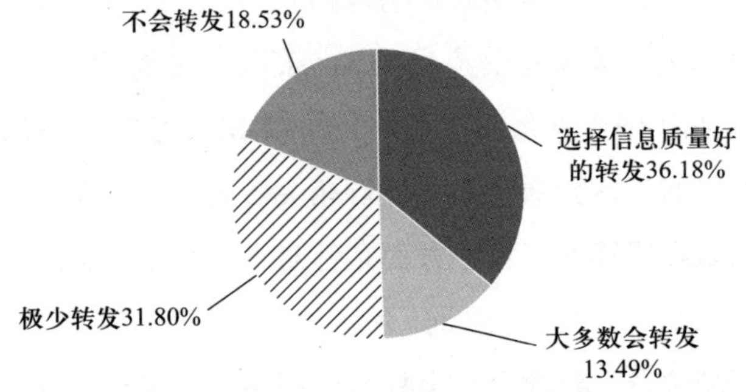

图 1 大学生是否会转发高校关工委微信公众号的推送信息

（四）取得实效

西南科技大学关工委教育网站正式开通运行两年多来，16个一级栏目共刊载修身、修业、励志类文章6000余篇，工作信息500余条。新网站视觉清新，内容丰富、图文并茂、可读性强，不少浏览过该网站的老师和学生以及校友都给予了较高评价。网站中比较活跃的栏目“乔老师在线”，受到了校内外的广泛关注，点击率达万余次。

乔老师和学生在网上接触交流的内容十分广泛，从做人到做事，从思想到心理，从学业到事业，从个人前途到学校发展，从面临的困惑到碰到的困难，他都耐心解答，热情帮助。如有学生问："不知道为什么活着，活着为了什么？"乔老师答：人存在于这个世界有两方面的意义，一是自然价值，二是社会价值，两者相辅相成，"我为人人，人人为我"是对此最好的诠释。人活着就是要对社会作出贡献。一个人，如果处处只为自己着想，精神总是空虚的，自己或许物质富有，但不会真正感到幸福。一大四学生因父亲生病住院，错过了一门课程重修报名时间，意味着将不能按时毕业。他向关工委网站"乔老师在线"求助，在乔老师的努力下，事情得到了圆满解决。

学校关工委教育网站通过两年多的运行，其"思想引领、人生导航、关爱教育"的功能初步显现，在配合主渠道、服务关工委工作和大学生思想教育方面发挥了积极的作用。省教育厅关工委《工作简报》2014年第8期以"拓展思想教育新阵地，搭建青年成才新平台"为题，介绍了西南科技大学关工委教育网站建设的成绩。2015年年底，在教育部关工委组织的全国基层教育关工委优秀网站评选活动中，经省教育厅关工委推荐，教育部关工委组织网上投票、评审，我校关工委网站获全国教育系统"基层教育关工委优秀网站"二等奖。

校关工委注重积极响应上级有关部门的组织研究活动：组织参与了教育部关工委"互联网与新媒体背景下青少年道德建设征文"活动，通过努力发动，活动共收到征文84篇。经专家评审，我校关工委推荐29篇文章参加教育部关工委征文评选。学校主办、承办部门组织专家对上报的29篇征文进行了评审，共评出一等奖3名、二等奖6名、三等奖11名、优秀奖9名，评选出优秀组织奖5名。

西南科技大学关工委利用网络与新媒体开展关心下一代工作，起步较早，取得了一定成效。针对大学生对微信公众平台总体满意度的统计，问卷显示，对其持有“满意”态度的学生所占比例为68.32%（其中“十分满意”仅占12.65%），甚至有25.52%（图2）的同学持“中立态度，无所谓”态度。这不可小觑，因此要提高网络与新媒体开展关心下一代工作的实效性，让关工委切实融入大学生中去。

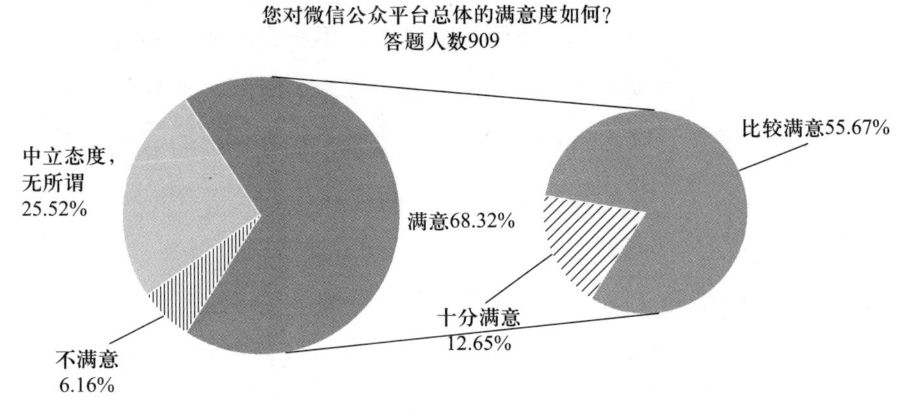

图 2 大学生对微信公众平台总体的满意度

三、课题研究的总结与思索

通过一年时间的研究与实践工作，针对新时期的高校关工委工作，课题组有了进一步的思索。在新媒体无孔不入的现时代，能够更加有效、有力地开展高校关工委工作，了解新时代、新青年、新媒体的特点，并能够迎头赶上，让关工委工作焕发青春和生机，是势不可挡的趋势。结合课题研究的实际成效，有以下总结和思索。

其一，加强新载体建设是新媒体环境下高校关工委工作必不可少的一环。新媒体对青年一代并不陌生，但是对于关工委的老同志来说接受起来却有一定的难度，这是关工委都要面对的共性问题。但是，载体是将关工委的思想和内容有机转换的重要方式，因此加强关工委新载体建设是一个基础性的工作。在这一年的项目实施过程中，对高校关工委网站进行改版升级，增加可读性和交互性；学校关工委教育网站定期更新关工委教育网站的16个一级栏目和其下的二级栏目，做到了更新全覆盖。全年共刊载面向青年师生的修身、修业、励志类文章1300余篇，工作信息200多条。开辟了新媒体客户端“桑榆清语”，贴合青年大学生实际设置微信公众号栏目，重点研究解决公众号运作机制问题。“桑榆清语”微信平台由课题组成员无记名网络投票选出，微信风格更加贴近青年的话语体系，以生动、青春而又内容深刻的特点得到了众多青年学生和教师的关注。“白发风采”栏目已经推出六期，将关工委老同志的事迹进行“时尚包装”，让“精神放光芒”，深受学生喜爱，在师生中得到广泛的宣传。

此次课题分别在关工委网页、微信公众号中完成了课题部分调研任务，这种微信调研的方式青年更加容易接受，也更方便快捷。将关工委的工作要点也分别通过网页和微信平台的方式同时进行了推送。事实证明，微信的确是青年学生最活跃的平台。学校关工委坚持服务青年朋友，主动适应学生思想特征，转变话语体系，贴近实际、贴近生活、贴近学生，以学生听得懂、喜欢看、爱转发为目标，用轻松幽默的话语推出银发风采、“忘年交”的故事等新媒体专栏，用微视等新媒体软件传播校园正能量，将传统说教意味浓郁的思想政治教育活动转变为充满信息传递、情感交流、思想沟通和智慧碰撞的互动即时的“思享”活动。

微信公众号的语言风格生动活泼，图文相间，内容充实，可观赏性强，将关工委的工作更加紧密地与青年学生结合在一起。通过创新新媒体传播方式，建立强调视觉导向、把握时代脉搏、注重身份代入、契合学生的表达习惯、符合新媒体传播特征的话语体系，让学生接受涵养品德、浸润心灵、润物无声的思想教育和价值观灌溉。

课题组着力构建“桑榆清语”新媒体平台，不断创新形式，丰富内容，坚持平台建设、团队建设、内容建设、话语建设，将新媒体平台功能特点与关工委工作、大学生思想政治教育深度融合，取得良好效果。

其二，构建大团队支撑是新媒体环境下高校关工委工作的必由之路。网站和新媒体平台建设具有较高的技术要求，平台内容的日常更新维护也需要相对固定的信息来源和编辑录入，为此，高校关工委需要借助多方面的资源和人才支撑，弥补自身队伍的能力短板。高校关工委应选聘更多退休老教师充实到“五老”队伍当中，推动关爱活动“线上”+“线下”互动，创新开展关工委进院系、进教室、进社团、进寝室等活动。在这方面，西南科技大学关工委的品牌栏目“乔老师在线”有着丰富的经验。年内师生在该栏目互动交流了200余条信息，为在校学生、青年教师和校友答疑解惑，特别是乔生炳老师为帮助学生解决实际困难，常年奔走于办公楼和学生之间。网站工作组与理学院进行了“乔老师在线”线下活动交流会。《绵阳日报》以“‘乔老师在线’为10万学生答疑解惑”为题，报道了乔生炳老师在教育网站“乔老师在线”互动对话栏目中与青年教师和大学生结成忘年交，帮助他们成长成才的工作情况。

大团队支撑的效果就是充分调动学校各有利元素加入关工委的工作中来，取长补短，强强联合。只有打破思想上的壁垒，才能跨越工作中部门之间、工作之间的藩篱。应该认识到，关工委工作不是一个校内部门以及老同志自己能够完成的。只有形成学生、在职教师、职能部门、关工委老同志之间充分的互动，让技术、人力、思想等因素充分交融，才能构建关工委工作的大格局，形成全校有关单位和部门的大团队，最终达到最为理想的工作成效。

其三，形成多机制保障是新媒体环境下高校关工委工作的重要基础。加强关工委的工作，多机制的保障为关工委工作提供不竭的动力。高校应将关工委创新工作纳入重点建设工程予以保障，建立资源投入机制、组织运作机制、考核激励机制等，促进关工委工作的可持续性。本课题在运行的过程中，负责人所在单位配套2万元工作经费用于课题的研究。学校关工委、党委宣传部、所有二级关工委都参与了部分工作。因此，本课题在校内顺利进行了1000人规模的调研工作，“桑榆清语”微信号的推送也得到了各个学院的大力支持。

学校在课题的研究和实践过程中，探索建立包括校院两级关工委、离退休老教师、马克思主义学院、理论创新宣讲团、党委宣传部教师在内的学校关工委网络思想道德教育团队。大团队结构合理、分工科学，团队以离退休老教师为核心彰显关爱特色，以马克思主义学院教师为主体突出思想育人主题，以党委宣传部教师为依托把握理论传播规律和精髓，以理论宣讲团为支撑转变话语体系。进一步完善西南科技大学关工委“四纳入四同时”工作机制，建立资源投入、组织运作、考核激励等长效机制，为大团队建设提供预期保障，促进关工委网络思想道德育人工作的可持续性。

四、课题研究的不足与展望

在课题的研究与实践过程中，课题研究团队对“高校关工委在网络新媒体广泛传播下存在的不足”进行了问卷调查，据统计，23.21%的同学认为“学校关工委工作重要性的认识还需要进一步提高”，47.66%的同学认为“关工委工作平台有待进一步丰富和拓展”，29.13%的同学认为“高校关工委工作推进常态化建设的力度尚待继续加强”（图3）。

针对调研结果所显示出来的问题，结合在研究与工作中发现的其他问题，课题组进行了深入的探讨和分析。主要原因有以下几个方面：一是原创作品不够，对青年教师和大学生的吸引力有待进一步增强；二是点击率不够高，对青年学生的影响力还较弱；三是一些初步成型有效的网络载体如“乔老师在线”等团队力量不能适应工作进一步开展的需要，存在后续建设乏力的现象；四是微信等新媒体的功能和作用有待进一步扩展，以便更好地服务青年师生和学校关心下一代工作。

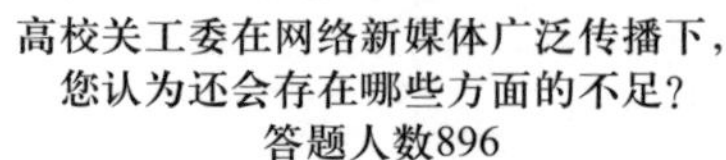

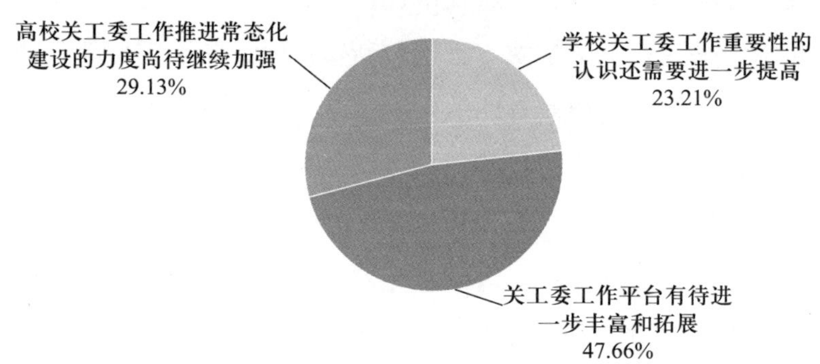

图 3 高校关工委在网络新媒体广泛传播下存在的不足

面对现存的不少亟待解决的问题，团队认为在网络和新媒体环境下，高校关工委应进一步开展以下工作（以西南科技大学为例）：

其一，继续改版升级学校关工委网站，加强学校关工委公众微信号运作。不断增强已有的网络载体的吸引力和凝聚力。网络阵地要不断地筑牢和完善，完成系统维护、版块更新团队的组建。选聘一批新的老教师加入项目团队。开展宣传体验活动，开展青年学生对关工委网站和微信公众号的体验和需求调查，进行栏目调整，及时收集整理相关资料数据，将网络载体运用得更加贴近受众。要有营销意识，做好公众微信号在校园内外的宣传和推广。

其二，进一步探索加强对于青少年的网络规范建设。要利用关工委的优势在网络上给出让青少年明辨是非的主张与引导。贴近教育实践实际，建立青年大学生网络思想道德教育制度规范，传播正能量，唱响主旋律，同时对负面新闻事件、错误观点和思潮开始针锋相对的斗争，引导青年大学生正确认识理解社会问题。在对青少年的教育方面，网络信息的泛滥和真假难辨为青少年的思想道德和价值观的形成带来了很多的干扰。关工委工作要探索将老同志在生活中的传统教育优势转化为网络上的教育优势，促进网络规范建设。

其三，坚持内容建设，着力推动线上线下互动的“O2O”活动实践。可以适度探索新媒体的多种形式，开展“崇德励学、知行合一”为主题的立德树人实践养成工程。如“活动网络直播”“微课堂”等青少年喜闻乐见的新鲜活动方式，让更多的老同志能够从幕后走到台前，让网络空间里传扬更多的正能量。选聘更多退休老教师充实到“五老”队伍当中，注重实践养成，推动关爱活动“线上”+“线下”互动。

（2020年3月）

课题组负责人：白洁；

课题组成员：姚荣东，陈峥嵘，艾倩羽，舒晓虎。

哈尔滨工程大学关工委课题组

关工委助力社会主义核心价值观教育的实践研究

内容摘要

高等学校的根本任务是培养社会主义可靠、顶用的接班人和建设者，以高校离退休干部和教师为主体的高校关工委，具有对广大青年学生进行社会主义核心价值观教育的使命、责任和优势。通过对大学生的问卷调查分析，初步了解当今青年学生社会主义核心价值观的现状和青年学生在形成社会主义核心价值观过程中的主要影响因素，逐步明晰离退休老同志利用“传帮带”活动宣传社会主义核心价值观的地位和作用。通过实践和思考，推进学校关工委队伍建设和长效机制的形成，促进学校社会主义核心价值观教育的多方位开展，为学校全员育人工作提供了有益探索。

关键词

社会主义核心价值观教育；关工委；实践；研究

社会主义核心价值观反映了社会主义核心价值体系的丰富内涵和实践要求，是社会主义核心价值体系的高度凝练和集中表达。党的十八大以来，中央高度重视培育和践行社会主义核心价值观。2016年12月7日召开全国高校思想政治工作会议，习近平总书记发表重要讲话，提出高校思想政治工作关系高校培养什么样的人、如何培养人以及为谁培养人这个根本问题。青年大学生正处于世界观、人生观、价值观形成的关键时期，思想观念趋于成型，但仍有较大可塑性，他们接受新鲜事物的能力很强，但鉴别力有所欠缺。加强大学生思想政治教育，对于培养大学生树立正确的世界观、人生观、价值观具有重要的现实意义。关心下一代工作委员会，作为高校大学生思想政治教育的重要力量，在加强大学生社会主义核心价值观教育中发挥着独特优势。

一、关工委对青年大学生开展社会主义核心价值观教育的地位和特点

2015年8月25日，习近平总书记在关心下一代工作委员会成立25周年大会上强调，中国关工委在促进青少年健康成长方面做了大量工作，希望着力加强青少年成长成才，团结教育广大青少年听党话、跟党走，推动关心下一代事业更好发展。从事关心下一代工作的老同志，对培育和践行青年大学生社会主义核心价值观具有不可替代的作用，老同志经受过长期的考验，具有政治优势、经验优势、威望优势、时空优势、亲情优势，特别是高校离退休老同志大多是管理或教育工作者，他们和青年大学生更容易沟通和交流，能够产生良好的效果。

（一）关工委是青年大学生社会主义核心价值观教育的重要力量

社会主义核心价值观教育工作队伍是大学生价值观教育的直接组织

者、实施者和指导者。这支队伍中工作人员价值观的正确与否、能力的高与低，直接关系到大学生培育和践行社会主义核心价值观的效果。在高校中，引领大学生社会主义核心价值观教育的指导者，主要包括三支队伍，一是“两课”教师队伍，二是辅导员队伍，三是关工委队伍。

“两课”是高校对大学生进行德育教育的主渠道，“两课”教师不仅要向大学生传递理论知识，还承担着引导大学生树立正确的世界观、人生观和价值观的重任。“两课”教师任课的系统性和专业性，为大学生树立坚定正确的政治方向起到不可替代的作用。

辅导员是大学生思想政治工作的骨干力量，是大学生社会主义核心价值观教育的有效传播主体。辅导员与大学生在校期间接触时间最多，距离最近，对大学生的思想观念容易产生影响。且辅导员与大学生年龄较近，更易产生共鸣，具有向大学生传播社会主义核心价值观的独特优势。

关工委队伍是青年大学生思想政治教育的重要力量。关工委是在学校党委的领导下，在学校各个职能部门的支持与参与下，与学校“五老”共同组建成的一支队伍。学校党委书记兼任关工委主任，分管离退休工作和学校工作的两名党委副职及一位退休的老校领导任关工委副主任，是关工委开展工作的有力保障。“五老”在关工委组织的帮助下充分发挥自己的专长与优势，对青年大学生思想政治方向进行正确引领。老同志具有政治优势、经验优势、威望优势、时空优势、亲情优势，这五大优势有利于对大学生社会主义核心价值观的教育起到重要引领作用。

（二）关工委对青年大学生社会主义核心价值观教育的独特优势

帮大学生之所需，引领青年成才之路，是关工委责无旁贷的社会责任。关工委所具备的五大优势对青年大学生社会主义核心价值观的引领具有正向促进作用。关工委老同志具有政治优势，他们在中国共产党和新中国创建和发展的艰苦奋斗和长期实践中，在党的多年教育中形成坚定的共产主义信仰，拥护党的各项基本政策和方针，能够正确把握政治方向。关工委老同志具有经验优势，他们经历了解放战争、抗美援朝、“大跃进”运动、“文化大革命”和改革开放的锤炼和洗礼，经过了多年的教学行政工作经历，具有丰富的工作经验。关工委老同志具有威望优势，他们或是老领导，或是老专家、老劳模，利用自己的阅历与经验，为大学生传承理想信念，更易被学生接受。关工委老同志具有时空优势，老同志相对来讲，有更充裕的时间和精力开展大学生社会主义核心价值观教育工作。关工委老同志具有亲情优势，老同志和青年大学生之间有长辈与晚辈的亲切感，有利于彼此之间沟通交流。

我校关工委在五大优势基础之上，还具备历史特色优势，哈军工创办至今，已有60余年的历史，我校离退休人员中，很多是哈军工建设时期的骨干人员，具有丰富的历史经验，在传承哈军工精神和哈军工文化方面具有不可替代的作用。哈军工创建时期的一些事情他们大都印象深刻，讲起来绘声绘色、滔滔不绝，他们与青年大学生座谈交流，更有权威性，在回忆哈军工建设时期的历史事件时更具经验，更易和学生产生互动。

二、关工委对青年大学生社会主义核心价值观现状的调研

通过向青年大学生发放调研问卷的方式，了解青年大学生社会主义核心价值观现状，有针对性地对大学生的世界观、人生观、价值观进行梳理与指导，使得关工委工作更有针对性、更有实际意义。

（一）调研对象与调研方式

对青年大学生社会主义核心价值观现状的调研，采取在各院系随机抽样、发放调查问卷的方式，抽取哈尔滨工程大学本科生和研究生共800人参与问卷调查。回收有效问卷764份，问卷回收率95.5%，符合调研标准。

通过设计调研问卷、随机抽取样本，可以了解当前大学生对社会主义核心价值观的了解程度，以及对离退休老干部发挥“传帮带”作用和教育方式的认同情况。

（二）调研内容

大学生社会主义核心价值观现状调查问卷的设计，共包括16个题项，重点设计了大学生对社会主义核心价值观的了解，影响价值观建立的因素，对自己及他人建立社会主义核心价值观的了解程度，大学生对宣传社会主义核心价值观的可接受的方式，以及大学生对离退休老干部发挥余热，帮助建立社会主义核心价值观的认同程度等。通过这些题项的设计，可以有效掌握青年大学生对社会主义核心价值观基本内容的认知程度，以及大学生能够接受的社会主义核心价值观的宣传方式和教育方法，从而有针对性地提出更加符合大学生实际情况的教育方法。

（三）调研结果及分析

通过对所回收问卷进行统计分析，得出以下结论：

第一，大学生社会主义核心价值观较明确，对社会主义核心价值观基本内容掌握较好。

第二，大学生对社会主义核心价值观的影响因素、社会主义核心价值观对个人成长的重要性掌握较好。

第三，大学生对本群体树立社会主义核心价值观更加认同，认为本群体成员利用社会主义核心价值观指导自己言行的人数所占比例要高于社会人士。

第四，大学生对离退休老同志利用“传帮带”活动宣传社会主义核心价值观比较认同。

三、关工委对青年大学生开展社会主义核心价值观教育的实践举措

我校关工委作为青年大学生社会主义核心价值观教育工作的重要组成部分，按照校党委统一部署，深入学习习近平总书记重要讲话精神，全面强化自身育人的责任，在调研分析的基础上，有针对性地制定方案，深入开展育人活动，为学校人才培养添砖加瓦。

（一）开展党支部共建活动

近些年来，我校关工委紧紧围绕学校培育和践行社会主义核心价值观的总要求，积极开展离退休人员党支部与青年大学生党支部共建活动。2013年11月，离退休骨干党员与20101331班学生党支部党员举行座谈会，纪念伟大领袖毛泽东诞辰120周年，学生们表示，通过座谈会，对毛泽东思想理解得更加透彻了，在今后会积极帮助他人，努力工作，为社会传递正能量。2014年五四青年节，离退休骨干党员与20132211班团支部30多名青年团员开展了“中国梦·孝亲敬老情”主题座谈，通过老同志的娓娓讲述，学生们意识到自己肩上的担子更重了，要为中国梦的实现而不断努力。2014年9月，离退休骨干人员与青年学生党员座谈，纪念邓小平诞辰110周年，在座谈会上，老同志和大学生尽情畅谈改革开放以来中国的巨大变化。2015年6月，退休干部第六党支部与后勤集团公寓党支部开展庆“七一”党支部共建活动，开展老同志与青年教工互帮互助、服务育人、共建和谐校园活动，退休党员向公寓代表赠送12幅书法作品，表达了对大学生的殷切期望。2016年6月，10个离退休党支部，分别与各学院青年大学生党（团）支部举行老中青党员畅谈活动，主题为“学党章，讲党史，争做优秀共产党员”，通过交流与座谈，为同学们今后的学习和生活指明了方向，培养青年大学生党员的历史责任感和使命感。2017年4月，离退休处主办“纪

念谢有法将军、刘居英将军、张衍将军诞辰100周年”图片展活动，借助图片展，开展学校老中青三代共同缅怀先辈遗志活动，我校退休干部、现已78岁的哈军工时期学员张贵老师在开展仪式上发表讲话，他回忆当年的优良校风，鼓励当代大学生要继承和发扬哈军工的优良传统，树立社会主义核心价值观，为实现中国梦和强校梦、实现特色鲜明的高水平研究型大学而努力。

（二）积极开展“院士回母校”“杰出老校友回母校”活动

为深入贯彻落实习近平总书记关于关心下一代工作重要指示精神，教育系统关工委全面开展“院士回母校”“杰出老校友回母校”的活动，我校关工委结合这个指示精神，积极邀请院士及在各条战线上取得优异成绩，为国家、社会、学校作出重大贡献、信念坚定、品德高尚的老干部、老战士、老专家、老教师、老模范等杰出老校友回到母校，通过现场访谈、主题报告、交流互动等多种方式，与在校学生面对面分享治学做人、干事创业等的经历和感悟，展现和诠释院士和杰出老校友矢志报国的理想追求、坚持不懈的创新精神、甘于奉献的品德风范，帮助引导青年大学生树立远大理想、激发学习动力、培养奋斗精神。

（三）开展关工委“哈军工精神”宣讲团活动

“哈军工精神”是全体“哈军工”人在陈赓院长的带领和激励下，在长期的革命实践中展现出的全部优秀品质的总和。我校关工委充分利用“哈军工精神”的特有品牌，首先组织老书记进行宣讲，在青年大学生中开展“讲党课、重育人、树立核心价值观”系列活动。充分发挥离退休老同志的政治优势、经验优势、威望优势，结合党章党规、现实和党史，为大学生上党课、讲传统。2017年3月，我校87岁的离休干部、原哈船院导弹工程系政委张希臻同志为来自学校国防教育学院14连3排的飞行器相关专业海军国防生——未来的“导弹兵”，开展了一场革命传统教育，为学校关工委“哈军工精神”宣讲团活动拉开了序幕。夕阳映桃李，雨润春满园，学校关工委发挥“五老”优势，组织“哈军工精神”宣讲团，通过讲党课、作报告、举办座谈会等不同形式，将理想信念教育与哈军工精神传承结合起来，将社会主义核心价值观引领与哈工程文化传承创新结合起来，让哈军工精神的创造者、继承者来亲身传播“哈军工精神”，为“三海一核”等领域培养又红又专、德才兼备、全面发展的可靠顶用人才添砖加瓦。

（四）开展专题专项讲座

近年来，我校“五老”面向学校和社会共开展讲座百余场，其中有我校退休教授在各大高校和中学开展的讲座，讲座内容有“大学生成长之路”“哲学与人生”“如何成为有理想有特色的当代大学生”等；有老科技协会人员在各高校作的科普报告，内容为“中国海军的发展与展望”等。这些讲座涵盖面广，针对性强，包括家风家教、礼貌养成讲座、女性自强自信讲座、青年创新创业适应社会讲座、投身海防报效祖国讲座，还包括科普知识宣讲等。既针对学生开展讲座，也针对家长开展讲座。这些讲座的开展在社会上收到了良好的效果，对青少年的思想政治引领起到了促进作用。

（五）积极组织和参与演出活动

我校离退休老同志以丰富多彩的活动为载体，引领学生更加深入地了解社会主义核心价值观，并把它们转化为实际行动，营造校园和谐气氛。2013年，为庆祝学校建校60周年，在离退休人员中开展“校庆征文”活动，共收集到老同志诗歌文章60余篇，为学校留下宝贵的历史材料。2014年9月，由我校承办的“在哈高校离退休人员第七届文艺汇演”中，我校老年大学合唱班82名老同志情深意浓地演唱两首大合唱《祖国万岁》《光荣与梦想》，用歌声表达了对党、对祖国的热爱，博得现场观众阵阵掌声。

2015年9月，离退休人员“纪念抗战胜利70周年”广场歌会举行，弘扬伟大抗战精神，以歌曲演唱的形式振奋精神、凝心聚力。2016年6月，离退休处召开庆祝建党95周年暨表彰“正能量之星”文艺演出活动，离退休人员40名“正能量之星”上台领奖，老年大学各文体团队为大家献上了精彩纷呈的文艺节目。每年9月份新生开学之际，我校老年大学都在“迎接新生入学联欢晚会”上表演精心准备的节目，和青年大学生同台表演，为新入学的大学生加油鼓劲。

（六）其他活动与获奖情况

我校关工委工作平时注意加强自身党史教育，与时俱进，不断改进工作作风。除上述工作外，我校老同志党员与学生党员开展“结对子”活动，一对一开展帮扶机制。在学校继续深入开展“为大学生做一件好事，深化中国梦宣传教育”活动，不断提高大学生的责任感、使命感，增强大学生理想信念，增强大学生的“四个自信”。近年来，我校关工委工作取得了喜人的成绩，2011年我校关工委和退休教授阳昌汉分别获全国教育系统关心下一代工作先进集体和先进个人称号；2012年，我校关工委获黑龙江省教育厅和黑龙江省关心下一代工作委员会授予的全省高校“为大学生做一件好事”活动先进集体称号；2016年，我校关工委获黑龙江省教育厅关心下一代工作委员会授予的全省教育系统关心下一代工作先进集体称号，我校工作人员分别获全国教育系统关心下一代工作先进工作者称号和黑龙江省教育系统关心下一代工作先进工作者称号。

四、加强关工委队伍建设的有益探索

急党政之所急，培养社会之所需，是关工委的重要使命。加强对关工委队伍的建设，使关工委队伍更适应新形势下的大学生思想政治教育，更具时代特色。

（一）评选先进典型引领，积极打造一支精良的关工委工作队伍

我校高度重视先进典型的示范和引领作用，传扬老同志的优秀品质，激励老同志积极加入关工委队伍中来。2016年建党95周年之际，学校通过离退休人员投票评选的方式产生了40名“正能量之星”，分别是“健康长寿之星”“学习增智之星”“奉献有为之星”“文体活动之星”。“正能量之星”是离退休老同志和年轻一代的学习榜样，学校党委从1500余名老同志中评选出先进典型，是对广大老同志的关怀与激励。2016年年底，学校一名离休干部和一名退休干部，通过黑龙江省老干部局组织的网上投票评选，获得了黑龙江省“百名阳光离退休干部党员”光荣称号。今年根据工信部关于做好离退休人员“正能量之星”推荐工作的通知，学校通过离退休骨干人员的评选，选出8位“正能量之星”，已将事迹材料上报至工业和信息化部。莫道桑榆晚，余晖有情天，通过学校评选先进典型，打造精良的关工委队伍，积极引领更多的老同志参与到关工委建设中，不断开创关工委工作新局面。

（二）加强和完善学院（系）二级关工委建设

在学院（系）成立二级关工委，加强对院系关工委队伍的建设，是对青年大学生社会主义核心价值观教育的一项重要举措。设立二级关工委办公室，由各学院（系）党委书记担任办公室主任；设常务副主任一名，由退休的学院（系）老领导担任；设副主任一名，由学院（系）分党委副书记担任；成员由学院（系）综合办主任、学工办主任和若干名退休教职工担任。二级关工委的建立，旨在重视与督促关工委的工作，充分发挥二级关工委的作用。仅仅依靠老同志的作用，很难把关工委工作做到深入，真正发挥二级关工委的作用，还需要有组织的依托，依靠在职人员的工作召集与计划安排，全盘考虑，统一实施关工委工作方案。学院在统一筹划关

工委工作时，还应把经费预算考虑进去，给二级关工委提供经费保障，二级关工委办公室作为关工委工作开展的有力保障，要提供人力、物力等资源，保证关工委工作的顺利开展。

（三）我校离退休处工作人员携手老同志走进兄弟院校调研、参观、学习

我校关工委老同志在不断加强自身学习的基础上，还走进其他高校，与对方有经验的老同志互相交流学习。2015年上半学期，由离退休处领导分别带队，和关工委老同志一道前往工大、林大、商大、农大、哈飞制造公司等地参观、学习、交流，通过老同志之间的经验分享，对兄弟院校和先进企业的党组织建设、特色工作和创新工作进行深入的了解，为开展我校离退休工作和关工委工作，丰富了创新思路。2016年12月至2017年3月，结合习近平总书记在全国高校思想政治工作会议上的重要讲话精神，学校关工委一班人走到兄弟院校中去，学习好经验、借鉴好方法。通过到哈尔滨工业大学和东北林业大学交流学习，学到了离退休工作彼此间的创新点，学到了关工委工作的优势经验，为我校深入贯彻习近平总书记在全国高校思想政治工作会议上的讲话提供了借鉴。

五、对关工委推进青年大学生社会主义核心价值观教育工作的几点思考

高校关工委在推进青年大学生社会主义核心价值观教育方面起到重要作用。高校关工委作为党委领导下的一个群众性组织，育人工作永远在路上，面临新形势新要求，在发挥高校关工委积极作用的同时，还必须注意做到以下几点。

（一）明确方向，准确定位，当好参谋助手

高校关工委在加强高校大学生社会主义核心价值观教育方面是配合教育主渠道发挥作用。高校关工委按照校党委统一部署，配合补充大学生社会主义核心价值观教育主渠道，针对新时期青年大学生的成长特点、思想观念、发展需求和思想困惑，为大学生办实事，配合学校加强完善大学生理想信念教育工作。

（二）加强组织建设，提供资源保障，提升工作水平

学校党委要加强学校关工委和院系二级关工委机构建设，为关工委工作的顺利开展提供保障。在工作过程中，为关工委开办讲座、座谈等提供场地、必要的经费等。将关工委自身建设与大学生社会主义核心价值观紧密联系起来，从大学生实际需求出发，结合关工委老同志自身的优势，寻找切入点，提升工作水平。

（三）不断打造关工委对青年大学生社会主义核心价值观教育的特色品牌

我校具有独特的历史优势，挖掘和弘扬革命传统文化，继承和发扬哈军工的优良传统，利用老一辈哈军工人的政治和传统优势，培养青年大学生的优良政治品质，树立正确的价值观，使老一辈哈军工人在学校人才培养中发挥余热，为实现“中国梦”共同努力。哈军工1953年建校，总结哈军工的成功经验、人才培养是全校上下最为重视的工作。关工委老同志是学校建设的功臣，通过关工委老同志对青年大学生的指导，把具有光荣革命传统的老干部当作学生理想信仰教育的“活教材”，当作学生补好精神之钙的“添加剂”，向学生进行“红色教育”，让学生传承“红色基因”，培育“红色精神”。借助哈军工纪念馆、校史馆、陈赓纪念馆等优质教育资源，系统凝练“继承革命传统、传承红色基因”成果，推动哈军工文化品牌的研究与传播，打造军工品牌，传承军工优良传统，增加大学生爱党、

爱国、爱人民、爱校的政治情操。

（四）建立关工委对青年大学生社会主义核心价值观教育的长效机制

多年来的实践告诉我们，社会主义核心价值观是我们的立身之本。青年大学生的社会主义核心价值观的教育不是一蹴而就的，需打持久战。学校关工委引领青年大学生践行社会主义核心价值观，必须在长期的生活、工作实践中潜移默化地进行，必须通过各级领导的不懈努力，使之内化于心、外化于行。要持续发挥关工委老同志的作用，形成关工委对青年大学生社会主义核心价值观教育的长效机制。

（2017年5月）

课题组负责人：姚利民；

课题组成员：张淑莛，王玉珅，李妍，吕开东，史波，侯磊，毕志华，杨玉洁。

江苏大学关工委课题组

大学生思想政治教育“三进”教育模式中“五老”作用发挥机制研究

内容摘要

高校关心下一代工作是关系国家前途和命运的战略工程，而大学生思想道德及综合素质状况直接关系到中华民族的整体素质。本文在认真分析当前大学生思想政治教育“三进”教育模式现状的基础上，论述“五老”在“三进”工作中引导大学生学习领会中国特色社会主义理论体系，帮助他们树立正确的世界观、人生观、价值观的重要意义，并从关工委“五老”工作的制度完善和队伍建设切入，结合江苏大学已有的成功经验，通过进一步健全组织体系、搭建网络平台、探索长效机制，探求一整套完整的大学生思想政治教育“三进”教育模式中“五老”作用发挥的运行机制。

关键词

大学生思政教育；“三进”教育模式；“五老”作用发挥

高校是国家培养人才的重要基地。广大老干部、老战士、老专家、老教师、老模范等离退休老同志具有过硬的政治素养和良好的专业素质，由这些老同志组成并参与的高校关工委所从事的主要工作就是关心和引导在校大学生健康成长。本文以江苏大学为例开展试点研究，在实践中进行探索，寻求可以在全国高校范围内推广的大学生思想政治教育“三进”教育模式中“五老”作用发挥的各项机制，从而不断提高大学生思想政治教育的实效性。

一、大学生思想政治教育“三进”教育模式的现状

党的十八大报告提出“推动中国特色社会主义理论体系进教材、进课堂、进头脑”，这体现了党对于新时期高校思想政治教育提出的新要求。大学生是中国特色社会主义事业的建设者和接班人，是党和国家事业的继承人，是国家和民族未来的开创者。他们的思想道德及综合素质状况，直接关系到中华民族的整体素质，关系到国家的前途与命运，关系到中华民族“中国梦”的实现。

（一）当前大学生思想政治教育“三进”教育的模式

一是以高校的思想政治理论课作为主要载体，主要由思想政治理论课的任课教师在第一课堂进行思想政治教育；二是以高校主要从事学生管理工作的管理干部（包括学工处、各学院学工书记、辅导员、学业导师、班主任等）为主，开展日常的思想政治教育；三是以高校的团委为主要引导者，以共青团、学生会、研究生会、社团联合会等为工作载体，通过开展大学生喜闻乐见的形式多样的第二课堂实践活动，进行大学生的思想政治教育。

随着当前时代多元文化背景的不断变化和发展，传统的由“两课教

师""思政管理人员"和"实践活动"为主导的"三进"工作，已经不能完全适应时代的变化和要求。在学生思想日趋多元化、个性化的时代，单向度的强制性管理与理论灌输越来越暴露其不足之处。这种传统的思想政治教育方式的认知，一方面使大学生思想政治教育围绕知识论来开展教学，在强化道德认知的同时却弱化了道德实践能力的培养；另一方面，当前大学生思想政治教育机制运行中过于强调教师和管理者的主动性，却忽视了学生在教育过程中的主体地位。

（二）大学生思想政治教育机制的合力不足

当前，与大学生思想政治教育机制相关的机构设置越来越多，但机构和岗位的细化容易形成各部门责权不明晰，协调性、组织性、配合性比较差的情况。表现为工作环节和结构组织之间脱节现象严重，经常出现相互推诿、扯皮的现象。

1. 缺乏协同发展规划

只制定学校思想政治教育规划，而家庭思想政治教育和社会思想政治教育成为思想政治教育系统的空白。只注重教书与管理育人而忽视了环境育人和服务育人环节。大学生思想政治教育只注重对被教育者的思想政治教育，而忽视对教育者自身的道德素质和业务能力的教育。系统功能的高效发挥必须依靠各要素之间的有效配合与协调，因此要从系统组织关系协调化角度出发使思想政治教育机制运行效率最大化。在利益需求多元化形势下，高校思想政治教育各相关部门、领导、教师、学生因利益差异或价值观念认同差异可能形成利益冲突和矛盾，就有可能波及思想政治教育工作机制追求效益最大化功能的发挥。

2. 教育整合机制不健全

各要素之间不能相互协调并形成合力，因而导致机制目标设置、运行方式出现多元化的局面。整合机制在协调各要素关系中的功能被"各自为战”的多元化运行模式所弱化，要素之间的矛盾关系长期积压也使协调机制无法进行有效疏导。目前部分高校思想政治工作管理、教学、科研三者脱节现象较为普遍。在管理方面，大学生思想政治工作主要由党委领导、团委协助、辅导员和班主任通过举办活动的形式具体开展思想政治教育工作；在教学方面，由学校思想政治理论课教研室确定课程规划，由思想政治理论课教师通过课堂教学活动具体讲解、考核学生的思想政治理论素养。在科研上，很多高校以马克思主义学院为依托设立若干学科的专业化教研室，但教师的科研却没能很好地为管理和教学提高服务。

二、“五老”在“三进”工作中作用发挥的重要意义

大学生是中国特色社会主义事业的建设者和接班人，高校关工委紧紧围绕高等教育“以立德树人为根本使命，以提高人才培养质量为核心任务，全面推动高等教育内涵式发展”的定位与战略，在大学生思想政治教育中发挥着配合补充作用。

（一）高校关工委“五老”在“三进”工作中的优势

高校关工委的老同志不仅人员数量多，而且他们中大多是老干部、老战士、老专家、老教师、老模范。他们懂教育、爱教育，在开展大学生思想政治教育时具有独特的感染力和吸引力。

1. 政治优势

老干部是我们党在艰苦创业时期造就的特殊群体，是历史的开拓者和见证人，是我们党的一大政治优势。他们听党话，跟党走，拥有坚定的政治信念和鲜明的政治立场，这些优秀品质都是大多数年轻一代大学生所不具备的。利用高校关工委老同志的独特政治优势，在大学生中加大对老党员、老干部的革命精神和先进事迹的宣传力度，能引导和教育大学生坚定

理想信念，树立正确的世界观、人生观、价值观。

2. 威望优势

高校关工委老同志丰富的专业知识、严肃认真的工作态度、亲和公正的处事方式，为大学生学习钻研、与人相处等方面作出表率，赢得了大学生的信任和尊敬，树立了威望。高校关工委老同志可以利用威望优势通过宣讲、教育、说服、引导等方式对大学生深入开展思想政治教育工作，充分发挥其独特优势。

3. 经验优势

高校关工委的老同志过去无论是在行政管理岗位上还是在教学研究岗位上，几十年的工作经历和不间断的学习过程使他们具有丰富的工作经验。他们的求学史、工作史为大学生思想政治教育工作提供了一部生动而鲜明的教材。他们有些是各专业领域的专业学者、教育专家，有些是具有丰富党政管理经验的退休老干部、老党员，他们都积累了自己独特的工作经验，在大学生的思想政治教育工作中游刃有余。高校关工委老同志可以利用经验优势为大学生思想教育工作牵线引路、出谋划策，通过现身说法，帮助大学生在成长的过程中少走弯路。

4. 时空优势

高校关工委的离退休老同志拥有大量的空余时间和精力。他们不受时间限制，不受空间限制，可以随时随地加入大学生思想政治教育工作当中，灵活机动地对大学生进行引导和教育，利用时空优势分担高校党政部门和在职教师的工作量，在大学生的各类专题教育、大学生党员培养、大学生社团建设、大学生心理辅导等思想政治教育工作的各方面发挥作用。

5. 亲情优势

青少年对老同志有一种晚辈对长辈的亲切之感，这使得老同志与大学生之间的沟通和交流更加容易。高校关工委的老同志利用亲情优势走进大学生、贴近大学生，有利于思想政治教育工作有效开展。亲情优势让老同志在大学生“三观”教育、理想信念树立、心理辅导方面都能发挥积极作用；亲情优势可以让老同志走进大学生生活中去，参与各类大学生活动，参与大学生社团建设；亲情优势可以让老同志取得大学生的信任，从而更深地关心大学生的生活，特别是关心帮助贫困、残疾大学生，鼓励他们战胜逆境、努力成才。

三、“五老”在“三进”工作中作用发挥的机制探索

高校是培养人才的园地，高校所从事的工作就是关心青年一代健康成长的工作。广大老干部、老战士、老专家、老教师、老模范等离退休老同志具有过硬的政治素养和良好的专业素质。江苏大学通过有效试点，将关工委“五老”作用发挥与大学生思想政治教育“三进”教育模式结合，探讨“五老”在“三进”工作中的作用发挥的机制，在实践中进行探索，寻求可以在全国范围内推广的大学生思想政治教育“三进”教育模式中“五老”作用发挥的各项机制，不断提高大学生思想政治教育的实效性。

（一）完善领导体制、加强班子建设，从战略高度认识“五老”作用发挥

“五老”作用的发挥，要有坚强的领导，要实行在校党委领导下，党委（书记或副书记）主管、行政（校长或副校长）协管的领导体制；确立高校关工委是不可或缺的工作机构，把关工委纳入学校党务工作组织序列，将关工委工作纳入学校年度工作计划，把关心下一代工作列入议事日程，统一安排部署、检查落实；主要领导要经常过问关心下一代工作，每年党委至少要听取关工委1～2次工作情况汇报，进行专题讨论研究；指定一位领导分管、参加关工委工作，并将关工委工作纳入分管领导的工作考

核内容；分管关工委工作的领导要经常指导并听取关工委工作汇报，出席关心下一代工作的重要会议、大型活动等重要活动。充分认识“五老”作用在大学生思想政治教育“三进”教育模式中的重要性，增强新形势下做好大学生思想政治教育的政治责任感，自觉把这项工作作为中国特色社会主义事业的基础工程，纳入学校建设的整体规划和总体部署中。坚决摒弃那些认为“五老”组织多余重复、可有可无的幼稚的认识，坚决防止高校“五老”组织机构不健全、条件无保障、有名而无实、工作停顿不前的现象，坚决杜绝挫伤老同志积极性、影响关心大学生思想政治教育开展的情况。

（二）健全组织体系、搭建工作平台，建立“五老”作用发挥的工作载体

“五老”能否很好地在“三进”中开展工作，需要关工委坚强的领导。其成员应根据现职与离退休老同志相结合、专职与兼职相结合、一线与二线相结合的原则进行安排，并随着情况变化及时进行调整补充。要积极动员由德高望重、有奉献精神、事业心强、身体健康的已离退休的原校级领导同志担任关工委领导，解决关工委领导班子后继乏人问题。同时要健全“五老”开展“三进”工作的组织体系，重视和加强关工委秘书处（办公室）建设，重视和加强二级关工委组织建设，重视和加强“五老”队伍建设，千方百计扩大老同志参与面，使工作队伍不断发展壮大，从而能更加有效地发挥在大学生思想政治教育“三进”中的作用。还要加强“五老”开展“三进”工作的制度体系。进一步完善关工委章程，关工委章程是经本组织的法定程序制定的、对本组织和成员行为的规范要求和办事程序。高校关工委章程的主要内容包括高校关工委的性质、任务、地位与作用，以及组织机构和办事程序等。搭建各种工作平台，建立“五老”作用发挥的工作载体。“五老”开展“三进”工作，不是随机地开展，要有进教材、进课堂、进头脑的各种工作载体，比如通过“菁英学校”参与培养高级管理人才，比如通过党校、团校的平台，老同志进课堂为大学生上党课和团课。

（三）确立保障体系、强化考核评估，探索“五老”作用发挥的长效机制

积极营造“五老”开展“三进”工作、全校“一盘棋”的氛围。“五老”作用的发挥，不是一厢情愿的事，动员各部门、各学院重视和支持二级关工委工作，形成党委统一领导、党政群团齐抓共管、有关单位各负其责、老同志积极参与的领导体制和工作机制，并将各部门对关工委工作的贡献度、各二级关工委工作实绩纳入党建工作考核目标体系。要积极为“五老”开展“三进”工作确立保障体系，创造必要的条件，从办公条件、人员配备、活动场所、工作经费等方面给予实实在在的支持；将所需经费列入预算，把所需的人、财、物纳入学校的保障体系。“五老”开展“三进”工作，需要有各方面的保障。要建立“五老”在“三进”教育模式中作用发挥的长效机制。培养德才兼备的高素质人才是高校人才培养的主要目标，因此要特别重视大学生的思想政治教育。“五老”的作用通过“三进”模式来发挥，在实践中建立作用发挥的长效机制，显得尤为重要，是人才培养不可或缺的一部分。

（四）坚持立德树人，在实践中着力大学生的思想教育与学业指导

1. 以立德树人为主线开展思想道德教育

在实际工作中关工委始终注意坚持立德树人，把加强青少年思想道德建设作为中心任务。结合学习贯彻党的十八届五中、六中全会精神，深入开展社会主义核心价值观教育。积极配合学校有关部门和学院，利用菁英学校（33位老同志被聘担任导师）、马研社（各个学院均建立，目前有成员300余人）、关爱报告团（16位老同志任讲师）、关爱谈心屋（校关工委25位老同志每天两人值班）、关工委合唱团（由40余人组成）等活动平台，加强大学生的思想道德教育。结合建党95周年和长征胜利80周年开展了形

式多样的主题活动。2016年校关工委和各学院关爱谈心屋以各种形式和学生谈心2750余人次；关爱报告团作报告20余场，2300余人接受教育。通过这些活动，对大学生进行热爱党、热爱祖国，以及世界观、人生观、价值观教育，践行社会主义核心价值观，提高大学生对我们国家的制度自信、理论自信、道路自信和文化自信。

2. 以关爱学习为主题加强学业指导

在菁英学校、关爱谈心屋和专题讲座中，关工委老教师们将自己几十年的学习方法和教学经验，传授给和自己联系的学生，许多老教师了解到学生对任课教师的教学意见，及时向学院教学院长或有关方面反映，不仅解决了学生的困惑，也帮助青年教师更快成长；对于学生普遍感到困难的课程，老教师还为学生开设考前复习讲座，深受学生欢迎；为了帮助学生继续深造，还为学生免费开办了英语、力学、数学等考研讲座；为了提高学生的汉字书写水平，为学生开办了多期硬笔书法讲座，应广大学生要求，现已将讲座制成视频教学片供大家自主学习；为了让更多学生及时完成学业，京江学院课程重修组六名老同志2016年共完成了905门次共10884人次的课程重修工作，重修课程及格率达70% 以上。

（五）搭建新媒体平台，加强大学生的价值观引领

互联网和新媒体的快速发展给我们带来了机遇和挑战，要充分认识互联网和新媒体在大学生思想政治引领工作中的重要性，进一步加强新媒体平台建设，加强对大学生世界观、人生观、价值观的引领。江苏大学关工委于2005年创办了官方网站，并随着工作内容的不断丰富和形式的不断创新，多次升级和完善了关工委网站，搭建了关工委 QQ 群、飞信群和微信群，形成了较为完善的新媒体工作平台服务大学生思想道德建设，促进关工委的工作作出了较大的成绩。2016年我校关工委网站被全国教育系统关工委评为优秀基层网站一等奖。

1. 组织完善，全面推进关工委网络宣传工作

近年来，我校关工委在网络平台建设上分层次开展了一系列工作。在校级层面，我校关工委积极构建完善网络宣传组织体系，成立7人信息化小组，校关工委主任亲自挂帅。为使网络宣传技术得到保障，校关工委专门动员和吸收了大学生和学校信息化中心的老师一同参与关工委网络建设。在院级层面，各学院关工委贴近工作实际，积极建设与大学生互动交流的互联网和新媒体联系渠道。为了帮助退休老同志熟练应用网络开展工作，关工委联合退管处和老科协，制定了相关培训规划，专门组织了“计算机和网络应用”“手机功能扩展应用”和“小手牵大手”活动，手把手教老同志使用手机，为进一步开展工作奠定基础。

2. 积极探索，打造“指尖上”的关工委

（1）加强官方网站建设。为积极响应习近平总书记“把网上舆论工作作为宣传思想工作的重中之重”讲话，2015年7月第三次改版关工委网站，反映学生思想动态更加全面及时，一是突出互动性，增加了留言版块，方便和师生互动交流；二是突出视频化，声画配合使工作展现更加立体；三是突出全面性，从思想引领，到学习方法，再到健康成长，内容覆盖大学生思想道德建设、成长成才的方方面面。

（2）加强社交媒体建设。校关工委充分认识到社交媒体在联系大学生、加强沟通交流方面的及时性和便利性，从各个方面依托社交媒体加强与大学生的联系。关工委谈心屋建立了“江大关工委谈心屋”微信群，经常发布宣传国家大事、学习方法、生活和思想动态，还有节日的关心和祝贺慰问等。在二级学院联系新生班级的老同志，也与联系的班级建立QQ群，在交流中了解同学们的学习、思想、生活等情况，有利于开展工作。此外，校时雨社和贫困大学生建立飞信群，校关工委为交流工作也创立了关工委微信群。

（六）开拓创新，在更高层次上打造特色与品牌

习近平总书记在全国高校思想政治工作会议上强调，要坚持把立德树人作为中心环节，把思想政治工作贯穿教育教学全过程，实现全程育人、全方位育人，努力开创我国高等教育事业发展新局面。“菁英学校”“马研社”“关爱超市”“时雨社”“给我一个家”“四点钟学校”“夕阳红合唱团”等平台已经形成了江苏大学关工委的特色品牌。只有不断开拓创新，做到更优更特，才能保持特色品牌的生命力。

（1）“菁英学校”是江苏大学“精品人才培养工程”的重要组成部分，充分发挥老领导、老教授、老同志、老党员的高层次人才优势，采用开放式授课与读原著相结合，理论学习与社会实践相结合，把握青年马克思主义者的第二课堂，培养了一批政治坚定、专业优良、身心协调、素质优秀的江苏大学的青年马克思主义者。通过“1+1”的方式（1个导师带1名学员）配备资深教授，对学生在思想引领、学业辅导、职业规划、生活导航等方面进行全过程、个性化的指导。通过“导师”的“带”、学生的“学”，通过“三观”教育的思想引导、素质拓展的能力强化、形象设计的自我发现、社会实践的亲身体悟，定期与学生交流，全面关心他们的成长成才。十余年来培训本科生和研究生菁英1000余名。《中国青年报》《中国德育》等多家媒体先后给予多次报道，得到教育部、江苏省委教育关工委的高度评价。

（2）“马研社”创办十年多，目前学员已由原来的马克思主义学院发展至全校20多个学院，也由最初的20多人发展到现在的400多人。进一步加强对“马研社”的指导与引导，提升“马研社”的吸引力和活动的凝聚力，提高成员的“四个自信”是今后努力的方向。

（3）“关爱超市”是我校的首创，也是长期形成的品牌。其助困帮扶已由校内到校外，由国内的贫困生拓展到海外的留学生。2016年学生领取了书籍656本、衣服1540件，其中我校的海外留学生来“关爱超市”领取

衣物已占相当比例，成为培养留学生知华友华的友谊平台。

（4）“时雨社”是关工委与社会企业共建的助困大学生爱心平台。根据企业的变化和贫困学生生源的变化不断调整运行办法，稳定并不断扩展助困的来源，确保这一品牌保持生命力。为了做到精准帮扶，工作组的老同志不怕麻烦，对每一位资助对象都反复了解核对情况，2016年上半年资助110人，下半年资助73人，年终还给孤儿大学生和边远地区的贫困生补助回家路费；“时雨社”和学工处、校教育发展基金会共同举办2016年度江苏大学校级社会奖助学金颁发典礼，大会上给资助人颁发资助证书。

（5）“给我一个家”是孤儿大学生温暖的家，是关工委老同志家庭与孤儿大学生结对，开展全方位帮扶的平台。截至2016年9月，累计有25个老同志家庭共帮扶了69位孤儿大学生，其中已有48位孤儿大学生顺利完成学业走上工作岗位，有的老同志家庭先后已帮扶了4名孤儿大学生。

（6）“四点钟学校”是为解决小学生四点钟放学后家中无老人照顾而父母又在上班的困难而成立的，是江苏大学关工委与附校关工委筹建由20多位退休中小学教师参与的公益平台。自2012年面向江大附小全校学生成立以来，有500余名小学生受益，平均每学期都有50多人参加，人数最多时有70多人，深受学生和家长的欢迎。“四点钟学校”服务组2016年被评为镇江市关心下一代工作先进集体。

（7）“节能工作组”以建设低碳绿色校园为己任，不怕暑热和冬寒，克服疲劳常年巡视在各个教学楼区，检查学生们的用电用水情况，对浪费水电的学生进行节能教育，以自己的实际行动感动学生。

（8）“百名教授老区行”活动是我校长期坚持、具有特色的品牌活动。“百名教授老区行”随着形势的发展，由镇到村，做到更精准扶贫。2016年12月18日，学校关工委第16次“百名教授老区行”送科技送文化送卫生“三下乡”活动在镇江市丹徒区上党镇五塘村举行，向7个困难户捐物捐款，受到当地村委会和群众的欢迎。学校国际教育学院选派了6名留学生参加了这次活动，对他们是一次很好的知华友华活动。

（9）“奇思妙想”活动受到更多关注和响应。高等学校应该是出创新人才的地方，响应李克强总理号召，为培养创新创业人才服务，校关工委创意的“奇思妙想”活动受到越来越多学生的关注和响应。

（10）由退休老医务工作者组成的“健康服务组”定期到全校各个食堂和学生一起用餐，了解价格、卫生、食堂服务等情况，把发现的问题及时向有关方面反映，为近5万名师生的就餐作出了贡献。

（11）“夕阳红合唱团”用歌声传承社会主义核心价值观。2011年关工委提议组建合唱团。团员们都是热爱歌唱且有爱心的退休老教师、管理干部和其他岗位职工。这个工作团队，始终用先进、红色、健康的文化抵制落后和低俗的文化。合唱团以演唱红色经典歌曲为主，充分利用红色经典歌曲的优势，灵活、巧妙地教育学生，用红色经典歌曲滋润大学生的心田，弘扬社会主义核心价值观，推进大学生思想政治教育，传播正能量。

面对新时期大学生思想政治教育的新挑战，江苏大学关工委积极探索，大胆创新，密切配合主渠道，围绕立德树人，充分发挥关工委和“五老”优势及独特作用，大力推行“点、线、面”结合立体模式，全方位助力大学生思想道德建设和“三全育人”综合改革。关工委先后获得全国、教育部、江苏省、省教育厅先进集体称号，已逐渐构建起关工委参与大学生思想道德建设的有效机制。

（2018年9月）

课题组负责人：李洪波；

课题组成员：徐惠红，姜宇，耿华昌，王玉忠，刘青山，李文清，金树德。

沈阳建筑大学关工委课题组

新时期高校关工委工作融入大学生思想政治教育的路径和创新研究

内容摘要

本文主要研究了在转型期社会文化、社会意识重建中，高校学生思想政治教育工作所面临的前所未有的挑战，以及高校关工委在大学生思想政治教育中所起到的作用，分析制约高校关工委在大学生思想政治教育中作用发挥的因素，以及高校关工委融入大学生思想政治教育的路径创新与实践。

关键词

关工委；学生思想政治教育工作；融入

一、研究背景、目标与意义

党的十九大报告明确指出："经过长期努力，中国特色社会主义进入了新时代，这是我国发展新的历史方位。"进入新时代，高校思想政治教育的视野不断拓宽，讲好中国故事的实践基础不断夯实，文化影响力不断增强。在此背景下，大学生的活动范围拓宽了很多，活动能力也显著增强，在转型期社会文化、社会意识的震荡和重建中，大学生的思想、学习和生活受到了不同程度的影响，高校学生思想政治教育工作正受到前所未有的挑战。针对这些问题，高校除了通过各种渠道来加强学生的思想政治工作以外，还应该培养学生的慈爱之心和期望之情，并且组织一批对思想政治教育经验丰富和有强烈事业心的团队，来对学生思想教育进行有力的指导。从这个意义上说，高校关工委正是具有这种特殊作用的组织。

高校关工委是以离退休老同志为主体、在职同志参加的，广泛团结热心教育的志愿者参与的，全面关心大学生和青年教育工作者健康成长的群众性工作机构，是配合学校全面推进素质教育，促进学校教育、家庭教育、社会教育紧密结合的重要组织形式。习近平在纪念中国关心下一代工作委员会成立25周年暨全国关心下一代工作表彰大会上对关工委工作作出重要指示："祖国的未来属于下一代。做好关心下一代工作，关系中华民族伟大复兴""希望同志们坚持服务青少年的正确方向，着力加强青少年思想道德建设，引导青少年树立和践行社会主义核心价值观，支持和帮助青少年成长成才，团结教育广大青少年听党话、跟党走。广大老干部、老战士、老专家、老教师、老模范等离退休老同志是党和人民的宝贵财富。我们要弘扬'五老'精神，尊重'五老'，爱护'五老'，学习'五老'，重视发挥'五老'作用，推动关心下一代事业更好发展"。将高校关工委"五老"队伍的独特优势与大学生思想政治教育工作主渠道汇聚起来，总结经验、推陈出新，探索融入式引领大学生思想政治长效机制，形成强大的育人合力。

二、新时期关工委在大学生思想政治教育中的作用

近年来，许多高校相继成立了关工委及“五老”报告团，高校各院(系)也相应组建了关工委。在各高校党委的重视和支持下，高校关工委积极主动，深入细致地开展工作，为培养高素质的合格人才作出了贡献，也实现了他们“老有所教，老有所为，老有所乐”的人生价值，已成为党团组织的得力助手和高校大学生思想政治工作的第二条战线①。他们有为而不越位，奉献而不索取，得到了大学生的尊敬、拥护和学校党委的充分肯定，在大学生思想政治教育过程中发挥着独特的优势及不可替代的重要作用。

（一）思想导向作用

高校关工委的老同志有着丰富的人生阅历，他们对党和人民有深厚的感情，对爱国主义、集体主义和社会主义的思想道德和中华民族艰苦奋斗等优良传统，对党的基本路线、方针、政策和党的基本知识等有着深刻的理解，对社会主义有着特殊的感情和本质的认识，对大学生的思想政治工作有独特的见解和做法，因此可以在大学生的思想政治教育中发挥思想导向作用②。他们可以通过自己的亲身经历启发和教育大学生爱国、爱党、爱社会主义，树立为党和社会主义事业奋斗的理想，坚定正确的政治方向。

（二）道德引领作用

在思想信念上，离退休教师凭借在几十年的教学工作中积累的政治信

---

① 沈毅．加强基层关工委思想政治工作探析 [J]. 江南论坛，2017（3）：47–48.

② 邵春刚．加强新时期关工委思想政治建设的着力点 [J]. 理论学习与探索，2016（1）：33–34.

念和丰富的教育实践经验，对大学生的德育工作有深刻独特的见解。在威望上，学生心目中的老同志们既是严师又是益友，他们有“学为人师、行为世范”的品质和师德。因此，他们的一言一行对学生来说似春风化雨，易于接受。而且在做德育工作时，能够准确地做到抓中心，抓关键，做学生工作易如反掌。

（三）学习指导作用

关工委的老同志在退休后大多不再直接承担教育教学任务，但他们大都拥有渊博的专业知识、较高的教学水平和丰富的育人经验。他们中的很多同志都有继续帮助学校提高育人质量的意愿，可以通过开展知识讲座、培训课程、专业座谈等方式辅助广大学生掌握科学技术知识、熟悉专业技能。他们更加注重对大学生的科学素养与人文精神的教育，在科学上求真务实、在人文关系上求善求美。培养大学生养成崇尚科学、热爱专业、勤奋学习的良好学风，以及勇于实践、开拓进取的能力，提高其报效祖国、服务社会的本领和技能。

（四）监督反馈作用

高校关工委可以配合高校，帮助全体教学人员，做好教书育人工作。关工委的老同志经过对有关教育教学方面的问题认真分析和讨论之后，可以作出客观、有针对性的交流或建议；也可以通过课后点评、亲自示范等方式指出青年教师在教育教学中存在的问题，帮助他们克服不足、尽快提高教学水平和业务能力。关工委老同志还可以了解到学校各服务部门和有关员工在服务育人方面存在的问题和要求意见，并对这些情况作出分析、整理，反映给有关服务部门领导或有关职员，使他们及时修正不足，做好服务育人工作。

（五）沟通桥梁作用

离退休老同志大都在高校工作了十几年或几十年，有着“校兴我荣，校衰我耻”的强烈感情、深厚的校园情节、割舍不断的师生情谊。从学校思想教育管理者与学生角度来看，高校关工委还发挥着纽带和桥梁作用。学校思想教育管理者与学生之间是教与学的关系，是主导与主体的矛盾。这对矛盾的统一才能形成融合的师生关系，才能有效地提高思想政治教育的实效性。学校思想教育管理者较为年轻，愿意得到老同志的帮助和指导，学生则愿意将教育管理过程中的意见积极反映给老同志，从而可避免师生摩擦。

三、制约高校关工委在大学生思想政治教育中作用发挥的因素分析

高校基层关工委在开展工作时，既要充分利用关工委老同志的自身优势，也要看到自身存在的不足。下面重点从高校对关工委的重视程度、机制保障、制度建设、队伍优化等方面展开分析，并总结归纳当前存在的主要问题及其影响因素。

（一）高校对关工委重要性的认识不够，影响关工委参与大学生思想政治教育的全面展开

当前仍有少数高校对关心下一代工作的重要性认识不够深入，精力投入不足，造成校关工委顶层设计缺乏严谨规划以及组织建设上的差异性①②；部分高校关工委组织机构建设不够健全，有的高校存在错误认识，认为离退休老同志年龄“与时俱进”了，思想观念却跟不上形势了。往往忽略了老同志的潜在优势和高度的事业心、责任感，以及发挥余热的强烈

---

① 齐秀娟．高校“关工委”在大学生思想政治教育中的作用探析 [J]. 河北科技师范学院学报（社会科学版），2014，13（3）：108–112.

② 彭旺林．高校关工委参与大学生党建和思想政治教育工作的途径探索 [J]. 教育教学论坛，2014（53）：40–41.

愿望。部分高校关工委本着“能维持，能交代，不指望，无任务”的态度来对待高校关工委的工作，机构组织普遍存在“空架子”“空白点”的现象。这一问题在高校内部又主要表现为以下方面：没有按要求配齐配好关工委领导班子；部分高校关工委领导班子流动性大，无法确保大学生思想政治活动的连续性；还有部分高校只设立了校关工委，没有建立二级关工委。

（二）高校服务与协调机制不够到位，影响关工委工作与大学生思想政治教育形成合力

高校关心下一代工作是学校全局工作的一部分，需要方方面面的协调配合，才能形成关心下一代工作的合力。关工委不是职能部门，只有充分发挥各单位、各部门的职能与作用，积极支持，大力协作，才能进一步形成老同志开展关心下一代工作的氛围，这是关工委工作独特的运作方式①。这些问题又具体体现在以下几方面。

1. 部分高校在思想上没有形成齐抓共管的局面

高校主要领导干部、各职能部门负责人没有在思想上对关工委的认识进行统一。部分高校在组织机构和工作队伍上没有形成齐抓共管的局面。

2. 关工委队伍单一，没有各部门人员参加，没有体现“一、二线结合”的思路

部分高校没有利用好其他职能部门所不具有的、关工委老同志在开展大学生思想政治教育中独特的时空优势。

3. 部分高校关工委老同志虽然也在开展思想政治教育工作，但没有与主渠道配合起来，没有很好地协助主渠道的教学、科研、管理和服务工作

关工委的工作要取得更大进展，需要动员更多的老同志参与到大学生思想政治教育工作中来，更需要采取措施调动老同志的积极性。

---

① 胡渠．高校关工委参与大学生思想政治教育机制研究 [J]. 云南开放大学学报，2014，16（1）：24–27.

4. 部分高校没遵照中央关于“老有所学”的指示精神，缺乏对老同志的再提升机制

缺乏对老同志的激励政策和保障体系，对老同志在开展思想政治教育工作中的优秀典型没有做到及时宣传、表彰，或是不够重视其在工作、生活、办公条件上的适当补充和改进。

（三）高校相关制度保障不够完善，影响关工委在大学生思想政治教育中的作用发挥

高校关工委的工作制度是要求工作中共同遵守的办事规程或行为准则，良好的制度建设对于长效机制的建立具有重要意义①。经过多年的实践与探索，高校关工委在大学生思想政治教育工作中已取得了显著的成绩和长效的发展，获得了丰富的实践经验，为进一步实现高校关工委参与思想政治教育的规范化、科学化，有必要加强制度建设。然而，在实际工作中，部分高校关工委开展工作可依据的制度比较缺乏。部分高校制定规章制度不够严谨，一些规章制度匆忙出台，有的规章制度实用性不强，有的规章制度缺乏连续性。

（四）高校关工委队伍建设不够优化，影响关工委工作在大学生思想政治教育中的实效性

队伍的质量是推动关工委不断创新发展的关键因素。调查研究表明，高校关工委队伍建设中存在的问题有以下几个方面②：第一，不同高校从事关心下一代工作队伍的人数不同，造成高校关工委队伍组成的难易程度不同。第二，关工委的一些老同志思想观念容易滞后，尤其是离开工作岗位之后，与“新人类”“新新人类”的思维方式及沟通方式很难契合。第三，从“五老”本身来讲，他们是“自由身”，是非在职人员，不受到工资酬劳、

① 刘petition.充分发挥高校关工委在大学生思想政治教育中的独特作用[J].西南科技大学学报（哲学社会科学版），2014，31（1）：115–118.

② 李泽.科学发展观与关工委工作持续发展[J].改革与开放，2013（2）：35.

定期考核等机制的约束。一些优秀的能从事关心下一代工作的年轻退休老教师、老干部，他们有的退休后即被民办院校高薪礼聘从事教学或管理工作，造成关工委工作队伍的人才资源损失。

四、高校关工委融入大学生思想政治教育的路径创新与实践

高校关工委的主任务与主渠道有着根本的一致性，就是把青年大学生培养成社会主义事业接班人。这是一项带有全局性、具有战略意义的崇高事业，是一项系统工程，必须在党委统一领导下，团结一致、整体推进，才能取得最佳效果[①]。因此，我们既要利用关工委的组织平台，发动更多的老同志参加到关心下一代工作中来，又要依托高校党政工团组织，利用在职同志年轻有为、政策性强的特点，形成一股教育和关心下一代工作的合力。

（一）加强对高校关工委工作的重视和领导，为高校关工委开展大学生思想政治教育工作提供根本保证

1. 提高认识、完善条件，在顶层设计上保证关工委工作的顺利开展

加强对关工委的领导，正视老同志的作用，充分认识关心下一代工作的重要性和紧迫性，自觉把这项工作作为中国特色社会主义事业的基础工程，纳入学校建设的整体规划和总体部署中。沈阳建筑大学学校关工委成立以来，学校党委十分重视关工委工作。特别是近五年来，注重校关工委的组织建设和思想建设，持之以恒地坚持制度化、经常化、长期化，扎扎实实地开展好关工委工作。学校关工委组织机构健全，人员配备齐整。校党委副书记亲自分管关工委工作，协调和组织党政相关部门支持关工委工作。

---

① 欧兵，艾鸿，邹涛．当前关工委老同志参与高校学生基层党建工作的思考 [J]. 学校党建与思想教育，2012（36）：80-81.

2. 加强组织、制度建设规范化，构建关工委工作长效机制

建立健全基层各级各类关工委组织，不断完善它的长效运行机制。高校要不断加强各级关工委组织建设、领导班子建设、“五老”队伍建设和制度建设，提高关工委工作质量和水平。在实践过程中，沈阳建筑大学学校关工委一是坚持关工委工作制度化，使工作有章可循，先后制定了校关工委领导班子政治学习制度、校关工委常务领导班子研讨工作制度、校关工委常务领导班子定期走访基层制度，加强对各级关工委负责人的培训制度、各学院关工委开展工作创新的要求等；二是坚持关工委工作经常化，使工作落到实处；三是坚持关工委工作的长期化，使工作持之以恒。校关工委的重点工作如“夕阳爱心奖学金”“青蓝工程”“五老宣讲团”等坚持长期开展，已形成了品牌性的活动和学校思政教育的特色项目。

3. 总结经验、宣传典型，促进关工委良好工作氛围的形成

形成党委统一领导、宣传部门牵头、有关部门参加、媒体支持、关工委协调的工作机制。沈阳建筑大学学校关工委通过报刊、广播、网络等宣传手段及时报道关工委的工作，多渠道、多形式、多层次地积极表彰先进，宣传典型，推广经验，为关工委工作的开展奠定良好的群众基础和舆论氛围。校党政领导对关工委工作予以肯定，赞扬其无私奉献精神，使老同志们备受鼓舞、充满干劲。

（二）构建合力共建系统，使关工委与主渠道的思想政治教育工作和谐共进

1. 积极构建齐抓共管的工作格局

多年以来关工委工作的实践证明，完成关心下一代工作这项系统工程，既需要坚持党的领导，又离不开关工委老同志的无私奉献，更需要落实各项服务机制和激励机制，使党、政、工、团齐抓共管形成合力。第一，学校各级关工委都应当有党、政、工、团等方面的同志参加，领导上体现

以一线为主，一二线结合。第二，关工委工作应与教学、科研、管理、服务等工作一并统筹考虑在学校的总体工作思路之中。第三，从事关工委工作的老同志以自身独特的优势，通过特殊的途径和载体，采取灵活多样的方式方法，在人才培养中发挥着积极作用。

2. 努力打造相互服务、紧密配合的工作局面

关工委应与主渠道保持步调一致，切实发挥好配合补充作用；主渠道各有关方面也要主动关心，积极支持关工委的工作。要充分理解、大力宣传其工作情况，让更多的人了解关心下一代工作的意义；要尊重老同志的劳动与见识，积极采纳对学校发展建设及有关方面的合理化建议，及时肯定和表彰关工委工作取得的成绩，维护和激励老同志们的工作热情和积极性。

（三）搭建高校关工委工作融入大学生思想政治教育的平台，拓宽关工委工作路径

1. 搭建党史与党建教育平台

邀请关工委老同志作党史教育的报告和宣讲会，通过他们亲身实践的经历阐述党的重要作用；邀请关工委老同志参与大学生入党积极分子、发展对象谈话教育，帮助大学生了解党的历史和党的历程，进一步端正入党动机。

2. 搭建校史与校情宣传平台

学校的发展历史是开展大学生思想政治教育的重要资源。可以增强大学生对学校的认同感、归属感、自豪感和荣誉感。关工委的老同志对学校的历史和优势有着很深的领会。组织校史与校情的宣讲，向大学生介绍学校的悠久历史和发展进程，增强大学生对学校的了解和认知。组织优秀校友返校，邀请优秀校友与大学生座谈、宣讲，激励在校大学生的学习热情，明确生涯规划。

3. 搭建多元化思政教育新媒体平台

在高校积极建立网络新媒体平台，开设关工委官方微信公众号、易班服务号等，搭建起多元化思政教育新媒体平台。利用新媒体的强互动性，依托新媒体桥梁，加强老同志与学生的交流互动，发挥正能量指引作用。

4. 搭建就业指导工作平台

搭建就业指导工作平台，利用“五老”信息资源广泛、社会经验丰富的优势，对学生的就业问题有针对性地开展指导工作。高校也可以利用老同志的社会威望和资源优势，搭建社会与学校沟通、互动的桥梁，有效缓解就业压力对学生和学校所造成的不利影响。

5. 搭建社会实践平台

校关工委可以搭建社会公益组织与学校社团合作平台，提供社会实践机会给青少年，让其在社会劳动中接受社会主义思想。引领青年深入社区一线，利用第二课堂辅助第一课堂，透过代际之间的互相影响渗透，教会青年学生如何做人做事，帮助他们实现青春出彩并学会感恩前行。

（四）围绕中心，突出重点，扎实开展特色思想政治教育活动

1. 以加强青少年理想信念教育为抓手，开展中华传统文化教育活动

中华传统文化涵盖了爱国主义、集体主义和社会主义思想，体现了社会主义基本道德规范的本质要求，也体现了社会主义核心价值观的鲜明导向[①]。组织开展中华传统文化教育，可以帮助青少年树立正确的世界观、人生观、价值观。关工委积极组织“五老”，采取多种形式联合各单位开展中华传统文化宣传教育活动，与高校日常学生教育相结合。

2. 整合社会教育基地，进行传承红色基因教育活动

开展传承红色基因教育活动，是践行社会主义核心价值观的重要阵

---

① 张伟莉 .“关工委”工作融入大学生思想政治教育“主渠道”的实践与探索 [J]. 学校党建与思想教育，2012（9）：69–70.

地。为了让学生更好地铭记历史，传承红色基因，关工委“五老”最能发挥独特的教育优势。积极依托高校和社会教育基地，开展“五老”讲红色故事、传承红色精神、分享红色文化活动。

3. 充分利用校园文化资源，推进爱国爱校教育活动

弘扬民族精神，是社会主义核心价值体系建设的精髓所在。在青少年中大力弘扬民族精神，加强爱国主义和革命传统教育，帮助他们了解和学习祖国的历史和灿烂文化，提高民族自尊心、自信心和自豪感，增强爱国意识尤为重要。

4. 以构建关工委与大学生良好联动为契机，积极参与社团建设活动

学校的两级关工委可以配合学工部、团委等政工部门加强对学生社团的指导，引导学生重视创新能力和实践能力的提高。2018年年末至今，我校关工委有6名老同志作为讲师做德育讲座10余场，有9名老教授为学生做“三指导”专业教育。“三指导”：一是就业指导；二是社团指导；三是学风指导。这一工作的开展使各学院二级关工委发挥了较好的作用，推进学校关工委的整体工作获得较大发展。

5. 搭建心理健康教育咨询工作平台，开展积极的心理咨询活动

针对新形势下的高校大学生思想和心理状况，关工委可以主动开展心理健康咨询工作，不定期举办青少年心理健康教育系列讲座。也可以对大学生进行针对性的心理疏导，解答他们所提出的各种疑点和矛盾，疏导化解咨询者的心理障碍，使他们身心健康地投入到学习和工作中去。

（五）重视关工委队伍自身建设和交流学习，增强队伍能力与活力

1. 抓住时机、注意挖掘，有条不紊地充实关工委队伍工作力量

一是要做好动员工作，发展吸收离退休干部自愿加入“五老”队伍。二是要根据成员的思想水平、工作能力、健康状况，把那些热心于思想政治教育工作的老同志作为从事大学生思想政治教育工作的核心和骨干成

员。近年来，我校参加关工委工作的老同志呈递增趋势。现有150余人参加关工委组织开展的活动，占离退休人员总数的20%左右，其中骨干成员20余人。他们当中既有从事多年学生工作、党团工作的老教师、老模范，也有在学校教学科研管理岗位上作出突出贡献的老专家、老干部。

2. 与时俱进、加强学习，努力提升老同志的工作能力与水平

高校关工委组织要进一步增强政治意识、大局意识、责任意识，加强自身学习，不断提高理论素养。为此，关工委要建立学习制度、调研制度，在思想上做到与时俱进、紧跟形势。积极宣传党的十九大和全国教育大会精神，用习近平新时代中国特色社会主义思想武装广大师生头脑。例如，近年来校关工委领导班子每月一次集中学习，各学院关工委每学期至少两次学习。我校关工委还向许多退休老同志发放相关资料（《习近平新时代中国特色社会主义思想学习纲要》和《习近平关于“不忘初心、牢记使命”论述摘编》两本书）并组织学习，还组织了一些老同志参加“不忘初心、牢记使命”主题教育问卷调查工作。

3. 借助媒体、转变理念，实现关工委工作在大学生思想政治教育中的“嵌入式”开展

经历了岁月沉淀，老同志政治立场坚定、专业学识渊博、教学经验丰富，但不可否认存在因为年龄原因导致的知识结构老化问题，部分老同志不会使用微信、QQ等新媒体工具，难以与新媒体环境下“00后”学生顺畅交流。关工委参与大学生思政教育时，多以课堂教学、报告团、谈心屋、党团活动等传统形式进行，常常是“老的”讲，“小的”听，使得部分学生感觉无味，收效不佳。因此，关工委工作者应该把握时代脉搏，不断推进思政教育的理念创新和工作模式创新。应该充分运用新媒体技术带来的正面效应，将关工委老同志的渊博学识、丰富经验、亲和力优势与新媒体技术相结合，积极参与学生思想政治建设工作。一方面高校应从学校层面

统一部署，为关工委队伍引入年轻生力军，在技术方面解决后顾之忧；另一方面关工委老同志应转变教育理念，提升网络媒介使用技能。同时，各级教育关工委也需要定期开设相应的网络媒介使用技能培训班，为老同志讲解 QQ、微信、易班等新媒体软件、网络平台等现代智能媒体的使用方法，进而提升其网络媒介使用技能，让“五老”也能玩手机、能上网冲浪、会网络对话，达到与青少年实现良好互动沟通的效果。

五、结语

加强高校关心下一代工作委员会工作，充分发挥高校关工委的独特育人作用，是做好大学生思想政治教育工作的有效途径之一。因此，高校关工委工作急需机制上的创新来提升思想政治教育工作的效能。本文以高校关工委建设和大学生思想政治教育内容为出发点和落脚点，对高校关工委所具有的思想政治教育作用以及发挥这一作用的有效途径进行了较为系统的研究。通过实际调研和文献整理等方式总结归纳出关工委在大学生思想政治教育中的作用及高校关工委在大学生思想政治教育中发挥作用的影响因素，结合本校的关工委工作实践，提出了相关的对策建议，以期推进高校大学生思想政治教育工作的针对性和实效性，更好地培养社会主义事业的合格建设者和可靠接班人。

（2020年10月）

课题组负责人：宁先圣；

课题组成员：潘瑞，谭丽莎，杜晶波，王克光，陈贵武，夏瑞武，梅显志，潘祎，杨哲，张晓雁，梁士朋，何林，宋克勇。

石河子大学关工委课题组

多文化背景下新疆大学生社会主义核心价值观认同研究

内容摘要

新疆是向西开放的重要门户，战略地位极为重要，由此决定了新疆地区加强对各民族大学生社会主义核心价值观教育和认同的特殊性和重要性。新疆大学生对于社会主义核心价值观的认同，不仅关系着大学生个人的成长成才，还关系着新疆地区的和谐与稳定以及整个社会主义事业的建设与发展。新疆特殊的社会文化环境更需要弘扬社会主义核心价值观。

关键词

民族；大学生；价值观

新疆地理位置特殊、民族与宗教问题复杂、文化多元的现象较为突出。随着世界经济全球化的加快和中西文化的交融，国际形势处于大发展、大变革、大调整之中，世界范围内各种文化价值观交流、交融、交锋日益频繁，在更大范围内、更深层次里相互激荡、彼此碰撞。在我国，意识形态领域的渗透与反渗透的斗争也日益加剧，新疆就是敌对势力企图分裂我国的主要目标，他们往往打着“民主”“人权”“民族”“宗教”等多元文化价值观的幌子对我国进行分裂破坏。近年来在反华势力支持下，境内外“三股势力”不断调整策略，变换手法，寻找各种借口对新疆进行渗透颠覆活动，渗透宣扬多元价值观，加紧从意识形态领域对新疆进行分裂活动，通过电台、互联网、书籍报刊等大肆散布民族分裂主义舆论，篡改新疆历史，利用新疆与内地发展存在的差距攻击党的民族政策和宗教政策。他们私办地下经文学校，散布宗教极端思想、煽动宗教狂热文化。在新疆，文化领域同境内外“三股势力”的斗争是长期的、复杂的、尖锐的，有时甚至是十分激烈的。如何应对西方文化价值观的渗透，建立社会主义文化价值观，引领整合多样化社会文化，提升我国文化软实力，增强社会主义道德感染力及精神文化的凝聚力与吸引力，需要提高边疆各族人民群众的政治素质，凝聚人心，振奋精神，维护祖国统一，在新疆更需要弘扬社会主义核心价值观。

一、多元文化的背景下影响新疆大学生社会主义核心价值观认同的因素

西方资本主义国家及周边宗教极端主义国家仍在不遗余力地对我们进行意识形态方面的渗透，这势必会影响马克思主义在意识形态领域的指导地位。新疆大学生在这样多元文化的背景下核心价值观的形成更需要社会

主义核心价值观的引领。为了帮助人们在多元文化的环境中树立正确的社会主义核心价值观，必须要加强社会主义核心价值观的认同教育。在新疆特殊环境下多民族、多文化和多宗教的地区，国外敌对势力将对新疆的文化渗透作为实现“西化”“分化”的重要手段。在国外势力的操纵下，“三股势力”长期存在，特别是由于极端宗教的影响，新疆更是民族分裂主义进行文化渗透的重点地区。在社会大变革和社会文化日益多元化、大学生价值观日趋多样化的新形势下，加强大学生社会主义核心价值观教育，增强大学生对社会主义核心价值观的认同，对推进中国特色社会主义事业顺利发展具有十分重要的意义。

新疆大学生社会主义核心价值观认同中存在问题的归因分析如下：

（一）社会思潮的影响

当前，社会思潮对大学生社会主义核心价值观产生的积极影响主要有以下三个方面：其一，社会思潮的形成，往往反映了社会阶级对社会制度的态度。社会主义核心价值观，便是要创造一个民主、和谐、文明、自由的社会，这样的社会需要我们不断对自身的制度进行完善，确保执政能够更加廉明。对于大学生来说，正确的观念是最为重要的，所以正面的社会思潮在大学生中的广泛传播，有利于提升大学生的思想境界，强化他们的社会责任意识与创新意识，为大学生步入社会之后的发展打下扎实的基础。其二，社会思潮一定程度上影响着社会生活趋势走向。因为社会思潮体现出的通常是当前最为真实的社会情况，也体现出了社会整体的发展走向。因此大学生群体可以借助社会思潮的变动来进一步感知社会的形势变化、深入了解社会的实际情况。而且社会思潮通常是多元化的，所以可以让学生从更多角度了解社会，让学生可以借助社会思潮，看到更加全面、更加细化的社会生态环境。其三，社会思潮可以让大学生的思想进一步走向成熟，提升学生改革创新的能力。文化的多元化、国际化发展，促进了中西方国家之间相互的文化交流与渗透，也为我国的传统观念注入了新鲜的活力。一个国家想要走向富强民主的道路，最主要的就是要不断进行改革与创新，而一切的创新都是源于思想的创新。大学生借助对符合历史发展形势的、积极的主流文化进行学习，就能够进一步了解未来社会发展趋势。

在新疆，民族分裂主义思潮和宗教极端主义思潮依然存在，并被境内外的民族分裂分子和宗教极端分子所利用，对大学生进行意识形态领域的渗透。尤其有狭隘民族观念的大学生容易受其蛊惑，这在一定程度上影响了一部分新疆大学生对社会主义核心价值观的认同。

（二）全球化市场经济的影响

新疆自改革开放以来，尤其西部大开发以来，经济的发展受到了党中央的高度重视，各地的援疆人才和项目纷纷涌入新疆，这十年来经济发展较为迅速。新疆大学生享受到了经济发展带来的成果，深刻体会了社会主义制度的优越性，这有利于他们对社会主义核心价值观的认同。但新疆经济的发展毕竟起步较晚，加之受气候条件、交通等因素限制的影响，它与沿海及内地发达省份的差距依然很大。同时，新疆长期的区域、民族之间发展不平衡的状况，也容易导致一些新疆大学生心理的失衡。尤其来自南疆贫困地区的大学生容易对社会主义的优越性及其本质产生怀疑，这又在一定程度上阻碍了他们对社会主义核心价值观的认同。

（三）思想政治理论课效果不明显

调研中发现，大部分学生表示对社会主义核心价值观的了解主要来源于思想政治理论课。同时，大多数学生认为思想政治理论课创新不够，很难对它感兴趣，学习积极性不高，甚至很多大学生只为了学分。因而，当被问到社会主义核心价值观的一些基本知识时，回答不完整。大学生普遍认为，造成这种现象的原因大致有四点：一是教师教学内容缺乏时代感，有些教师课件单调；二是教学方法缺乏创新，“满堂灌”的现象依然存在；三是实践教学环节更是薄弱；四是教师理论素质有待加强。

（四）家庭教育的影响

家庭教育对于学生社会主义核心价值观的认同至关重要。新疆的家庭中有相当比例信仰宗教。由于父母是宗教信仰者，孩子从出生就受其影响，甚至还要经常去参加一些宗教活动。它与无神论的马克思主义以及党的科学执政理念从本质上是不同的，长期受其影响的一些新疆大学生容易对社会主义核心价值观产生怀疑，也严重影响他们对社会主义核心价值观的认同。

（五）大学生心理的不成熟

价值取向、理性判断、信仰、情感认同和对权威的崇尚是影响大学生社会主义核心价值观认知认同的主要内在影响因素。

在调研中发现，很多大学生还未满20岁，他们正处于“三观”形成的重要阶段，同时他们的心理年龄不够成熟，对问题的看法不够理性，对于社会主义核心价值观的认识不够深刻，尤其民族成分较多的新疆大学生由于受多元文化的影响，对他们进行社会主义核心价值观认同教育的难度就更大了。

二、多元文化背景下新疆高校社会主义核心价值观认同教育原则

在新疆多元文化背景下大学生更应该了解社会主义核心价值观的重要性，自觉强化自身的社会主义核心价值观，坚守道路自信、理论自信、制度自信与文化自信。教育行为的本质，就是要教会学生如何去发现问题，并找出相应的措施去解决问题。通过思想政治理论课教育，教会大学生怎

样对各类思潮进行分辨，而不是单纯地给学生提供一个概念，告诉学生什么是负面的思潮。教育者应当借助对这种思潮的细致分析与解读，告知学生这种思潮带来的影响，而且应当进行循序渐进的引导，使学生更加容易接受，并养成自主判断的良好习惯。

利用网络平台加速社会主义核心价值观的传播。网络渠道是当前社会思潮信息最主要的传播渠道，也是高校传播社会主义核心价值观的重要载体。大学生平时都会借助微博、QQ 等平台来感知世界、分享信息、交流沟通。充分利用这些平台，来宣导社会主义核心价值观，强化学生对其的了解。在微博、QQ 等社交平台上，社会主义核心价值观的传播形式也可以有所转变，一改以往枯燥无味的灌输模式，通过身边的事物以及典型的案例来感染，这样更容易吸引大学生的注意，达到更好的传播和教育效果。

（一）坚持马克思主义指导思想的原则

马克思主义指导思想决定了社会主义核心价值观的性质和方向，是社会主义核心价值观的灵魂。坚持中国化的马克思主义为指导思想，是我们进行社会主义核心价值观教育之根本。新疆高校大学生面临着比内地大学生更加多样化的文化和生活环境，因而，加强坚定共产主义信念教育，使其成为合格的社会主义建设者和接班人更为重要。新疆地区文化多元化导致了人们价值观念的多样化，为了使人们的价值观符合社会主义的性质和方向，我们就必须坚持马克思主义在意识形态领域的指导地位。

随着我国的经济与文化发展多元化与国际化，不同国家、不同地区、不同民族的思潮都在随时对我国的大学生群体产生影响，我们无法阻止负面思潮的传播，但是我们可以利用作为教育者的理论知识基础以及创新思维，寻找更加有效的措施，强化大学生对于社会主义核心价值观的理解与坚持，让学生学会思考与分辨，成为思想独立、积极、正面的新时代优秀人才，促进社会的和谐稳定发展。

（二）坚持尊重差异的原则

新疆高校大学生结构较为复杂，他们大多来自全国不同的省区市和新疆不同地区，民族成分也较复杂。由于生长的环境差异较大，他们对社会主义核心价值观的理解也不尽相同。对新疆大学生进行社会主义核心价值观教育的同时，应注重结合新疆区情对其进行“五观”“四个认同”“三个离不开”的教育。同时，应尊重各民族的风俗习惯，尤其“民汉同班”时，班主任和高校教师应协调好各民族学生之间的关系。因此，在对新疆高校的大学生进行社会主义核心价值观教育时，除了注重青年学生共有的问题外，还应考虑到他们的个性差异，有层次、有针对性地进行教育。

（三）坚持理论教育与实践教育结合的原则

在2016年12月7日召开的全国高校思想政治工作会议上，习近平总书记强调，我国有独特的历史、独特的文化、独特的国情，决定了我国必须走自己的高等教育发展道路，扎实办好中国特色社会主义高校。我国高等教育发展方向要同我国发展的现实目标和未来方向紧密联系在一起，为人民服务，为中国共产党治国理政服务，为巩固和发展中国特色社会主义制度服务，为改革开放和社会主义现代化建设服务。坚持在加强思想政治理论课的同时，积极组织大学生社会实践调查，进一步了解少数民族农村的发展变化，增强他们对社会主义的认同感。

三、多元文化背景下新疆大学生社会主义核心价值观认同教育的途径

当前我国主流的社会思潮是积极、正确的。在新疆，存在比较具有地域特色的两种反动思潮：民族分裂主义思潮和宗教极端主义思潮，它们被境内外的民族分裂分子和宗教极端分子所利用，对一些大学生进行意识形

态领域的渗透。尤其有狭隘民族观念的大学生容易受其蛊惑，进一步加大了新疆大学生社会主义核心价值观认同的难度。因而，新疆地区应积极发挥社会主义核心价值观对社会思潮的引领作用。

（一）增强新疆高校思想政治理论课的教育效果

就目前高校进行社会主义核心价值观教育的手段来看，开展思想政治理论课依然是主要手段。大学生培育社会主义核心价值观的主旨就在于将之贯彻、实践于社会生活之中。

要在教学中强化社会主义核心价值观实践环节。高校结合思想政治理论课特点和社会主义核心价值观培育要求，分类制定实践教学标准，增加实践教学比重，规定相应学时学分，加强实践教学管理，切实把社会主义核心价值观融入教育教学体系。

在社会实践中加强大学生社会主义核心价值观体验和培育。组织开展社会调查、生产劳动、志愿服务、公益活动、科技发明和勤工助学等社会实践活动，并抓住重要契机广泛开展特色鲜明的主题实践活动，使大学生对社会主义核心价值观的先进性和正确性有切身感受。通过各种活动实现大学生社会主义核心价值观教育的"生活化"。习近平总书记指出，一种价值观要真正发挥作用，必须融入社会生活，让人们在实践中感知它、领悟它，在落细、落小、落实上下功夫。要把校园作为社会主义核心价值观教育的舞台，从大学生日常生活出发，利用课堂、学生社团、宿舍、网络等载体，结合现实中具体细微的场景和身边具体可感知的故事，通过感知、领悟和实践，使社会主义核心价值观由"知识体系"转变为"情感体系"，继而转变为"认同体系"，从而使社会主义核心价值观真正成为大学生心灵的罗盘，做到内化于心、外化于行。通过教育活动使大学生时时处处受到积极进取、蓬勃向上的校园文化陶冶、滋养。

1. 思想政治理论课教师应成为大学生价值观教育的真正引导者

面对多元文化的冲击，新疆高校思想政治理论课教师更应意识到自身的责任与使命，认真备课、授课。确保对社会主义核心价值观的教育不是流于形式或照本宣科，而是真正有效地进行。第一，面对学生主体意识的不断增强和各民族学生不同的个性特点，思想政治理论课的教师需在传统教育方法的基础上不断创新。在教学中，要坚持“以人为本”的教育理念，注重学生自身的发展，尊重学生的个性差异，采取诸如讨论、演讲、案例、讲座等形式，激发学生的学习兴趣，使学生真正成为学习的主人。第二，要充分利用现代教育手段，使教学更加生动、直观，尽可能地贴近大学生的思想特点、贴近大学生的现实要求、贴近大学教育的精神诉求。

2. 教师应引导大学生成为高校思想政治理论课的真正主体

第一，教师应引导大学生意识到思想政治理论课的重要性。它不仅仅是一门课程，更是养成正确“三观”的重要途径。大学生学习这门课时不能抱着混学分的态度，而是要主动学习，真正把自己当成学习的主体。第二，教师应引导大学生认清社会主义核心价值观对现实生活的指导性。理论的意义在于指导实践，要注意将思想政治理论课的知识运用于实践中，做到知行合一。第三，教师应引导新疆大学生认清所处的地理位置和人文环境的特殊性，理性地看待当前面临的机遇和挑战。作为一名新疆大学生，要理解他族同学的风俗习惯和行为方式，团结、帮助他族同学，做到将爱疆与爱国相统一，爱自己的民族与爱中华民族相结合，做一个与时俱进、勇于奉献的大学生。

（二）加强新疆高校校园文化的建设

校园文化是以在校师生为参与主体、以校园环境为地理空间、以大学精神为核心特征的群体文化，是高校培养人才的重要途径，科学健康、与时俱进的优秀校园文化可以潜移默化地影响学生的思想观念、价值取向、道德规范和成长追求。访谈中，同学们普遍认为在学校的时间最长，受校园文化的熏陶最多，良好的校园文化无疑对其社会主义核心价值观的养成意义重大。新疆高校应充分利用校园文化的隐性教育功能。

1. 以社会主义核心价值观引领校园文化建设

《教育部共青团中央关于加强和改进高等学校校园文化建设的意见》中就指出：高等学校校园文化是社会主义先进文化的重要组成部分。加强校园文化建设对于推进高等教育改革发展、加强和改进大学生思想政治教育、全面提高大学生综合素质，具有十分重要的意义。作为社会主义先进文化重要组成部分的新疆高校校园文化，要发挥它的育人功能，始终保持其先进性和社会主义方向，就必须坚持以社会主义核心价值观引领它的建设。

2. 立足于新疆的多元文化环境开展校园文化建设

新疆高校校园文化是新疆多元文化的重要组成部分，它的建设一方面促进了新疆多元文化的发展，另一方面又要受新疆多元文化大环境的制约。因而，鉴于新疆多民族、多宗教并存的现实，营造各民族大学生相互尊重、相互包容、相互学习、和谐团结的校园文化就成了新疆各高校校园文化建设的共同内容。同时，新疆各高校应根据各自的办学特色构建出各具特色的校园文化。新疆大学提倡“爱国爱疆，团结进步”的民族精神；石河子大学坚持“以兵团精神育人，为屯垦戍边服务”的办学特色；新疆师范大学则较重视“以爱国主义教育为主题”的校园文化建设。这些优秀的校园文化对于大学生的成长成才具有巨大的潜在价值。

3. 开展丰富多彩的正能量校园文化活动

校园文化活动是高校对大学生进行社会主义核心价值观教育的重要载体，是寓教于乐、润物无声的有效途径。如：新疆高校应以培养大学生爱国、爱党、爱社会主义、爱边疆为目标，利用“五一”“七一”“十一”和“一二·九”等各类节庆日、重要纪念日，举办一些爱国爱党教育活动，并且利用新疆的红色基地（如：石河子市军垦博物馆和周恩来纪念碑等）对大学生进行爱国、爱疆的教育；以培养大学生科技创新精神和创业能力为目标，经常组织开展大学生课外科技作品竞赛、大学生创业计划、学术科技节等活动；以民汉大学生增进了解、加强团结为目标，加大开展“双语”教学的力度，并鼓励民汉学生同班、同住，努力使新疆高校大学生成为“民汉兼通”的人才。新疆高校通过开展校园文化活动，利用文化载体，把社会主义核心价值观及主流意识形态，潜移默化地传递给大学生。

四、多元文化背景下新疆大学生社会主义核心价值观认同实践措施

（一）鼓励新疆大学生参加有益的社会实践

大学生学习理论的目的在于将理论应用于实践，同时社会实践也是进行社会主义核心价值观教育的重要手段。以社会主义核心价值观指导大学生社会实践活动，有利于大学生正确把握社会实践活动的目的、意义和作用，有利于大学生通过社会实践活动树立科学的世界观、人生观和价值观。因此，高校应该积极开展生产劳动和社会公益服务实践活动，培养大学生的社会责任感、吃苦耐劳和勇于奉献的精神。调研结果表明，大学生普遍喜欢用社会实践的形式来学习、践行社会主义核心价值观。

1. 志愿者服务活动

高校开展志愿者服务活动，有助于培养大学生的奉献精神和责任心。加之，志愿者服务是无报酬或报酬极少的活动，大学生参加这种活动也是对高校内外功利化思想的有力抨击，有助于大学生践行社会主义荣辱观。如：一些师范院校组织大学生参加“义务家教”活动，这既能解决一些贫困家庭的孩子没钱请家教的问题，同时培养了参与活动的大学生的奉献精

神和为人民服务的道德观。

2. 社会调查活动

调研发现，新疆高校普遍重视社会调查活动的开展。如石河子大学为了贯彻落实《中共中央国务院关于进一步加强和改进大学生思想政治教育的意见》，学校总体部署，思政部具体实施教学改革，开展思想政治理论课综合实践教学环节。所有本科生在任课教师的具体指导下，利用大三暑假的时机开展社会实践调查活动，撰写社会实践调查报告，成绩合格者计入2学分。

大学生通过调查他们所关注和关心的社会热点、难点问题，有利于培养自身的观察能力和分析能力。更重要的是，通过社会调查活动，一方面能亲身体会我国改革开放取得的巨大成就，提高其对社会主义核心价值观的认同；另一方面也能感受到我国的贫困依然存在，这在一定程度上能激发大学生建设新疆、报效祖国的热情与责任感。

3. 基层实习活动

大学生通过去基层实习，可以将所学理论应用于实践中，更重要的是能培养自己艰苦奋斗、乐于奉献的时代精神。如：新疆大学生通过去兵团团场实习可以了解兵团的历史，学习兵团人自强自立、艰苦奋斗的精神；在北疆长大的大学生可以去南疆参加实习活动，为当地百姓做些切实的好事，同时通过南北疆经济、社会差距的比较可以增强大学生建设新疆的责任感，也可进一步加深自身对民族区域自治政策的理解。通过社会实践加大新疆高校大学生社会实践能力的培养，强化对社会主义核心价值观的认同，在实践中促进大学生对社会主义核心价值观认知认同、情感认同和行为认同的高度统一。

（二）发挥家庭教育的引导作用

国民教育并不单纯指学校教育，还包括家庭教育和社会教育。一个人的一生，要接受家庭教育、学校教育、社会教育，这些教育都很重要，对于自己世界观、人生观、价值观的形成和巩固将发挥重要作用。

家庭教育是一种全程教育，人们无时无刻不受到家庭的影响。家长是家庭教育的执行者，家长的价值观念和道德观念对大学生具有重要示范和熏陶作用。在家庭中家长应积极培育家庭美德，树立良好的家庭风气，营造和睦的家庭氛围，培养浓郁的家庭亲情，使家庭教育成为形成正确的道德观和价值观的重要推动力量。新疆的家庭中有相当比例的宗教信仰家庭，少数民族家庭大多都是宗教信仰家庭。少数民族学生成长于本民族的宗教文化环境之中,从小就受本民族宗教信仰的影响。宗教中有些教义是符合社会主义核心价值观要求的，如很多宗教都提倡爱祖国、爱民族，知荣辱、辨善恶等。正常的宗教信仰受国家的法律保护，人们有信教的自由与权利。在我们无法完全取缔宗教的情况下，应先充分发挥社会主义核心价值观的引导作用，引导宗教朝着社会主义的方向发展，引导家庭教育与学校教育、社会主流价值观教育相一致。良好的家庭教育有助于大学生“三观”的养成，有助于大学生成为合格的社会主义事业建设者和接班人。

参考文献

[1] 马克思恩格斯选集(第3卷)[M]. 北京：人民出版社，1995.

[2] 杨晓慧 . 社会主义核心价值观融入大学生思想政治教育全过程的基本问题研究 [M]. 北京 : 人民出版社 ,2011.

[3] 王小雪，杨斌. 新疆少数民族大学生对社会主义核心价值体系的认同探析 [J]. 中国校外教育，2011（3）：24–25.

[4] 韩瑞英. 增强大学生社会主义核心价值体系认同度的路径选择——以学校教育为视角 [J]. 思想政治研究，2011（1）：315–316.

[5] 新疆维吾尔自治区人民政府. 新疆维吾尔自治区少数民族学前和中小学双语教育发展规划（2010—2020年）[Z]. 2011-03-31.

（2018年9月）

课题组负责人：梁金贵；

课题组成员：梁刁丹子，梁玉冰，刁军花，李海胜，龙立群，张玮，李红彬，赵艳。

机制创新篇

天津大学关工委课题组

新时代“双一流”建设高校关工委面临的新挑战与工作创新研究

内容摘要

“双一流”建设高校在新时代我国高等教育内涵式发展中肩负重要使命，在高校关心下一代工作中同样承担着重要的引领责任。着力培养担当民族复兴大任的高素质一流人才既是实现“双一流”建设目标的核心要素，也是实现“双一流”建设总体目标的必要条件。本课题旨在依据“双一流”建设对人才培养提出的新要求和新思维，发挥我校关工委长期积累的实践经验和理论研究优势，全面总结“双一流”建设高校近年来的新探索，深入分析高校关工委工作面临的新挑战，探寻新时代的工作规律，力求从理论与实践的结合上实现工作理念和工作模式的创新。预期研究成果将不仅促进“双一流”建设高校关工委工作的创新突破，也将对全国各类高校关工委工作的新发展具有启示和借鉴作用。

关键词

“双一流”建设高校；关工委；工作规律；创新研究

一、高校关工委工作的历史作用与新时代使命研究

中国关心下一代工作组织随着我国改革开放的不断深化而诞生，伴随着中国特色社会主义事业发展而壮大，是建设中国特色社会主义事业的一个创举。习近平总书记从党和国家事业后继有人的战略高度，对关心下一代工作作出重要指示：“广大‘五老’是党和国家的宝贵财富，是加强青少年思想政治工作的重要力量。各级党委和政府要加强对关心下一代工作的领导，支持更多老同志参加关心下一代工作，使广大‘五老’在关心下一代的广阔舞台上老有所为、发光发热。”这些都要求新时代关工委工作要继承优良传统，站在历史新起点，深入研究新情况、拓展新途径，努力开创关心下一代工作的新局面。

（一）高校关工委工作的历史作用

1. 健全机构、完善机制，建立起服务青年师生成长的坚强组织

1991年以来，高校在关工委工作中始终将组织建设摆在首位，认真落实上级关工委的各项要求，设立高校关工委专门工作机构，健全组织，选派有工作经验的老同志组成领导班子，根据工作需要和人员变化，及时换届调整，保持组织活力；明确关工委秘书处职能，负责关工委工作的总体规划、制度建设和经验总结以及日常工作的组织协调；建立院级关工委二级机构，为工作不断向基层延伸寻找有力抓手等。

2. 为党育人、为国育才，汇聚起高校关心下一代工作的主体力量

高校关工委坚持以队伍建设为基础，以为党育人、为国育才的初心，组织凝聚“五老”队伍。高校离退休老同志中，集中了一大批在岗位上创造了光辉业绩的“五老”，他们政治坚定、理论和文化素养深厚，有着深厚的教育情怀，也有着配合主渠道开展思想政治教育的各类优势。高校根据“五老”优势创建活动品牌，逐步建立起多支“五老”队伍，成为高校

思想政治工作中不可替代的重要力量。

3. 围绕中心、配合补充，展现出不断创新发展的格局和面貌

高校关工委始终结合高校青年群体的特点、思想困惑和现实需求，在工作实践探索和理论研究上积极作为，助力青年师生健康成长。一是坚持以习近平新时代中国特色社会主义思想为指导，认真领会习近平总书记对关心下一代工作的重要指示；二是分析青年思想政治工作面临的严峻形势，认识面临的新挑战；三是抓住历史节点契机开展中国特色社会主义教育；四是丰富工作载体和手段，打造一系列特色品牌活动；五是组织广大“五老”积极参与疫情防控，体现了危急时刻的责任担当。

（二）高校关工委工作新时代使命的理论认识

1. 从立德树人根本任务中把握时代要求

高等教育承担培养国家高层次人才的大任，新时代要求高校站在党和国家对高等教育、科学知识和优秀人才强烈渴求的高度，切实将立德树人根本任务内化到大学建设的各方面，推进人才培养全方位实践。高校关工委要坚持以习近平新时代中国特色社会主义思想为指导，深刻领会“担当民族复兴大任的时代新人”的丰富内涵，在着力培养“担当民族复兴大任的时代新人”的伟大事业中贡献力量。

2. 从“双一流”建设目标中体会创新要求

《统筹推进世界一流大学和一流学科建设总体方案》于2015年 11月由国务院公布，标志着我国高等教育改革发展进入新的历史时期。“双一流”大学建设的根本目的在于建设高等教育强国、实现立德树人的根本目标，为中国特色社会主义事业提供智力支持和人才保障。思想品德和政治素养是一流人才的核心要素，高校应做到将思政育人融入教育教学的各个环节，着力培养具有民族自信心、社会责任感和创新实践能力的世界一流人才。

3. 从“三全育人”综合改革中理解协同要求

“三全育人”指的是全员育人、全过程育人和全方位育人，是党和国家深入推进新时代高校思想政治工作、切实提高思想政治教育质量和效果的战略性方针。高校推动“三全育人”综合改革，既要把握“三全育人”理念内涵，更要注重凝聚育人共识、优化顶层设计。高校关工委作为思想政治教育的重要辅助力量，要强化协同育人意识，主动融入“大思政”教育格局，与主渠道教育同向同行、协同并进，形成思政育人的强大合力。

（三）高校关工委践行新时代使命的内在规律

1. 坚持以立德树人为根本，完善体制机制

服务青年师生成长成才，是高校关工委创立的初衷，是关心下一代工作的宗旨。高校关工委践行新时代使命，要坚决贯彻党中央对教育工作的各项要求，发挥好高校关工委的独特作用。为践行新时代使命，完善高校关工委工作体制机制至关重要，一是要完善领导体制和管理体制，形成党委统一领导、党政齐抓共管、部门有力配合、关工委主动作为的格局；二是要完善工作机制，“围绕中心”统筹谋划，明确“配合补充”角色定位；三是要加强制度建设，增强组织力凝聚力，完善制度保障机制，加强关工委工作规范化和科学化。

2. 坚持强化关工委自身建设，以创新促发展

新时代高校关工委要明确学习型、服务型、创新型关工委的建设目标，持续提高工作水平和能力，真正成为高校育人的重要参谋和有力助手。高校关工委工作要善于求新求变，紧跟时代步伐，在继承中创新，在创新中发展，在创新中提升思想政治教育效果，同时以品牌建设带动关心下一代工作的创新发展，着力提高品牌活动的生命力和感染力，推动高校关工委工作再上新台阶。

（四）高校关工委践行新时代使命的核心要素

1. 加强党的统一领导，把握服务青年的正确方向

高校关心下一代工作既是一项战略任务，又是一项系统工程。做好关心下一代工作，是高校党组织和全体教职工的共同责任。新时代高校关工委工作要深刻认识世界范围内各种意识形态领域的激烈斗争、我国社会结构变动、经济利益格局调整对青年师生思想和价值取向带来的挑战；要深入青年群体，密切与青年师生的联系；要针对青年师生面临的思想困惑、生活压力和社会融入等现实需求，开展更加有效的帮扶和思想引导。

2. 传承红色基因，着力突出思想政治引领作用

红色基因是在中国共产党领导人民群众进行革命、建设和改革实践中形成的先进思想因子的总和。新时代传承红色基因，要着力突出思想政治引领，大力加强理想信念教育、革命传统教育、爱国主义教育和使命担当教育，弘扬社会主义核心价值观；要充分利用好红色资源，深入开展“四史”教育，通过“五老”回顾历史和挖掘整理“五老”史料，为青年师生健康成长提供“历史”养分；要创新传承方式，通过各类主题教育实践、特色品牌活动和网络新媒体途径，融入青年的精神世界。

3. 挖掘“五老”优势，充分发挥“五老”作用

“五老”是高校的宝贵资源，运用好“五老”这座难得的人才富矿对新时代高校关工委工作的创新发展十分重要。要在坚持尽力而为的原则下，继续深入挖掘“五老”经验丰富、亲历者实践者见证者的优势，以及无私奉献、教育情怀深厚和专业背景深厚、懂教育爱学生的优势，当好青年学生的“人生导师”，将老有所养与发挥余热相结合、相促进。

回顾30年的历史发展，高校关工委始终围绕中心工作，服务大局发展，旗帜鲜明地坚守思想政治教育阵地，深化思想引领，在高等教育事业发展中体现了责任担当和独特价值。进入新时代，高校关工委将不忘育人初心，

深化改革、创新发展，继续展现勃勃生机，肩负起新时代赋予的历史使命，为培养“担当民族复兴大任的时代新人”续写新的更大辉煌。

二、高校关工委工作的成效总结与经验提炼研究

（一）落实立德树人根本任务，加强青年学生思想政治教育

1. 开展“四史”及校史学习教育

一是做好思政理论宣讲。以天津大学为例，学校打造了校院两级“四史”学习教育学生思政理论宣讲团，落实“1+1+N”理论宣讲小组运行模式，聚焦“英雄”“复兴”“创新”“信念”四个主题，重点挖掘校（院）训、校歌、北洋科学家故事中的红色教育元素，结合思政理论宣讲大赛、校歌校史演绎大赛等丰富多彩的形式，在学生群体中广泛开展“四史”学习教育示范巡讲。二是做好主题教育活动。以天津大学为例，学校构建经常性“四史”学习教育机制，将“四史”学习教育与新生入学教育、入党申请人学习小组创建评比、优秀党日活动评比、研究生“明德工程”等各类教育活动相结合，建立若干个“四史”学习教育基地和爱国主义教育基地，以“文化传承”“革命精神”“社会主义新风尚”三个层次开展形式丰富的主题教育活动。

2. 做好青年学生党建工作

关工委老同志普遍党龄较长、理想信念坚定，“五老”参与高校学生党建工作，能够从理论与实践多层面发挥突出作用。一是党建组织员队伍建设。建立关工委老同志对专职组织员的培训辅导机制、审核把关机制、跟踪督导机制，动员“五老”在党务工作中积极主动做好党员的教育培养工作，保证党员发展质量，使党务工作走上规范化、科学化轨道。二是学生党员发展、教育及学生党支部建设。在党员发展和教育方面，关工委“五

老”对不同阶段、不同层次的党建教育对象都能起到较为深刻的教育影响。深入参与入党申请人学习小组的创建及日常理论学习、实践活动，切实帮助入党申请人端正入党动机、提升党性修养；充分发挥对入党积极分子的思想引领作用，借助座谈交流等形式帮助入党积极分子增加党史知识、提升觉悟、坚定信念；对发展对象发挥质量把关作用，确保发展学生党员质量；协助辅导员、学生党支部书记对学生党员开展教育与管理工作，做好学生党员持续教育；一对一与学生标杆党支部“结对子”，促进党支部整体工作质量提升。

3. 助力“课程思政”

课程思政是大学生思想政治教育必不可少的一环，关工委教师具备深厚的专业背景和教学经验，能够参与到教育教学改革和各专业课程的设计与开发工作中。“五老”的参与，有助于明确课程思政建设目标要求和内容重点，以爱党、爱国、爱社会主义为主线，围绕家国情怀、文化素养、宪法法治意识、道德修养等重点优化课程思政内容供给；有助于科学设计课程思政教学体系，坚持学生中心、产出导向、持续改进，不断提升学生的课程学习体验、学习效果，坚决防止“两张皮”；有助于结合专业特点分类推进课程思政建设，深入挖掘专业课的思政教育内容，梳理专业课程中的思政元素，有机融入课程教学，达到润物无声的育人效果；有助于指导任课教师进行课程思政教学实践，通过与教师的座谈交流和课程指导，逐渐提升广大教师开展“课程思政”的能力，推动广大教师进一步在课堂教学中找准思政育人角度，确保课程思政建设落地落实、见功见效。

（二）营造良好成长成才环境，加强与青年学生的紧密联系

1. 助困助学

长期以来，关工委老同志悉心关爱青年学生成长，尤其是特别关注家庭经济困难学生，对他们给予学习和生活上的帮助和支持。关工委老同志

助困助学的方式主要为成立教育基金奖励优秀学子、与经济困难学生座谈交流了解日常生活、对经济困难学生直接进行经济资助等。以天津大学关工委原常务副主任印邦炎先生为例，他将中国扶贫基金会的“新长城自强”资助项目引入天津，促成天津大学成为项目实施学校，组织成立“新长城自强社”并担任顾问。为了减轻贫困生的负担，印邦炎先生自掏腰包开展“早餐工程”，发动身边力量，为贫困学生提供早餐资金，有效改善贫困学生生活状况。在印邦炎先生去世后，根据他的遗愿，“印邦炎教授教育基金”成立，向天津大学北洋教育发展基金会捐资50万元，支持学校教育事业发展。基金将以奖学金形式发放，勉励优秀学子发展学业。

2. 指导就业

“就业是最大的民生。”在指导学生就业方面，关工委老同志思想上具有先进性，品格上具有感召力，经历上具有说服性，时间上具有保障性，是高校指导学生就业工作的重要资源。调研显示，目前关工委老同志一般通过以下几个途径参与到学校就业指导工作中。一是协助制定就业教育指导方案。“五老”运用自身丰富教学科研经验，参与到高校就业教育指导方案的设计工作中，指导青年教师正确引导学生成长。二是拓展校外就业资源。关工委老同志阅历丰富，资源广博，有很多校友、校外机构、企业资源，而且有较多时间接触市场、了解市场、了解社会，有助于高校人才培养与社会就业市场的高效衔接。三是转变学生就业观念。关工委老同志在参与大学生党建工作、思想政治主题教育活动和学生社团指导管理工作中，可以及时发现学生思想和行为动态，深入了解背后成因，有效解决大学生“懒就业”“慢就业”问题，通过理想信念教育和价值观教育，有助于引导学生赴重点地区、重点行业、重点单位就业。

3. 促进心理健康

调查研究显示，作为高校心理健康教育中一支重要辅助力量，目前部分高校关工委通过以下几个方面进行开拓创新，探究关工委“五老”参与心理健康教育工作的新途径。一是建立“关工委—心理健康教育中心—辅导员”三位一体的工作体系，在心理咨询中心指导下，辅导员与关工委老同志随时就学生的心理状况进行沟通，双管齐下促进学生成长。二是常态化推进“开学第一课”新生入学教育，推动各学院关工委老同志开设“开学第一课”座谈或报告讲座，以理想信念、大学生活为主题，解决学生适应期的迷茫和困惑，建立起与学生之间的信任和沟通，为关工委心理健康教育工作的有效开展奠定基础。

（三）坚持抓好品牌建设，探寻服务青年学生的有效途径

近年来，教育部关工委将思想政治教育品牌建设作为助力青年学生健康成长的重要抓手，打造了一系列富有“关工”特色、符合高校思政工作规律、受到广大青年学生欢迎的系列思想政治教育品牌，如“院士回母校”“杰出老校友回母校”“大国工匠进校园”“读懂中国”“特邀党建组织员”等。与此同时，各地高校也因地制宜、立足本地本校特色开展活动，一批又一批工作品牌如雨后春笋般产生。如清华大学的“大学精神与文化讲师团”深入研究学校办学的优良传统和大学精神文化，总结研究优秀人才的成长规律，举办各类培训共建；北京大学的“博雅银龄导师”在党建、教学、学生课外活动指导、心理辅导、就业咨询等方面做工作；复旦大学的“传承红色基因、老少共读宣言”活动发挥陈望道故居《共产党宣言》理想信念教育基地的作用，培养青年马克思主义者；浙江大学打造“新四军教育基地‘相约星期五’活动平台”，依托该平台在低年级大学生中组织开展革命传统、党史国史等教育活动；中国科学技术大学举办“老专家话科普”活动，将中科大的历史文化、创新精神、人文精神和科技特色通过载体传播给青年学生；哈尔滨工业大学的“正能量宣讲团”以“五个一”活动为主要载体，为学生写文章、作报告、发微博、进行谈话、解决实际

困难；西安交通大学举办离退休党支部与学生党支部开展手拉手结对子活动，离退休党支部与学生党支部一起过组织生活，点评学生党员思想状况和学习情况；同济大学的“空中心语屋”开设窗口，邀请一批经验丰富的“五老”为每位有需要的咨询者义务提供力所能及的线上服务；华东师范大学“思齐计划”组织一批德高望重的老同志与在校优秀的本科生、研究生一对一结对子，通过书信、电话等形式帮助年轻学子健康成长；上海交通大学成立“关工委讲师团”，每年围绕重大事件或纪念活动面向新生开展党史国史校史教育；天津大学的“悦读书社”品牌活动组织关工委与图书馆、档案馆共同建立读书基地，以线上线下相结合的方式建立定期交流制度，为关工委“五老”和青年师生打造一个沟通交流的温馨平台。

三、新时代高校关工委工作的思路举措创新研究

（一）新时代高校关工委工作面临的新形势与新挑战

1. 时代发展标明高校关工委工作的新方位

当前我国在政治、经济、文化、社会、外交等各领域面临着前所未有的挑战和机遇，新时代的竞争归根到底是人才的竞争，培养担当民族复兴大任的时代新人，是党和国家对高校的期望和重托。要站在确保党的事业后继有人、实现党的长期执政、实现中华民族伟大复兴中国梦的战略高度，不断加强和改进“双一流”高校关心下一代工作。

2. 高等教育改革的新阶段提出高校关工委工作的新要求

全国教育大会明确，要培养德智体美劳全面发展的社会主义建设者和接班人，同时强调思想政治工作是学校各项工作的生命线。如何落实立德树人的根本任务、如何把青年师生思想政治工作落到实处，都是新时代高等教育改革发展对高校关工委工作提出的新要求。

3. 青年师生群体的新特点呼唤高校关工委工作的新方式

一方面，青年学生能够获得的信息爆炸式增长，但形成系统性、有深度的知识体系则愈加困难，互联网各种思潮的影响和冲击则更为直接和复杂；同时，在校生普遍存在“纸上谈兵”有余而实践经验不足的问题，学生综合素质的培养和提升是高校关工委工作的重要课题。另一方面，在高校“双一流”建设如火如荼之际，面对人事制度改革、教学改革等各项改革要求，高校青年教师普遍面临本领恐慌和能力恐慌，加强青年教师的思想政治引领和成长发展指导是高校关工委工作内涵的应有之义。

（二）面向新时代高校关工委工作的思路探究

1. 坚定一个方向

关工委是党领导下的群众性工作组织，关心下一代工作是党的工作的重要组成部分。高校关工委要坚持以习近平新时代中国特色社会主义思想为指导，增强“四个意识”、坚定“四个自信”、做到“两个维护”，紧密结合教育系统特点，围绕培养担当民族复兴大任的时代新人的历史使命，教育引导广大青年师生永远听党话、跟党走。

2. 突出两个聚焦

（1）聚焦工作主体——“五老”群体。高校是“五老”聚集之地，尤其是拥有老专家、老教师、老模范等宝贵资源，高校关工委要坚持弘扬“五老”精神，充分发挥“五老”作用，着力研究新时代“五老”新特点，将“五老”的优势和作用有机融入学校师生思想政治工作各领域各环节，充分发挥“五老”在传承红色基因、弘扬爱国传统等方面不可替代的重要作用，使其成为高校关工委工作凝神聚力的宝贵财富和强大动力。

（2）聚焦工作对象——青年师生。高校关工委要充分研究和把握青年师生的思想特点和成长环境，因地制宜地搭建平台、开展活动。一方面，要坚持服务青年学生的正确思想方向，深入开展党史、国史、社会主义发展史及校史教育，帮助解决青年学生在成长成才、身心健康、社会融入等方面遇到的困难和问题。另一方面，要注重发挥对青年教师的“传帮带”作用，在教学、科研、管理、服务等各方面对正处于事业爬坡期的青年教师进行细致的帮助和指导。

3. 强化四个结合

（1）线上与线下相结合。立足网络时代和疫情防控常态化，建立健全网站、微信、微博、抖音等新媒体平台，打造关工委工作的“全媒体”通道；着力在内容质量上下功夫，建全线上与线下相结合的关工委工作体系。

（2）校院两级关工委相结合。要推动院级关工委建设，使关工委工作的触角延伸至更广大的师生群体。校关工委要加强对院级关工委工作的指导，完善信息报送、联络沟通和评价考核机制，形成联动工作机制。

（3）理论与实践相结合。要注重强化社会实践环节的育人作用。一方面依托学生党校实践环节、寒暑假社会实践等载体，深度参与学生社会实践的相关环节。另一方面将关工委品牌活动与学生社会实践相结合，加强对学生社会实践过程的引导与成果评定，切实发挥实践育人作用。

（4）仰望星空与脚踏实地相结合。仰望星空，要坚持“立德树人”的根本宗旨，倡导主旋律、传递正能量，以培养社会主义建设者和接班人为出发点和落脚点。脚踏实地，首先要有的放矢，结合工作对象特点有针对性地开展工作；其次要与时俱进，以年轻人喜闻乐见的方式方法开展工作；还要不断总结、评估、反思，及时调整和优化，努力形成良性循环。

（三）面向新时代的大格局高校关工委工作体系构建

1. 坚持高校关心下一代工作“一盘棋”，形成强大工作合力

要将关工委工作全面融入学校“三全育人”“五育并举”工作体系中，切实找准工作的切入点和结合点，发挥独特而积极的育人作用。要聚全校

之力建强高校下一代工作委员会，明确各成员单位的职责并强化责任落实；要协同校内各部门和各院系，共同为开展关心下一代工作搭建平台、培育载体、创新方法。

2. 打造核心板块，筑牢高校关工委工作坚强阵地

（1）传承红色基因，不断挖掘高校关工委工作的历史深度。“五老”群体是红色基因的直接体现者，青年师生是红色基因的核心传承对象。因此，传承红色基因是高校关工委工作的重要使命。一是做好“五老”精神的挖掘和弘扬。要以高度的历史使命感做好“五老”群体动人事迹和故事的采访、整理和宣传，为红色基因的传承抢救和储备宝贵的素材。二是围绕“四史”教育加强宣传阐释。要开拓线上线下的丰富渠道，在青年师生中深入开展“四史”教育。三是做青年师生思想上入党的引路人。要依托学生党校等载体，加深青年师生对党的理论路线方针政策和当代马克思主义的理解，使他们真正成为中国道路坚持者、中国精神弘扬者、中国力量凝聚者。

（2）强化思政引领，有力凸显高校关工委工作的鲜明态度。要紧紧围绕“培养什么人、怎样培养人、为谁培养人”，构建高校青年师生思政引领的有效体系。一是做习近平新时代中国特色社会主义思想的坚定宣讲者。要生动结合十八大以来管党治党和经济社会发展的成就启示，讲清楚为什么习近平新时代中国特色社会主义思想是党和国家必须长期坚持的指导思想。二是做社会主义核心价值观的积极传播者。要紧密结合中华传统文化和中国特色社会主义精神文明建设成果，以青年师生喜闻乐见的方式，宣传和弘扬社会主义核心价值观。三是做大学生“读懂中国”的贴心辅导者。高校关工委要做大学生理想信念的教育者和成长成才的陪伴者，在春风化雨、润物无声中帮助青年学生读懂中国、理解世界。

（3）服务青年师生，持续提升高校关工委工作的时代温度。高校关

工委要从青年师生的切身需要入手，通过大学生健康关怀、就业指导和职业规划、青年教师“传帮带”、师德师风教育等载体，帮助解决青年师生在成长成才、身心健康、社会融入、职业发展等方面遇到的困难和问题。

3. 铸就工作品牌，增强高校关工委工作的育人实效

（1）继承优秀传统，深化细化教育系统关工委既有经典品牌。教育系统关工委30余年工作实践，涌现出了“读懂中国”“大国工匠进校园”“院士回母校”等一大批颇具影响力的活动品牌，体现了关心下一代事业发展规律和特点。要继续继承和发扬这些活动品牌，让经典品牌在新时代高校关工委工作实践中绽放新的光芒。

（2）突出特色创建，推动高校关工委工作品牌百花齐放。应围绕“四个全面”的要求，紧密结合学校文化和院系、学科特点，凝练特色工作品牌，探索青年师生思想政治工作的新方法新途径，发掘新时代品牌建设的新内涵，推动“一校一品”“一院一品”。

4. 加强自身建设，提供高校关工委高质量发展的有力支撑

（1）持续加强政治建设。要狠抓对习近平新时代中国特色社会主义思想的学习研究和宣讲，持续加强对老同志理想信念、政治理论、形势政策和政治纪律的教育。要将关心下一代工作纳入党建工作总体部署，持续加强关工委党性教育和党风廉政建设，以党的建设带动关工委建设。

（2）持续加强体制机制建设。要将制度建设贯穿始终，建立成员单位联席会议等有效制度。要落实工作责任，将关工委工作列入党政议事日程之中，做到同部署、同落实、同检查、同考核。要完善保障机制，从人、财、物各方面保障关工委工作有力开展。

（3）持续加强组织建设。要大力加强校级关工委组织建设，配齐配强领导班子，根据工作需要下设办公室和专项工作组保障工作开展。要推动各院级党组织普遍设立关工委，紧密结合人才培养、学科建设特点特色，

发挥育人作用。强化校院两级关工委上下联动，形成高校关工委工作合力。

（4）持续加强信息化建设。坚持青年师生在哪里、关工委工作就延伸到哪里，既要加强线上平台建设，通过建设网站专栏、开通微信公众号、入驻短视频平台等方式，打造“全媒体”通道；又要加强线上内容建设，有效发出网上“好”声音，不断增进思想政治教育亲和力和针对性。

（5）持续加强队伍建设。要加强专兼职人员队伍建设，吸收政治可靠、责任心强、经验丰富、威信高的老同志充实到关工委队伍中，加强关工委组织机构中在职人员队伍建设。要强化专项培训，通过集中授课、分组讨论、外出学习参观等形式，定期开展关工委工作培训。要加强理论研究，以教育系统关工委专项调研课题等为载体，加强工作总结和经验规律提炼，不断提高研究能力、充实研究力量。

参考文献

[1] 习近平．就做好关心下一代工作作出的重要指示，2020年11月17日．

[2] 原永堂．教育部关心下一代工作委员会的十五年 [J]. 中国德育，2006（8）：32-33.

[3] 李卫红．在继承中创新，在创新中发展，全面推进教育关工委工作——在纪念教育部关工委成立25周年暨第五次工作会议上的讲话，2016年4月．

[4] 李卫红．在2020年全国教育关工委干部培训班上的讲话，2020年9月．

[5] 习近平．在同各界优秀青年代表座谈时的讲话，2013年5月4日．

[6] 习近平．决胜全面建成小康社会，夺取新时代中国特色社会主义伟大胜利——在中国共产党第十九次全国代表大会上的报告，2017年10月18日．

[7] 习近平．坚持中国特色社会主义教育发展道路 培养德智体美劳全面

发展的社会主义建设者和接班人，2018年9月10日 .

[8] 习近平 . 把思想政治工作贯穿教育教学全过程 开创我国高等教育事业发展新局面，2016年12月7日 .

[9] 2020年全国教育关工委干部培训班交流材料 .

[10] 陈士俊 . 落实习近平总书记重要指示 深化高校关工委育人工作 [J]. 关心下一代，2016（1）：16–18.

[11] 苏敬装 . 传承红色基因 汇聚复兴伟力 [N]. 学习时报，2020–03–23.

[12] 邱林洁，勾永尧，李燕琼 . 关工委参与大学生心理健康教育途径探析 [J]. 传播与版权，2014（5）：144–145.

（2021年1月）

课题组负责人：汪曦；

课题组成员：陈士俊，常辽华，丁晓玲，李春意，王小轩，潘昀，程超超，张海超，谢华哲，范凯。

东北师范大学关工委课题组

高校二级关工委育人平台建设及运行机制研究

内容摘要

高校二级关工委是高校关工委整体架构中的重要组成部分，在高校思想政治工作中发挥着重要协同作用。当前，高校二级关工委育人平台在建设上遵循着队伍建设主导性与主体性相结合、制度建设完整性与系统性相结合、阵地建设实效性与特色化相结合、师生互动导向交流与情感交流相结合的原则，形成了铸魂育人平台、价值观形塑平台、答疑释惑平台三种典型模式，并在不断的实践和发展中突破认识前提、巩固制度保障、加强队伍建设，在运行机制各关键要素的把握中持续发挥二级关工委的育人作用。

关键词

高校；二级关工委；育人平台；运行机制

高校关工委作为以关心、教育、培养青年健康成长为目的的群众性工作组织，是在学校党委领导下的工作机构。以“围绕中心、配合补充，因地制宜、量力而行，立足基层、注重实效”[①]为工作方针，在高校思想政治工作中发挥着配合补充和协同的作用。作为院系一级的二级关工委在高校关工委构架中承上启下，是关工委机构的基础层面，在大学生思想政治工作中责任重大，有着广阔发挥作用的空间，其建设水平、活动质量、作用发挥状况在很大程度上决定着高校关心下一代工作的广度、深度、效果。

课题组围绕高校二级关工委的建设情况开展了系列调研活动，调查统计了全国22个省、5个自治区、4个直辖市100所师范类高校的关工委建设情况，面向来自全国28个省、自治区、直辖市280所高校的3366名研究生进行了问卷调查。在此基础上，系统分析了我国高校二级关工委在人员主体、组织建制、运行机制方面的特殊优势和典型经验，总结形成了对于我国高校二级关工委育人平台建设基本思路、典型模式和运行机制的综合认识。

一、高校二级关工委育人平台建设的基本原则

高校二级关工委不同于现职常规的党政群团组织，是以学院现职党政领导为主导，以老同志为主体，围绕学院中心工作，在学院党委领导和学校关工委指导下开展工作的基层组织。在培养什么人、如何培养人以及为谁培养人的立德树人工程中不可或缺，在全程育人、全方位育人中具有独特功能，是高校关工委建设的重要环节。其在组织架构上具有“自立不独立，依存不依赖”的特点，在活动开展中努力做到“主动不替代，到位不

① 教育部党组. 中共教育部党组关于加强全国教育系统关心下一代工作委员会建设的意见[EB/OL]. http://www.snedu.gov.cn/news/gongweiwenjian/200909/25/4533.html，2009-09-25.

越位”，在队伍建设、制度建设、阵地建设和师生互动方面具有明晰的原则和思路。

（一）队伍建设坚持主导性与主体性相结合

院系党组织的坚强领导，离退休“五老”人员的热情奉献、志愿者的积极参与是二级关工委育人平台有效运行的重要条件。其中居于主导地位的是作为二级关工委育人平台牵头人的现职在岗院系负责人，作为主体力量的是具有专长、富于热心的离退休“五老”人员和志愿者。在具体的队伍建设中，平台的主导者和主体力量应注重人力资源整合，按照“五要”的标准发挥自身作用。其中对居主导地位的现职在岗人员的“五要”是：一要主动将本平台活动纳入院系党务工作体系，统一部署、统一考核；二要关注本平台建设，主持研究本平台活动内容、共同策划活动方案；三要置身本平台的主要活动，总结经验、发现问题；四要关心参与本平台活动的其他组成人员，特别是以“五老”为代表的离退休老同志，关爱老同志，认真听取老同志意见，发挥老同志的优势；五要提供本平台活动的基本条件和必要的经费。对离退休老同志及志愿者构成的活动主体人员的“五要”是：一要争取所在院系党政领导的支持，主动沟通、主动汇报；二要主动配合主导人员决策、确定本平台活动重点、规划活动内容；三要协调平台活动各方参与者，形成合力；四要积极献计献策，主动发挥自身所长；五要搞好自身建设，创新工作思路，巩固自身原有优势，增强新本领。各方人员的责任感、彼此倾心的信任与关爱、相互间的协调与互补是二级关工委育人平台能量有效释放的基础。育人平台队伍建设要根据需要局部、适时、适度调整，但要保持队伍总体相对稳定。

（二）制度建设坚持完整性与系统性相结合

高校二级关工委育人平台建设需要确立严谨的制度，明确平台成员构成、各自职责、运行规则、实现目标、活动方式等。完善的制度需要坚持制度体系的完整性和系统性，依循“系统”“稳定”“适用”的思路，构建健全的制度体系。坚持制度“系统性”即形成比较完整的制度体系，如学习制度、议事制度、汇报制度、总结制度、表彰制度等，力争做到事事有规矩，件件按规范。确保制度“稳定性”，即制度一旦确立，除发现制度与中心偏离或确立制度的基本条件变更等特殊情况外，制度不因组织人员更换随意变动，从而保证二级关工委活动的连续性、秩序性、有效性。坚持制度“适用性”，即坚持从实际出发，立足客观需要，确立规范育人实践运行的制度，不搞形式主义。制度确立坚持“系统”“稳定”“适用”的统一，是制度逐步健全的需要，也是制度逐步成熟的要求。健全的制度体系能够确保二级关工委活动内容做到“三个不动摇”，即方向明确，坚持主旋律不动摇；任务明确，清醒定位不动摇；履行使命，为大学生破难解惑不动摇。健全的制度体系能够确保二级关工委活动效果体现“三个有利于”，即有利于将二级关工委育人平台的潜在优势转化为现实优势，个体优势转化为组织优势，分散优势转化为整体优势，实现“朝阳”与“晚霞”同辉煌；有利于把二级关工委育人平台的体制机制、工作方针、基本任务、条件保障等用制度固定下来，长期坚持，越做越好；有利于实现二级关工委育人平台实体化，做到“七有”，即：有挂帅的主导、有参与的主体、有活动的阵地、有健全的制度、有活动的经费、有充实的内容、有实在的成效。

（三）阵地建设坚持实效性与特色化相结合

育人平台所有活动都应坚持围绕中心，突出主题，利用优势，因势利导，重在实效。坚持实效首先要坚持从实际出发，通过调查研究把握实际，活动内容方法出自实际、成效评估以实际为准；其次要坚持以实用为底线，即立足内容需要，反映客观要求，活动起来顺势、顺手、顺心，不玩花架子；再次要坚持以成效为目标，即保证在弘扬正气、引发思考、消除困惑方面办好事、做实事、解难事的成效。育人平台运行必须有特色、创品牌。特色有多种表现，其一是共性的问题，但问题立足的基础与环境表现出个体的特殊性；其二是问题立足的基础与环境具有与众无异的共性，但内容与形式表现出鲜明的个性差异。特色品牌项目可以是原创，也可以是集成创新，但确有特色、确有成效是其不变的基本要求。特色不是形式上的玩花样、类别上的标新立异，特色的形成有着深厚的生存基础、内在的客观要求。一个叫好又叫座的特色品牌项目，一定要立得住、叫得响、树得牢，经得住实践检验。

（四）师生互动坚持导向交流与情感交流相结合

高校二级关工委依托院系拥有为数众多的“五老”人员，他们中有相当一批学识渊博、教学严谨、威望很高的老专家、老教授；有管理能力强、育人经验丰富的老中层干部；有与大学生交往密切、热爱学生工作的老思政干部和辅导员。在育人平台的建设中应当充分发挥“五老”人员的互动优势，将导向交流与情感交流有机结合。导向交流就是教师以良师身份，引导大学生坚定理想信念，听党话、跟党走，做合格的中国特色社会主义建设者和接班人；感情交流就是教师以益友身份，与大学生就其关心的问题进行情感交流与倾诉。教师对学生的情感是培育社会主义核心价值观、育人育魂不可缺少的一种人格力量。事实证明，导向交流与情感交流相结合能拉近师生关系、缩短师生之间的距离，实施以德立身、以德立学、以德施教，实现用信仰引领信仰、用道德示范道德、用情感融化情感、用素质提升素质。

二、高校二级关工委育人平台建设的典型模式与突破点

高校二级关工委育人平台依据实践需要而设置，依据实践发展而调

整，在不断的探索和发展中形成了诸多卓有成效的典型模式，在不断的机制运行和问题反思中明晰了进一步提升工作、解决问题的突破点。

（一）高校二级关工委育人平台建设的典型模式

高校二级关工委是高校关工委整体架构中的重要组成部分，在大学生理想信念引领、社会主义核心价值观塑造、师德师风建设、消除困惑、引导成才等方面发挥着不可替代的作用。各教育部门及高校重视并积极探索高校二级关工委建设，围绕学校中心工作与学生成长成才的现实需求，深入基层、了解学生、抓好典型，建设形成了建制完整、定位准确、制度健全、人员齐备、运行有效的工作体系和工作模式，为基层关工委育人工作开创了全新的局面。

1.“立德树人，党建为魂”的铸魂育人平台

习近平总书记指出："理想信念是事业和人生的灯塔，决定我们的方向和立场，也决定我们的言论和行动。"[①]当代大学生是祖国的未来、民族的希望，二级关工委要把培养一代又一代拥护中国共产党领导和社会主义制度、立志为中国特色社会主义事业奋斗终身的有用人才作为首要任务。二级关工委立德树人平台以党建为魂，一是要求入党的积极分子和已经入党的大学生党员进一步提升对党的认识，端正入党动机，明确党员的责任。让他们真正清醒认识入党为什么，入党之后想什么。关工委老同志协助院系党组织在发展大学生党员工作中扬正气，树正风，把好政治关、品德关、作风关。老同志以坚强的党性和关爱的情怀，帮助基层党组织把关，努力实现不让真诚追求者心寒、不让实心实意者失落、不让带"病"者入列。通过党课、座谈等各种形式鼓励青年把个人的追求融入实现中国梦的伟大事业之中。二是要做好学生骨干的理想信念引领。学生中的党员、要求入

① 习近平关于"不忘初心、牢记使命"论述摘编 [M]. 北京：党建读物出版社，中央文献出版社，2019：85.

党的积极分子是大学生中的带头人，是骨干、是龙头，他们从学生中来，在学生中具有天然的亲和力和影响力。二级关工委在基层做好学生的理想信念教育，需要以学生骨干的培养为抓手，“点燃一盏灯，照亮一大片”，用学生骨干的影响带动更多青年学生团结凝聚在党的周围，共同承担起实现中国梦的伟大历史担当。

2.“立足小课堂，面向大社会”的价值观塑造平台

社会主义核心价值观是中华民族的精神之钙、当代中国的兴国之魂、人生奋斗的梦想之舵。大学生作为中国特色社会主义事业的建设者和接班人，核心价值观教育问题至关重要。高校二级关工委在育人平台的建设中要始终以学生成长成才的关键问题为重点，立足小课堂、面向大社会，着力服务大学生的价值观塑造。二级关工委育人平台要通过讲述老同志的成长经历，破除历史虚无主义、传承革命传统，强化社会主义核心价值观教育。一方面立足小课堂，使大学生全面把握和深刻理解社会主义核心价值观的理论内涵；另一方面也要面向大社会，夯实认知基础，使社会主义核心价值观融入生活。坚持革命传统教育活动与宣传社会主义核心价值观相结合，通过主题党课、参观纪念馆、瞻仰活动、慰问烈士子女等方式，以情感人，以景动人，使学生的心灵受到洗礼，自觉继承发扬革命先烈优良作风。在工作中将课程教育与社会实践有机结合，努力实现社会主义核心价值观教育由“知识层面”向“情感层面”“实践层面”的转变，使社会主义核心价值观真正成为大学生心灵的罗盘，做到内化于心、外化于行。

3.“明理有力度，解惑有温度”的答疑释惑平台

大学时期是求学的攀升期、工作的准备期、融入社会的起始期，面临诸多亟待解决的问题。二级关工委利用各种渠道全面了解大学生的思想状态，精准把握大学生的思想脉搏，为大学生搭建答疑释惑的教育平台。“五老”人员结合自身经历，展现丰富阅历，开展新生入学身份转型教育等大

学生涯导航教育；开展心理健康讲座、心理咨询服务、心理健康测评、减压放松体验等活动，普及科学的心理健康知识，引导大学生正确认识心理健康问题，提高自我调节能力。综合利用多种渠道，调动各方面力量，帮助大学生用积极的思想认识事物，用平和的心态面对问题，用正确的方式处理矛盾，疏导心理、讲清道理、捋顺情感、排解困难、消解困惑相一致，为大学生一生健康成长清障、搭桥、铺路。二级关工委答疑释惑平台坚持温度、深度、力度相统一，引导大学生树立正确的幸福观、苦乐观、得失观、恋爱观，激励有志青年因梦想而激扬，因奉献而厚重，因拼搏而精彩，在实现伟大理想的攻坚克难的奋斗中，书写人生精彩的篇章。

（二）高校二级关工委育人平台建设的突破点

高校二级关工委是高校立德树人的重要参与者和实践者。实践证明，加强二级关工委建设的突破点是二级关工委建制实体化、作用长效化。要确保二级关工委建制实体化、作用长效化，认识是前提，制度是保障，队伍是根本。

1. 认识是前提

首先，各级党委要充分认识到二级关工委是资源、是力量、是帮手。要在学校、在院系宣传关工委，唱响关工委，将关工委工作纳入党政工作重要议事日程、纳入党委年度工作目标责任制考核体系、纳入校党委年度工作整体规划、纳入学校建设规划，营造浓郁的学院关工委工作氛围。其次，关工委特别是二级关工委要对自身组织的地位、机构的性质、活动的宗旨、工作的任务及对“五老”人员的作用等有恰当的认识。关工委要自觉坚持“急党政所急，想青少年所需，尽关工委所能”的工作方针，这样在加强青少年思想道德建设、引导青少年树立和践行社会主义核心价值观、支持和帮助青少年成长成才、做新时代中国特色社会主义事业合格建设者和可靠接班人方面就会有大作为、大贡献。

2. 制度是保障

一是请示汇报制度，通过分阶段定期请示、重大活动之前请示，自觉接受同级党委的领导，推动关工委工作融入学校整体工作之中，积极争取校党委、院系党委对工作的重视和支持，创造有利于关工委工作的良好条件。二是人力资源整合制度，要用制度确定关工委内部不同组成人员，特别是现职在岗人员与离退休老同志之间的关系定位，明确职责分工、工作要求、合作方式。三是学习培训制度，建立阶段性定期学习制度和针对重要历史节点、社会重大事件、中央重大举措、中央最新精神的学习制度，通过专题研讨、集中讨论、专家辅导、调查研究等多种方式的学习，确保关工委学习培训常态化、制度化、规范化。

3. 队伍是根本

高校关工委有效开展工作，必须有一支热爱关工委工作、有奉献精神、有较高的理论素养、有一定的专业特长的由现职在岗人员、离退休老同志、志愿者组成的关工委工作人员队伍。需要一批热心关工委工作，具有特定专长的专业人员如心理咨询师、理论专家、社会工作者，以及摄影、绘画专业人才等相对稳定的应聘人员。扎实搞好队伍建设，是确保二级关工委建制实体化、作用长效化的根本之策。因此，要根据现实需要、工作要求、人员变化，特别是老同志年龄与身体健康状况的变化，对工作队伍进行不断调整充实，保持队伍总体相对稳定，打造适应需要的高素质关工委工作队伍，保证关工委工作实效长效。

三、高校二级关工委育人平台运行机制的关键要素

高校二级关工委育人平台的运行是一个系统工程，涉及方方面面诸多环节，其中正确认识和解决学校与院系两级党委在二级关工委育人平台运

行机制中的职能定位、学校与院系两级关工委在二级关工委育人平台运行机制中的职能定位、完善制度与健全组织的实施要则、完善人力资源整合与责任共同体建设是高校二级关工委育人平台运行机制的关键要素。

（一）学校与院系两级党委在高校二级关工委育人平台建设中的职能定位

1. 校党委：领导监督、宏观指导

一方面，党委的领导监督体现在关工委的组织架构上，高校关工委主任由校党委主管学生工作的副书记兼任，秘书长由党委学生工作部部长兼任，副秘书长由校团委书记兼任，委员由各学院主管学生工作的副书记（副院长）兼任，这已经成为一个被普遍认可的高校关工委组织架构模式；体现在党委为关工委把关定向的方向上，党委定期或及时将年度或学期工作重心、学校建设大局向关工委介绍，为关工委制定工作规划提供指导；体现在完善“党建带关建”的工作机制中，党委重视关工委老同志参与“党建带关建”活动，通过“带”“建”“促”的举措完善相关机制。另一方面，党委的宏观指导体现在推动关工委坚持正确的整体布局上，使关工委成为学校整体工作的助推力量；体现在推动关工委凝心聚力、协调各方关系上，通过关工委形成组织上联建、队伍上联体、思想上联通的同舟共济责任共同体；体现在完善关工委自身建设上，推动关工委成为政治先进、思想领先、组织健全、作风正派、队伍坚强、作用明显的工作群体。

2. 院系党委：主导实施、牵头指导

一方面，院系党委主导实施二级关工委组织架构、活动部署、协调沟通。当前，高校二级关工委主任一般由院系党委（或称分党委、党总支）书记兼任，副主任由院系副书记（或副院长）兼任，常务副主任由学院聘请离退休老同志担任，有利于实现二级关工委工作与院系党务工作的内在结合，为任职二级关工委领导职务的离退休老同志提供有力的组织支撑，并为二级关工委与校党委、校关工委的纵向联系，以及与有关协同单位的横向沟通提供顺畅的联系渠道。另一方面，院系党委牵头指导二级关工委工作方向确定，有利于二级关工委工作布局把握立足点，看准着眼点；牵头指导二级关工委活动方案，有利于增强二级关工委活动针对性、适应性；牵头指导二级关工委自身建设，有利于二级关工委自身建设常态化、具体化。

（二）学校与院系两级关工委在院系育人平台建设中的职能定位

1. 校关工委：顶层设计、规划指导、重心下沉

校关工委与校党委联系密切，与上级关工委沟通频繁，有条件、有能力，也有责任为全校关工委工作做好顶层设计、规划指导。关工委的基础在基层、活力在基层，校关工委必须重心下沉，把主要力量用在指导基层关工委工作上。校关工委除主动组织大型活动之外，还要注重调动二级关工委的积极性，为二级关工委铺轨引路，打造二级关工委充分发挥作用的空间。校关工委总体策划，同时为二级关工委活动协调各方关系，支持院系关工委结合专业特点设计、组织活动。校关工委坚持重心下沉，充分发挥二级关工委的积极作用，可以实现校关工委“借台导戏”、校院两级关工委“同台导戏”，有利于发挥院党委、团委、辅导员、关工委的协同作用，使关工委工作各项任务“落地生根、开花结果”。

2. 院系关工委：组织实施、调动“五老”、搭建平台

高校二级关工委中以“五老”为代表的老同志长期工作在教学科研第一线，与大学生的情感距离、专业距离近，了解学生的需要，在大学生中可信度高。二级关工委充分发挥老教师自身优势，调动“五老”的积极性，立足客观需要组织实施理论报告、调研座谈、对话访谈、主题党团日等多种形式的教育活动，邀请“五老”参与其中，为“五老”与学工同台唱戏搭建平台。二级关工委构建的专访平台、演讲平台、交心平台、解惑平台

成为二级关工委发挥作用的广阔空间舞台。

（三）完善制度与健全组织的基本要则

1. 完善制度：贵在建设、重在执行

完善制度应包含三层含义：一是完善的制度文本体系，二是完善的制度执行体系，三是完善的制度监督体系。制度文本产生于实践，坚持问题导向，及时总结实践中的好经验好做法，将成熟的经验和做法理论化，以此为基础上升为制度。制度的执行与监督仍然靠实践。制度使关工委，特别是二级关工委育人平台实施规范化、运作程序化。保持制度产生的积极效果常态化，只能来自制度的执行和监督实践。关工委业绩突出、持之以恒、常态运行的一个重要方面是既有好的制度，又有制度的严谨实施和严格监督。一些院校关工委运作不尽人意，或没有健全的制度，或有像样的制度，但制度执行乏力、监督不严。完善制度，贵在建设、重在执行是实践逻辑的要求。

2. 健全组织：不求高要求真、不求大要求实

健全的组织包含三层含义：一是组织架构完整，二是组织人员、场所、办公基本条件齐备，三是组织运行顺畅且常态化。组织架构完整，即组织机构齐整，配置合理。组织人员、场所、办公基本条件齐备，即人员数量和素质、场所基本条件、办公基本条件符合关工委办公运行要求。组织运行顺畅且常态化，即围绕中心、服务大局的立德树人，各项活动有设计安排、有充实内容、有操作实践、有良好效果地常态化运行。其中前两项是健全组织看得见摸得着的基础性硬件条件，第三项是健全组织的实质性软件条件，但软件条件要有硬要求，做到抓铁有痕、踏石留印。关工委组织的工作人员，特别是以“五老”为代表的老同志以自觉尽责的社会责任感，做实事、务实功、要实效。健全组织，不求高要求真、不求大要求实是关工委组织历史担当逻辑的要求。

（四）完善人力资源整合与责任共同体建设

1. 人力资源整合：合理配置、勠力同心

关工委人力资源整合，就是通过一定举措整合和调整关工委不同组成人员，引导不同方面人员消除可能的目标差异，实现关工委内部人员合理配置、勠力同心。首先提高关工委不同组成人员的思想理论水平，确立共同价值观，形成共同目标追求。其次用制度稳定关工委内部不同组成人员的结构秩序，实现关工委内部不同方面的人员的合理组合。校党委、院系党委要推选适宜关工委工作的精干人员，参与关工委工作，充分发挥主导作用，在其位谋其政，不搞挂名顶编。调动好“五老”人员是关工委人力资源整合的重点、难点，也是亮点。“五老”没有功利驱动，却以其强烈的责任意识，奉献于关工委，发挥着独特的、不可替代的作用。同时老同志需要尊重、需要理解、需要关爱。坚持对“五老”政治上信任、思想上引导、工作上支持、生活上关心、服务上精准，以解除他们的后顾之忧，鼓励他们在新时代的舞台上老有所为、发光发热。

2. 责任共同体建设：荣辱与共、责任共担

所谓关工委责任共同体，就是关工委内部不同组成人员以共同的社会责任愿景为目标，以共同的责任理念和共同的责任实践构成的优势互补、协调互助的责任主体。责任共同体不同于利益共同体，关工委内部不同组成人员均没有个人私利追求，他们共同承担着加强大学生思想道德建设的任务，引导大学生树立和践行社会主义核心价值观。责任共同体必须以共同的价值追求为基础，以共同的奋斗目标为指向，以共同遵循荣辱与共、责任共担为原则，以共同坚持关工委基本制度为保障。共同的责任、共同的担当、共同的荣辱、彼此休戚与共是高校关工委特别是二级关工委育人平台建设并有效发挥作用的情感与能量基础。

四、结束语

项目研究进一步捋清了高校关工委，特别是二级关工委的建制、育人平台建设的思路，使我们对于当前高校关工委，特别是二级关工委存在的问题、遇到的困难及解决问题的路径有了更清晰的认识。我们的研究成果得益于教育部关工委和吉林省教育关工委的关爱、东北师范大学党委的重视、受访对象的支持，得益于虽不相识，但在同一战线共同奉献、为我们提供了宝贵经验的各高校关工委朋友，我们一并表示感谢。

由于新冠肺炎疫情防控，调研工作受到限制，所掌握的资料、数据都有一定局限。但我们愿意把我们初步研究的成果奉献给各级关工委同仁，愿能为高校关工委特别是二级关工委工作添柴助燃。关心下一代工作永无止境，如何夯实高校关工委基层组织有效发挥协同育人作用尚需不断探索。

（2020年5月）

课题组负责人：马晓燕；

课题组成员：周敬思，杨忠，冯绍武，张向葵。

上海交通大学关工委课题组

上海交通大学关工委老同志向交大青年学生讲中国故事的实践与探索

内容摘要

着力加强青少年思想道德建设，引导青少年树立和践行社会主义核心价值观，听党话、跟党走，是关工委的重要工作之一。上海交通大学关工委成立20年来，以老同志向交大青年学生讲中国故事为主要形式，进行了持续的探索和实践。通过主题鲜明、形式多样的活动形式，将理想信念教育开展得有声有色，可谓“用小故事讲大道理”。也对新常态下高校关工委工作创新提供了借鉴和参考。

关键词

关工委；青年学生；讲中国故事；实践

一、研究讲故事的背景和意义

（一）在青年学生中开展理想信念教育，让社会主义核心价值观“入脑入心”

人类社会发展的历史表明，核心价值观是一个民族、国家最持久、最深层的力量。广大青年学生作为国家新生力量，其价值取向决定着未来整个社会的价值取向，决定着国家的前途命运。2014年，习近平总书记在“五四”讲话中，明确对青年树立和培育社会主义核心价值观提出“勤学、修德、明辨、笃实”的要求，这展现了国家对青年在思想方面的引导和鼓励。高校作为塑造青年、培育青年价值观的主阵地，应切实担负起积极引导广大青年大学生树立社会主义核心价值观的重要使命。社会主义核心价值观的培育需要一个过程，是让青年学生知道、理解、认同、内化于心的过程，这要求我们探究和总结大学生认知规律，激发内生动力，凝聚外在推力，推动学生自觉践行社会主义核心价值观。目前全国各高校已经实现了“进教材”和“进课堂”的教育途径，但是如何真正解决社会主义核心价值观教育“入脑入心”的问题，仍值得各高校不断探索。

（二）发挥老同志的优势，因势利导地开展关心下一代青年大学生工作

2014年11月26日，习近平总书记在会见全国离退休干部先进集体和先进个人代表时强调，要发挥老同志的政治优势、经验优势、威望优势，组织引导老同志讲好中国故事、弘扬中国精神、传播中国好声音，推动全党全社会更好培育和践行社会主义核心价值观。2015年8月25日，纪念中国关心下一代工作委员会成立25周年暨全国关心下一代工作表彰大会在京召开，习近平总书记作出重要指示，强调要着力加强青少年思想道德建设，引导青少年树立和践行社会主义核心价值观，听党话、跟党走。关工委的

老同志大多参加革命工作多年，在工作中积累了丰富的经验，对我国社会主义现代化建设和纷繁复杂的国际形势有比较客观的认识，也关心党和国家的发展，关心青年学生的思想道德状态；与此同时，关工委的老同志大多不仅是各领域的专家教授，也大多是老党员、老干部，革命斗争经历、教学科研经验、人生阅历故事都比较丰富，在广大师生中有较高的威信。

（三）结合当代大学生的特点，探究和总结大学生认知规律，有针对性地开展教育和引导

我国正处于社会转型期，社会上存在的一些负面影响给当代大学生的价值观带来了一定冲击。针对“90后”“95后”大学生政治信仰、价值取向模糊，缺乏强烈的社会责任感，在价值观方面产生诸多迷茫、困惑和疑问等问题，高校需要以社会主义核心价值观加以引导，用社会主义核心价值体系指导大学生价值观构建，做好社会主义核心价值观“进教材”“进课堂”和“进头脑”的工作，进一步完善大学生的人生观、价值观和世界观，进一步坚定大学生的政治方向、政治立场和政治信仰，实现德育目标和任务。老同志给青年学生讲故事，善于与学生使用同一话语体系，容易产生共鸣，可谓“用小故事讲大道理”。老同志向青年学生讲故事，善于结合他们个体的亲身经历实践、身边的人或事设置恰当的情境，增加教育工作的感染力。这种面对面、客观真实又生动活泼的教育形式，有利于帮助青年学生正确地认知和看待历史，获得真实、可靠又感性的第一手资料，加深对社会主义核心价值观的理解。

基于学校的客观要求和既有条件，上海交通大学在老同志讲中国故事方面进行了积极的探索和实践。

目前，上海交通大学的学生数量和离退休老同志的数量都有较大幅度的增加。以2015年为例，2015年交大新入学的本科生（不含港澳台新生，下同）共计3887人，硕士生5002人，博士生1636人，新生总数突破万人。

截至2015年11月，全校共有退休人员5100人，其中老教授协会有1100人，全部拥有副高或副处级以上职称或职级；另外，还有离休干部120人，其中副局级以上干部达31人。可以说，能讲故事的“永远有人”，想听故事的“年年有新”。在此背景下，上海交通大学以离退休老教师、老干部组成的关工委，作为对学生进行德育教育的辅助力量，与校学生工作管理机构“学生工作指导委员会”（以下简称“学指委”）一同进行老同志向交大青年讲中国故事和交大故事的实践与探索。通过老同志给交大青年学生讲故事，化空洞说教为真情感召，改变以往说教、劝导、就事论事的教育方式，尝试把社会主义核心价值观还原为人们的生活、生命和生态。

二、上海交通大学关工委讲故事的实践和探索

回顾上海交通大学关工委成立20年来，老同志对青年学生讲中国故事的实践，及对部分学生进行“你喜欢听什么交大故事”的问卷调查，运用理论与实践相结合、数据统计分析等科学研究方法，来解决当代大学生社会主义核心价值观培育中存在的“入脑入心难”的问题，为高校关工委融入大学生思想政治教育提供新的路径探索。

（一）关工委老同志给学生讲交大校史、党史

上海交通大学校关工委老同志在青年思想政治教育中，一直坚持“育人汗心做，润物细无声”。自1995年年底成立至今，校关工委即充分利用校友资源，开始实践探索以老同志向青年讲故事的形式，遇到学校、党和国家的重要节日，组织本校和校友中的老专家、老院士对青年教师和学生举行系列讲座，介绍他们奋斗成长的经历或爱国荣校所取得的光辉成就，以及交大革命优良传统，以配合学校德育教育。目前，老同志给新生讲党史校史已经成为交大新生入学教育的一项品牌工作。例如：

1996年9月18日在红军长征胜利60周年前夕，关工委老教师肖国风为在校学生作了“长征的历程和伟大意义”的专题发言，对青年了解长征起到了较大的启发教育作用。

1997年，在一二·九运动62周年之际，关工委前副主任陈廷莱等同志参加了机械动力工程学院团委组织的座谈会，他们以亲身经历讲述了自己在共产党领导下的成长过程和与反动派作斗争的生动故事。

1998年，校关工委推派10位老专家、老教授参加上海市关心下一代报告团，先后出动20人次为青年作报告或参加各种座谈会。1998年10月底，关工委4位老党员同志在学校党校中与102位新党员分组举行了以“旗帜、信念、责任”为主题的座谈会。会上老同志以自身经历谈了如何树立共产主义信念，经过曲折的斗争，逐步走向成熟并为党的事业贡献力量的体会，并回答了同学们的有关问题。

在关工委组织老同志给青年学生讲故事中，涌现了大批先进个人。如首任校关工委秘书长曾勋良，他在校史馆的讲解工作中注重突出校史中的“爱国兴国”传统，以革命烈士和优秀校友的事迹为主线，辅以学校重视的品德教育，强调严格认真、艰苦奋斗的精神，使青年深受教育。曾勋良还多次对新进校的青年教师、青年政工干部和一年级新生作校史传统报告，并结合国家重要节日，组织主题座谈会。同时还有多次讲解交大地下党、党史的曹子真、陈廷莱，讲解革命战争史的肖国风等。老党员与交大青年分享交大地下党的斗争及本人参加革命工作的历程，使青年树立了接好革命前辈班的决心。另外，曾任上海交大关工委副主任的何永棣，近十年来一直给交大学生讲述交大校史党史，他结合自身经历对交大闵行校区的发展史向学生作了多场讲座；他还结合自己的经历对新生面临的人生选择、困惑等问题进行了梳理和有针对性的剖析。近年来以党史校史研究室龚诞申老师为代表的一批关工委老同志，在校内各院系开展“寻历史足迹，忆峥嵘岁月”主题讲座，通过回顾交大从战火中走来的每一步，让青年学生对交大历史有更为清晰的了解，对“交大人”的身份有更为深刻的感悟和体会。与此同时，对钱学森先生等校友故事的讲述，让青年学生意识到心系民族国家命运，将自己的荣辱与国家民族命运联系起来的重要性。

厚重的历史是一本教材，通过老同志们的讲述，也变成了一盏明灯，点亮青年学生的未来。他们纷纷表示，通过老同志的讲述，对交大走过的道路、曾经经历过的坎坷与艰辛都有了更为深入的了解，也认识到自己身为新中国交大人所肩负的责任与义务，希望自己能够将这份厚重的历史责任感融入血肉之中，为交大和祖国的未来谱写更加灿烂的华章。

（二）校友、校内外知名学者讲中国故事、交大故事

从2005年到2016年间，校关工委和学指委还邀请了诸多校内外老同志、知名校友为青年学生讲述中国故事和交大故事。

如2006年9月18日在红军长征胜利70周年前夕，关工委邀请了红军长征干部张明秀和长征干部李培南的夫人戴朋同志来校参加有青年学生参加的座谈会，以亲身经历让青年了解长征之艰辛。2009年，为纪念上海解放60周年，校关工委举行老校友报告会，由1949年4月26日因为积极宣传新华社信息而遭反动派逮捕的我校地下党员魏瑚同志作报告。魏瑚以“从零开始，永攀事业高峰”为主题，与同学们分享了其解放前作为地下党以及工作后全身心投入祖国建设事业的故事。据报道，当年她的报告引起了同学们的极大兴趣，他们说：“魏瑚校友采用现身说法，讲了自己的经历，令我们看到了一个勇敢而且善于学习、善于斗争的前辈校友形象，令我们感动。”2015年，为纪念中国人民抗日战争胜利70周年，校关工委配合学指委邀请罗援将军为2014级军训团全体参训师生作专题报告。在主题报告中罗援将军围绕“个人理想与国家”这一主题，结合大量史料及真实经历，从弘扬民族精神、学习周恩来精神等方面展开，生动讲述了周恩来全心全

意为人民服务的奉献精神，严于律己、谦虚谨慎的高尚品格和艰苦朴素的生活作风，带领青年学生深切感受了革命先辈们顽强拼搏的意志品质和崇高的爱国主义情怀，也激发了青年学生自身的爱国情感。报告后有同学表示："作为当代大学生，我们应该学习老一辈革命家的优良作风和高尚品质，树立远大志向，常怀感恩之心，为祖国的繁荣昌盛贡献自己的力量。"

我校不仅校关工委和学指委相互配合，校部和各院系也相互配合，将老同志为青年学生讲中国故事和交大故事融入第二课堂和学生德育日常工作中，定期邀请老校友、老同志为交大青年讲述中国故事和交大故事。这样的案例不胜枚举。

杨槱院士，见证了中国现代舰船工业和造船教育发展的交大资深教授，他一方面与学生分享中国造船故事，另一方面在年近百岁之时，仍参与毕业生座谈，与青年学生分享进入社会之后的为人之道，鼓励学生们走上岗位要"心中有他人，尊师重道，团结合作，淡泊明志，无欲则刚"。

盛振邦、李润培，两位上海交通大学原副校长，多次作为老校友参与"传承历史，建构未来"——老中青三代校友畅谈中国梦系列活动，结合自己专业知识与青年学生分享"中国海洋梦""中国发展深海工程的故事现状"，用自身的经历鼓励青年学生要勤于钻研、敢于创新、刻苦学习，不断培养分析问题、解决问题的能力，尽心尽力做工作，努力成为适应国家需要的人才。根据反馈，青年学生普遍反映，是船建校友用他们的青春汗水造就了今日的中国造船业，作为交大当代学子，更应该以天下为己任，应国家之需要，饮水思源，爱国荣校，为中国海洋梦谱写新的篇章。

交大地下党员黄旭华于2016年交大120周年校庆之际重回母校，作为中国第一代核潜艇的总设计师，结合自己亲身经历与青年学生分享核潜艇的故事。交大1962年毕业生，原福建省省长、省委书记陈明义，退休后结合工作经历及福建的特殊地理位置，回到母校与青年学生分享国家海洋治理、海洋工业发展问题。交大核专业毕业生、中国核工业集团副总经理邱建刚，结合自身工作经历与青年学生分享世界各国“拥核”“弃核”和“我国核能发展”的故事。

与此同时，关工委和学指委积极邀请名家之子，希望以更为亲近的视角讲故事，向青年学子展现老一辈对祖国和人民的拳拳赤子之心。钱永刚，交大校友、著名科学家钱学森之子，在退休后担任上海交通大学钱学森图书馆馆长。他多次以事件亲历者的视角，与青年学子分享讲述钱学森长达五年的辗转归国历程、钱学森五次重要的人生选择等，希望通过对钱学森一生的梳理，给青年学子带来对应追求的人生的思考。

（三）2015年、2016年下半年在全校范围内开展党史、国史主题教育活动

值交大120周年校庆之际，为纪念世界反法西斯战争暨中国人民抗日战争胜利70周年，为深入学习、贯彻、落实党的十八大，十八届三中、四中、五中全会精神和习近平总书记系列重要讲话以及全国离退休干部“双先”表彰大会精神，2015年10月校关工委配合校学指委，联合老教授协会，组织院系关工委分会老同志及特邀党建组织员，在全校各院系学生中（主要对象是2015级新生）开展“寻历史足迹，忆峥嵘岁月”主题教育活动；2016年10月开展以“铭记党史国史，科教兴国”为主题的教育活动。通过老同志给交大学生讲抗战时期的中国故事和交大故事，让学生了解交大过去的120年历程，追寻前辈光辉足迹，培养青年学生对交大的认同感，传承交大精神，发扬优良传统，将“交大人”的身份融入自己的血脉当中，进一步激发青年学生知党、爱党、爱国、荣校之情。

在活动开展前，学指委党建科通过在学生中开展关于“上海交大学生喜欢听什么交大校史故事”的问卷调研，了解交大青年学生希望听到的交大校史故事以增强其认同感。

该次主题教育活动在具体开展前也进行了充分的研讨和精心的准备。首先由课题组组长认真备课，在离休干部和退休局级干部中进行试讲，听取其他老同志意见；然后在学指委、老教授协会及各院系准备讲述抗战故事的老同志（主要是退休老教授）中进行试讲，互相进行内容确认及参考，以便故事内容更加充实完善。在关工委工作例会上，老同志们还进行了集体备课。与此同时，通过校报对主要故事内容进行传播，加深青年学生对校史及抗战历史的了解。最后关工委与各院系进行合作，结合不同院系的实际情况，邀请不同的老同志，向青年学生讲述抗战故事。共有机动、致远、安泰、数学、化工等21个院（系）和单位相继邀请了关工委老同志、退休教授和特邀党建组织员共30人开展了与铭记抗日战争历史、交大的120年发展历程等主题相关的50场讲座，覆盖本、硕、博学生7000余人。其中，比较有特色的主题活动有：

致远学院邀请了上海交通大学原副校长、离休干部党委副书记范祖德，原党委副书记、关工委常务副主任蒋秀明，特邀党建组织员王佩筠开展主题教育活动。范祖德以“上海交通大学120年的故事”主题报告的形式，从“校名来历与办学目标”“交大精神”和“学在交大”三个方面，为全场同学细数三个世纪以来上海交通大学独有的厚重历史和文化底蕴；他以“自信”“自律”“自强”寄语致远学子，期望大家争做创新型领袖人才，将个人选择与祖国命运紧紧相连，为早日实现致远梦、交大梦和中国梦奋勇前行。蒋秀明追忆20世纪70年代前往西藏工作时的难忘岁月及为学生解答物理习题的工作经历，期望致远学子“享受吃苦”，在潜心求学的历程中既要能忍耐“生活贫苦”，又要能化解“思想困苦”。王佩筠在分享若干交大学霸和创业学长的故事后，以“认真”“坚持”“奉献”“感恩”四个关键词，鼓励大家树立正确的精英意识和社会主义核心价值观，勇攀科学高峰。

另外，在全校层面，上海交通大学原副校长范祖德在交大青年马克思主义学校第29期入党积极分子培训班中，为800余名学员带来了题为“讲上海交大120年的故事”的主题讲座。范祖德通过解读“交通”“思源致远”“爱国荣校”等关键词的由来，将上海交大的校名来历、办学目标和办学精神娓娓道来。报告后青年学生普遍反映“喜欢听”“有受益”，起了正能量作用。

这些系列活动的举办，积极弘扬了爱国主义精神，使学生，尤其使2015级本硕博新生深入了解了交大120年来与祖国同呼吸共命运的伟大历程，增强了学子们对交大的归属感和认同感。

三、校关工委组织老同志讲故事的主要经验和建议

回顾交大关工委近二十年组织老同志向交大青年讲故事的探索经验，我们始终坚持同学校其他部门合作开展多次讲座活动，也形成了一定的工作品牌，但是对于未来如何将老同志讲故事制度化、规范化，并在未来的时间中形成长期、可持续的工作机制，仍是值得探讨和研究的问题。目前，我们离国家“发挥老同志的政治优势、经验优势、威望优势，组织引导老同志讲好中国故事、弘扬中国精神、传播中国好声音，推动全党全社会更好培育和践行社会主义核心价值观”的要求还有一定距离。关于组织老同志“讲故事”的历程，我们有以下经验和建议。

（一）需明确“讲故事”的目的

组织老同志讲中国故事、交大故事，是为了“寓教于故事”“寓社会主义核心价值观于故事”，使高校社会主义核心价值观教育“入脑入心”。因此需要组织者及讲故事的老同志本身严肃认真对待，故事内容需符合实际需求。

（二）需恰当选择故事题材

在明确“讲故事”的目的后，讲述者在选择具体故事题材的过程中，需选择具有重要现实意义的史实，不可虚构或夸张讲述中国故事、校史故事。在运用真人实事进行辅助讲解时，需恰当选取素材，不能只讲自己的故事。这样才能让青年学生更全面、用心地“听故事”。

（三）需选择适合讲故事的老同志

在选择讲述者时，需考虑讲述者本身客观因素，从人情、实际、实效出发，不可选择年事甚高、体力不支、口齿不清、记忆衰退等身体状况欠佳的老同志。

（四）需组织好听故事的青年学生

在组织听故事人员过程中，需首先让听故事的学生端正态度，了解讲座背景，加深对活动的重视程度。这样才能在尊重老同志的同时，保障听故事实效。

（五）需因地制宜、因时制宜地开展工作

在组织讲故事的活动过程中，需要充分听取高校、院系和学生的客观需求，有针对性地开展教育。比如面向新生和老生、面向本科生和研究生所讲的内容可以有所不同。

（六）鼓励创新，内容可以更丰富，形式可以更多样

除了讲中国故事之外，还可以结合校史、党史来讲。以上海交通大学为例，建校120周年来，交大的历史与国家的历史是交织在一起的。另外，通过联合老教授协会，还可以从科学精神、学术志趣、科研攻坚等主题着手设计讲故事的内容。此外，除了传统的讲述之外，还可增加听众与嘉宾的互动交流，还可由老同志带领学生通过一同参观爱国主义教育基地，进行现场教学。

（七）健全组织机制，推动讲故事工作专业化、可持续发展

成立“老同志讲中国故事工作组”，组织老同志可通过集体备课、课程研讨、教学研究、发放参考教材等形式，形成较为规范的讲稿或者讲稿框架。作为高校，通过与学生处、组织部、团委等部门密切配合，将学生听老同志讲故事纳入常态化的工作中，形成工作的有效机制。

（八）健全网络平台推送机制，通过新媒体平台进行推送

“90后”大学生“用网”“爱网”已成为常态，这要求我们讲故事的工作也要与时俱进，采用新媒体手段进行信息的推送和辅助教育。我校老同志讲故事的案例和部分故事内容已通过交大官网、“交大新青年集结号”校级微信公众号、院系学生工作微信公众号等平台进行推送。

四、新时期发挥关工委作用，开展理想信念教育的建议和展望

（一）充分发挥高校关工委在大学生思想政治教育中的配合补充作用

关工委是以离退休老同志为主体，在职同志参加的，广泛团结热心教育的志愿者参与的，全面关心大学生和青年教育工作，健康成长的群众性工作机构，是配合学校推进素质教育，促进学校教育、家庭教育、社会教育紧密结合的重要组织形式。“围绕中心、配合补充，因地制宜、量力而行，立足基层、注重实效”是高校关工委的宗旨。高校各级关工委已成为党团组织的得力助手，是高校大学生思想政治工作的第二条战线。他们有为而不越位，奉献而不索取，得到了大学生的尊敬、拥护和学校党委的充分肯定。在对青年学生进行思想教育的过程中，要充分以在职的同志为主导、关工委老同志为主体，根据学校和学生切实需要，有针对性地开展工作。

（二）关工委的工作必须不断探索、锐意创新、方向明确、与时俱进

在新时期，关工委的工作面临着新的机遇和挑战，国际敌对势力与我们争夺下一代的斗争更加尖锐复杂，大学生面临着大量西方文化思潮和价值观念的冲击，某些腐朽没落的生活方式对大学生的影响不可低估。随着国内社会经济成分、组织形式、就业方式、利益关系和分配方式的日益多样化，人们思想活动的独立性、选择性、多样性和差异性日益增强，这有利于大学生树立自强意识、创新意识、成才意识、创业意识，同时也带来一些不容忽视的负面影响。一些大学生不同程度地存在政治信仰迷茫、理想信念模糊、社会责任感弱化、艰苦奋斗精神淡化、心理素质欠佳等问题。再加上现在大学生就业形势严峻，使关心下一代工作面临着严峻的挑战。面对新时期高等教育的新情况，关工委老同志应深刻认识社会主义核心价值观的内涵，发挥辅助作用，夯实理想信念教育基础，引导大学生树立正确的价值观，进一步创新高校关工委的工作机制和工作方式。关工委工作要与时俱进，开拓创新，向广、深、高方向拓展。

（三）搭建高校关工委工作融入德育“主渠道”的平台，形成合力育人的良好局面

以老同志向青年学生讲故事为例，通过关工委与学生处、团委等部门密切合作，与老教授协会、特邀党建组织员密切配合，共同将育人工作开展得更加丰富多彩，形成合力育人的良好局面。此外，在具体的组织过程中，还要充分发挥青年学生的积极性和主观能动性。青年学生不仅是理想信念教育的对象，同时，他们可以以学生团队为单位参与到讲故事的组织活动中。上海交大机械与动力工程学院老同志讲故事活动，系学院学生党建研究会学生组织并参与，取得了良好的效果。

（四）进一步加强领导，形成有效的组织形式，努力形成关心下一代工作的长效机制

首先，健全的组织机构和工作网络，是构建关工委工作长效机制的基

本保障。其次，要加强关工委自身建设。建立必要的关工委工作制度，保证关工委工作能正常有序进行，做到日常工作制度化、规范化、常态化。健全必要的工作会议、学习培训、信息交流、档案管理等规章制度，完善长效工作机制。为了适应形势发展需要，关工委要不断加强自身思想、组织、作风和制度建设。把学习放在首位，教育者必先受教育，只有坚持学习，提高自身认识，增加与学生的共同语言，然后再与学生交流，才能做到与时代同步、与学生同心，增加工作的针对性和说服力。同时，必须要建立经费保障机制，确保开展相关工作的基本需求，珍爱和保护老同志的积极性。

（2016年12月）

课题组负责人：范祖德；

课题组成员：蒋秀明，罗九甫，张洋，孟祥琦，吴玉瑛，王佩筠；

报告执笔人：范祖德，张洋。

厦门大学关工委课题组

“老马带青马”：高校关工委在“青马工程”中的作用机制研究

内容摘要

高校关工委在“青马工程”中有着独特的作用。本文以厦门大学为例，通过理论研究和实证研究，了解关工委对于青年马克思主义者的教育培养情况，总结了关工委在“青马工程”中的六大作用机制：强化政治引导机制，充分发挥关工委老同志的政治优势；完善组织保障机制，充分发挥关工委老同志的队伍优势；构建理论教育机制，充分发挥关工委老同志的理论优势；探索实践培养机制，充分发挥关工委老同志的经验优势；落实人才奖励机制，充分发挥关工委老同志的爱才优势；制定生涯辅导机制，充分发挥关工委老同志的声望优势。

关键词

关工委；青马工程；作用机制

党的十九大指出："青年兴则国家兴，青年强则国家强。青年一代有理想、有本领、有担当，国家就有前途，民族就有希望。"高校是实施"青年马克思主义者培养工程"（以下简称"青马工程"）的主阵地，不断推进马克思主义中国化，帮助青年学生掌握和运用马克思主义基本原理分析和解决问题，促进青年自身的成长成才，是高校责无旁贷的光荣使命和历史责任，也是学校关工委发挥育人优势，推动关心下一代事业更好发展，支持和帮助青少年成长成才的重要路径。

厦门大学自2010年启动"青马工程"项目以来，在关工委的深度参与下，认真开展落实各方面工作，在组织建设、理论学习、文化活动、社会实践、课题研究等方面都取得了显著的成绩，为培养一批自觉用马克思主义理论武装起来的坚定的马克思主义信仰者、传播者、实践者提供了坚强后盾。本研究通过问卷、访谈等方法，探究高校关工委配合学校开展理想信念教育的真实情况，归纳总结关工委如何发挥优势作用，培养优秀的青年马克思主义者。

研究通过设计自填式问卷《关工委对"青马工程"学员理想信念教育影响研究的调查问卷》，对厦门大学历届学生马克思主义理论研修班学员、大学生骨干培训班学员、马克思主义学院学生等进行调查研究，对概念的基本认知、理想信念教育的认识与意愿等方面开展调查。本次调研采取网络调查问卷的形式，共发放问卷190份，回收有效问卷190份，问卷有效率达100%。

如表1所示，受调研主题的影响，本次调研对象以厦门大学"青马工程"学员为主体，包括"学生马克思主义理论研修班学员""学生骨干培养班学员"和"马克思主义学院学生"，"其他"学员仅有3人，占1.58%；调研对象的覆盖面较广，涵盖人文与艺术学部、社会科学学部、自然科学学部、工程技术学部、医学与生命科学学部、地球科学与技术学部，同时，本科生和研究生所占比例较为平均，调研数据具有统计学上的意义。

表 1 调研对象的基本情况

项目		人数	百分比
性别	男	65	34.21%
	女	125	65.79%
政治面貌	中共（预备）党员	130	68.42%
	共青团员	50	26.32%
	群众	10	5.26%
培养层次	本科	78	41.05%
	硕士	98	51.58%
	博士	14	7.37%
所在学部	人文与艺术学部	42	22.11%
	社会科学学部	80	42.11%
	自然科学学部	2	1.05%
	工程技术学部	33	17.37%
	医学与生命科学学部	25	13.16%
	地球科学与技术学部	8	4.20%
调查对象的类型	学生马克思主义理论研修班学员	146	76.84%
	骨干培训班学员	7	3.69%
	马克思主义学院学生	34	17.89%
	其他	3	1.58%

一、强化政治引导机制，充分发挥关工委老同志的政治优势

厦门大学关工委的同志大部分都是“老马”，“离退休教师有着坚定的信念，有着较强的共产主义事业心和工作责任感，具有坚强的党性、正派

的作风、无私的情怀"[①]。他们引导大学生"真学、真懂、真信、真用"马克思主义，全面认同习近平新时代中国特色社会主义思想，树立与这个时代主题同心同向的理想信念，与中国特色社会主义事业的建设同心同行。关工委在"青马工程"的整体运作过程中充分发挥政治优势，强调政治规矩，严守政治纪律。

首先，厦门大学关工委老同志提前参与"青马工程"的学员选拔和评估考核过程。"青马工程"基于其特殊的性质，在学员的选拔上，通过参与材料筛选、笔试、面试问答等环节，考察候选学员的政治素养，了解学生对马克思主义理论的掌握情况和自身思考，严把政治标准，突出政治品格。"青马工程"学员大都是中共党员（含预备党员）或入党积极分子，对马克思主义理论学习具有较为浓厚的兴趣。

其次，加强党对教育工作的全面领导，是办好教育的根本保证。厦门大学创新党支部设置形式，在马研班内设置红色先锋党支部，邀请关工委老同志充分发挥政治优势，全程参与马研班红色先锋党支部建设，切实增强党员教育管理的针对性、有效性。关工委老同志担任特邀党建组织员，指导党支部开展党员管理和党支部活动。坚持"三会一课"制度，关工委老同志列席党员大会、党支部委员会议，结合党的重大会议、重大方针出台等，为支部党员上党课。据统计，马研班红色先锋党支部自成立以来，截至2020年6月，关工委老同志参加各类专题组织生活会30余场，引导支部成员深入开展批评与自我批评，认真查摆问题，深刻剖析根源，明确整改方向，确保马研班红色先锋党支部组织生活规范，有针对性地解决支部党员的实际问题。

最后，厦门大学校关工委老同志积极引导参与"青马工程"的各类活

① 汪荣敏，王南浦．高校关工委在大学生社会实践中的作用研究 [J]. 知识经济，2010（11）：58.

动。关工委老同志因其人生阅历及对党和国家事业的贡献，具有坚定的理想信念，始终把党性放在首位。他们每次都会参与到集中理论授课与小组讨论中，倾听学生对于马克思主义理论的所学、所思与所悟，与学生分享其人生阅历及党史、国史的知识。在实践环节中，关工委老同志身体力行地与学生们一道共同参与到革命圣地的实践锻炼，把老党员的红色先锋模范作用发挥得淋漓尽致，让学生潜移默化地受到教育。93.68% 的受调查学生认为，关工委老同志政治立场坚定；92.63% 的学生认为，关工委是培养学生坚定理想信念的重要力量。

二、完善组织保障机制，充分发挥关工委老同志的队伍优势

在“青马工程”组织实施中，教师是必不可少的角色。邓小平曾指出：“一个学校能不能为社会主义建设培养合格的人才，培养德智体全面发展、有社会主义觉悟的有文化的劳动者，关键在教师。”①高校关工委的主要成员是离退休的老教师，他们“不仅了解学生，而且在多年的工作实践中与学生建立了很好的感情，并且积累了丰富的学生工作经验”。②

厦门大学校关工委组织成立较早，主要由原来长期奋斗在教学、管理、科研等第一线的老同志组成，他们退休后拥有较多的闲余时间。厦门大学聘请关工委老同志作为“青马工程”学员的指导老师。他们有充足的时间去查阅资料、教授课程、了解学生思想状况、与学生谈心谈话。一是作为理论指导老师，关工委老同志会为学生授课，并时刻参与到学生的课后讨论和课题报告指导之中；二是作为实践指导老师，关工委老同志会指导学生开展社会实践和课题调研。总之，关工委老同志是厦门大学“青马工程”

① 邓小平 . 邓小平文选（第二卷）[M]. 北京：人民出版社，1994.

② 谢爱忠 . 论关工委在构建和谐社会中的作用 [J]. 江海纵横，2009（5）.

项目组织实施的中流砥柱和中坚力量，为青年马克思主义者的培养构筑了完善的组织保障。有95.79%的学生都希望关工委老同志参与到"青马工程"的学生培养中。

三、构建理论教育机制，充分发挥关工委老同志的理论优势

实施"青马工程"的目标，就是坚持不懈地用马克思主义中国化的最新理论成果武装青年，用社会主义核心价值体系教育青年，引导大学生努力成为坚定的青年马克思主义者。①开展理论教育十分重要。教育方案的设计需要和大学生需求有机结合起来，采用大学生喜闻乐见的形式，增强培训效果。高校关工委由"五老"同志组成，其中不乏知识储备丰富、思想见地高深的马克思主义理论学者。厦门大学充分发挥关工委老同志的理论优势，以"老马"带动"青马"，引导学生"一'马'当先"学习马克思主义理论，指导学生原原本本地研读经典著作，认认真真开展课题研究，培养学生勤于学习、善于思考的习惯，让学生学懂悟透马克思主义基本原理，深入理解马克思主义的精神实质和思想精髓，自主掌握马克思主义的立场、观点和方法，并将其运用于课题研究和实践调研之中。

首先，加强马列经典原著研读。马列经典原著之所以成为经典，因为它们是被历史和实践反复证明的科学理论，时刻释放着无与伦比的思辨力量、流光溢彩的真理光芒和历久弥新的理性魅力。马克思主义理论的精华，集中凝结和体现在经典著作中。厦门大学依托关工委组织老教授为大学生讲授《共产党宣言》《资本论》《实践论》《矛盾论》等马列经典和《习近平谈治国理政》，通过原原本本研读，有利于学生深入理解和领悟马克

① 杜兰晓，吕媛媛．高校"青年马克思主义者培养工程"调查报告 [J]. 中国青年研究（调查研究版），2008（12）：43-47.

思主义理论的精髓，促进学生科学运用马克思主义的立场、观点和方法来认识世界、改造世界。十年来，关工委老同志总共为马研班授课100余场，上万名学生受益。同时，关工委老教授指导马研班学员课后开展专题研讨，让理论在研讨中清晰，让领悟在研讨中升华。结合授课及讲座内容，以小组为单位对马克思主义基本原理、基本观点和基本方法进行讨论，比如，听完《共产党宣言》的课程，组织研讨“如何理解阶级斗争在社会发展中的作用”；听完《矛盾论》，引导同学们思考“把握矛盾的普遍性和矛盾的特殊性的原理对建设中国特色社会主义有什么指导意义”。结合最新时政热点和政策文件，举办专题讨论沙龙，比如，学习习近平总书记系列重要讲话精神，组织研讨“习近平治国理政思想的形成以及怎样开创了马克思主义中国化新境界”。结合全国高校思想政治工作会议精神，组织研讨“如何坚定‘四个自信’，做好‘四个服务’”。

其次，创新理论教学方式。在理论讲授过程中，厦门大学关工委改革传统的课堂理论教学模式，根据客观环境和当代青年特点，不断创新讲授方式方法，用学生喜闻乐见的方式来予以呈现，力求使马克思主义入脑入心[①]。一方面，通过专题讲座、研讨法、角色扮演、案例分析等形式，在各具特色的具体情境中实现由感性认识到理性认识的飞跃。特别是在课堂讲授过程中，要多采用启发式教学和发现式教学，增强趣味性和实效性。另一方面，在理论培养过程中还注意结合学生专业知识，引导大学生通过对专业知识的审视来认识理论的无穷魅力。此外，学校在马研班内遴选学员成立习近平新时代中国特色社会主义思想青年研习社，邀请关工委老同志担任社团指导老师，准确把握社团政治方向，指导开展“红色经典品读”“理论难题释疑”“阅读方法分享”“阅读成果孵化”“理论涵养提升”

① 李秀琴，桑维军．试论高校在培养青年马克思主义者中的作用[J]. 兰州交通大学学报，2009（2）：177–180.

等学习活动，其中，以研读经典著作为重点，引导学员深化认识马克思主义及其中国化理论成果，正确掌握马克思主义的立场、观点和方法。

调研数据（表2）显示，学生对关工委在理论授课、小组讨论、读书沙龙过程中发挥的作用，认同度较高，都在90%以上；对于理论教育的成效，认同度也都在94%以上。

表 2 关工委参与"青马工程"相关活动的作用评价

选项	非常不赞同	不赞同	赞同	比较赞同	非常赞同
关工委在理论授课过程中发挥了重要作用	3.68%	4.74%	9.47%	17.89%	64.22%
关工委在小组讨论过程中发挥了重要作用	3.16%	3.68%	15.79%	21.58%	55.79%
关工委在读书沙龙过程中发挥了重要作用	3.16%	6.85%	18.42%	23.68%	47.89%
关工委能够引导我学懂学通马克思主义基本原理	3.68%	2.11%	6.32%	24.74%	63.15%
关工委能够帮助我深入理解马克思主义的精神实质和思想精髓	3.68%	1.58%	6.32%	23.68%	64.74%
关工委能够指导我掌握马克思主义立场观点和方法，并运用于实践中	3.16%	2.11%	7.37%	22.11%	65.25%
关工委能够引导我坚定"四个自信"	3.68%	1.58%	5.79%	21.06%	67.89%
关工委能够引导我强化"四个意识"	3.68%	1.58%	6.32%	20.00%	68.42%

四、探索实践培养机制，充分发挥关工委老同志的经验优势

实践是检验真理的唯一标准。马克思主义认为："实践是人类的自觉能动性的活动，是人类通过对现实的理解和需要对客观世界活动的一种表现形式。人类不仅通过实践检验认识的真理性，而且人们认识客观事物也

是通过人的感性活动进入到实践的事物。”[①]培养青年马克思主义者，不仅要进行系统的马克思主义理论教育，而且要强调社会实践的参与。因此，鼓励关工委发挥经验丰富、社会阅历广、时间精力资源充沛的优势，积极参与到“青马工程”社会实践中去，推动实践项目形成品牌，“完善青年马克思主义者培养的教学体系，增强培养对象的社会责任感和时代使命感，建立健全青年马克思主义者培养的实践教育体系，切实提升青年马克思主义者快速适应社会和服务社会的能力”。[②]实践是学生了解国情社情民情的有效途径。厦门大学充分发挥关工委老同志的经验优势，在实践培养环节围绕四个方面进行设计。

一是引导培养对象深入基层、认识国情、了解世界，增强使命感和责任感。学校每年利用暑期组织“青马工程”学员前往井冈山、遵义、延安等红色革命圣地开展主题实践，关工委老同志全程指导并参与马研班组织的社会实践活动。例如，在建党95周年暨红军长征胜利80周年之际，关工委4名老的党员领导干部跟随马研班共赴遵义开展为期9天的“重走长征路·坚定跟党走·共筑中国梦”的主题社会实践。2017年起，学校遴选马研班优秀学员开展海外专项实践，关工委老同志跟随马研班远赴万里，前往新加坡、马来西亚开展“‘一带一路’倡议下中国与东南亚国家发展新机遇”的专项社会实践。此外，学校组织“青马工程”学员利用周末时间开展短期考察实践，前往周边地区开展农村精准扶贫、重访革命圣地等专项考察，每次考察实践也都会邀请关工委老同志带队。

二是密切培养对象与基层和群众的联系，培养对党、对人民的朴素感情，树立走与人民群众紧密结合的成长道路的意识。关工委老同志指导“青马工程”学员以及党支部在重要时间节点开展日常主题实践，如在烈士纪念日，组织学员祭扫福建省第一个党支部书记罗扬才烈士墓等；依托

① 马克思恩格斯选集（第1卷）[M]. 北京：人民出版社，1995：56.

② 陈琴 . 高校“青马工程”的价值及其实现路径研究 [D]. 广西师范大学，2015年 .

厦门大学“革命史展览馆”对学员进行革命教育，弘扬厦门大学“四种精神”，在潜移默化中激励每一位厦大人自强不息、奋发向上。

三是丰富学员的社会阅历和志愿精神，提高其社会适应能力和综合素质。厦门大学关工委老同志协同学生工作处、校团委主动为马研班量身定制“亮身份、见行动、争先锋”专题志愿活动项目，强化马研班学员时刻把为人民服务放在心上，以求真务实的态度做好人民的“勤务员”。比如，组织开展图书修复、社区讲学、“阳光春蕾”小学支教活动、“爱心包裹，温暖你我”包裹劝募活动等主题鲜明的志愿活动60余项。

四是培养学员调查研究能力，引导学员了解社会现实，在实践中发现问题并解决问题。厦门大学关工委全程参与“青马工程”学员的课题调研活动。他们积极引导学员组建跨学科、跨年级的课题调研团队，从马克思主义理论出发，结合时政热点问题展开调研。关工委从课题申报、开题答辩、调研过程到结题答辩，都积极与各组学员沟通，帮助调研团队找准切入点，及时发现问题，调整调研思路，提升实践调研成效。在厦门大学，超过九成的“青马工程”学员认为关工委老同志在课题调研过程中发挥了重要作用，认为关工委老同志对如何运用马克思主义理论和方法论来指导解决实际问题发挥了重要作用。

如表3所示，受调查学生对关工委在课题调研、社会实践、支部活动等方面所发挥的作用认同度也较高，都在92% 以上。

表 3 关工委参与“青马工程”相关活动的作用评价

选项	非常不赞同	不赞同	赞同	比较赞同	非常赞同
关工委在课题调研过程中发挥了重要作用	3.16%	4.74%	14.74%	20.00%	57.36%
关工委在社会实践过程中发挥了重要作用	2.63%	4.74%	12.11%	22.11%	58.41%
关工委在支部活动过程中发挥了重要作用	2.63%	4.74%	12.11%	27.37%	53.15%

五、落实人才奖励机制，充分发挥关工委老同志的爱才优势

习近平总书记指出，“两个一百年”奋斗目标的实现、中华民族伟大复兴中国梦的实现，归根到底靠人才、靠教育。①厦门大学充分发挥关工委老同志爱才育才优势，落实人才奖励机制，在人才培养激励过程中传递马克思主义信仰，为中国特色社会主义培养更多人才。

首先，关工委老同志会同马克思主义学院专业教师对课题调研结项成果进行评审，并评选出优秀调研课题项目若干予以表彰。自2010年首期“青马工程”起，已形成近100个课题调研报告。从2018年起，关工委老同志专门向厦大老教授协会主办的《老教授论坛》刊物推荐优秀调研课题成果予以公开发表，目前已有4篇调研报告公开发表在第17期《老教授论坛》上。关工委老同志对课题调研全程参与、把关指导，提供了具体而详尽的马克思主义理论和方法论的指导，并且善于利用激励机制，充分调动学生积极性和创造性。

其次，厦门大学原党委书记、经济学院经济研究所吴宣恭教授在其从教60周年之际成立吴宣恭教育基金，其下设立“厦门大学吴宣恭奖学金”和“厦门大学吴宣恭科研奖学金”。吴宣恭科研奖学金每年定向对“青马工程”学员进行评选，若有尚未发表的有关马克思主义的研修论文或课题报告，经两名以上指导老师或专家推荐，也可进行申报。吴宣恭教授每年坚持参加奖学金颁奖仪式，并鼓励同学们不断创新，积极运用马克思主义的立场、观点、方法来研究我国的社会主义实践。此外，每一期马克思主义理论研修班都会以小组为单位进行优秀学员的评选。关工委老同志参与其中，结合其在培养期内与学员互动、课题评审、综合表现等对优秀学员给予评审意见。

---

① 习近平．同北京师范大学师生代表座谈时的讲话．2014年9月10日．

六、制定生涯辅导机制，充分发挥关工委老同志的声望优势

大学生在专业知识应用方面缺乏经验，一遇到困难便束手无策，需要有人能够进行指导和鼓励，关工委老同志人生阅历丰富，更容易对大学生产生亲和力，便于对学生开展心理开导和抚慰。①关工委对大学生思想政治教育的指导工作应当是基于"爱党爱国教育""校情校史教育""学术实践""帮困助学工作""心理咨询工作"和"就业指导工作"等平台的搭建。②就业指导工作的开展应当贯穿于其他平台之中。进入大学以后的目标迷茫常常让大学生陷入困境，关工委老同志在高校工作数十年，曾与众多的学生相处，也指导过不同的学生，所以在职业生涯方面可以发挥更为直接的作用。③厦门大学关工委老同志在退休前多为学校党政机关领导、教授，信息资源广泛、社会经验丰富，具有深厚的专业理论知识、严肃认真的工作态度，能够有针对性地指导大学生的就业问题。根据调查，有87.37%的受访学生认为，关工委老同志具有社会阅历广的优势；有66.84%的学生认为，关工委老同志具有社会资源多的优势。关工委老同志的切身体会和社会经历能够树立教育威望，赢得"青马工程"学员的信任和尊敬。

厦门大学关工委在生涯辅导机制建设中以个别案例为主，穿插小组讨论、课题调研、海外社会实践等方式，充分发挥老同志的声望优势，帮助"青马工程"学员树立远大抱负，指导他们"少走弯路"。关工委老同志通过引领集中理论学习、经典著作领读、主题讨论参与以及课题调研指导等

---

① 陈松庆，王书莉. 高校关工委助力大学生科技创新能力培养的探索与实践 [J]. 才智，2017（35）：32.

② 曹蕾. 高校关工委指导大学生就业工作的新思考 [J]. 经济研究导刊，2015（19）：200–201.

③ 王宁. 高校二级关工委在人才培养活动中的作用 [J]. 学理论，2016（10）：191–192.

方式，将人生阅历和党史、国史、校史相融合，在与学生的交流中讲清楚国家的基本国情，讲清楚党的历史传统，讲清楚学校的文化积淀，增强大学生“四个自信”；引领青年学生通过理论学习，坚持“学思用贯通，知信行统一”，扎实理论功底，强化科学信仰，淬炼看家本领；通过课题调研、海外社会实践等方式，客观、全面、真实地介绍、认识世界，打开大学生的国际视野，让学生在时代风云中明辨真伪，识得马克思主义的真谛，不做思想上的懒汉，不做信仰上的盲从者，努力把“青马工程”学员培养成为有马克思主义理论素养、党和国家事业的合格建设者和可靠接班人。

（2020年10月）

课题组负责人：苏振富；

课题组成员：郑保东，娄澜，陈慈航，黄燕钦，郭建群，刘群鑫，蒋丽，于正伟，黄雨艳。

西南财经大学关工委课题组

基于“西南财经大学模式”及新时代高校关心下一代工作机制的规律性研究

内容摘要

本文第一部分系统总结30年来高校关工委机制建设的经验和启示，梳理概括为十大机制。第二部分以西南财经大学关工委实践探索为切入点，凝练为“12345”工作模式，具有一定典型性、普适性和推广性。第三部分结合新时代特征，把机制建设提升到规律性层面，提出“主客体耦合律，多要素整合律，相向性协同律”，作为关工委工作机制的新思考。

关键词

高校关工委；工作机制；西财模式；规律性

一、高校关工委 30 年来对工作机制的认知：成果与启示

（一）概述

看中国高等教育事业的发展进步，离不开与深化改革的相伴随行。正是“春江水暖鸭先知”的“南方谈话”，唱响“春天的故事”，掀起新一轮波澜壮阔的改革开放浪潮，催生出许多前所未闻的新生事物。高校关心下一代工作委员会，也就是1991年前后应运而生的。尽管初期的关工委面对如何构建组织机制，怎样提高影响力，还存在着经验不足、实效不强等诸多难题，但时不我待，只能以改革的精神，激活探索动力，推动理论和实践研讨的兴起。图1为对1990—2020年涉及关工委的文献资料统计分析图。

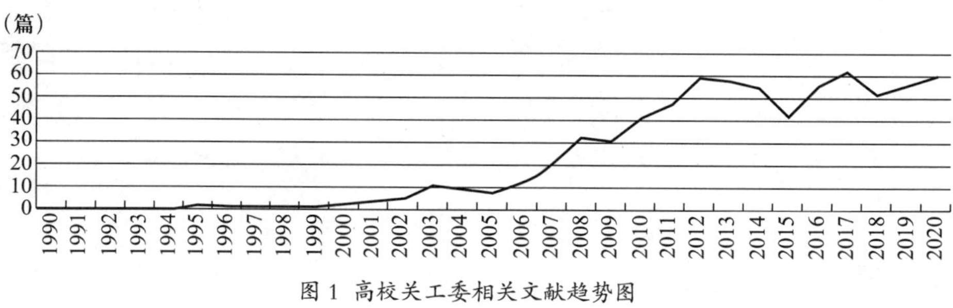

图 1 高校关工委相关文献趋势图

可以看到，10年左右出现周期性的上升趋势。如果说1990年关工委成立后处在一个蓄力待发的平缓态势，那么到2000年则开始了向上的快速增长期，以至2012年前后，也就是关工委成立20周年，显现出一个欣喜的极高点。由此推测到2022年前后，也可说是“三十而立”之际，或许会出现又一次的高峰区间值。这种预判依据在于，进入新时代必将产生更多的理论创新、实践创新、制度创新成果，特别是党的十九大开启中国特色社会主义现代化强国建设的新征程，书写中华民族伟大复兴的新篇章，实现“两个一百年”奋斗目标的新使命中，关工委的发展会更加充满生机和活力。

图1中文献资料在2004年和2012年区间里较多出现，与机制的研究具有一定关联度。如2003年由西南科技大学的曾贤贵、蒋志强主编的《高校关工委工作理论与实践》提到工作机制。据教育部关工委副秘书长郭春开同志记述[①]，2002年年底，正式成立了教育部关工委理论研究中心，精心选聘专家担纲。2004年10月，在福建师范大学召开了"全国教育系统关工委宣传工作会议"，会后印发《关于加强关心下一代工作理论研讨的意见》，制定了理论研究的五年规划，列出研究课题近百个，对开展理论研究的指导思想、总体目标、重点内容以及组织管理、经费筹措与保障等，都提出了明确的意见和要求。接下来组成四川、广东、福建三个课题组，对设立的重点课题进行深入研究。2008年项目结题完成。其中，由张凤山主编的《关工委工作概论》，第一次较为系统全面地论述了关工委性质定位、原则方针、组织和思想建设等，对关工委工作运行机制提出了六个方面的表述。理论研究的前瞻性、先导性转化为指导实践、深化认识的可操作性，集中体现在教育部党组《关于加强全国教育系统关心下一代工作委员会建设的意见》（教党〔2009〕20号文件）的出台，全面地总结了一个时期以来关工委积极探索取得的基本经验，明确了关工委今后的工作重点和建设路径，不仅要求准确把握关工委的性质定位、方针原则，建立健全各级组织机构，着力加强队伍建设等，更要重视"完善关工委长效工作机制"。这一目标任务的提出，标志着关工委工作开始走上科学化、制度化、常态化的发展轨道。我们所做的关工委理论热点分类统计占比图，可以证实和支撑上述认识（图2）。

机制的提出与建设，大大丰富了关工委工作的内容和载体，聚集了骨干队伍，提高了工作实效，甚至能够把完善、拓展和创新长效工作机制作为关工委的特色项目和研究课题。但到底什么是机制？为什么创建长效机

---

① 教育部关心下一代工作委员会工作刊．心系下一代，2020（3）+（4）：98.

制？怎样提升机制作用？这些问题还存在许多不清晰之处，需要通过回望关工委30年的工作，总结机制方面的成果来深化认识。

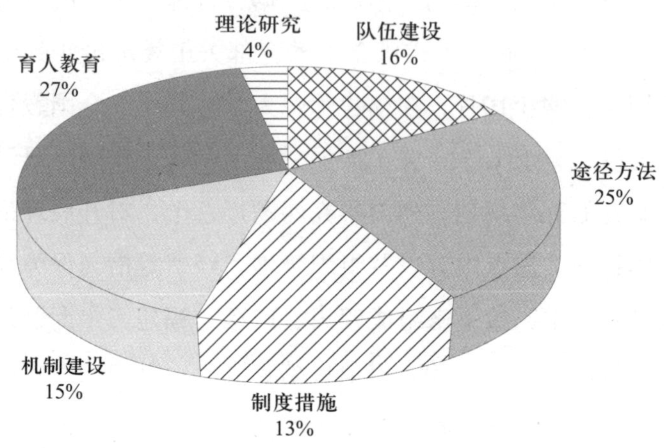

图 2 高校关工委工作机制分类统计

（二）高校关工委十大工作机制

所谓机制，按《现代汉语词典》释义，（1）指机器的构造和工作原理；（2）指机体的构造、功能和相互间的关联；（3）指某些自然现象的物理、化学规律；（4）泛指一个工作系统的组织，或部分之间相互作用的过程和方式[①]。此外还有一个视角，起源于希腊文“mehane”，意指机器构造和运作原理，要素相互关联及运转方式。借用生物学等的类比方法，还可表示有机体的机理改变和调节方式。而经济机制一词，是指社会经济体各构成要素之间的相互联系、相互制约的关系及特定功能。如市场机制，指市场要素（土地、资本、劳动力、知识、信息、产权等）之间的内在关联和运行，显现为价格机制、供求机制、竞争机制、信息机制、决策机制。基于这样的认知，对关工委工作机制或长效机制的分析，既可从工作系统、

① 中国社会科学院语言研究所词典编辑室，编．现代汉语词典（第6版）[M]. 北京：商务印书馆，2012：597.

组织方式和作用过程剖析，又可侧重从机理层次、要素结构、功能效应方面进行比较和提升。由此归纳概括出高校关工委"十大工作机制"，或称为十大工作取向。

1. 健全主导决策机制，保证目标任务落实的科学化

总结治国理政和高校改革发展的一条基本经验，就是坚持党的全面领导。在教育部党组《关于加强全国教育系统关心下一代工作委员会建设的意见》中，明确了关工委以现职党政领导为主导，提出任务，开展工作。实践中，各高校的关工委从成立之时，就把加强而不削弱党的领导作为立身之本，坚守住这个基本点不动摇，创造性地做事。如中南大学用党建引领关工委工作，在思想领先、制度健全、骨干带头三个环节着力落实。西南财经大学专文下发《关于加强以党的建设带动关工委建设工作的实施意见》，就进一步加强领导作了全面的部署和安排。

2. 强化机构组织机制，立足骨干队伍建设的制度化

关工委以离退休老同志为主体，是开展工作的第一人力资源，及组织机制建设的第一要务。如何发挥这支骨干队伍的优势，提高工作的实效性和影响力，许多高校都有成功的尝试。例如，东华大学特邀党建组织员，长期深入基层院系党建一线，坚持党建活动不断线、不松劲、不懈怠；东北师范大学、西北农林科技大学"老教授报告团"的精彩讲座，身体力行的率先垂范，感动了无数学子，引发社会的高度关注。

3. 拓展思政教育机制，彰显主题特色活动的多样化

立德树人是社会主义大学的根本任务，对关工委而言，无论构建活动载体，还是丰富教育内容，不论在"思政课程"的固本铸魂，还是在"课程思政"的春风化雨，都展现出为党育人、为国育才的教育底色，浸润着"三全育人"的使命担当，也成为高校"五老"最有人格魅力的工作舞台和优势所在。这些年围绕育人这个中心，从教育部关工委的"院士（杰出

老校友）回母校”“大国工匠进校园”“读懂中国”的主题设计，到各类高校开展的一系列丰富多彩的特色活动，都精彩纷呈，创新迭出。例如，清华大学关工委的“水木百年留风骨，星河万里渡神舟”；华东师范大学国际汉语文化学院把“读懂中国”与大学生参与重大人文课题调研相结合，让人感到贴近真实、鲜活生动。

4. 统筹计划执行机制，助力基层组织建设的常态化

福建师范大学关工委实践总结出，新形势下关工委长效机制建设的重点在基层，即学院的二级关工委。要加强计划的执行力，关键是二级关工委的主动作为。例如，西南科技大学以组织开展创建“六好”二级关工委为抓手，推动常态化建设；对外经贸大学关工委的体会是，二级关工委的大力支持和配合，是工作机制得到长足发展的基础。应当说，这些探索和实践，为充分调动起基层积极性，助力推进基层的关工委建设提供了有说服力的范例。

5. 规范制度管理机制，注重系统集成协作的最优化

30年来，围绕关工委工作建章立制成为一大亮点。拿西南科技大学为例，在建立初始制定的《关工委工作条例》，不断修订完善，并纳入二级关工委目标绩效考核。在他们看来，制度不在多，要管用，关键是有了制度要执行。在有章可循、规范运作前提下主动作为，积极开展协作，集成共是，提升影响力。同济大学近来提出的“三区融合，共同育人”，就是让大学校区、中小学校区、街道社区做到密切配合，系统集成来创新工作模式。

6. 创新网络信息机制，推进媒体技术应用的平台化

随着现代信息技术的飞速发展，引发从传统方式向现代教育机制转型。不少高校的关工委不仅建有自己的网站，增设网页内容，开设微信公众号，而且制作短视频，线上互动交流。比如，天津大学关工委，打造“全

媒体"通道，构建"互联网+"工作格局，用"微"平台、"微"内容来拓展思想政治教育。岭南师范学院的"谈心亭"，借助网络延伸为线上线下"全天候"的谈心活动，将谈心同心理教育、思政工作相结合，深得学生喜爱，"知心友·谈心网"也4次获国家级、省级表彰。南开大学关工委巧用流媒体平台，不但实现"键对键"，而且借助"线下体验馆"，指导学生开展第二课堂，还可做到"面对面"，创新了育人模式。特别是在2020年新冠疫情抗疫期间，许多高校积极发挥媒体作用，为关工委的信息机制建设提供了新经验，作出了新贡献。

7. 打造特色项目机制，精细典型示范效应的品牌化

典型引领，项目推广，使关工委工作机制更加绚丽多彩。2015年由教育部关工委编辑的《桑榆霞满天——全国高校关工委工作十大品牌优秀案例选》是在70多所高校推荐报送的193个品牌典型案例中，精选"特邀党建组织员、'五老'报告团、主题教育活动、青蓝工程、校园文化传承、社团指导、大学生涯导航、老少共话、帮困助学、专题调研"十大品牌108个案例，充分展示出关工委独特优势和品牌效应。2016年"大国工匠进校园"作为职业院校开展的品牌活动后，涌现出一批诸如北京铁路电气学校关工委的"天佑励志行"等特色品牌，为品牌机制建设增添许多亮色，触动高校从精心、精细、精彩上下功夫。如河海大学借鉴工程项目管理方式，强化项目申报、执行、结题、推广的全链条机制，有效地提升了品牌质量和宣传效果。

8. 完善表彰激励机制，促成"五老"积极作为的持续化

30年来一批批退休的老同志，在"忠诚、关爱、创新、奉献"精神感召下，聚集到关工委队伍里践行初心和使命，涌现出许多先进集体和个人。进一步完善表彰激励机制的建设，不仅在制度层面充实和保障，而且在方式方法上拓展和创新，贴近他们的心理诉求，倾听他们的建议，多一些人

文情怀和包容理解，让他们的内心始终充满阳光温暖，积极主动作为，去续写关工委工作的“老兵新传”。如复旦大学关工委增强特邀党建组织员的责任感、仪式感，一个小小细节的改进，却温暖和鼓舞了更多老党员积极主动参与工作。西南财经大学离退休工作处对“发挥‘五老’作用的调查”可以看到，认为“建立老同志沟通机制”“切实落实老同志各项政治待遇和知情权、参与权、监督权等权益”“重视退休前教育”“建立多渠道吸纳老同志参与到社会服务机制”等方面，都有着强烈的激励诉求，或许成为机制创新的入口。

9. 开发共享协同机制，营建和谐校园愿景的长效化

建设和谐校园，走内涵发展道路，意味着系统流程的再造，需要在诸多要素变量、环境条件、不确定性中优化选择，集成、协同和稳定地运行。可以说，协同机制的开发应用，势必成为高校改革发展重要因素，成为关工委工作迈上新台阶的奠基石。事实上，某些高校的关工委已经开始关注协同机制的研究和实践，同济大学提出大学校区、中小学校区、街道社区的“三区共同育人”；四川省教育厅关工委在全省高校开展的“六好”关工委的评比和表彰，专门提出“相关部门配合好”，就可看作协同机制的问题。再如，北京外国语大学关工委，深挖自身资源，聚焦智力扶贫，以一批老教授为主力，把边远山区、贫困县的支教活动和外语培训搞得热火朝天，溢出效应十分明显，其中就与外研社人财物事的大力协同分不开。

10. 探索大学治理机制，提升现代治理能力的学习化

党的十九届四中全会明确提出，推进国家治理体系和治理能力现代化，表明了构建系统完备、科学规范、运行有效的治理制度、治理机制、治理能力是社会主义现代化建设的重要方面。而基层治理，无论是大学治理，还是社区治理，面对复杂多变的环境条件，跌宕起伏的矛盾难题，防范、抵御和化解各种风险挑战，都需要学习提升。只有用新发展理念来思

考，用新的治理机制来把控，才能全面提升人才培养质量，制定好发展的远景规划，构建起真正意义上的大学制度。比如，西南财经大学最近制定的《关于全面加强新时代大学生劳动教育的实施方法》，要求将劳动教育纳入人才培养全过程，构建具有特色的新时代大学生劳动教育模式，形成一以贯之、久久为功的长效机制。

二、西南财经大学关工委对工作机制的探索：经验与模式

西南财经大学1992年成立关工委。初期伊始，时任党委副书记、首任关工委主任的廖明铨同志提出了关工委的四大建设，其中许多思考在以后操作实践中转化为领导决策机制、组织协调机制、队伍制度机制和思想教育机制，培育出一批极有影响力和说服力的工作案例、品牌和项目成果，打造出一支充满生机活力的“五老”骨干队伍。先后2次被评为“四川省教育系统关心下一代工作先进集体”，2015年，被授予“全国关心下一代工作先进集体”的荣誉称号；2007年廖明铨同志、2015年刘光明同志被评为“全国教育系统关心下一代工作先进个人”；还有4人（次）被评为四川省、成都市关工委工作先进集体和个人。

着力抓好机制建设，是关工委工作的基础和根本。实践充分证明：坚持以“党建带关建”，就是抓住机制建设的出发点；加强骨干队伍培训培养，就是抓牢机制建设的支撑点；开展有特色的主题活动，就是抓好机制建设的切入点；完善制度规范保障，就是抓准机制建设的关键点；勇于探索守正创新，就是抓到机制建设的落脚点。由此将“西财模式”简洁概括成“12345”工作模式，具体内容如下。

（一）把牢一个定位取向

坚持和加强党的领导，体现高校鲜明的政治导向和根本性质。我校关

工委从成立至今，由现职校党委副书记任关工委主任，履行主导职责。每学年按照上级部门要求和年度工作要点，召开专门工作会议，拟订具体计划，安排重点主题活动，处理好主导与主体的职责，保证认识统一，配合到位，发挥优势，善做善成。积极把社会主义核心价值观融入立德树人的全过程，以厚植爱党爱国情怀作为价值导向和评判标准。

（二）夯实二个支撑要素

一是关工委秘书处，二是“五老”骨干队伍。前者是关工委办事机构、办公地点、工作要素的聚合地，后者则是人力资源要素的集散地。原学校党委副书记、退休后转任关工委副主任、被亲切称为“一号老人”的廖明铨同志在参与《关工委工作概论》撰写时，就把这种融合物事和人员的设置称为“独具特色的工作机构”，是关工委组织建设的“第一要务”。正是基于这种认知，学校关工委秘书处一直设置在“两块牌子，一套人马”的学生工作口。由学工部部长担任关工委秘书长，分管学生管理的副部长（副处长）以及离退休党总支书记、校团委书记和1~2名关工委委员任副秘书长，加强领导力和执行力，并配备专职工作人员与办公用品等。每一次关工委会议，除以上人员外，学校党委职能部门的负责人、各学院党总支书记（或分管学生工作的副书记）也都到会，参加讨论和接受任务。这样的议事决策机制，保证了关工委工作常态化，同时为培养关工委骨干队伍提供了永续接力的“活水”。原来担任现职的不少同志，就曾经或多或少地参加过关工委的会议，受到过表彰，虽说现在退休了，来参与关工委工作，自然不是“新手入行”，而是“老兵新传”，使关工委工作真正做到了“一届接着一届干，届届都有新气象”。

（三）协同三个平台联动

客观看待关工委的地位和作用，重要且不可或缺，但仍有一些特殊性显现，不再是“主渠道”而是“辅行道”，不再是“主力军”而是“方面军”，不站在“前锋线”而变为“后卫线”。由此关工委遵循的工作方针便是“围绕中心、配合补充，因地制宜、量力而行，立足基层、注重实效”，更多强调统筹协作，发挥“五老”的特长优势，助力“立德树人思政工作体系平台，鲜活多彩校园文化活动平台，传播面广的网络媒体平台”的互相联动。比如开展“我与祖国共成长”等活动，关工委把“五老”的参加计划，提前与多部门和学院沟通，谋求协作，积极对接，使受益面广泛，效果颇丰。

（四）助力四个品牌打造

近几年来关工委把品牌建设纳入重点工程，精心谋划，精准施策，打造出一批特色鲜明、质量优良的品牌项目。在抓好二级关工委品牌建设，助力打造“一学院，一品牌”基础上，发挥多部门的协同创新，先后打造四个具有学校鲜明特质的精品或品牌。即其　“党建引领、育人铸魂的大学生思想政治教育”；其二“精准施策、爱心沉浸的大学生帮扶解困资助”；其三“经世济民、孜孜以求的校园历史文化传承”；其四“重在基层、结对共建的老少携手前行圆梦”。这些品牌项目都有鲜为人知的共同点，许多关工委人是悄然无名，甘为人梯，默默奉献。如2020年9月抗疫期间，教育部召开了“中央部门所属高校资助工作培训班”视频会。学工部部长谢红（现任关工委秘书长），在会上作了题为“打造沉浸式育人模式，构建精准资助体系”的主题发言，从强化机制建设、构建精准引领机制和育人机制三个方面，打造“一体三翼”的沉浸式精准资助工作模式，使学生资助工作从传统的“一个都不能少”转变到“每一个都要好”进行了交流和经验介绍，引发热议和好评，使该品牌跻身于全国大学生思想政治教育的特色品牌系列。

（五）构建五个长效机制

如果从机制的角度进行总结归纳，实际上构成五个机制建设，即主导决策机制，组织队伍机制，育人教育机制，制度保障机制，协同创新机制。

这五个机制，基本涵盖了高校关工委工作的主体、对象、内容、途径、方法等基本要素，也包括了载体、制度、组织、保障、协作等运行方式，不仅可以达到常态化、制度化和规范化的管理运作，而且能够演化出长效性、创新性、可持续发展的内生动力。

三、新时代高校关工委对工作机制的升华：创新与规律

党的十八大开启新时代，与此同时又是一个百年未有之大变局，国际形势波诡云谲，反经济全球化逆流甚嚣尘上，各种矛盾利益诉求交织缠绕，风险挑战严峻复杂。处在这样一个历史进程的交汇点、发展阶段的转折期，不仅需要综合国力强大雄厚，而且需要辩证的智慧和系统性的思考，居高谋远，开拓进取。这对于“三十而立，再出发”的关工委创新来说，把机制认识提升到规律性的层面，显得重要而必需。

（一）创新

从机制词意和实践经验层面上，可以看出机制与规律是关联的。某些物理、化学机制具有规律的属性，如通信机制、传导机制。当把生物有机体作为特定对象时，规律的特征更为明显，如生理机制、病理机制、传染机制等。在现代经济理论中，价格和供求、竞争和风险机制，也看作商品经济、市场经济的基本规律——价值规律的外化。在系统论、控制论、信息论、协同学等交叉学科和工程技术领域，更是把要素与整体、结构与功能、协同与优化等作为规律来论析，如最优化机制、协同机制等。显而易见，前面归纳的高校关工委十大工作机制，有的可以作为规律来使用。特别是冠以长效机制的，本身就蕴含着规律的内在规定，如信息共享机制、集成协同机制。

从机制的广义和理性逻辑的层面上，又可以看出机制与规律是有区别

的。规律是事物内在的、本质的、必然性的规定，在哲学上与本质、必然性是同等程度的范畴。相比较事物外在、表象和直观性，规律则更抽象、更稳定、更内在。虽然规律也有普遍规律、一般规律和特殊规律的划分，但都有客观性和必然性。就这层含义讲，规律需要经过人们的逻辑思维，在一次次的感性认识向理性认识的飞跃中才能获得。如同辩证认识论所揭示的：实践，认识，再实践，再认识，循环往复，以至无穷。这就是认识发展的总规律，也是认识新时代关工委工作机制规律性的基石。那么，应当从什么样的时代变化特征去揭示规律呢？在前期研究的基础上，可以关注到以下四个方面。

1. 主体选择的多元化

尽管关工委是以离退休老同志为主体，但随着时间推移，离休的老革命已退出工作行列，“50后”“60后”段退休人员成为目前和接下来十年间关工委队伍的骨干和中坚。由于生活水平改善、收入增加、文化水平提高、个人兴趣偏好等多重因素的叠加影响，许多退休老同志有了更多生活取向，可以自主选择决定做什么，这在一定程度上难于像过去那样比较容易地吸引或吸纳到更多更好更有特长优势的“五老”骨干，导致某些学校某个阶段可能会出现人手短缺、骨干递减，甚至“断档”现象。

2. 对象需求的个性化

随着改革的深化、大学教育的普及，对象群体无论是在知识积淀、思维方式、认知行为，还是职业取向、专业认同、功利考量等方面，都有着明显的个性需求差异，以致同一年龄段、同一个年级的学生，都有迥然不同的个性化满足。面对这些需求变化，关工委工作的内容、途径、方法、技能如果不能有所创新、有所作为，就肯定不能适应和满足对象的个性化、多样化的需求。

3. 内容手段的智能化

现代科技日新月异，智能产品更新换代加快。光看智能手机在校园的使用程度，就不难发现学生在日常学习、生活中已经与其形影不离了。相比之下，关工委的相当一部分老同志对应用智能手机还存在一定的理解误区，还存在不会、不愿使用的“数字鸿沟”。抗疫时期急需开展一些工作时，可以明显感受到关工委工作在这方面的短板和薄弱。

4. 信息传播的网络化

在信息化特别是大数据时代，通过网络媒体形象直观、双向互动地沟通交流，快捷高速地获取知识，存储和提取海量数据，都可点击“鼠标”，轻松地“一键搞定”。同时，网络空间的“虚拟化”，也容易导致信息失真、碎片化泛滥，加大了教育难度。面对线上线下的网络环境，不仅要有如何辨识、筛查、比较、用正能量去教化人的道德层面的要求，而且还有编辑、剪接、编程、视频素材加工处理的技能层面的要求。这恰巧又是传统教育所缺失的环节，也是老同志在从事工作时经常碰到的“拦路虎”。

（二）规律

通过30年来实践经验的反思和机制建设问题的梳理，提出“主客体耦合律，多要素整合律，相向性协同律”，不但是对新时代关工委机制创新的探索，而且是对机制规律性认知的提升。

1. 主客体耦合律

这里的耦合，借用物理学、电磁学的术语，指两个或两个以上的体系或两种运动形式间，相互作用、彼此影响的联合功效。如放大器级与级之间信号的逐级放大量，通过阻容耦合或变压器耦合。[①]这种耦合效应，同时发生在主客体上形成新的合力，意味着突破了传统的主客体单向教育机制，即通常说的老师是教育主体，学生是教育对象（客体），“我讲你听，

---

① 中国社会科学院语言研究所词典编辑室，编 . 现代汉语词典（第6版）[M]. 北京：商务印书馆，2012：962.

我教你学”。然而在网络信息时代，某学生采访老同志深受感动，把采访记录整理成文字或制成视频，上传到媒体平台，引来更多受众或“粉丝”，这时候的主客体就成了相对的、可变的。如果这位老同志也在看的话，自然也转换成客体了。我们注意到，有的高校实际上已经关注到这方面了，如华东师范大学关工委提出的“关心”应是多形式、个性化的，“下一代”也是多层次、相对的。也就是说，可以在变与不变的耦合中，在“你中有我，我中有你”的耦合中实现最优效果。

2. 多要素整合律

如果把关工委的工作视作一个系统的话，无疑构成这个系统有诸多的要素，如资源、信息、物件、程序、条件、设备等，其中任何一个选项，又可以分解为更细小的部件，它们又可以随机组合在一起，形成子系统。诸多子母系统使结构组合更加精细复杂，大有“牵一发而动全身”之势。所以说，如何做到系统里多个要素的合理化配置，相互间扬长避短，体现出整体性的最优化功能，需要掌握系统运行机制的基本规律，即系统的要素与结构，功能与效果的构建机理。这样的整合，也就可以理解为改革、重构或重组的机制规律。

3. 相向性协同律

在中国传统文化里有“协，众之同和也。同，合会也”，意指协调两个或者两个以上的不同要素，协同一致地完成某一目标的过程或能力。与“众人拾柴火焰高”“人心齐，泰山移”的说法十分接近。在古希腊语中，指同步、和谐、协作多重含义。20世纪70年代，德国物理学家哈肯（Hermann Haken）提出协同理论，认为自然界和人类社会的各种事物普遍存在有序和无序现象，一定条件下会相互转化，无序称混沌，有序就是协同，这是一个普遍规律[①]。可见，把协同机制作为规律使用是有科学基

① H. 哈肯，著 . 协同学导论 [M]. 张纪岳，郭治安，译 . 西安：西北大学出版社，1981.

础的。而相向性的理解，应当结合关工委工作机制的性质和功能特征来研究。我们知道，关工委是在中国共产党领导下的群团组织，无论是组织机构还是制度管理，无论是内容教育还是集成协同，都有着鲜明的政治取向和价值引领。听党话，跟党走，成为各级关工委的共同意识和行动方向。如同历史唯物主义思想家所讲的“平行四边形法则”，每个个性的选择就像一个分力，相互作用下形成一个合力，而无数个大大小小的四边形的合力，最后汇聚成指向统一的方向，就是历史前进规律的写照。这就是完整理解关工委工作机制的“相向性协同律”的本意。

从学理上这三个规律既相互关联，也各有侧重。就教育的普遍性来看，“相向性协同律”更适合对小学、中学的关工委工作机制的指导和构建。如“家校共育”“家校协同”“老校长下乡”，核心是把学校教育与家庭教育和社会教育协同起来，对主客体的角色认知并不重要。但对知识文化层次提高，主体独立意识增强，而认知辨析能力偏弱的高中生、大学生而言，“主客体耦合律”显得更加直接关联。至于“多要素整合律”则应当根据实际情况，把视线聚焦在因果分析和决策上，从前瞻性、全局性思考和认识，寻求在多要素环境下优化整合的最好方案。比如说，在决胜全面建成小康社会后的扶贫支教，如何发挥“五老”的智力优势，主动作为，持续发力，实现从脱贫向富裕的新转变，为建设社会主义现代化强国添砖加瓦、发光发热。实践无止境，认识无止境，创新也无止境。新时代关工委工作机制的规律性研究，可以说仅仅是开篇，还需要聚合优势、继续努力，为关工委工作迈上新台阶作出新贡献。

参考文献

[1] 张凤山，主编 . 关工委工作概论 [M]. 北京：北京交通大学出版社，

2008.

[2] 教育部关心下一代工作委员会，编．桑榆霞满天 全国高校关工委工作十大品牌优秀案例选集 [M]. 桂林：广西师范大学出版社，2015.

[3] 福建师范大学关心下一代委员会，编．爱洒学生 晚霞生辉 福建师范大学关工委成立二十周年纪念文集 [C].2012.

[4] 李丽，郭姗．论分层育人机制在高校关心下一代工作中的应用 [J]. 高教学刊，2016（15）：183–184.

[5] 许言方．城市社区关工委"五老"队伍建设问题和对策研究 [D]. 国防科学技术大学，2016.

[6] 欧兵，艾鸿，邹涛．当前关工委老同志参与高校学生基层党建工作的思考 [J]. 学校党建与思想教育，2012（36）：80–81.

[7] 端木振华．立足基层工作 发挥高校优势——搞好高校关心下一代工作的几点思考 [J]. 新西部（理论版），2007（7X）：110.

（2021年1月）

课题组负责人：伍韧；

课题组成员：邓慧智，何刚，王苏，迪丽尼格尔·艾力。

组织建设篇

北京教育系统关工委课题组

深化推进组织力建设，强力提升教育系统关工委工作效能研究

内容摘要

习近平总书记指出，做好关心下一代工作，关系中华民族伟大复兴。提升教育系统关工委组织力是教育系统关工委落实立德树人根本任务的重要保障，课题组通过对全国各级关工委开展问卷调查和实地调研，总结了教育系统关工委组织力建设的成效和经验，分析了当前存在的主要问题和原因，提出进一步加强党委的重视和支持、着力充实“五老”队伍、完善关工委工作制度、配齐秘书处专兼职人员、健全二级关工委组织、强化主动作为等建议。

关键词

教育；关工委；组织力

习近平总书记指出，祖国的未来属于下一代，做好关心下一代工作，关系中华民族伟大复兴。广大“五老”是党和国家的宝贵财富，是加强青少年思想政治工作的重要力量，各级党委和政府要加强对关心下一代工作的领导，支持更多老同志参加关心下一代工作，使广大“五老”在关心下一代的广阔舞台上老有所为、发光发热，为培养社会主义建设者和接班人作出新的更大贡献。习总书记的一系列重要指示，既是对广大老同志的高度评价，也为做好关心下一代工作指明了方向。

强化组织力建设是教育系统关工委落实立德树人根本任务的重要保障。党的十八大以来，教育系统关工委组织建设取得显著成绩，基层覆盖面不断扩大，领导班子和“五老”队伍建设不断加强，在教育系统治理和落实立德树人中发挥了重要作用。在“十四五”和面向2035年的建设过程中，关工委需要进一步加强组织力建设，扎实推进制度创新和组织能力建设，提高关心下一代工作的能力，使关工委通过组织力建设，不断迸发出更强的号召力和创新力，更好地实现组织目标、帮助下一代健康成长。

为了加强教育系统关工委组织力研究，北京教育系统关工委组织北京教育科学研究院、中国人民大学、北京工业大学、北京市朝阳区教育系统关工委等专业化研究队伍开展课题调查研究。一是对全国各级关工委开展问卷调查，共回收177份，其中省级8份、约占5%，区县70份、约占40%，高校81份、约占46%，职业院校9份、约占5%，科研机构2份、约占1%，未标注单位类型7份、约占4%。二是课题组对北京市、海南省、江西省三个省市进行实地调研，共召开座谈会23次、专家研讨会11次。

一、提升教育系统关工委组织力的重要性和必要性

关心下一代工作委员会组织是具有中国特色的一项制度性安排，是我

们党加强青少年思想政治工作的一个创新，是党的群众路线同培养下一代优良传统相结合的一个创举，是推进国家治理体系和治理能力现代化的有益探索。在中国特色社会主义新时代，为了落实立德树人根本任务、构建“三全育人”大格局、提升关工委自身的号召力和创新力，教育系统关工委需要不断提升组织力建设。

（一）落实立德树人根本任务，培养社会主义建设者和接班人的艰巨任务，需要进一步提升关工委组织的整体合力

习近平总书记在全国教育大会上强调，要把立德树人融入思想道德教育、文化知识教育、社会实践教育各环节，贯穿基础教育、职业教育、高等教育各领域。目前，全国有2.8亿在校生，有2.54亿60岁以上老年人口，更好地发挥关工委桥梁纽带作用，把“一老一少”连接起来，让老同志老有所为、发光发热，让青少年学有所教、健康成长，需要教育系统关工委进一步健全落实立德树人根本任务的制度机制，进一步提升和强化组织力建设，形成组织合力，推动建设高质量的教育，在立德树人中发挥独特作用，保证党和国家事业薪火相传。

（二）构建“三全育人”大格局，加强青少年思想政治工作，需要壮大“五老”队伍的重要力量

“三全育人”是中共中央、国务院《关于加强和改进新形势下高校思想政治工作的意见》中提出的重要要求。落实立德树人根本任务，“三全育人”是重要手段，思想政治工作是重要抓手，关工委组织是我们党加强青少年思想政治工作的一个创新。关工委组织要充分发挥广大“五老”的政治优势、威望优势、经验优势和示范引领作用，用优良的作风感染青少年，用高尚的人格教育青少年，用丰富的经验培育青少年，用无私的奉献关爱青少年。当前，复杂的社会环境对青少年成长影响很大，关工委需要围绕青少年最关心、最直接、最现实的问题，进一步发挥组织优势，壮大组织力量，焕发组织活力，充分调动广大“五老”参与到“三全育人”大格局中，带动更多的社会资源和爱心人士参与关心下一代事业，带动千千万万个家庭切实担负起教育后代的责任，推动家庭、家教、家风建设，帮助孩子扣好人生第一粒扣子。

（三）贯彻新发展理念，开展推进治理体系和治理能力现代化有益探索，需要提升关工委组织的号召力和创新力

治理体系和治理能力现代化是党中央确立的一项重要目标。党的十九届五中全会提出完善社会治理体系，发挥群团组织和社会组织在社会治理中的作用。关工委组织是推进国家治理体系和治理能力现代化的有益探索。党的十八大以来，教育系统关工委组织建设取得显著成绩，基层覆盖面不断扩大，领导班子和“五老”队伍加强，在教育系统治理和落实立德树人中发挥了重要作用。在“十四五”和面向2035年的建设过程中，教育治理也面临着新变化。教育系统关工委需要进一步扎实推进制度创新和组织建设，提升政治执行力、组织推动力、组织保障力、组织覆盖力、群众凝聚力、基层服务力、组织创造力等，创新工作理念、创新育人载体、创新整体联动、创新工作机制、创新基层建设，建立健全“党建带关建”的体制机制，加强和完善关心下一代工作的组织宣传制度，整体提升组织效能，不断迸发出更强的号召力和创新力。

二、教育系统关工委组织力建设的成效和经验

（一）党委对关工委组织建设高度重视

党委和政府的重视是关工委组织力建设的关键因素。调查显示，省级组织中87.5% 的受访者、区县组织中92.9% 的受访者、高校组织中96.3% 的受访者、职业院校中100% 的受访者认为“领导高度重视”是提升关工

委组织力的重要方面。绝大多数的单位党委将关工委工作纳入党建工作整体部署并建立了联席会议制度。其中，省级组织中，87%的所在单位党委每年专题研究关工委工作1次，13%研究2次及以上；75%的单位党委将关工委工作纳入党建工作总体部署；75%的单位党委建立了联席会议制度。区县组织中，32%的所在单位党委每年专题研究关工委工作1次，68%研究2次及以上；90%的单位党委将关工委工作纳入党建工作总体部署；86%的单位党委建立了联席会议制度。高校组织中，87%的所在单位党委每年专题研究关工委工作1次，13%研究2次及以上；75%的单位党委将关工委工作纳入党建工作总体部署；75%的单位党委建立了联席会议制度。

（二）“党建带关建”机制日益成熟

以党建带动关工委建设（以下简称“党建带关键”）是党中央提出的要求。各级党委坚持“党建带关建”，将关心下一代工作纳入党建工作总体部署和年度考核目标，列为老干部工作的重要任务，与党的各项中心工作同部署、同落实、同检查，确保关工委机构、人员、经费、办公场地等问题落实到位。如吉林省、福建省印发了《关于加强以党的建设带动关工委建设工作的意见》，将关心下一代工作纳入党建总体部署，确保“党建带关建”工作取得实效。北京各级教育关工委工作已作为本单位党政工作的组成部分，参照北京高校党建和思想政治工作基本标准，将关工委工作纳入各级党组织党建考核范围。江西省各高校和各市、县中小学关工委组织机构均由分管思政和德育工作的党委领导同志担任关工委主任，配以离退休老同志担任副主任，使关工委在党委领导下开展工作。海南省把关心下一代工作纳入党委、政府议事议程，纳入经济社会发展总体布局，纳入精神文明建设总体规划。各基层单位把关工委工作与党建工作有机结合，形成了党建带动关工委建设的有效体制机制。

（三）关工委工作制度日益完善

关工委建立30年来，工作制度日益完善。2011年中国关工委对工作条例作了修订，2009年，教育部党组印发了《关于加强全国教育系统关心下一代工作委员会建设的意见》，全国各地教育关工委纷纷制定工作规程。例如，2016年北京市委教育工委、北京市教委联合印发《北京教育系统关心下一代工作委员会工作规程》，2019年对工作规程进行了修订。海南省关工委建立了宣传工作制度、公文管理制度、网站及微信公众号管理制度等制度。江苏教育系统关工委自1992年成立以来，经历了“组织建设阶段”“制度建设阶段”“长效机制建设阶段”和“常态化建设阶段”四个阶段。问卷调查显示，教育系统关工委大部分制定了各自的工作规程或工作规则。省级组织中，87.5% 建立了会议制度，87.5% 建立了培训制度，100% 建立了交流制度，62.5% 建立了“五老”队伍建设制度，87.5% 建立了表彰制度。区县组织中，95.7% 建立了会议制度，85.5% 建立了培训制度，85.5% 建立了交流制度，78.3% 建立了“五老”队伍建设制度，81.2% 建立了表彰制度。高校组织中，98.7% 建立了会议制度，87.3% 建立了培训制度，75.9% 建立了交流制度，69.6% 建立了“五老”队伍建设制度，79.7% 建立了表彰制度。职业院校中，100% 建立了会议制度，100% 建立了培训制度，88.9% 建立了交流制度，55.6% 建立了“五老”队伍建设制度，77.8% 建立了表彰制度。

（四）工作品牌影响力持续扩大

在中国关工委开展的“传承红色基因、争做时代新人”“党史国史教育”“老少共筑中国梦”等主题教育实践活动和教育部关工委组织开展的“院士回母校”“杰出老校友回母校”“读懂中国”“大国工匠进校园”活动的基础上，各地关工委因地制宜、顺势而为，依托各地的特色教育资源，持续发力打造特色工作品牌。北京市“首都关心下一代大讲堂”“老校长下乡”“特邀党建组织员”，河北省关工委《平“语”近人——习近平总书记用典》进校园活动，江西省关工委“‘三史’教育报告团”，新疆生产建设兵团关工委“传承红色基因，培育兵团事业新人”主题教育活动等受众广、影响大、效果好的主题教育活动品牌不断涌现。

一些基层关工委结合自身的优势和特点在这些品牌活动的基础上进一步凝练出自己的品牌教育活动。上海教育系统关工委中职分会切合职业教育特点、贴近中职学生实际，举办的“劳模·工匠进校园”活动在上海中职学校持续升温、不断深入。海南大学抓住海南建省办特区30周年时习近平总书记亲临海南宣布海南建设自由贸易区（港）、支持海南大学创建世界一流学科这一契机，向学生宣讲自贸港政策、自贸港法治和自贸港前景。海南政法职业学院特别重视利用海南本地红色资源开展党史、国史教育。江西农业大学依托学校特色，将农业发展与科普教育有机结合，打造“基地＋讲师团”“基地＋兴趣小组”两种模式，让广大中小学在农业科普活动中轻松、愉快地提升科技素养和动手能力。新余市渝水区仙来学校开展“美心美行、美美与共”主题活动，以课程改革抓美育，结合学校实际开发出22门“乐活”课程。北京大学组建关心下一代专家委员会“博雅银龄领航团”，定期举办“博雅银龄茶会”，实施“博雅银龄导师”项目，为构建“全员育人、全过程育人、全方位育人”体系作出积极努力。中央民族大学“五老”报告团融入“民族团结进步”教育，依托学校博物馆资源创建关心下一代教育基地，并创建了“引航工程”和“老少共话”品牌教育活动。北京林业大学针对经济特困生连续6年开展“阳光优材”工程项目，坚持“扶贫”更“扶志”、育才更育人、授鱼更授渔的工作理念，95%的学生递交入党申请书，403人次获得“国家奖学金”等奖励或荣誉称号。北京第二外国语学院组织英语和旅游专业的老教授成立双助双服老教授党员先锋队，连续8年开展“贫困地区助教助学专项行动”，培训师生近万人次。

（五）部门间协同联动成效显著

《中国关心下一代工作委员会工作条例》指出，要协同社会各方面力量关心爱护青少年。调研显示，基层关工委通过积极开展部门协作、联动发展，统筹利用科技馆、图书馆、文化馆、博物馆、纪念馆、教育基地等各种资源，不断加强与其他相关工作的融合，基层关工委与部门间协同联动成效显现。一些地方大力推进学校、家庭、社会“三位一体”育人体系，与高校合作建立了“家庭教育研究中心”，促进高校理论研究与基层实践的进一步对接。为了推动“读懂中国”活动顺利开展，一些大学关工委与校党委宣传部、学生工作部（处）、校团委积极配合开展活动。一些单位创新采用“三工合力，三社联动”（“三工”是指关工委老同志、专业社工、义工志愿者；“三社”是指社区、社工、社会组织）青少年服务模式，建立了以社区为平台、社工为核心、社会组织为抓手的“三社联动”机制，实行“社区＋社工”“项目＋服务”“动态＋常态”的社区青少年教育服务模式。

三、教育系统关工委组织力建设面临的问题及原因分析

（一）党委重视程度仍需进一步提高

虽然近年来党委对关工委工作的重视程度逐步提高，但调研发现，还有相当一部分党委领导对关工委的工作重视程度不足，党委重视程度仍待进一步提高。在省级组织的层面，有25%的党委尚未将关工委工作纳入党建工作总体部署。实地调研发现，有的受访者认为部分领导“不知道关工委是干什么的”；有的受访者指出“基层关工委领导大多是兼职，单位工作繁忙，存在对关工委工作的学习不够、对关工委工作的认识不到位、对工作的重视程度不够”等现象。

（二）“五老”队伍青黄不接，后继乏人

“五老”队伍目前存在的主要问题：一是后备力量严重不足，出现了“青黄不接”“后继乏人”的状况。调研显示，省级组织中“五老”人数占离退休总人数的27%，区县组织中这一比例为24%，高校组织中比例为16%，职业院校中比例为15%。实地调研发现，只有15%~20% 左右的老同志能够参加关工委的工作。二是关工委领导班子年龄严重老化、后继乏人，多地关工委领导班子的平均年龄超过75岁，甚至有些地方关工委的主要负责人已达80岁以上高龄。

关工委“五老”队伍建设难度加大，既有客观原因，也有制度原因。一是随着老同志退休后生活方式日益多样化，动员老同志从事关工委工作难度加大。二是相关制度不健全，对老同志生活上照顾不够、精神上关心不够，帮助老同志解决实际困难和问题不够，弘扬他们的先进事迹和崇高精神不够，一些基层对“五老”的经费既没有明确的政策支持，也存在补贴不到位现象。

（三）部分关工委组织未建立工作制度

制定关工委的工作规程是加强关心下一代工作委员会全面建设，推进关工委工作科学化、制度化、规范化的重要举措，是推动基层关工委建设的重要依据。问卷调查显示，177个参加调查单位都制定了关工委工作规程或工作规则，但在队伍建设、培训、宣传、表彰等方面制度建设依然欠缺。在省级层面，25% 的单位党委尚未建立联席会议制度，12.5% 尚未建立会议制度，12.5% 尚未建立培训制度，37.5% 尚未建立“五老”队伍建设制度，12.5% 尚未建立表彰制度。在区县层面，尚未建立培训制度的比例为15.5%，尚未建立交流制度的比例为14.5%，尚未建立表彰制度的比例为18.7%。在高校层面，尚未建立交流制度的比例为24.1%，尚未建立表彰制度的比例为20.3%。在职业院校层面，有44.4% 尚未建立“五老”

队伍建设制度，有22.2%的职业院校尚未建立表彰制度。实地调研发现，很大比例的基层关工委组织甚至还未制定各自的工作规程或工作规则。

（四）关工委秘书处专职人员严重欠缺

关工委秘书处是推动关工委工作的重要机构，秘书处配备专职人员是秘书处高效开展工作的必要保障。问卷调查和实地调研均发现，关工委秘书处专职人员严重欠缺。问卷调查结果显示，因调查问卷的范围有限，省级组织关工委专职秘书长的比例只有50%；区县关工委专职秘书长只有50%；高校关工委专职秘书长的比例更低，只有23%；而职业院校关工委专职秘书长的比例仅有15%。调研反映，秘书处专职人员严重欠缺，主要问题是缺少编制。

（五）部分单位尚未建立二级关工委组织

中国关工委在《关于进一步开展创建五好基层关工委活动的意见》中指出："关心下一代的工作对象和依靠力量在基层，关工委工作的主阵地在基层，工作的生机和活力源泉在基层。"教育部近年来也一直在着力推动基层关工委的建设。目前，相当一部分的单位尚未建立二级关工委组织。问卷调查显示，尚未建立二级关工委组织的单位比例高达11.9%；实地调研发现，有相当比例的单位还没有建立二级关工委组织，有些省的高等院校二级关工委组织建设的覆盖率为零。

（六）关工委领导班子主动作为不够

问卷调查显示，部分关工委领导班子主动作为、创新有为的意识欠缺。受访者对关工委组织力的"创新力"满意度评价较低。其中，省级组织中对"创新力"的评价为"满意"的比例为42.9%；区县组织中对"创新力"的评价为"满意"的比例为50%；高校组织中对"创新力"的评价为"满意"的比例为43.8%；职业院校中对"创新力"的评价为"满意"的比例为55.6%。关工委领导班子主动作为不够，最根本的原因还在于对关心下一代工作的认识不够。一些受访者在问卷中反映，领导班子“不指导关工委的工作”“不能帮助解决关工委工作面临的实际困难”，导致关工委的活动“效果不理想”。其次，老同志难以适应互联网、新媒体环境下关工委的工作，如何结合青年学生的思想动态和心理特征，不断改进和创新关工委工作内容有一定难度。关工委领导班子主动作为不足也与缺乏相关的激励机制有关。

（七）关工委工作经费保障不到位

关工委的工作经费保障不到位，一是关工委的工作经费不足，包括培训经费、调研经费、活动经费等各项经费。省级组织层面中有25%的受访者认为工作经费不能够满足工作要求；区县组织中有29%的受访者认为工作经费不能满足工作要求，还有23%的单位未将关工委工作经费纳入财政预算；高校中有17%的受访者认为工作经费不能满足工作要求，仍有8%的高校和11%的职业院校未将关工委的工作经费纳入财政预算。二是关工委“五老”队伍工作补贴低，而且不规范。问卷调查显示，区县、高校等基层关工委秘书处返聘人员的报酬较低，还达不到一些省市最低工资标准的一半。关工委领导班子的补贴标准过低，有的甚至没有补贴。实地调研中一些受访者反映，一些关工委返聘专职领导的补贴还不够参加活动支付出租车的费用，与同级别退休返聘人员相比，工作补贴太少。

（八）部分单位尚未建立关工委工作激励机制

引导好、发挥好、保护好“五老”的积极性是关工委工作的重要基础。调研发现，“五老”对于组织上给予的认可和鼓励“十分在乎”，觉得“表彰少”“份量轻”，部分单位甚至尚未建立起关工委工作表彰制度。对于在职、专兼职关工委工作人员，尚未将关工委的工作与其正常的评优评先、薪酬提升、职务晋升等挂钩，关工委干部缺乏规范的畅通的职业上升通道。问卷调查显示，有12.5%的省级组织尚未建立表彰制度，有18.7%的区县组织尚未建立表彰制度，尚未建立表彰制度的高校比例为20.3%，有高达22.2% 比例的职业院校尚未建立表彰制度。

四、进一步提升教育系统关工委组织力的思路和建议

（一）提高思想认识，加强党委的重视和支持

党委重视是关工委充分发挥作用的关键。教育系统各级党政领导要从战略高度充分认识加强关工委建设的重要性，切实采取措施，建立健全“党委统一领导、党政齐抓共管”的领导体制，为新时代关心下一代事业的发展提供组织保障。一是同级党政领导担任关工委领导职务，由党委指定专人分管，切实加强党对关心下一代工作的领导。二是把关工委工作作为党政工作的组成部分，列入党委和政府的重要议事日程，列入年度工作计划和绩效目标，列为老干部工作的重要任务，纳入各级党组织党建考核范围。三是建立由党委领导同志主持的关心下一代工作联席会议制度，定期听取工作汇报和研究工作，参加关工委重要会议和活动，帮助解决关工委工作中的困难和问题，推动关心下一代工作深入发展。四是成立由相关部门组成的关心下一代工作委员会，促使各有关部门真正发挥作用，整合各方面资源，形成关心下一代工作的合力。五是党委加强关工委工作的宣传力度，提高社会对关工委工作的认识和各级党委、政府对关工委工作的重视。

（二）提前长远布局，着力充实“五老”队伍

“五老”是关工委工作的主体，必须下力气抓好“五老”队伍建设这项关键性工程，重点解决好新老交替、队伍壮大和优化问题，努力建设一支素质优良、人数众多、覆盖面广、结构合理的“五老”队伍。一是完善“五老”队伍的选任机制，制定班子建设和队伍发展规划，配好班子主要

领导同志，及时调整领导班子，选配符合条件的低龄老同志充实领导班子。二是宣传和弘扬“五老”精神。充分挖掘典型事迹，评选先进集体和先进个人，将这些内容作为开展青少年教育最直接、最鲜活、最有说服力的优秀教材，增强“五老”的荣誉感、使命感、成就感、归属感。三是优化关工委成员的年龄结构，不断为各级关工委领导班子注入新鲜血液。四是进一步优化教育系统“五老”队伍的来源结构，适当吸收其他政府部门、企业、社会组织的志愿者，丰富和充实教育系统“五老”队伍。五是搭建适合“五老”的工作平台，为“五老”参与关心下一代工作提供保障。六是积极开展“五老”需要的理论学习、实践考察、总结交流等，不断提高“五老”队伍的综合素质和工作能力。

（三）完善工作制度，长效保障工作健康运行

各级党委要认真贯彻新时代党的建设总要求，不断完善党委统一领导、党政齐抓共管、关工委主动作为、有关部门积极配合、社会各界广泛参与的关心下一代工作机制。一是各级关工委要结合实际强化贯彻落实，制定和完善教育系统关心下一代工作委员会的规程和细则。二是大力推进关工委工作的科学化、制度化、规范化，进一步建立健全会议制度、考核制度、表彰制度、宣传制度、学习制度、调研制度、培训制度、财务管理制度、秘书处工作制度、微信公众号管理制度等，保证关工委工作健康有序进行。三是建立支持关工委工作的沟通机制，有关重要文件、会议精神和工作要求及时向关工委传达、通报，涉及全局性的工作会议和有关德育、思想政治工作、学生党建等专题性会议邀请关工委负责同志参加。四是为关工委开展工作提供必要的办公条件和经费支持，将关工委的工作经费纳入同级财政年度预算，由财政全额拨付。工作经费主要包括关工委领导班子和老同志的工作补贴、关工委开展各项活动的工作经费等。关工委领导班子和“五老”的工作补贴标准，可参照本单位返聘人员相关规定执行。

五是结合实际，设立“重视支持关工委工作的好领导”奖项，开展“关心支持关工委工作的好领导”评选表彰活动，通过榜样示范作用，带动更多各级领导重视支持关工委工作。

（四）加强资源配置，配齐秘书处专兼职人员

各级关工委要进一步加强各级关工委日常办事机构建设，保障关工委日常工作的有效、高质量运行。一是健全机构设置，选好配好秘书长。省、市、县级教育部门和高校关工委应设日常办事机构，秘书处隶属于党委老干部部门，选配服务意识强、热心关工委工作、有一定能力和水平的同志担任秘书长，可实行双秘书长制度，由在职年轻干部和再聘老同志同时担任。二是落实事业编制，加强人员配置。各地党委要给予秘书处一定数量的事业编制，秘书处事业编制不够的，各地党委要增加专门经费购买社会服务。秘书处设至少一人的专职岗位，应设置2~3名编制，并配置一定的专兼职再聘老同志，根据需要可以聘用在校大学生作为秘书处助理人员。三是加强秘书处规范化、制度化和作风建设，推动干部的培养交流使用，打造一支高素质的关工委秘书处干部队伍。四是落实工作人员待遇。对秘书处在职干部，要与其他部门干部一样纳入党和政府后备干部晋升、培养序列，对秘书处返聘人员，要与本单位其他部门返聘人员一样按照规定享受同等待遇。

（五）夯实发展基础，健全二级关工委组织

新时代关工委的组织建设要坚持重心下移，健全基层组织，充实基层力量，切实把工作重心放在基层基础工作上。一是“党建带关建”全面推动基层关工委的组织建设，实现二级关工委组织全覆盖。高校院系二级部门、中小学都应当建立关工委组织，实现各级各类学校全覆盖，形成覆盖全国、遍布城乡的教育系统关工委基层组织工作网络。二是大力加强基层关工委组织的制度建设和条件保障，保障二级关工委工作的稳定性、长期

性、常态化。二级关工委组织要着力加强制度建设，形成“党建带关建”机制，提高制度化、规范化水平，改善场地、人员、经费等办公条件，保障基层工作健康有序进行。三是提质增效，更好地发挥二级关工委组织的作用。进一步加强工作平台建设，打造工作品牌，开展“五好基层关工委”创建活动，大力总结推广基层先进经验和先进典型，推动基层关工委工作不断提升工作水平。

（六）坚持主动作为，提升关工委工作组织力

教育系统关工委要坚持“围绕中心、配合补充，因地制宜、量力而行，立足基层、注重实效”①的工作方针，推动形成党委政府统一领导、相关部门协调配合、全社会共同参与的关心下一代工作格局。一是主动争取本单位领导的重视和支持，定期向党政领导汇报工作，重大问题要及时请示汇报，积极配合和参与本级党政工作，认真落实党政领导提出的工作任务和要求。二是主动协调、积极配合党政部门和群团组织开展工作，加强与其他部门和组织的协同合作，在关心下一代工作中相互支持。三是要主动配合主渠道开展主题教育等工作，积极参与高校思想政治教育、教育教学改革、教学督导评估、青年教师培养培训、大学生心理疏导和社团活动指导等工作，配合中小学校党、团、队基层组织进行思想建设和组织建设，积极参与家庭教育指导和社区青少年教育，形成“立德树人”的合力。四是要坚持活动品牌化、手段信息化的方向，结合地方和学校发展特色，积极打造工作品牌，利用“互联网 +”平台和新媒体技术，丰富活动载体和内容，开展形式多样、生动活泼、青少年喜闻乐见的教育活动，不断提升关工委工作对青少年的引领力和感召力，吸引相关部门和社会资源参与关工委工作。五是主动加强宣传工作，通过工作简报、新媒体等多种形式主

① 注：最新政策文件中，工作方针已改为：围绕中心、配合补充，主动作为、协同创新，立足基层、注重实效。

动向上级单位报送信息，主动联系主流媒体和新媒体，不断提升关工委工作的社会影响力。

参考文献

[1] 中共中央关于制定国民经济和社会发展第十四个五年规划和二〇三五年远景目标的建议 . 中国共产党第十九届中央委员会第五次全体会议 . 人民日报，2020年11月04日 .

[2] 党的十九大报告辅导读本 [M]. 北京 ：人民出版社，2017.

[3] 顾秀莲 . 在社会治理创新中充分发挥关工委的独特作用 [J]. 社会治理，2015（3）：5–12.

[4] 中共教育部党组关于加强全国教育系统关心下一代工作委员会建设的意见 . 教党〔2009〕20号 .

[5] 教育部关心下一代工作委员会工作规则 . 教育部关心下一代工作委员会，http://www.ggw.edu.cn/zcfg/ggwwj/20130417–725.shtml.

[6] 李卫红 . 在2019年全国教育关工委领导干部培训班上的讲话 . 教育部关心下一代工作委员会，http://www.ggw.edu.cn/zcfg/ldjh/ggwld/20190222–8908.shtml

[7] 徐国华，等 . 管理学 [M]. 北京 ：清华大学出版社，1998.

[8] [美] 安杰洛·基尼奇 , 等 . 组织行为学：概念、技能与实践 [M]. 北京：中国人民大学出版社，2011.

[9] [美] 斯蒂芬·罗宾斯 , 等 . 组织行为学 [M]. 北京 ：中国人民大学出版社，2012.

[10] 王怀明 . 组织行为学 ：理论与应用 [M]. 北京 ：清华大学出版社，2014.

[11] 刘婧 . 对新形势下做好关心下一代工作的几点思考 [J]. 中南林业科技大学学报 (社会科学版)，2010，4（5）：115–118.

[12] 原永堂 . 教育部关心下一代工作委员会的十五年 [J]. 中国德育，2006（8）：30–31.

[13] 陈学军 , 张家莉 . 多元精英理念下的人才观与成才观 [J]. 滁州职业技术学院学报，2015，14（4）：5–7.

[14] 朱玉涛 , 夏鑫 , 翟广运 . 关于新时期加强和改进高校关工委工作的思考 [J]. 中外企业家，2011（8）：123–124.

[15] 围绕立德树人　主动配合中心　推动关工委工作有新发展新作为新贡献——在2019年北京教育系统关工委工作会上的讲话 .

[16] 党务一本通 [M]. 北京 : 红旗出版社，2013.

[17] 李卫红 . 在全国教育系统关工委宣传工作会议上的讲话 . 教育部关心下一代工作委员会，http://www.ggw.edu.cn/zcfg/ldjh/ggwld/20190517-8955.shtml.

[18] 北京教育系统关心下一代工作委员会 . 北京教育系统关心下一代工作委员会工作规程 .

（2021年1月）

课题组负责人：张雪；

课题组成员：韩景阳，李宇明，刘超美，线长久，杨禾，卢思峰，邓兴军，乔永，马维娜，钱伟，刘永武，李峰，韩亚菲，王铭，李晓旭，钟兰芳，邓晖，朱静，刘玮，王宝珊，刘素梅；

报告执笔人：张雪，刘永武，钱伟，韩亚菲，王铭，邓兴军，李峰。

江苏省教育系统关工委课题组

新时期教育系统关工委组织建设创新研究

内容摘要

面对关心下一代工作的新形势、新发展和新要求，进一步健全与完善教育系统关工委的组织架构，推进关工委组织建设改革与创新，成为关心下一代工作值得关注的重要课题。开展新时期教育系统关工委组织建设改革创新研究，必须深入学习贯彻习近平总书记系列重要讲话精神，尤其是做好关心下一代工作的重要指示精神，贯彻落实教育部党组《关于加强全国教育系统关心下一代工作委员会建设的意见》（教党〔2009〕20号）及江苏省教育工委、江苏省教育厅《关于深入贯彻落实教育部党组2009年20号文件的通知》（苏教党〔2010〕51号）要求，立足教育和青少年“两个实际”，抓住机构和队伍“两个关键”，着力提高关工委工作的针对性与实效性，提高关工委工作运行中各部门力量的总体协调水准与合力，推动教育关工委工作在新形势下创新发展、可持续发展，不断提高关工委工作的科学化水平。

关键词

教育系统；关工委；组织建设；创新

组织建设在一个系统的完整架构中处于核心地位。教育系统关工委是教育事业的有机组成部分和重要补充，是一个完整的工作体系，由党政领导重视机制、组织建设机制、工作运行机制、工作保障机制和工作激励机制五大机制构成。其中，组织建设机制为核心。因此，教育系统关工委组织建设机制科学、完善、有效，直接关系到教育系统关工委事业的发展成效。

面对关心下一代工作的新形势、新发展和新要求，进一步健全与完善教育系统关工委的组织架构，推进关工委组织建设创新，是关工委的重要任务。研究新时代教育系统关工委组织建设创新，旨在深入学习贯彻习近平总书记做好关心下一代工作的重要指示，立足立德树人，抓住机构和队伍两个关键，不断提高关工委工作科学化水平，推动关工委工作创新发展。

一、教育系统关工委组织建设的现实背景与重要意义

加强组织建设，推进组织建设的不断创新，是教育系统关工委工作的基础与保障，更是与时俱进、不断提高针对性与实效性的关键所在。

（一）教育系统关工委工作面临的新形势、新问题

在新的起点上，把习近平总书记对关心下一代工作的重要指示落实到关工委工作的实践中去，必须认真研究、解决关工委组织建设面临的新情况、新问题、新要求，充分认识国内外形势的新变化、教育改革发展的新情况、学生成长成才的新特点。

1. 教育系统关工委面临新形势

当今世界正处在大发展大变革大调整时期，全球思想文化交流交融交锋呈现新特点，以互联网为代表的新兴媒体，已经成为各种社会思潮与利益诉求的集散地；我国改革开放不断深化，发展呈现一系列新的阶段性特

征，出现一系列新情况新问题；国家实施“科教兴国”“人才强国”战略，从教育大国向教育强国迈进，从人力资源大国向人力资源强国迈进。这些新情况必然会反映到青少年中。如何配合学校主渠道做好思想政治教育工作，增强青年鉴别大是大非的能力，树立坚定的中国特色社会主义共同理想，是一项重大而艰巨的战略任务，对关工委工作提出了新的更高要求。

2. 教育系统关工委队伍后继乏人

关工委队伍老化、后继乏人的问题比较突出。关工委骨干队伍补充力量不足，特别是关工委常务副主任充实比较困难，队伍中老教师、老专家比较少，整个队伍数量偏少。关工委队伍的年龄结构、知识结构也有待进一步加强。工作队伍需要不断更新补充力量，需要加强学习与提高素质，教育系统关工委工作队伍建设遇到一系列新问题。

3. 服务对象发生显著变化

面对价值多元、信息裂变、新生代成长、新媒体崛起的时代变化，当下的青少年成了网上长大的一代，价值判断、行为习惯、心理性格等都呈现出很多新的特点。信息技术高度发达，正面和负面的海量信息包围了每一个人，对青少年来说是一个巨大的考验。关心下一代工作要受到青少年学生的欢迎，对青少年学生有真正的帮助，关工委首先必须研究如何适应新形势、新对象的需求。

（二）推进教育系统关工委组织建设创新的意义深远

在新形势下，推进教育系统关工委组织建设创新，具有重要而深远的意义。

1. 推进关工委组织建设创新，是落实习近平总书记重要指示精神的重大举措

当前，关心下一代事业正面临最好的发展时期，习近平总书记对关心下一代工作提出了殷切期望，为关心下一代工作发展指明了新的方向。只

有大力推进关工委组织建设创新，才能不断提高教育系统关工委组织的影响力，才能为青少年学生提供精准优质的服务，才能更好地担负起“团结教育广大青少年听党话、跟党走”这一光荣而艰巨的历史使命。

2. 推进关工委组织建设创新，是应对国际国内新形势的必然选择

当前，国际敌对势力与我们争夺接班人的斗争十分尖锐复杂；国内一些领域道德失范、价值观扭曲等不良现象也不断污染着青少年健康成长的环境。特别是“互联网+”时代的到来，给青少年教育带来了新课题。关工委只有与时俱进，推进组织建设创新，才能适应国际和国内新形势的新需求，才能有效破解关心下一代工作的新难题，才能有所突破，不断前进。

3. 推进关工委组织建设创新，是保证关心下一代工作与时俱进的必由之路

组织建设成效源自关工委的工作基础与核心，既是关工委总体工作的传承，积淀着多年建设的体会、经验、思考和成效，也是关工委总体工作的突破，蕴含着科学发展的新理念、新目标、新任务。推进教育系统关工委组织建设创新，有利于克服目前工作中尚存的短板和瓶颈，有利于巩固提高关工委建设的工作成果，是新时期关工委建设的必由之路。

4. 推进关工委组织建设创新，是加强关工委自身建设的迫切需要

目前，关工委队伍建设面临的阶段性瓶颈，加上“互联网+”带来的变化，使得关工委的发展面临诸多新课题。能否创新自身建设路径，关系到能否与时俱进、保持较快发展态势。因此，要实现转型发展，必须壮大优化关工委队伍，提高服务青少年能力，而组织建设创新是关工委队伍建设的核心要素。

因此，面对新形势、新任务，教育系统关工委必须增强紧迫感、责任感，增强机遇意识，进一步解放思想，在新一轮发展中抢占制高点，把握主动权，在新的起点上坚持质量为先、内涵为要，推进组织建设创新，推

进习近平总书记重要指示在江苏教育系统关工委落地生根。

二、江苏教育系统关工委组织建设的实践总结

加强组织建设，是组织建设的重要保障，是确保江苏教育系统关工委发展成效的重要基础。

（一）江苏教育系统关工委组织建设的特色分析

江苏教育系统关工委的组织建设始终遵循关心下一代事业的内在发展规律，在各个不同的发展阶段，结合当时的全局发展形势和需要，提出组织建设的任务和目标，解决不同阶段组织建设的突出问题，为推动关工委事业不断发展而提高组织化程度。

1. 着力抓好组织机构的全覆盖

适时提出了“组织机构全覆盖”新的组织建设任务，即：每一个独立法人单位都必须建立关工委，实现全省教育系统关工委组织建设全覆盖，强化关工委组织机构建设。在这一阶段，全省普教系统每所独立设置的中小学、全省高等学校及二级院系都建立了关工委。

2. 着力抓好长效机制的建立健全

在基本实现全省教育系统关工委组织机构全覆盖之后，长效机制的建立健全就成为必然的选择。党政领导重视机制、组织建设机制、工作运行机制、工作保障机制和工作激励机制等五大长效机制的建立，明确了工作要求为实现“六有”（有班子，有队伍，有制度，有经费，有特色，有专用办公室）；建立了评估制度，将考评结果作为单位年度总结内容；完善了奖励制度，强化建设氛围；保证了工作经费，提供必要条件和经费保障；完善了工作规则，为关心下一代工作的制度化、规范化打下了基础。由此，进一步提高了江苏教育系统关工委党政领导力度、组织化程度和工

作层次。

3. 着力抓好常态化建设

常态化建设是江苏教育系统关工委的工作创新。其核心内涵就是，切实把关工委工作纳入党政工作运行轨道，融入日常工作之中；切实把关工委工作与其他工作一起部署检查，一起总结考核，实现常态化。为关工委开展工作创造良好社会舆论环境。完善以领导班子建设为主要内容的组织建设机制，是常态化建设的组织保证。进一步提升了关工委的亲和力、凝聚力、战斗力和行动力。

4. 着力抓好常态化巩固提高

“巩固”，即常态化建设考核合格的关工委，不能止步不前，要继续前进；尚存的“短腿”要在巩固中“长起来”，“软腿”要在巩固中“硬起来”。“提高”，即常态化考核合格的关工委，在今后工作中要有新认识举措、新发展亮点。

（二）组织建设过程中激励机制的平台支撑

组织建设机制是常态化建设的重要内容，在抓常态化建设的过程中，江苏省教育系统关工委充分利用激励机制助推常态化建设深入开展的同时，促进了组织建设水平提高。

1. 设立常态化巩固提高奖

表彰奖励在加强关工委基层建设中，充分发挥现职党政领导主导作用、离退休老同志主体作用、日常工作团队关键作用、在职委员助力作用以及在关工委特色品牌建设等方面，采取有力措施并取得显著成效的普教系统关工委和高等学校关工委。

2. 设立优秀工作团队奖

表彰全面符合关工委优秀工作团队基本要求，在全省教育系统关工委中具有先进示范作用的普教系统关工委和高等学校关工委的工作团队，推动组织机构建设的高水平运行。

（三）江苏教育系统关工委组织建设的基本经验

1. 党政领导重视支持，是关工委组织机构建设长期加强建设的重要保证。

2. 正确把握关心下一代事业发展规律，明确各阶段组织建设任务和目标，高效实现建设目标，是组织建设工作得以向前推进的基本工作方法。

3. 制定紧扣实际的政策文件，指导关工委各项工作规范开展，是组织建设水平得以不断提高的政策支撑。

4. 赢得在职党政领导重视，加强关工委班子建设，实现即时调整补充班子成员，是关工委保持良好工作状态的关键。

5. 抓好关工委领导班子和骨干队伍培训，加强“四型”关工委建设要提高亲和力、凝聚力、感召力和执行力，是关工委组织建设的不懈追求。

三、教育系统关工委组织建设的机制架构与政策引领

教育系统关工委组织机构建设与教育系统关心下一代事业的发展进程相一致。每个发展阶段，关工委组织建设都得到了各级党政的正确领导和政策支持，加强长效机制建设，加强政策引领。

2009年江苏省教育厅联合江苏省财政厅印发了《江苏省教育厅江苏省财政厅关于进一步完善教育系统关心下一代工作长效机制的通知》（简称51号文），对“五大机制”为主要内容的长效机制有效实施，对常态化建设打下了坚实的基础，发挥了重要作用。

（一）政策在领导机构建设中起引领作用

领导机构建设是关工委建设的关键。51号文为各级教育关工委的领导班子建设指明方向；对党政领导发挥好主导作用，明确要求；对老同志发

挥好主体作用，加以指导；还对党政领导把关工委工作纳入党政工作，融入日常工作，实现常态化，作出具体安排。这些政策要求是江苏省教育关工委推动常态化建设的根据，也是常态化建设的核心要义。

（二）政策在工作运行机制建立中起引领作用

关工委工作运行机制分为领导核心建设、办事机构建设和骨干队伍建设。51号文对此都作出明确要求，基层单位需设日常办事机构；组织引导老同志参加关心下一代工作；搭建适合发挥老同志优势的工作平台；各驻会老同志发放工作补贴；对成绩突出的老同志给予表扬奖励。

综上所述，教育关工委组织机构建设中，政策引领支撑对于指引事业发展、整合系统资源、强化运行规范、提高工作水平，至关重要。

四、推进教育系统关工委组织建设创新的举措与建议

教育系统关工委组织建设事关全局，是一项打基础、利长远的关键工作。只有不断创新，才能适应时代发展、适应学生需求，才能保持持久的生命力。组织建设创新比关工委工作系统工程中的单项工作创新更为重要。应在总结经验基础上，针对教育系统关工委组织建设亟须加强的环节，提出对策措施与政策建议。

（一）举措之一：加强教育系统关工委组织建设创新的领导与支持，领导认识必须到位

教育系统关工委组织工作创新要列入各级党政工作议程。各级党政明确提出关工委组织创新工作任务。关工委日常工作的负责人应主动向党政领导汇报上级关工委有关文件精神及组织创新的具体思考，积极争取党政领导班子加强对关工委组织创新工作的有力领导和持续支持。

1. 增强工作认识的高度

深入学习贯彻习近平总书记关于做好关心下一代工作的重要指示精神和关工委工作的系列文件，使各级领导干部进一步明确关心下一代工作的重要意义。在职领导尤其是党政主要负责人，要有“做好关心下一代工作，关系中华民族伟大复兴”的新认识；有“坚持服务青少年的正确方向”的新目标；有“抓好关心下一代工作长效机制，深入推进关工委工作常态化建设”的新理解，切实加强对关工委工作的领导，发挥好“提出工作任务”的主导作用，承担起崇高的时代责任，发挥工作的积极性和主动性。

2. 增强融合发展的深度

贯彻落实“围绕中心、配合补充，因地制宜、量力而行，立足基层、注重实效”的工作方针，以融合发展推进关工委工作。切实把关工委工作纳入党政工作运行轨道，融入日常工作中，实现常态化，坚持融合发展的工作理念，把关工委工作列入教育发展“十三五”规划和人才培养的指标体系，和学校的中心工作紧密结合。把关心下一代工作与党政工作相融合，同计划、同部署、同推进、同检查、同考核；与老干部工作相融合，在做好离退休工作的基础上，鼓励广大老同志参与关工委工作，不断壮大关工委工作队伍；与“三全育人”工作相融合，在学生的教育管理中充分发挥老同志的工作优势。

3. 增强制度保障的力度

教育系统关工委是党委领导的工作机构，教育系统关工委工作条例应当在党委领导下制定，由党委通过并下发执行。各单位关心下一代工作委员会原有工作条例时隔多年，需要根据形势变化及时修改，与时俱进。通过教育系统关工委工作的制度化，来保证今后关工委组织创新工作更加规范有序、科学有效。修改的依据是上级关工委的“条例”和有关文件精神。

各级领导对关心下一代工作的重视是做好教育系统关工委工作的前提。新常态下的领导重视要落实在增强认识的高度、融合的深度、保障的力度上。

（二）举措之二：加强教育系统关工委组织机构建设，必须从基层抓起

领导重视班子建设与组织机构建设，切实发挥党政领导主动领导、主动指导、主动引导、主动协调的主导作用，使党政领导成为凝聚关工委离退休老同志的核心，形成完善的关工委工作网络体系。

1. 加强关工委领导班子建设

在党委领导下，建立统筹协调机制。党政应有分管领导兼任关工委主任或副主任，有关部门负责人参加关工委领导班子，协调与相关部门间的分工、联动、合作，克服老干部工作部门或关工委“单打一”局面。关工委要主动向党政领导、上级领导汇报，主动与相关部门沟通，主动提出建议，主动发挥配合补充作用，与教育德育主渠道相衔接，符合并满足一线工作需要。

2. 加强基层关工委组织建设

依靠上级党委领导推动基层党组织领导重视两级关工委工作。面上开展创“五好”、创“四型”关工委活动，使基层关工委明确目的，了解内容，对照要求，找出差距，制订措施，逐步改变目前发展不均衡、部分两级关工委形同虚设的状况。通过创建活动，促进关心下一代工作制度化、规范化、科学化，从而建立长效机制。

3. 加强关工委工作品牌建设

根据实际需要逐年加大关心下一代工作的经费投入和条件保障，促进基层教育系统关工委优化机制，创建工作品牌。建立学生与青年教职工的需求菜单、老同志的资源菜单、社会资源的共享菜单（含杰出校友）等三个菜单，整合资源，实现教育资源的共有共享。发挥基层教育系统关工委工作优势，及时总结工作特色，加强经验交流和工作互动，推进关工委工

作品牌建设。

（三）举措之三：教育系统关工委组织建设有效运行，工作机制必须健全

保证工作条件落实是关工委工作有效运行的前提条件，创新工作方式是关工委工作永葆生命力的法宝。不断完善工作制度，不断拓展工作渠道。

1. 落实工作条件保障机制

党委行政重视、支持，承认关工委工作的价值，合力保障关工委工作必要的经费与办公条件。经费可在德育经费中单列关工委经费专项，并随德育经费增长而适当增长。经费的数额可参照本地区、本单位学生数量的一定标准确定。关工委经费主要用于日常办公、宣讲活动、干部培训、课题研究、调研考察、学习资料以及对工作人员的补贴等。

2. 落实领导主导责任机制

落实“同级党政领导担任关工委领导职务，把关工委工作列入议事日程和工作计划”等文件精神。各级领导带头学习文件精神，进一步明确关工委“以离退休老同志为主体、有在职同志参加的工作机构。以现职领导为主导，提出工作任务，以老同志为工作主体，开展工作”。广泛宣传文件精神，增加对关心下一代工作的知晓度和参与度。

3. 落实政策调研与完善机制

要针对教育系统关工委工作新形势下面临的新情况、新问题和新要求，组织关工委工作课题研究，加强调查研究与理论研究，及时总结、提炼基层新鲜经验，解决重点难点问题，提高工作的针对性和实效性，配合主渠道教育，不断创新青少年学生与青年教师教育的内容和形式，改进教育方法，与时代同步，与青年同心，不断提升育人实效。重视调研成果的转化应用，及时完善政策，推动关工委工作不断创新提高。

（四）举措之四：教育系统关工委加强自身建设，骨干队伍必须保证

积极营造良好的舆论氛围，着力解决新形势下关工委工作队伍后继乏人问题，不断更新补充关工委核心和骨干力量，加强队伍学习培训，建设一支乐于奉献、有较高思想水平、精干低龄的关心下一代工作骨干队伍。

1. 加大工作宣传力度

开展关工委先进集体、先进个人事迹的宣传，向社会宣传老同志的好思想、好作风和无私奉献的精神，宣传老同志从事学生德育工作获得的乐趣和成就感，营造关心下一代事业发展的良好的舆论和社会环境。

2. 加大队伍动态补充

解决队伍后继乏人问题，要着力研究影响关工委工作队伍建设的若干因素。要着力把适合和可能参加到关心下一代活动的低龄老同志动员起来，充实到各级关工委组织，吸收到骨干队伍中来。一般以年龄75岁以下、有副高以上职称和曾担任副处以上职务的离退休教师、干部为宜。

3. 加大人员学习培训

为参与关工委工作的老同志学习和了解社会实际创造条件，组织专家讲座、研讨交流、参观考察等，办好形势报告会和情况通报会，举办关工委骨干培训班。建立市、区和高校的二级培训机制，扩大对各级关工委工作者培训的覆盖面，提高各级关工委队伍工作能力和水平，实现老少“双收益、双提高、双发展”。

（五）举措之五：进一步发挥老同志优势与作用，引导激励必须有力

关工委工作要有增强动力的激励机制，也需有导向与制约的评估考核机制。把握关工委工作的目标与任务，组织离退休老同志扬长避短，量力而为。以考核为抓手，切实发挥并稳步不断提高老同志在配合补充德育主渠道方面的不可替代作用。

1. 坚持有所为有所不为的工作原则

关工委工作的作用受限于“配合辅助”“量力而为”，关工委工作的价值在于在一定范围内发挥不可替代的作用。关工委组织目标定位必须扬长避短，因地因时因人制宜，有所为有所不为，务求工作实效，提高工作水平。

2. 坚持定期激励表彰的工作原则

对关心下一代工作先进个人和先进集体进行隆重的表彰奖励，使受表彰的同志增强老有所为的成就感、荣誉感和自豪感，充分肯定关工委工作的意义与价值，激发老同志热爱青年学生的感情，进一步调动老同志的积极性。

3. 坚持推进评估试点的工作原则

全面认识关工委工作评估机制建设。关工委作为工作机构，应有实现和衡量价值与作用的工作标准和评估方式，应注重实效的目标管理原则。同时，老同志参加关工委工作是志愿奉献、量力而为的，因此关工委的评估要兼顾适应志愿者和老年人的特点。认真借鉴“四型”和“五好”关工委的创建经验。

（2020年12月）

课题组负责人：葛高林；

课题组成员：王煌，张志民，李坤，崔定友，都秀谷，曹国平，王世宗。

华南理工大学关工委课题组

高校关工委“五老”动员与管理机制的实证研究

内容摘要

本研究基于对101名高校关工委“五老”和20所高校关工委的调查，发现高校关工委“五老”具有思想觉悟高、文化水平高、学术或管理水平高等优势，表现出持续工作的热情与愿望，其参与动机以发挥余热、履行社会责任为主；身体健康状况、职称或职务、关工委工作平台评价、信息共享与交流需求等因素对“五老”是否会继续参与关工委工作有显著性影响。调查还发现，高校关工委基本上形成了“领导重视，校院协同，组织动员和个人推荐有机结合”的“五老”动员机制，以及“工作上有支持、业务上有指导、待遇上有保障、激励上给荣誉”的“五老”管理机制，但也面临“五老”队伍年龄结构偏大、知识结构更新与时代发展有差距、与在职领导沟通协调有待加强等问题。因此提出要从建立健全机制、创新工作平台、加强学习培训和加大宣传等方面加强“五老”动员和管理。

关键词

高校关工委；“五老”；动员；机制

在纪念中国关工委成立30周年暨全国关心下一代工作表彰大会召开之际，习近平总书记作出重要指示，指出广大“五老”是党和国家的宝贵财富，是加强青少年思想政治工作的重要力量。各级党委和政府要加强对关心下一代工作的领导，支持更多老同志参加关心下一代工作，使广大“五老”在关心下一代的广阔舞台上老有所为、发光发热，为培养社会主义建设者和接班人作出新的更大贡献。离退休老同志是高校关工委工作的主体，他们拥有更高的学历和职称，长期从事教学科研和党政管理工作，经历和参与了国家的建设和发展，积累了丰富的经验，具有不可替代的政治优势、经验优势和威望优势。如何动员更多的老同志参与关工委工作，发挥好他们的作用，是新时代做好关心下一代工作的现实要求和重要内容。

一、政策回顾与研究综述

我们党和国家一直尊重“五老”、爱护“五老”、学习“五老”，重视发挥“五老”作用。自1982年建立老干部退休制度以来，有关老干部工作或离退休干部工作的文件[①~③]都会提到要支持和帮助离退休人员继续发挥作用，可以从中归纳出三个突出特点：一是关心教育青少年一直是“五老”发挥作用的重要方面。二是坚持“自愿和量力而为、社会需求和个人志趣相结合”的“五老”发挥作用的原则和奉献精神，这也与关工委24字工作方针是一致的。三是对支持和加强“五老”队伍建设的要求日益清晰，政策导向更加明确，始终强调各级党组织和政府部门的领导。

目前国内关于高校关工委的研究越来越多。杜松、吴国建分析了高校基层关工委队伍建设中存在的问题，认为只有打造一支精干的高校基层关

① 中共广东省委老干部局，编．老干部工作文件选编1978工作文件选，1993年12月．

② 中共广东省委老干部局，编．老干部工作文件选编1994工作文件选，2000年8月．

③ 中共广东省委老干部局，编．老干部工作文件选编2000工作文件选，2012年9月．

工委队伍，制定和实施相应的规章制度，协调好与二级学院的关系，不断创新工作方法，才能建设好高校基层关工委队伍。[①]刘天池基于对A市关工委“五老”期望和现有激励措施的调查，提出了给予“五老”价值实现激励、个人发展激励、工作满足激励、情感沟通激励、物质保障激励、差异化激励等具体措施。[②]其他关于关工委“五老”的研究，主要涵盖在对关工委的自身建设研究中。吴蓉蓉指出，参与关工委的老同志人员少，可投入精力有限，退休老同志符合关工委工作要求的人数少。[③]朱玉涛等人则认为，高校退休人员增多，老同志人员知识结构、年龄结构都发生了变化，对高校关工委组织来说是有利的。[④]张珺等人从做好相关宣传工作、组织关工委成员加强学习、发挥工作团队力量、增强关工委老同志与在职同志的协调配合等方面对加强关工委队伍建设提出了建议。[⑤]张国梁指出要探索建管用机制，通过“党建带关建”、构建“四给机制”、强化“三制管理”，不断发展壮大“五老”队伍。[⑥]少数学者还对互联网时代“五老”面临的挑战和机会进行了研究。高燕认为，某些老同志对互联网存在抵触情绪，与每天从互联网上接收大量信息的大学生之间存在代沟。[⑦]刘金英

---

① 杜松，吴国建．关于高校基层关工委队伍建设的思考[J]. 当代教育实践与教学研究，2016（9）：242–243.

② 刘天池.A市关工委五老期望及激励研究[D]. 西南交通大学硕士学位论文，2015年5月.

③ 吴蓉蓉．二级关工委工作的实践与探索[J]. 济南职业学院学报，2017（3）：25–27+30.

④ 朱玉涛，夏鑫，翟广运．关于新时期加强和改进高校关工委工作的思考[J]. 中外企业家，2011（4下）：123–124.

⑤ 张珺，周明亮．加强高职院校关工委自身建设的思考与实践[J]. 科教文汇，2015（1）：144–145.

⑥ 张国梁．坚持党建引领 强化机制驱动 有效提升基层关工委组织建设水平[J]. 中国火炬，2018（7）：9.

⑦ 高燕．网络舆情环境下高校关工委工作面临的挑战及应对措施[J]. 环球人文地理，2014（2）：168–169.

则对“互联网 +”背景下老同志开展思想政治教育工作提供了新的思路。①

可以发现，上述研究主要集中在两个方面：一是高校关工委发挥作用的途径和机制，二是高校关工委及其二级关工委自身建设的思考与实践研究，而以关工委“五老”或工作队伍为研究对象的研究则很少。主要是泛泛讨论加强队伍建设的意义、问题和举措，缺少实证研究。

本研究将对高校关工委“五老”队伍现状进行调查分析，并对动员和管理“五老”队伍面临的困难及解决举措等方面进行探索，有助于补充相关研究内容与实证资料，并为高校关工委加强“五老”队伍建设提供思路与实践指导。

二、高校关工委“五老”的基本情况

“五老”一般指老干部、老战士、老专家、老教师、老模范，高校关工委“五老”主要包括离退休的老干部、老专家、老教师等。

本研究是一个描述—探索性质的研究，调查对象是华南理工大学关工委“五老”。华南理工大学是教育部直属高校之一，现有离退休老同志3300多人，自1992年成立关工委以来，一直重视“五老”队伍建设，通过搭建平台、成立工作组的形式把校、院两级骨干组织起来。现有校级7个平台、院级11类74个工作组，近千名老同志参与，其中骨干队伍500多人，形成了“在加强队伍建设中活跃工作、在活跃工作中加强队伍建设”的良好局面，但也面临骨干老化、较难动员新退休老同志参与等问题。选择华南理工大学关工委“五老”为调查对象，具有一定的代表性，对了解“五老”队伍基本情况有现实意义，可以为其他高校提供参考。

① 刘金英.“互联网 +”背景下关工委融入思政教育路径探究 [J]. 长江丛刊,2019(14):187–188.

此次调查采取匿名方式，通过组织化动员，同时发放纸质版问卷和问卷星进行数据收集，共收回102份问卷，其中1份缺失值较多，因此有效问卷为101份，最后用 SPSS 20.0进行数据处理和分析。同时，本研究还通过问卷调查和实地走访收集了20所教育部直属高校关工委“五老”队伍建设的经验举措等数据。

（一）高校关工委“五老”的特点

在此次调查的“五老”中，从年龄来看，70~79岁之间的中龄老人占到49.5%，是参与关工委工作的主要群体。这可能是因为：比起低龄老人[①]，中龄老人照顾孙辈的需求，或是以返聘等方式继续参与社会工作的可能性减少；但比起高龄老人，他们的身体素质相对更好，工作能力相对更强。政治面貌方面，党员占到80.2%；受教育程度方面，高校关工委“五老”的学历普遍较高，92%都是大学学历以上，其中研究生以上学历占到16.9%；职称或职务方面，拥有高级职称的占68.3%，处级以上干部占21.8%。

由此可看出，高校关工委“五老”以中龄老年人为主，具有觉悟高、学历高、学术或管理水平高等优势，这些特点有助于他们在培育关爱下一代中发挥积极的作用。

（二）高校关工委“五老”的参与情况

1. 参与时长

根据调查结果，“五老”参与关工委工作的时间普遍较长，6年及以上的达63.4%，其中，10年以上的达28.7%。而且，82.2%的“五老”表示会继续参与关工委工作，说明绝大多数高校关工委“五老”有持续工作的热情和愿望。

2. 参与动机

动机是由目标或对象引导、激发和维持个体活动的一种内在心理过程

---

① 根据吴忠观主编的《人口科学辞典》一书，低龄老人泛指年龄在60~69岁之间的老人；中龄老人泛指年龄在70~79岁之间的老人；高龄老人泛指年龄在80岁及以上的老人。

或内部动力。[①]有研究认为老年志愿者的参与动机表现为“复合多元性特征”[②]，也有研究指出，“满足社会需求”和“自我价值的再次实现”是老年知识分子参与社会的主要目的[③~⑤]。本研究参考了杜鹏等[⑥]在研究社区老年志愿者中提出的最初参与动机和继续参与动机，以了解“五老”受何种因素的影响开始关注、接触并参与关工委的工作，以及受何种因素的影响持续不断地参与关心下一代工作。

数据显示，发挥余热、履行社会责任是“五老”参与和坚持的最重要目的。不论是初次参与动机还是继续参与动机，继续为社会、为学校做贡献都是高校关工委“五老”的最主要动机，分别占到83.2%、84.3%。此外，初次参与动机还包括外在力量的影响（响应组织号召、已参加关工委工作“五老”的鼓舞）、与社会保持联系的需要（充实离退休生活、学习新知识和技能、结识朋友），见图1。这在一定程度上印证了活动理论（Activity Theory）的观点：老年人应该积极地参与社会，通过新的参与、新的角色以改善他们因社会角色中断所引发的情绪低落，把自身与社会的距离缩小到最低限度。仅有2.0%的“五老”选择了能得到一定的奖励或报酬，说明“五老”并不是基于物质报酬而参与关工委工作。

与初次参与动机不同的是，继续参与动机除了继续发挥余热外，“认为关工委工作是很有意义的工作”和“能够发挥我的作用，让我感到自己

---

① 彭聃龄．普通心理学[M]. 北京：北京师范大学出版社，2004.

② 李芹．城市社区老年志愿服务研究——以济南为例[J]. 社会科学，2010（6）：72-79.

③ 左伟，吕立国．高校退休教师社会参与的调查研究[J]. 吉林师范大学学报（人文社会科学版），2008（3）：82-84.

④ 赵宝爱．论高校退休教师的社会参与问题——以慈善为视角[J]. 山东教育学院学报，2008（4）：102-106.

⑤ 蔡树立．使老年知识分子积极参与社会发展浅析[J]. 中南民族大学学报（人文社会科学版），2004（S2）：202-203.

⑥ 杜鹏，谢立黎，李亚娟．如何扩大老年志愿服务？——基于北京朝外街道的实证研究[J]. 人口与发展，2015（1）：89-95.

的价值”是影响他们持续参与的重要因素，表现出他们对关工委工作的自觉认同（图2）。因此，在加强关工委队伍建设时，应该注重增强“五老”做好关心下一代工作的认识。

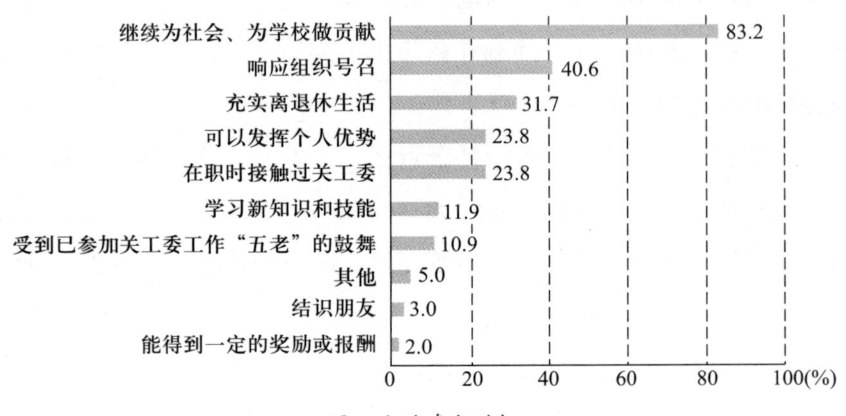

图 1 初次参与动机

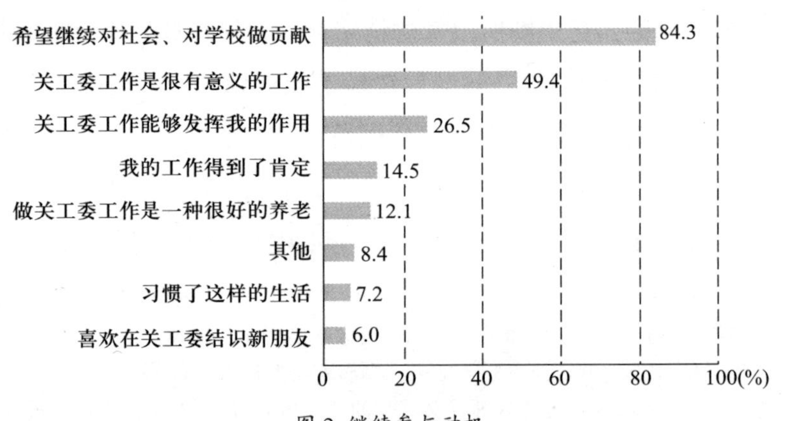

图 2 继续参与动机

（三）高校关工委“五老”的工作需求与评价

1. 工作需求

从表1可以看出，“五老”对适当补贴和舒适的工作环境要求最低，其需求均值分别为1.75和1.88，表现为不强烈；而对更多的人文关怀、信息共享和交流的需求最高，平均值都为2.24，趋向强烈。调查显示，“五老”希望“多点关心，多点尊重”“互相沟通，多交流”“人文关怀，增强凝聚力”等，说明相对于物质报酬，“五老”更加关注信息交流和情感上的满足。

工作激励期待方面，选择“组织游学”占首位（48.5%），其次是“荣誉证书和纪念章”“口头表扬”，而“被推选为关工委有关组织负责人”“奖励金”是选择最少的两项。这也反映出，获得知识、增加交流等是“五老”更突出的需求，而“荣誉证书和纪念章”更多是组织给予的一种荣誉和精神激励，满足了“五老”被尊重、被认可的需求。

表 1 高校关工委“五老”工作需求和评价

	选项	最小值	最大值	平均值	标准差
工作需求	适当补贴	1	4	1.75	0.623
	舒适的工作环境	1	3	1.88	0.621
	更多的尊重和认可（如表彰奖励）	1	3	1.97	0.624
	更多的人文关怀	1	4	2.24	0.750
	更多发挥优势的平台或机会	1	4	2.21	0.668
	信息共享和交流	1	4	2.24	0.723
	创新工作的氛围或举措	1	4	2.20	0.693
对关工委组织的评价	关工委工作环境	2	5	3.68	0.692
	关工委培训	2	5	3.49	0.673
	关工委待遇	2	5	3.37	0.659
	关工委激励	2	5	3.41	0.724
其中，对关工委工作环境的评价	工作场地	2	5	3.61	0.692
	工作平台	2	5	3.72	0.650
	人际关系	3	5	3.86	0.584
	工作制度	2	5	3.75	0.623
	文化氛围	3	5	3.85	0.623

2. 对关工委组织的满意度

“五老”对关工委组织的满意度在某种程度上体现了他们的归属感，换句话说，“五老”的满意度越高，意味着其愿意继续参与工作的可能性越大。

表1显示，“五老”对整体环境、培训、待遇和激励四个方面，以及对工作环境的五个维度（工作场地、工作平台、人际关系、工作制度和文化氛围）的评价均值都在3~4之间，没有人选择“很不满意”，整体上倾向于“满意”。相较而言，对工作平台和工作场地的评价稍微低一点，这也提醒我们可以在工作场地和平台建设上再下功夫，提高“五老”的满意度。

三、高校关工委“五老”继续参与工作的影响因素实证

近年来关于老年人志愿活动的研究日渐活跃，基于关工委工作的自愿与奉献特征，对老年人志愿活动的研究成果对本研究有一定借鉴意义。陈茗、林志婉指出，文化程度、收入水平、社会奉献意识是显著的正向影响因素，而年龄分层的影响作用是负向的。[①]刘燕、纪晓岚调查指出，经济收入对老年人参与志愿活动具有显著正相关影响，文化程度和年龄有一定的弱负相关影响。[②]杜鹏等研究发现，活动组织的条件和老年人自身健康等方面的局限性也较为突出。[③]但目前对老年人参与关工委工作的实证研究较少，这就需要深入探究相关影响因素，从而为高校关工委如何加强

① 陈茗，林志婉．城市老年人参与社会公益活动的意愿及其影响因素[J]．人口学刊，2004（3）：30-34.

② 刘燕，纪晓岚．老年人社会参与影响因素的 Logistic 回归分析——基于311份个案访谈数据[J]．华东理工大学学报（社会科学版），2014（3）：98-104.

③ 杜鹏，谢立黎，李亚娟．如何扩大老年志愿服务？——基于北京朝外街道的实证研究[J]．人口与发展，2015（1）：89-95.

"五老"队伍的建设提供着力方向。

本研究采用二元 Logistic 回归模型对高校"五老"继续参与关工委工作的意愿的影响因素进行分析。分析模型将继续参与关工委工作的意愿作为因变量，"会继续参与"赋值1，"不会继续参与"赋值0。基于已有老年志愿服务的研究成果，围绕参与情况、工作评价与满意度、工作需求等方面设置解释变量，同时将性别、年龄、学历、职业、职称职务、政治面貌、身体状况等人口学特征纳入解释变量（见表2）。最后，运用 SPSS 软件对模型进行估计，使用"逐步筛选"策略建模，具体结果见表3。本模型卡方值17.797，对应的 p 值是0.001，小于10% 的显著性水平，因此可以用线性模型拟合；Nagelkerke R_2值为0.266，明显大于0，说明方程拟合优度较好。

表 2 变量定义及赋值

变量类别		变量名称	变量说明和赋值
因变量		Y 继续参与意愿	会继续 =1；不会继续 =0
解释变量	人口学特征	X_1 性别	男 =1；女 =0
解释变量	人口学特征	X_2 年龄	80 岁及以上 =1；80 岁以下 =0
解释变量	人口学特征	X_3 学历	大专及以下 =1；大学本科 =2；硕士研究生 =3；博士研究生 =4
解释变量	人口学特征	X_4 职业（退休前）	专业老师 =1；行政管理人员 =2；其他人员 =3
解释变量	人口学特征	X_5 职称或职务（退休前）	正高、副高、厅局级、处级 =1；其他 =0
解释变量	人口学特征	X_6 政治面貌	中共党员 =1；其他 =0
解释变量	人口学特征	X_7 身体状况	很差 =1；较差 =2；一般 =3；比较好 =4；很好 =5
解释变量	人口学特征	X_8 居住情况	独居 =1；其他 =0
解释变量	参与情况	X_9 参与渠道	组织动员 =1；其他 =0
解释变量	参与情况	X_{10} 参与时间	1 年以内 =1；1~5 年 =2；6~10 年 =3；10 年以上 =4
解释变量	参与情况	X_{11} 参与动机（当初是否出于为社会、为学校做贡献的目的）	是 =1；否 =0

续表

变量类别		变量名称	变量说明和赋值
解释变量	工作环境评价	X_{12} 工作场地评价	很差 =1；较差 =2；一般 =3；比较好 =4；很好 =5
		X_{13} 工作平台评价	很差 =1；较差 =2；一般 =3；比较好 =4；很好 =5
		X_{14} 人际关系评价	很差 =1；较差 =2；一般 =3；比较好 =4；很好 =5
		X_{15} 工作制度评价	很差 =1；较差 =2；一般 =3；比较好 =4；很好 =5
		X_{16} 文化氛围评价	很差 =1；较差 =2；一般 =3；比较好 =4；很好 =5
	工作满意度	X_{17} 培训满意度	很不满意 =1；不满意 =2；一般 =3；满意 =4；很满意 =5
		X_{18} 待遇满意度	很不满意 =1；不满意 =2；一般 =3；满意 =4；很满意 =5
		X_{19} 激励满意度	很不满意 =1；不满意 =2；一般 =3；满意 =4；很满意 =5
	工作需求	X_{20} 适当补贴需求	没有 =1；一般 =2；强烈 =3；很强烈 =4
		X_{21} 舒适工作环境需求	没有 =1；一般 =2；强烈 =3；很强烈 =4
		X_{22} 尊重和认可需求	没有 =1；一般 =2；强烈 =3；很强烈 =4
		X_{23} 人文关怀需求	没有 =1；一般 =2；强烈 =3；很强烈 =4
		X_{24} 发挥作用平台或机会需求	没有 =1；一般 =2；强烈 =3；很强烈 =4
		X_{25} 信息共享和交流需求	没有 =1；一般 =2；强烈 =3；很强烈 =4
		X_{26} 创新需求	没有 =1；一般 =2；强烈 =3；很强烈 =4

表 3 Logistic 回归结果

		回归系数 *B*	标准误差 S.E.	Wald 值	自由度 df	显著性水平 Sig.	OR 值 Exp(*B*)	Exp（*B*）90% 置信区间	
								下限	上限
步骤 1	X_{25} 信息共享和交流需求	1.010	0.399	6.410	1	0.011	2.745	1.424	5.291
	常量	−0.570	0.817	0.486	1	0.486	0.566		

续表

		回归系数 B	标准误差 S.E.	Wald 值	自由度 df	显著性水平 Sig.	OR 值 Exp(B)	Exp（B）90% 置信区间	
								下限	上限
步骤 2	X_{13} 工作平台评价	0.915	0.461	3.938	1	0.047	2.497	1.170	5.332
	X_{25} 信息共享和交流需求	1.079	0.425	6.439	1	0.011	2.943	1.462	5.925
	常量	–4.020	1.952	4.244	1	0.039	0.018		
步骤 3	X_{13} 工作平台评价	0.903	0.467	3.739	1	0.053	2.466	1.144	5.316
	X_5 职称或职务	1.387	0.792	3.065	1	0.080	4.004	1.088	14.740
	X_{25} 信息共享和交流需求	1.079	0.431	6.257	1	0.012	2.941	1.447	5.978
	常量	–5.182	2.110	6.030	1	0.014	0.006		
步骤 4	X_{13} 工作平台评价	0.850	0.476	3.186	1	0.074	2.339	1.069	5.116
	X_5 职称或职务	1.400	0.786	3.174	1	0.075	4.054	1.113	14.760
	X_7 身体状况	0.885	0.499	3.150	1	0.076	2.423	1.067	5.504
	X_{25} 信息共享和交流需求	0.878	0.444	3.914	1	0.048	2.406	1.159	4.992
	常量	–7.611	2.598	8.587	1	0.003	0.000		

分析显示，X_5职称或职务、X_7身体状况、X_{13}工作平台评价、X_{25}信息共享和交流需求等4个变量通过了显著性检验，以上解释变量与 Logit P 的线性关系显著；而其余解释变量则未进入到回归方程当中。这说明：

第一，良好的身体健康状况是“五老”参与关工委工作的前提条件。本研究采用的是健康自评状况，更多的是反映了“五老”的心理状态，调查中，感觉“比较好”和“一般”的分别占50.5%、41.6%，没有人选择“感觉很差”，反映了“五老”对自身健康状况的乐观和自信。模型结果也表明，X_7身体状况每提高1个等级，继续参与关工委工作的概率发生比将扩大到2.423倍。第二，工作平台备受关注。工作平台是把“五老”组织起来、发挥作用的重要途径。如能开发或搭建适合“五老”专长的工作平台或活动载体，“五老”继续工作的愿望更强烈。第三，职称或职务影响显著。结果显示，职称或职务每提高1个等级，“五老”继续参与关工委工作的概率发生比将扩大到4.054倍。这可能是因为，职称或职务越高，代表知识和能力水平更高、经验和资源积累更多，这都有助于他们更好地发挥作用，实现价值。第四，信息共享和交流需求是一个比较显著的影响因素。马斯洛需求层次理论提到，自我实现是人的最高层级需求。有学者认为，归宿、社交或情感的需要是老年人社会参与的主导需要，是老年人“自我实现”的需求的前提和基础。[①]对参与关工委工作的“五老”而言，信息共享和交流需求可以说是社交或情感需求的重要组成，如果他们认为关工委能较好地满足其信息共享和交流的需求，将会增加继续工作的概率。第五，年龄、学历等因素的影响不显著。本研究中除身体状况外，性别、年龄、学历、政治面貌、居住情况等变量均未通过显著性检验，说明个体的人口学特征对其继续参与关工委工作的意愿影响不显著。

四、高校关工委“五老”动员与管理机制

为了解高校关工委在“五老”动员与管理方面的经验举措、存在问题和工作设想，本研究对18所教育部直属高校进行了问卷调查，并实地走访了2所高校。

（一）动员：领导重视，校院协同，组织动员和个人推荐有机结合

调查显示，参与关工委工作的“五老”数量占全校离退休老同志总数的比例普遍在20%以内，占72.2%。从动员方式来看，主要通过校方主动作为，包括学校邀请或组织遴选（88.9%）、发文要求和倡导（77.8%）、

① 李宗华.近30年来关于老年人社会参与研究的综述[J].东岳论丛，2009（8）.

营造氛围宣传号召（72.2%）。此外，关工委“五老”邀请和推荐也较为常见。

关于如何动员，大家认为，首先是发挥领导作用，个别学校提出“五老”动员主要靠领导个人动员邀请，重点人员要由校党委酝酿并邀请。其次是依靠二级关工委，通过基层党组织直接动员邀请和校院两级协同，大大拓宽“五老”加入关工委的渠道。最后是部门之间加强协作。例如，上海交通大学关工委与组织、学工等部门密切配合，与老教授协会协作，及时找准新退休党员干部及教授加入。

（二）管理：工作上有支持，业务上有指导，待遇上有保障，激励上给荣誉

调查结果显示，各高校关工委在“五老”队伍建设方面既有共同点，也存在各自的特色。第一，工作上有支持。此次调查中，88.9% 的高校为关工委“五老”开展工作培训，2/3的高校提供了专门的办公场所和设备及工作补贴。具体到工作补贴，大多数高校以按月、按学期或按年度发放津贴的形式，个别高校以课酬、奖金和慰问金的形式进行补贴；补贴金额依据担任职务和工作内容不同有所区别，个别高校依据出勤的情况有不同标准，总体来看补贴金额差距较大，每人每年从1000元到26400元不等。第二，业务上有指导。近90% 的高校会对“五老”开展培训，频次上，大多每年开展1~2次，个别达到每年5次以上；内容上，普遍以时政学习和相关业务学习为主，一半的高校会提供手机、电脑使用等技能培训；方式上，座谈交流、参观学习与专题讲座等传统方式最为普遍，但多半高校也开始了线上学习，个别高校关工委还利用学校资源，通过让“五老”骨干列席学校有关会议的形式进行培训。第三，待遇上有保障。本研究中提到的待遇不仅是物质和金钱上的报酬，更多的是指组织上所给予的权利、地位。各高校为“五老”提供待遇的方式和内容有普遍性，除工作补贴外，学习上，组织参观、订阅学习刊物及报纸是主要方式，分别占88.9%、94.4%；生活上，注重人文关怀或人性化服务，主要表现为节日慰问和关心生病困难的“五老”骨干，占到94.4%。第四，激励上给荣誉。总体上都是以精神激励为主，包括颁发荣誉证书和纪念章（72.2%）、口头表扬（66.7%）、作为典型人物宣传（55.6%）等，其中以表彰（颁发荣誉证书和纪念章）为最主要的形式。物质奖励或奖励金的形式也有，但占比不高，极个别高校还以组织游学的方式作为激励。

此外，各高校关工委还通过平台建设、品牌建设、制度建设等多种举措加强“五老”建设，促进“五老”发挥作用，吸收更多的涉老组织、“五老”力量参与关心下一代工作。同时，依托教育部关工委开展的“读懂中国”“院士回母校”“杰出校友回母校”等品牌活动，各高校把优秀校友资源和社会“五老”资源吸收进来，把本校“五老”资源充分调动起来，为拓宽“五老”队伍提供了很好的思路和实践。

（三）存在的困难与不足

第一，“五老”动员不够，队伍年龄结构偏老。调查数据显示，骨干老化和较难动员新“五老”加入是高校关工委“五老”队伍建设存在的主要问题，分别占到72.2%、66.7%。无论是高校关工委组织，还是参与关工委的“五老”，普遍认为“年纪偏大，队伍应逐步扩大”。有高校提出，目前“五老”队伍的数量和质量不能很好地满足工作的需要，特别是与学生的课程、学业、发展规划的结合还较差。第二，“五老”知识结构更新与时代发展有差距。当今时代社会发展迅速，新知识不断涌现，特别是在网络新媒体时代，许多“五老”在网络运用和科技产品的使用上存在困难，开展工作相对吃力，和年轻人交流也存在一定的代沟。有老同志提出：“关工委‘五老’队伍中许多人包括自己总有一种‘心有余，力不足’的感觉，知识面较窄，现代科技应用能力较弱，与别人交流渠道较少，方法较古板。”由此也希望“提供更多学习机会，以增加队伍活力”。第三，“五老”与在职领导沟通协调有待加强。本研究中调查的高校关工委普遍认为，领导重视是关工委工作顺利开展、取得成效的关键。但实际工作中，校内各层级领导对于关工委工作的重视程度确有不同，个别在职领导在学生管理、学科发展、师资队伍等方面工作上已十分繁忙，从而忽视了老同志的作用，对关工委工作不够重视。因此需要关工委“五老”与在职领导加强沟通协调，主动作为，配合主渠道，在学生思想政治教育等方面开展工作，减轻他们的压力。

五、加强高校关工委“五老”动员和管理的建议

针对存在的困难，为进一步加强高校关工委“五老”队伍建设，更好发挥“五老”作用，我们提出以下几点建议。

第一，健全各项机制，确保队伍永葆活力。一是突出领导动员优势。建立退休谈话制度，积极动员党务工作者、专家教授等加入关工委队伍，特别是在领导班子成员调整、核心成员超前物色、“五老”骨干进出等方面要充分发挥领导作用，保证队伍稳定可持续。二是加强学院、部门之间协同。要把发挥“五老”作用融入推进离退休党建和服务管理工作之中，通过人事、组织、离退休等部门以及学院之间的协同，主动发现、动员更多的老同志加入。三是完善“五老”关爱、培训和激励机制。主动帮助他们解决实际困难，创造良好工作条件，用心用情留住老同志、吸引老同志。四是探索建立“五老”队伍注册登记制度、履职选岗制度等，通过科学的方法、合理的管理制度，更好发挥他们的优势和作用。

第二，创新工作平台，增强关工委组织吸引力。一是要把平台搭建融入学校大思政、主渠道，将学校发展建设与青年师生的所需所盼有机结合

起来，从受众的需求角度来强化平台功能，让“五老”的作用和价值更加贴近学校和师生发展。二是要把平台搭建与“五老”的自身优势相结合，从老同志的专业以及经验出发，努力创造“老有所为”的舞台，从而增强关工委组织的凝聚力、吸引力，促进“新生力量”的不断涌入。

第三，加强学习培训，增进信息交流与共享。只有不断提升队伍素质，才能确保关工委工作能够适应时代需要，适应青年师生需要。为此，一要不断健全学习制度，通过建立定期交流、与职能部门沟通等制度，让“五老”学习交流常态化、制度化。二要不断更新学习内容，不仅要注重时政学习、党的创新理论等内容的辅导和交流，同时加强电脑、智能手机、软件应用的使用，以及对青少年心理等方面知识的了解。三要不断丰富学习方式。面对新冠肺炎疫情常态化和网络新媒体的普及等新形势，在传统的业务辅导、专题讲座等方式之外，要积极探索线上学习的开展，既可以鼓励“五老”利用现有的学习平台或学校资源开展学习，也可考虑由上级关工委作出长远规划，建设关工委“云学习”平台，实现资源共享。

第四，弘扬“五老”精神，营造良好舆论氛围。良好的氛围是促进“五老”自我认同和提高参与积极性的重要基础。一要加强“五老”精神的宣传。通过弘扬倡导“忠诚敬业、关爱后代、务实创新、无私奉献”的“五老”精神，让“五老”进一步强化学习意识、服务意识、创新意识、责任意识和奉献意识，主动作为，为关心青少年的健康成长贡献力量。二要广泛宣传“五老”工作和先进事迹，通过肯定“五老”在“三全育人”中的助力作用，让更多的师生了解关工委、理解和尊重关工委“五老”的同时，形成良好的舆论氛围，增强“五老”的获得感和成就感，以及工作动力和工作热情，同时对其他老同志起到促动和激励作用，激发参与关工委工作的愿望，为“五老”队伍可持续发展起到有力的推动作用。

（2021年1月）

课题组负责人：刘继红；

课题组成员：谭瑶，杨洪，阳超镭，潘瑛；

报告执笔人：阳超镭，潘瑛。

四川大学关工委课题组

高校关工委组织建设的经验与启示研究

内容摘要

高校关工委组织建设的经验与启示研究，从高校关工委30年来组织建设的回顾，组织建设实践总结和基本经验，组织建设面临的问题、挑战以及影响因素，组织建设的创新思路和途径等方面，对教育部直属高校30年来组织建设在机构设置、人员配备、队伍建设和提供条件保障等方面的经验进行了归纳，提炼了高校组织建设在实践性、规律性、现实性和可操作性方面的基本经验。面对新时代新形势新任务新要求，根据习近平总书记对关工委工作的重要指示精神，分析了目前高校关工委组织建设有待解决的实际问题及影响因素，并以解决问题和创新关工委工作新思路为导向，提出了进一步加强新时代高校关工委组织建设新思路和新举措。

关键词

高校关工委；组织建设；经验启示

教育系统关工委组织建设是教育系统关工委建设的重要基础，高校是思想政治教育的主阵地，大学生是关心下一代工作的重点。迈入新时代，如何深入学习贯彻习近平新时代中国特色社会主义思想和党的十九届五中全会精神，系统梳理总结教育系统关工委成立30年来取得的理论和实践成果，进一步探索新时代教育系统关工委建设的工作思路和有效举措，提升工作质量，更好地落实“立德树人”的根本任务，培养担当民族复兴大任的时代新人，培养德智体美劳全面发展的社会主义建设者和接班人，有必要对高校关工委组织建设的有关问题进行深入研究和探讨。为此，我校关工委组织课题组，重点以教育部直属高校关工委为样本，通过对教育部75所直属高校关工委组织建设情况的问卷调查(收回问卷调查60份，收回率为80%)；召开四川部分高校关工委组织建设研讨交流会；查询大量的文献、领导讲话和资料，进行广泛的资料收集和调查分析，对如何进一步加强新时代高校关工委组织建设开展了深入的研究和探讨。

一、高校关工委 30 年来组织建设的历程回顾

1990年6月28日中国关心下一代工作委员会成立，国家教委关心下一代工作委员会（现为教育部关心下一代工作委员会，以下统称教育部关工委）1991年4月16日成立，至今教育部关工委已走过30年的光辉历程。教育部关工委成立，标志着关心下一代工作在教育系统进入有组织发展的新阶段，从一开始，就受到中央领导、中国关工委和教育部党组的高度重视，时任总书记的江泽民同志在1990年明确指出：“老有所为”要狠抓一下。李先念同志在1991年6月指出：“要把教育关心下一代工作摆在十分重要的位置，把它作为一项战略任务来抓。”2015年8月习近平总书记强调指出：“各级党委和政府要关心和支持关心下一代工作，支持更多老同志参

加关心下一代工作，在时代的舞台上老有所为，发光发热。”2013年10月23日顾秀莲同志在全国高校关工委工作经验交流会上指出：“各地高校要建立健全党委统一领导，有关部门和社团组织协调配合，关工委主动作为，依靠广大师生积极参与的领导体制和工作机制。”教育部关工委在教育部党组的领导和中国关工委的指导下，始终把教育系统关工委组织建设作为加强教育系统关工委建设的首要任务。对如何加强教育系统关工委组织建设，提出了一系列明确指示和要求，有力地促进了教育系统关工委组织建设和发展。

针对教育系统关工委组织建设，教育部曾三次下发文件，规定教育系统关工委的组织性质和定位。1991年4月9日国家教委印发《关于成立国家教委关心下一代工作委员会的通知》（教办〔1991〕12号），明确国家教委关工委是国家教委党组领导下的工作机构，其任务是指导、组织教育战线离退休的教师、专家、干部和职工，配合学校对青少年学生进行思想政治和道德品质教育。2003年2月12日教育部办公厅转发《教育部关心下一代工作委员会关于进一步加强全国教育系统关心下一代工作委员会工作的意见》（教关厅〔2003〕1号），明确“关工委是以离退休老同志为主体，在职同志参加的，广泛团结热心教育和志愿者参与的，全面关心青少年健康成长的群众性工作机构”。2009年7月10日中共教育部党组印发《关于加强全国教育系统关心下一代工作委员会建设的意见》（教党〔2009〕20号），进一步明确了关工委性质、任务和工作方针。

中央领导、中国关工委和教育部关工委领导的一系列讲话以及教育部党组颁发的文件，为教育系统特别是高校关工委组织建设起到重要的指导和促进作用。在教育部党组和各高校党委的领导和重视下，教育系统特别是高校关工委组织伴随教育关工委的发展，走过30年的发展历程。田淑兰同志2012年8月21日在教育部关工委第四协作组工作会议上把关工委的发展概括为“四个阶段”：初创阶段、发展阶段、改革创新阶段和常态发展阶段。

教育部关工委2020年的统计表明，截至2019年年底，教育部75所直属高校全部建立了关工委，其中有69所高校建立学院（系）二级关工委，占直属高校总数的92%；从事关心下一代工作的“五老”队伍达32172人，占75所直属高校离退休总人数的17.9%，其中骨干队伍人数达到8944人，占“五老”队伍总数的27.8%。总结教育系统特别是高校关工委组织建设走过30年的历程，应该说我们已经进入了高校关工委组织建设的常态化阶段，即第四阶段。30年的砥砺奋进，高校关心下一代机构健全，“五老”队伍扩大，关心下一代工作取得了显著成就。

二、高校关工委组织建设 30 年的实践总结和基本经验

关工委组织建设，包括机构设置、人员配备和提供必要的工作条件，使工作有人管、事情有人办、队伍有人带。开展好关工委工作的前提和基础是把组织建设好。30年来，各高校关工委始终把关工委组织建设放在重要位置，坚持“党建带关建”，以高校关工委组织机构、领导班子、队伍建设和保障机制建设等方面作为重点，不断加强和推进关工委组织建设创新发展，使高校关工委呈现出组织健全、队伍逐步扩大、条件保障基本到位的面貌，形成了较为完善的高校关工委组织网络，为高校关工委工作的开展奠定了良好基础，高校关工委工作进入科学化、规范化、制度化和常态化的发展轨道。

（一）建立健全关工委组织机构，努力实现高校关工委组织的全覆盖

教育系统关工委是在我国改革开放不断深入的形势下应运而生，逐步发展起来的。按照1991年4月国家教委《关于成立国家教委关心下一代工

作委员会的通知》中提出的，各级教委“建立相应的关心下一代工作委员会，做好发动和组织工作”的要求，各高校党委高度重视，进行广泛宣传动员，经过多方面的艰苦细致的工作，相继成立关心下一代工作委员会。目前对教育部75所直属高校关工委组织建设情况的问卷调查表明：教育部直属高校关工委已实现全覆盖。在20世纪90年代成立关工委的有55所；2000年及以后成立的有20所，而且伴随各高校领导班子的调整换届，高校关工委也相应地进行了及时充实、调整和换届，特别是吉林大学、浙江大学、武汉大学、四川大学等高校在学校合并时，及时调整充实了关工委，保证了工作的连续性。

与此同时，大力加强高校学院（单位）、系（所）二级关工委机构组织建设。目前75所部属直属高校已建立二级关工委组织1351个，占应建二级关工委总数（1578个）的85.6%，高校二级关工委随学校关工委的调整换届，相应地已及时进行充实调整和换届。

（二）着重加强关工委领导班子建设，不断增强班子的凝聚力和战斗力

30年来的实践证明，关工委领导班子对高校关工委工作的开展至关重要。各高校党委按照中国关工委、教育部关工委对高校关工委班子的配备和建设提出的明确要求，结合各校的实际，采取了一系列有效的措施。一是加强领导，配好班子，注重关工委委员会的组建。实行“有权之士、有识之士、有为之士”三结合。现职有关领导参与其中兼任关工委领导，指导、支持关工委工作；关工委具体运作要选择有威望、有作为并热心关心下一代的老同志挂帅指导；还要有乐于奉献、有能力、有水平的老同志或兼职同志主持工作。目前，75所高等学校关工委主任由在职领导同志担任的有65所。关工委副主任共191人，由在职同志担任的有58人，关工委委员，由有关职能部门和群团组织的主要负责人以及部分离退休老同志组成。据收回问卷调查表明：60所高校关工委委员人数由6~147人组成。二是着重关工委常务副主任和秘书长（办公室主任）的设置和配备，使关工委工作开展落到实处。关工委常务副主任、秘书长（办公室主任）是高校关工委开展工作最直接的谋划者、组织者和实施者。因此，各高校党委在考虑配备关工委领导班子时，注重对关工委常务副主任人选的挑选，除着重考察政治强、威信高、作风实、有能力、讲奉献的因素外，还特别注重挑选曾分管过离退休工作或学生工作的退休的原校级干部担任关工委常务副主任。目前，设置常务副主任的高校有63所，共配备89人。关工委秘书处（办公室）是关工委开展各项工作的枢纽，是关工委工作的日常办事机构。在设置和配备时，十分注重将关工委工作涉及最为密切的离退休工作和学生工作紧密结合起来，关工委秘书处挂靠在离退休工作处的高校有69所，挂靠在学生工作部的有2所。75所高校关工委配备关工委办公室人员295人，其中在编161人，聘任11人，离退休人员123人。四川大学关工委还专门配备办公室主任一人，由离退休的原正处级干部担任，配备在职专职副主任一人。三是着重学院（单位）、系（所）二级关工委机构人员的配备，充分发挥二级关工委主体作用。二级关工委是学校关工委工作的重点和落脚点，加强二级关工委机构人员的配备是全面推进关心下一代事业长远发展的必然要求。各高校对二级关工委领导班子人员的配备提出了明确要求，二级关工委主任，由二级学院（单位）的现职领导干部兼任，配备的副主任中至少有一位退休的原处级干部担任，二级关工委办公室挂靠在学院（单位）、系（所）的党政办公室，并明确了专、兼职的联络人。据回收60所高校关工委问卷调查，60所高校关工委设置二级关工委1153个，任命二级关工委主任1135人，副主任1674人，其中离退休老同志担任副主任873人；明确二级关工委联系人1201人，有力地推进了高校二级关工委工作的开展。四是着重校院两级关工委的政治思想建设，不断增强关工委领导班子的凝聚力和战斗力。从1993年起，教育部关工委每年组织一次全国教育关工委领导干部培训，各高校关工委以专题培训、经验交流、省内外校内外调研等多种形式，组织校院两级关工委成员学习培训，不断增强做好关工委工作的使命感、责任感和主动性，进一步彰显高校关工委组织优势，努力打造关心下一代工作的坚强堡垒。据统计，近五年来，75所高校举办专题培训2311次，培训关工委成员达107388人次。

（三）着重加强关工委队伍建设，弘扬“五老”精神，充分发挥“五老”作用

高校关工委作为党领导下的群众性工作组织，拥有一支高素质、人数较多、覆盖面广的教育志愿者队伍，是高校关工委组织建设的重要内容，是高校关工委开展工作的主体，也是关工委工作得以持续开展的重要前提。30年来，各高校关工委对于关工委工作的核心层，主要是通过组建、充实调整校院两级关工委领导班子时，挑选、动员、注重加以建设。目前75所高校关工委配备关工委领导班子成员921人。对于关工委骨干层，一是通过广泛宣传和组织动员，大力弘扬“五老”精神。凝练关工委组织文化，进一步激发离退休老同志参加校级关工委工作。二是搭建丰富多彩的平台和下设机构（工作团队）来吸引老同志参加关工委工作。收回问卷的60所高校关工委设置工作团队（不含二级关工委）的有32所，下设工作团队179个。三是通过开展关工委特色活动创工作品牌，调动老同志积极性，发挥“五老”作用。据统计，五年来，75所直属高校建立“五老”报告团244个，参与“五老”人数4632人。其中，参与网宣工作的“五老”人数为1443人，作报告11652场，受教育青少年1225000人次；担任特邀党建组织员“五老”人数为2101人；参与“青蓝工程”的“五老”人数3481人，参与其他文化育人活动8504人次，受益青少年人数743819人；参加社会实践活动6493次，受益青少年人数363129人次。2016年以来开展“院

士回母校”“杰出校友回母校”活动，四年共计1580场（次），受益学生达到523869人次。“读懂中国”活动，仅2019年全国有726所高校100.45万大学生参与，采访优秀“五老”14075名；75所直属高校关工委全面参加“读懂中国”活动，参与学生人数72000多人，采访优秀“五老”2400多人。四是通过树立典型，表彰先进，充分发挥榜样引领示范作用。据统计，近五年来，各高校党委和行政表彰“五老”先进典型2840人次。对于关工委工作的参与层，主要是通过二级关工委进一步扩大。在尊重老同志意愿的基础上，聘请他们担任特邀党建组织员、理论学习辅导员、学生教导员、教学督导员、社团指导员、心理咨询员、学风教风巡视员等，使离退休老同志根据自己的五大优势和专业特长配合参与关工委工作，充分发挥作用，进一步扩大参与面，形成稳定的队伍。

（四）着重制度和条件保障建设，为高校关工委组织建设提供保障

30年来，高校关工委始终坚持加强关工委体制和制度建设，为推动高校关工委工作创新发展提供了保障。一是建立健全关工委领导体制和工作机制。高校关工委在长期实践中逐步建立健全了党委统一领导，有关部门和社团组织协助配合，关工委主动作为，依靠广大师生积极参与的领导体制和工作机制，建立健全“党建带关建”的制度，加强了党对关工委工作的领导，做到“四纳入”（纳入学校发展的总体规划，纳入学校党政工作日程，纳入学校党建目标考核体系，纳入思想政治工作体系）、“四落实”（落实编制、人员、办公条件、经费保障）、“四统一”（与学校党建工作统一安排、统一督促检查、统一考核、统一表彰）。二是健全完善高校关工委组织建设制度，不断推进关工委工作常态化。各高校关工委建立并不断修改完善了高校关工委工作规程，积极探索构建和形成了汇报沟通、工作例会、学习培训、信息交流、工作激励、条件保障等关工委工作的长效机制，为高校关心下一代工作组织建设提供了有力的保障。三是提供办公条件、活动场所和必要的活动经费，为高校关工委组织建设创造良好条件和环境。据调查统计，75所高校关工委获得学校划拨给关工委工作的年平均经费为14.1万元。划拨经费最多的华东师范大学关工委年工作经费60万元，划拨经费最少的也在1万元以上。

经过30年的实践和探索，在加强高校关工委组织建设方面积累和形成了许多宝贵经验。

（1）坚持党对关工委工作的领导，是做好高校关工委组织建设的根本保证。

（2）不断扩大和建立较为稳定的“五老”队伍，是关工委组织建设的基础。

（3）不断健全完善关工委的体制和工作机制，是按法治思维和方法加强关工委组织建设的重要途径。

（4）提供必要的工作条件、经费保证，营造良好工作环境，是使高校关工委组织建设落到实处的重要保障。

（5）坚持创新发展，是高校关工委组织建设活力的源泉。

三、高校关工委组织建设面临的问题和挑战及其影响因素

30年的实践和探索，高校关工委组织建设不断发展壮大，形成了良好的领导体制机制，取得了可喜的成绩。但新时代高校关工委组织建设面临诸多的问题和挑战。一是面对中华民族伟大复兴战略全局，世界百年未有之大变局，国内外形势发生深刻复杂变化所带来的新挑战。二是关工委的工作对象发生了深刻的变化，“00后”走进校园，社会信息趋势明显，互联网时代、网上有害信息的快速传播极易误导青年大学生，给高校思想政治工作带来更加复杂的现实。三是高校关工委“五老”队伍发生变化，给

关工委队伍建设带来新的问题。经调查分析，主要体现在以下几个方面。

（一）高校关工委组织机构建设校际、校内工作发展不平衡

从教育部75所直属高校关工委领导班子配备情况来看，一是设置配备不平衡。虽然高校关工委主任由现职领导担任的占直属高校总数的82.6%，按教育部关心下一代工作规程要求，关工委干部班子配备比较齐全的只有34所，占直属高校关工委总数的45.3%。二是高校之间二级关工委设置不平衡，75所直属高校应建二级关工委1578个，目前已建1351个，其中有的高校建立的二级关工委数较少，还有6所高校尚未建立二级关工委。三是校际和校内工作的开展也不平衡，关工委组织建设成效存在明显差异。从问卷调查可以看出，许多高校都谈到二级关工委开展不平衡问题。

（二）高校关工委“五老”队伍老化，队伍不稳定，参与率不高，后继乏人现象日益突出

从高校关工委领导班子成员的年龄来看，统计数据非常说明问题。据教育部关工委统计数据显示，在75所直属高校关工委领导班子成员中60岁以上的有348人，其中70~79岁的有104人，80岁以上有39人。从各高校设置关工委常务副主任的情况看，据回收的60份问卷统计，60所高校关工委设置常务副主任64人，其中，70岁以上的有26人，占常务副主任总数的40.6%。有的80岁以上仍然在主持学校关工委日常工作，虽说他们具有强烈的敬业奉献精神，把毕生的精力放在关爱学生上，但毕竟年龄还是偏大。各学校关工委的“五老”队伍，从调查表明都不尽乐观，年龄老化比较严重，并且高校关工委“五老”队伍不稳定，补充人员困难，特别是刚退休或即将退休的年轻老同志不愿意或不乐意参加关心下一代工作。

（三）高校关工委能力建设有待进一步加强，组织文化的培植需进一步提升

高校关工委配合协调能力、组织力、整体合力还有待进一步发挥。关

工委成员学习能力有待强化，有的思维和工作方式与新时代要求不适应，有的对现代网络信息技术掌握有待进一步提高，有的对关工委工作责任心不强，作用没有真正体现出来。如何把老同志潜在能力转化为现实优势，把个体努力转化为组织优势，把分散的力量转化为整体优势，有待进一步探索。

（四）高校关工委组织的体制机制有待进一步健全完善

现有的教育部党组〔2009〕20号文件、教育部关心下一代工作委员会工作规则、各高校关工委制定的关工委工作规程等一系列规章制度，有的已经难以适应新时代发展的要求，需要加以修改和完善，需要全面检视高校关工委组织建设的各项制度，不断推动高校关工委工作科学化、规范化、制度化和常态化。

（五）高校关工委组织建设创新力度不够

高校关工委组织建设，对标新思想新理念，“党建带关建”的制度体系，“四纳入”“四到位”“四统一”还需要进一步健全完善。高校二级关工委建设和如何发挥二级关工委作用还需要进一步加强，在高校关工委队伍建设选配人员上需要进一步拓宽思路。对标立德树人的要求，怎样提高关工委成员的工作水平，拓宽工作思路，如何完善深化关工委工作现有工作品牌的内涵，创新新的工作平台和品牌，老同志如何参与“思政课程”和“课程思政”，还需要探索。

四、新时代高校关工委组织建设的创新思路和途径

不忘初心方能行稳致远，牢记使命才能开辟未来，站在新的历史起点上，以教育系统关工委成立30周年为契机，在习近平新时代中国特色社会主义思想和对关心下一代工作重要指示的指引下，不忘初心，牢记使命，

继往开来，务实创新，再创高校关工委工作新辉煌。

（一）进一步提高政治站位，加强领导，努力打造关工委工作的坚强堡垒

高校关工委组织建设创新发展，是推动高校关工委工作开展的首要条件。一是要进一步学习贯彻习近平总书记对关工委工作的重要指示，深刻领会内涵，强化认识，增强共识。二是加强顶层设计，为高校关工委工作开展提供尚方宝剑。随着新时代的新要求，中国关工委和教育部关工委应再出台一份指导性的文件或规程，对新时代高校关工委的性质、目标、任务、条件保障等方面提出新的指导性意见，进一步为推动关工委工作创新发展提供理论依据和工作实践指南。三是坚持不懈推进“党建带关建”，切实加强对关工委工作的领导，确保对关工委工作做到“四纳入”“四落实”“四统一”。四是高校关工委充分发挥主体作用，争取党政领导班子加强对关工委工作的领导和支持。围绕中心，服务大局，主动作为，在校院两级党委领导下，充分发挥参谋助手和桥梁纽带作用，密切配合相关部门，彰显关工委工作强大合力。

（二）规范高效关工委组织机构设置，切实加强领导班子建设

多年实践证明，搞好高校关工委工作，必须坚持规范以在职党政领导为主导、离退休老同志为主体的强有力的关工委组织机构和工作班子。一是关工委组织机构设置与班子成员配备原则。据实践经验，应按以下原则要求进行：坚持以现职领导为主导，离退休老同志为主体，现职与离退休相结合，专职与兼职相结合的原则；坚持党委统一领导，相关职能部门积极配合，关工委主动作为原则；坚持关工委设置或调整换届与学校党政班子调整换届同步原则；根据工作需要，适时可有序进出的原则。二是进一步规范校院两级关工委及办事机构的设置和配备。三是以政治建设为统领，全面加强高校关工委组织建设。增强关工委组织的政治性、先进性、

群众性，坚持用政治建设的要求提升基层关工委创建“五好”活动，推动基层关工委组织建设与新时代关心下一代工作相适应；不断提升高校关工委组织力，按照建设学习型、服务型、创新型关工委的目标，把高校关工委建设成为关心下一代工作的坚强堡垒。

（三）大力弘扬“五老”精神，努力建设一支素质优良、相对稳定的关工委工作队伍

建强配优关工委工作队伍，是加强高校关工委组织建设的基础和保障。一是积极组织，引导“五老”投身关心下一代工作。要广泛宣传老同志的先进事迹和奉献精神，支持老同志老有所为、发光发热。增强广大“五老”的政治站位和新时代使命感和责任感，激发他们积极参加关心下一代工作的积极性和主动性。二是采取组织发动、典型带动、“五老”推动、表彰促动等多种措施，尽可能多地动员“五老”参加关心下一代工作。三是要进一步加强高校关工委队伍的能力建设，让从事高校关工委工作的干部和关工委成员提高政治能力、配合协调能力、调查研究能力、育人工作能力、抓落实能力和自身宣传能力。四是大力培育关工委组织文化，要进一步深化“五老”精神的内涵，大力弘扬“五老”精神，使广大关工委成员树立荣誉感，增强做好关工委工作的责任感、使命感、幸福感和归属感。

（四）健全完善关工委组织建设的体制机制，不断推动关工委工作的科学化、规范化、制度化和常态化

扎实推进关工委组织制度创新和治理能力建设。在体制机制建设中，一是必须坚持以习近平新时代中国特色社会主义思想为指导；必须坚持党的领导，以“党建带关建”；必须坚持“立德树人”的根本任务；必须坚持理论创新。二是重点推动完善关工委组织建设机制、工作运行机制、工作保障机制、目标考核激励机制，构建系统完备、科学规范、运行有效的关工委组织建设制度体系。为高校关工委工作开展，落实“立德树人”的根本任务，实现中华民族伟大复兴提供有力的人才保证。三是全面检视高校关工委组织建设各项制度，包括关工委工作规程、学习培训制度、会议制度、各种活动制度、汇报交流制度、总结表彰激励制度、各种条件保障制度等等。根据新时代变化的要求，进行修改补充完善，不断推动关心下一代工作科学化、规范化、制度化。四是牢固树立运用法治思维和法治方式开展高校关工委工作观念，增强按规工作的意识，使高校关工委成为推进国家治理体系和治理能力现代化的重要力量。

（五）推进创新发展，不断增强高校关工委组织的凝聚力和组织力

随着形势和大学生需求变化，高校关工委组织建设的创新，要围绕"立德树人"根本任务，围绕高校改革发展大局，在实践中不断研究新情况，解决新问题，创新新经验。一是要在工作理念上创新。面对即将开启全面建设社会主义现代化国家的新征程，高校关工委工作要适应新形势新任务新要求，必须坚持在传承中创新，在创新中发展，必须用创新理论、创新的精神、创新的思想和举措，搞好高校关工委组织建设，推进高校关工委工作的创新发展。二是要在领导体制上创新。要建立健全"党建带关建"的制度，加强党对高校关工委工作的领导，充分发挥党委对关工委工作的主导决策作用，对老同志开展关工委工作提出新的要求，要充分发挥关工委老同志工作的主体作用，为老同志开展关工委工作搭建工作平台，提供条件和经费保障，调动老同志参与关工委工作的积极性，支持老同志老有所为、发光发热。三是要在关工委工作运行机制上创新。要着眼于高校青年大学生思想政治教育新的特点和成长规律，注意积极探索新形式，特别是互联网与新媒体环境下高校关工委参与青年大学生理想信念教育、社会主义核心价值观教育和思想道德建设的新思路、新途径和新举措，开拓新渠道，打造新平台，凝练新品牌。四是要在关工委工作制度机制上创新。特别注重健全完善继承和创新关工委工作常态化机制的建立，注重关

工委工作协调机制和工作考核评估激励机制的健全和完善。五是不断推动关工委组织建设的理论创新。要加强新时代高校关工委组织建设新特点新规律、新途径新方法的研究，努力构建教育系统关工委组织建设的理论框架体系。

参考文献

[1] 习近平总书记和中央领导同志对关心下一代工作一系列重要指示批示精神.

[2] 中国关工委、教育部关工委历届领导同志对关心下一代工作的讲话.

[3] 教育部关心下一代工作委员会，编.关心下一代工作手册[M].北京：中国青年出版社，2007.

[4] 教育部关心下一代工作委员会，编.关心下一代工作指南[M].重庆：重庆出版社，2015.

[5] 田淑兰.春泥护花：教育系统关心下一代工作实践与思考[J].心系下一代，2012年10月.

[6] 教育部关心下一代工作委员会委员，编.烛光心曲：教育系统关心下一代工作实践与思考[M].北京：人民教育出版社，2011.

[7] 教育部关心下一代工作委员会，编.历程：教育部关心下一代工作委员会大事记（1991—2010）[M].北京：人民教育出版社，2011.

[8] 教育部关心下一代工作委员会.纪念教育部关工委成立25周年(1991—2016)，2016年4月.

[9] 教育部关心下一代工作委员会.关工委工作概论[M].北京：北京交通大学出版社，2008.

[10] 教育部关心下一代工作委员会，编.关心下一代论文集萃[M].桂林：

广西师范大学出版社 ,2015.

[11] 教育部关工委理论研究中心 . 教育部关工委理论研究中心2016年课题研究成果选编，2018年7月 .

[12] 上海教育系统关心下一代工作委员会 . 上海市教育系统关心下一代工作课题研究文集，2008、2009年 .

（2020年11月）

课题组负责人：唐登学；

课题组成员：曾学锋，汪朝清，杨静波，王智猛，徐怡，向丹，熊薇；

报告执笔人：汪朝清，杨静波，王智猛。

品牌工作篇

北京教育系统关工委课题组

职业院校关工委助力“大国工匠进校园”品牌建设的理论与实践研究

内容摘要

2016年以来，职业院校充分发挥关工委及其老同志的优势，大力开展“大国工匠进校园”品牌建设，形成了关心下一代工作品牌。马克思主义关于人的全面发展观、社会实践观和劳动教育观等有关学说，以及社会学习理论、默会知识理论和协同学理论等，为新时代职业院校开展“大国工匠进校园”品牌建设提供了充足的理论营养。“大国工匠进校园”品牌作为关心下一代工作的一个重要平台，许多院校利用关工委及离退休老同志的优势开展“大国工匠进校园”活动，使关工委及老同志在其中发挥了积极有效的作用。按照“围绕中心、配合补充，因地制宜、量力而行，立足基层、注重实效”的工作方针，以现职党政领导为主导提出工作任务，以老同志为主体开展工作，职业院校关工委及其老同志在实践中探索形成了助力“大国工匠进校园”活动及其品牌建设的多种有效路径。经过多途径调查研究，获得了开展“大国工匠进校园”品牌建设的启示，并提出了进一步深化和提升活动的对策建议。

关键词

“大国工匠进校园”；工匠精神；关工委及其老同志；职业技术教育

党的十九大以来，以习近平同志为核心的党中央，大力倡导弘扬劳模精神、劳动精神和工匠精神，要求加强职业技术教育和开展劳动教育，培育高素质技术技能型人才。为落实党中央关于培育和弘扬工匠精神的要求，教育部关心下一代工作委员会（以下简称“教育部关工委”）与中华全国总工会宣传教育部（以下简称“全国总工会宣教部”）于2016年联合发起“大国工匠进校园”活动，并率先在职业院校实施。几年来，各职业院校围绕“大国工匠进校园”活动，精心组织、大胆探索，积累了大量成功经验；与此同时，注重发挥关工委及其老同志的助力作用，形成了关心下一代工作品牌。

适逢教育部关工委成立30周年，北京教育系统关工委申请的“职业院校‘大国工匠进校园’品牌建设的路径与启示研究”被教育部关工委批准立项为教育系统关工委30周年理论与实践成果研究专项课题（BGGW2020SL01）。为对职业院校“大国工匠进校园”品牌建设进行总结提升，并在理论与实践结合的基础上进行探索和完善，课题组通过问卷调查、走访座谈、文献研究、网上信息搜集等形式，对全国职业院校开展“大国工匠进校园”品牌建设的情况进行了系统研究，并取得了初步成果。

一、职业院校“大国工匠进校园”的理论研究

（一）几个基本概念

1. 工匠精神

这一般是指体现在工匠身上的，在制作产品或在工作中表现出来的敬业、精益、专注和创新的职业精神。工匠精神是一种内在的力量，是一种文明特质，其标志性人物、标志性产品和标志性品牌是工匠精神的外化。

2. 大国工匠

这是指在我国这样的制造业大国中，那些具有爱岗敬业精神，在本职

岗位上不断创新，作出突出贡献，并获得国家级称号的技能技术型人才。与“大国工匠”类似的“大工匠”，是指在某地区或某行业被认可的那些具有爱岗敬业精神，在本职岗位上不断创新，并作出突出贡献的专业技术人才。

3. “大国工匠进校园”活动

这是教育部关工委和全国总工会宣教部于2016年联合发起的以“坚定理想信念，弘扬工匠精神，树立职业信心，提高职业素养”为主题的全国性系列活动。活动的主要内容是聘请“大国工匠”到各个学校传承工匠精神，主要形式包括工匠报告会、工匠访谈、工匠实操演示、聘请工匠大师担任学校客座讲师或指导专家，以及开设“大师工作室”“大师工坊”“大师微讲堂”等。

4. “大国工匠进校园”品牌建设

这是职业院校以“大国工匠进校园”活动为基础，通过发挥关工委及其老同志的助力作用，将活动系列化、规范化，凝练出主旨、特色、范式，成为关心下一代工作品牌的过程。

（二）理论基础

1. 马克思主义有关学说

马克思主义关于人的全面发展观、社会实践观和劳动教育观，为新时代职业院校培育工匠精神，开展“大国工匠进校园”品牌建设提供了充足的理论营养。马克思主义认为，个人的全面发展是社会全面发展的前提和基础，社会全面发展是个人全面发展的目的和归属，二者缺一不可，相辅相成；社会生活在本质上是实践的，人的一切社会关系都是在实践中产生的；将教育和生产劳动结合起来……最终由改造人过渡为改造社会，挽救扭曲的社会现状，实现社会健康发展。马克思主义的这些学说，为职业院校的“大国工匠进校园”活动和在学生中培育工匠精神，明确了其必要性、可行性，以及培养目标的全面性。

2. 社会学习理论

这一理论是由美国心理学家阿尔伯特·班杜拉（Albert Bandura）于1952年提出的。它着眼于观察学习和自我调节在引发人的行为中的作用，重视人的行为和环境的相互作用。班杜拉认为，人的学习途径有两种：一种是亲历学习，即关于那些普遍经验外围的、能够被人类掌握的潜在生活方式和行为习惯的学习；另一种是观察学习，即通过观察事物或者个体，并进行有意识模仿的学习。这两种学习方式是人类认识世界的重要途径。技能学习的过程与观察学习是相通的，是内化过程与外显过程的统一。也就是说，技能学习是观察学习的重要适用领域。

3. 默会知识理论

这一理论的代表人物是英国著名物理化学家迈克尔·波兰尼（Michael Polanyi）。在波兰尼看来，人类知识一般分为显性知识和默会知识，而且二者是相对的。在一定程度上，大部分信息沟通都需要依赖于唤醒我们的默会知识，而我们对于技能的学习，也需要以某种无法言明的知识——默会知识为基础。根据默会知识理论，工匠精神蕴含着"匠心"与"技艺"，其培育同时包含着技能培养的成分。因此，在工匠精神培育中，根据技能知识的默会性和实践性，要求在技能知识学习过程中注重实践操作，强调"做中学"。

4. 协同学理论

这一理论的创立者是著名物理学家、联邦德国斯图加特大学教授赫尔曼·哈肯（Hermann Haken）。协同学理论认为，复杂系统中的要素或者子系统是相互依存、相互作用的；复杂系统的整体效应远远大于各个要素（或者各个子系统）的效应之和，亦即"1+1>2"。实际上，在职业院校推进的"大国工匠进校园"活动中，通过学校、企业与政府三个子系统之间的交互作用，实现了内在与外在的协同效果，内在效果是使学生实现了技能、知识、道德与心理的共同发展，外在效果是对学生工匠精神的培养满足了社会对技术技能人才的需求，促进了社会的发展，获得了“1+1+1＞3”的效果。

（三）工匠精神的时代内涵

1. 报国奉献的爱国精神

报国奉献，是报效祖国和无私奉献的合称，报效祖国是无私奉献的目的，而无私奉献是实现报效祖国的重要手段。报效祖国，无私奉献，应该是工匠之所以能够成为工匠的力量源泉。

2. 爱岗敬业的职业精神

爱岗敬业，是爱岗和敬业的结合，二者互为表里，相辅相成。爱岗是敬业的基础，而敬业是爱岗的升华。爱岗敬业的根本是忠于职守，它是职业道德的重要前提。因此，工匠精神最根本的内涵，就是爱岗敬业的职业精神。

3. 精益求精的品质精神

精益求精，是指好了还求更好。这体现的是工匠对自己的“作品”或“产品”追求完美的一种态度和精神。事实上，这也就是说，工匠在追求精益求精的过程中，不仅使自己得以技术精进，同时也实现了自己人格的升华。

4. 协作共进的团队精神

由于现代生产方式已不再是手工作坊，而是大机器生产，因此，任何产业工人所承担的工作，只是众多工序中的一小部分。从而“协作共进的团队精神”应该是现代工匠精神的核心要义。

5. 追求卓越的创新精神

开拓创新精神是新时代工匠精神的灵魂。只有在继承基础上不断创新，才能推动产品的升级换代，并跟上时代发展的步伐，也才能满足经济社会发展和人们日益增长的对美好生活的需求。

二、职业院校关工委及其老同志在“大国工匠进校园”品牌建设中的实践研究

（一）课题调研的总体说明

自2016年启动“大国工匠进校园”活动以来，“大国工匠进校园”品牌作为关心下一代工作的一个重要平台，其建设得到了各职业院校的高度重视。为了解职业院校关工委及其老同志在其中发挥作用的总体情况，课题组对全国部分高职院校和中职学校进行了问卷调查和走访座谈，并对教育部的职业院校联系点进行了网上信息搜集。在问卷调查中，所调查的137所院校的分布，如图1。

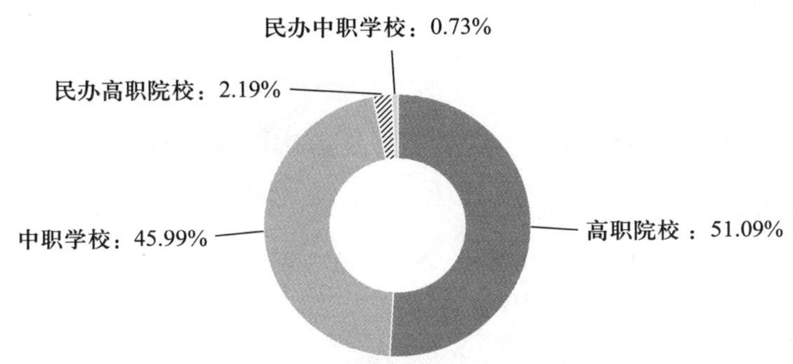

图 1 参与问卷调查院校的类别

通过网上搜索95所职业院校有关开展“大国工匠进校园”活动的资料，共收集梳理到56所院校开展“大国工匠进校园”活动的信息520条，为了解职业院校开展“大国工匠进校园”活动的面上情况奠定了基础。

（二）关工委及其老同志积极指导品牌建设，参与度高

据问卷调查，各职业院校关工委及其老同志在“大国工匠进校园”品牌建设活动中，全程参与的有60所，约占44%；部分环节参与的有49所，约占36%；个别环节参与的有13所，约占9%。如图2。

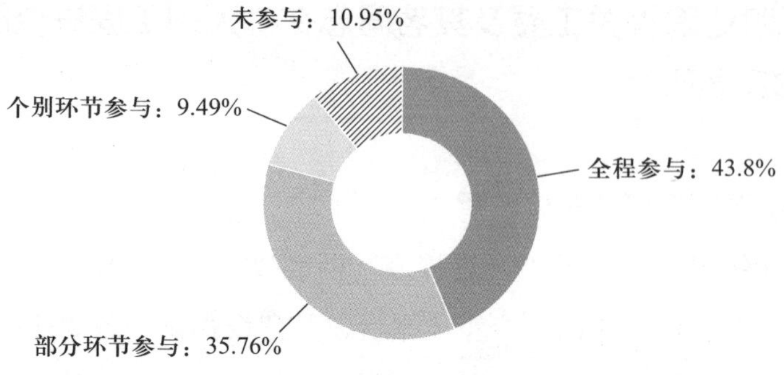

图 2 关工委参加“大国工匠进校园”品牌建设的情况

从调查情况来看，各院校关工委及其老同志积极参加学校的有关工作，指导品牌建设，参与度好。

（三）关工委及其老同志主动发挥协同作用，组织力强

据问卷调查，一是在组织强度上，各职业院校关工委及其老同志在“大国工匠进校园”品牌建设活动中，直接进行组织的有45所，约占33%；协助组织的有65所，约占47%；开展咨询建议的有11所，约占8%。三项合计占到88%。如图3。

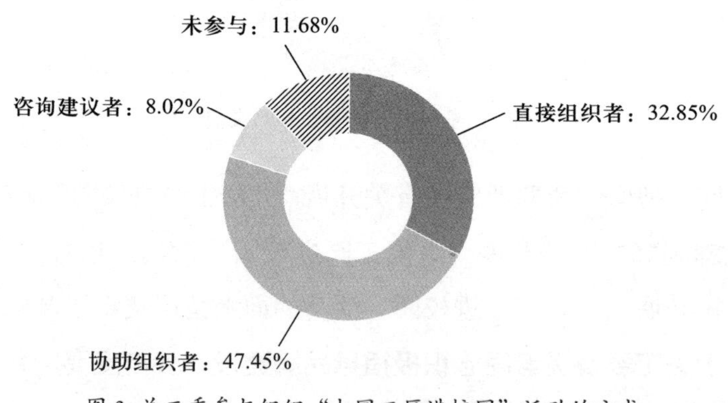

图 3 关工委参与组织“大国工匠进校园”活动的方式

二是在作用强度上，各职业院校关工委及其老同志在“大国工匠进校园”品牌建设活动中，发挥主导作用的有43所，约占31%；发挥协同作用

的有59所，约占43%；发挥参谋智库作用的有23所，约占17%。三项合计占到91%。如图4。

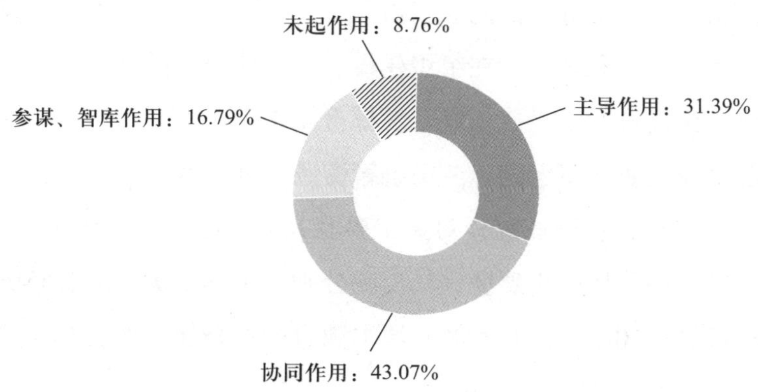

图4 关工委在开展“大国工匠进校园”活动中的作用

三是在具体方式上，各职业院校关工委及其老同志在“大国工匠进校园”品牌建设活动中邀请“大国工匠”“大工匠”、能工巧匠及劳动模范进校开展活动的有99所，约占72%；督导进校园活动的有39所，约占28%；与师生座谈交流工匠精神的有100所，约占73%；担任校内外工匠精神培育活动评委的有40所，约占29%；承担其他工作的有6所，约占4%。如图5。

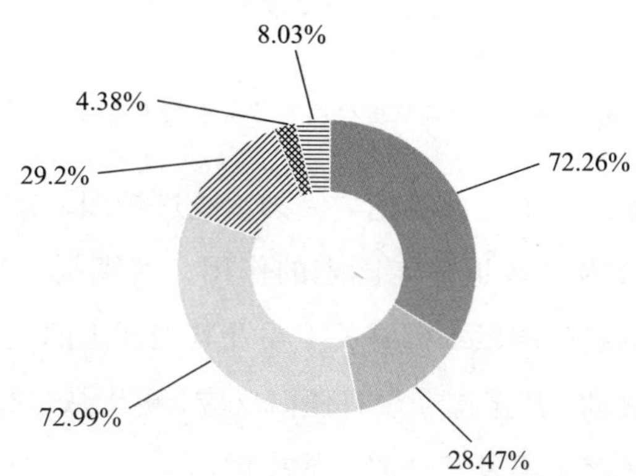

图5 关工委参与“大国工匠进校园”活动的路径

调查表明，关工委及其老同志主动发挥协同作用，无论是聘请“劳模”“工匠”“大师”走进校园，邀请优秀毕业生回校，还是与学生分享自己对工匠精神的感悟等，都能够多措并举，积极作为，在发挥参谋智囊作用中投入大量心血和精力，在组织建设、平台建设、品牌建设等方面精心做好工作，为促进大学生成长成才发挥重要作用。

（四）关工委及其老同志注重统筹资源，满意度高

据问卷调查，各职业院校对关工委及其老同志在“大国工匠进校园”品牌建设中发挥作用的满意度，其反映分别为：非常满意的有55所，约占40%；满意的有50所，约占37%；基本满意的有18所，约占13%；而不满意的有2所，约占1.5%。如图6。

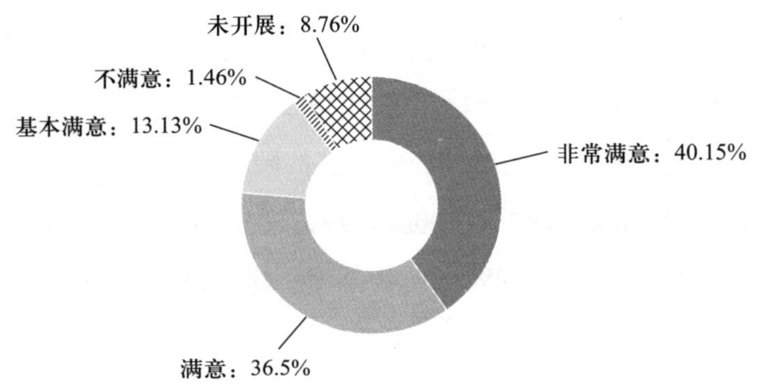

图 6 对“大国工匠进校园”活动中关工委的满意程度

调查结果显示：那些已经把“大国工匠进校园”做成品牌的学校，多注重发挥关工委及其离退休老同志的作用，特别是在活动开展的各个环节、品牌建设的各个阶段，都有关工委及其老同志的全程参与；而那些仅组织过一两次活动，甚至迄今没有任何反应，更无从进行品牌建设的院校，一般都未能发挥关工委及其老同志的作用。

（五）面临的困难与问题

1. 聘请“大国工匠”有难度

据统计，2016年至今，全国获得“大国工匠”称号的有一百余人，而全国高等职业院校1430多所、中等职业学校1.01万所，即便所有“大国工匠”都有条件“进校园”，也远远不能满足需要。虽然有些省市或行业协会，评选了地方或行业的“大工匠”或“领军人物”，但也数量有限，加之工匠们身负重任、工作繁忙、隶属关系不同等因素，导致“进校园”渠道不畅。

2. 各校活动开展不平衡

如前所述，“大国工匠进校园”品牌建设，是在持续、规范开展相关活动的基础上实现的。没有经常的、高水平的“大国工匠进校园”活动，就谈不上相应的品牌建设。从调研结果可以看出，各职业院校开展“大国工匠进校园”活动很不平衡，主要表现在：一是尚有10%左右的院校至今尚未开展相关活动；二是定期、持续开展“大国工匠进校园”活动的院校比例只有20%；三是能将“大国工匠进校园”做成关心下一代工作品牌的院校为数甚少。

3. 部分院校领导认识不到位

部分院校“大国工匠进校园”活动开展不起来，根源在于学校的主管以及主要领导认识不到位。有些院校领导对“大国工匠进校园”的积极作用和重要影响认识不够，尚未领会弘扬、传承和培育工匠精神的重要性和深远意义。有的院校领导认为培养工匠精神，未必一定要搞“大国工匠进校园”活动，而以为那是一个“高大上”工程，级别低、规模小的职业院校无能为力。所以，至今仍按兵不动。

4. 部分院校关工委作用缺位

开展“大国工匠进校园”品牌建设，职业院校关工委应发挥重要作用。但是在调研过程中我们发现，部分职业院校关工委边缘于此项工作，甚至完全没有融进去，更何谈发挥作用了。

5. 经费困难

在问卷调查中，约有10% 的院校反映经费存在问题。由于活动经费缺乏，制约了“大国工匠进校园”的常态化、规范化开展，影响了品牌建设的效果。

三、职业院校关工委助力“大国工匠进校园”品牌建设的路径研究

（一）坚持立德树人，构建工匠精神铸魂体系

1. 牵线搭桥，引进工匠劳模资源

职业院校关工委中的老同志，有着丰富的人脉资源；还有一些老同志具有较强的协调能力，帮助学校引进工匠劳模资源，促成“大国工匠进校园”活动开展。根据对137所职业院校的问卷调查，关工委及其老同志参与邀请“大国工匠”开展“大国工匠进校园”活动的有99所，占72%。

2. 督导引领，拓展品牌活动载体

培育工匠精神需要持久地开展丰富多彩的活动。在这个过程中，关工委及其老同志着重发挥了督导引领和开拓创新的作用。如上海信息技术学校聘请老同志走进实训教室，聆听智能制造系老师讲课，并进行督导评课，对进一步促进工匠精神融入教学过程提出了宝贵的指导性意见。

3. 聚焦目标，策划组织竞赛活动

职业院校要培养学生的职业素养，大力培育工匠精神是一种有效途径。实际上，关工委及其老同志作为一个高智力人才群体，在“大国工匠进校园”活动中有着独特的优势，通过牵头在学校开展“大国工匠进校园”征文、知识竞赛、“小工匠”评比等活动，发挥积极作用。

（二）筑牢育人阵地，完善工匠行为养成体系

1. 指导参与，搭建课程体系平台

离退休老教师、老专家参与和指导相关课程开发，是各校“大国工匠进校园”品牌建设的普遍做法。一是示范开设工匠精神特色课程；二是帮助在思政教育、心理健康教育及就业指导等课程中融入工匠精神的内容；三是参与在专业建设中融入工匠精神的培育环节。

2. 挖掘资源，建设实践教学基地

实践教学是培养工匠精神的重要环节。应充分利用和挖掘老同志所掌握的资源，以提高实践教学的实效。如北京电子科技职业学院建立的“北京奔驰·赵郁大师工作室”、北京交通职业技术学院建立的“北京大工匠魏俊强大师工作室”，都是依托关工委及其老同志的人脉关系完成的。

3. 以老带新，锻造工匠教师团队

职业院校要做好工匠精神的培育工作，必须采取措施打造一支“工匠型”教师队伍。这一工作离不开老同志的参与和指导，通过老教师为新教师做示范，形成“传帮带”的良好局面，并不断补充新生力量，形成良性循环。

（三）实现以文化人，打造工匠文化浸润体系

1. 完善制度，参与培育工匠精神顶层设计

在“大国工匠进校园”的制度建设上，关工委及其老同志的作用主要体现在：一是聚焦专业特色、资源优势和学生特点，形成有助于工匠精神培育的专业建设制度；二是关注相关行业、社会以及学界的新思路和新理念，不断完善工匠精神培育的管理制度；三是将制度内容进行分解和分工，强化责任落实，促进制度的有效落地实施。

2. 营造氛围，指导构建工匠精神熏陶环境

职业院校关工委及其老同志在校园文化建设中所做的工作主要有：一

是营造道德为先、技能关键、劳动光荣与创造至上的氛围，让学生感受工匠精神的可贵；二是助力挖掘优秀的“匠心文化”资源，并推动在青年教师和学生中的传承与发展；三是拓展网络阵地，强化网络载体，推动“大国工匠进校园”品牌建设。

3. 引领方向，协同开展工匠精神培育主题活动

在职业院校开展的“大国工匠进校园”活动中，关工委及其老同志参加或参与的工作主要有：工匠精神研讨会、工匠精神论坛、工匠精神专题报告、走访优秀毕业生和学生社团活动等，而且在其中往往发挥着引领方向的作用。

（四）聚力协同联动，筑牢启智增慧固本体系

1. 助力职业规划，在就业创业教育中融入工匠精神

一些职业院校的关工委及其老同志在实施创业就业教育中，以职业生涯规划等为抓手，系统地围绕工匠精神培育和“大国工匠”培养来拓展学生的职业素养，并让学生接受工匠精神的洗礼，促进其正确职业观的养成。

2. 指导操作示范，在现代学徒制中传递工匠精神

为了实施现代学徒制改革，很多职业院校的关工委老教师参加学校或者系部（二级学院）人才培养团队，通过对学生进行“手把手”指导、操作示范和情感交流，传递工匠精神，培养学生成长为未来“大国工匠”和“大工匠”所必备的品质。

3. 推动校企合作，在工学交替场景中塑造工匠精神

一些学校的关工委积极参与指导学校的校企合作和工学结合，让专业学习和实际操作有机地结合起来，让学生在边学习边生产中掌握理论知识、操作技能和职业素养，促进工匠精神的塑造和职业品质的提升。

四、职业院校“大国工匠进校园”品牌建设的启示与建议

（一）获得的启示

1. 需要进一步明确“大国工匠进校园”品牌建设的意义

在近几年实践的基础上，应该提高站位，进一步明确职业院校“大国工匠进校园”品牌建设的意义。主要有以下四个方面：一是有助于进一步落实习近平总书记等中央领导的系列指示精神，二是有助于进一步促进职业教育的高质量发展，三是有助于进一步营造人人皆可成才的良好环境，四是有助于进一步帮助学生树立正确的世界观、人生观、价值观。

2. 需要探索形成“大国工匠进校园”活动的基本规范

各职业院校在“大国工匠进校园”的活动实践中，逐渐归纳了一些基本的规范，概括起来包含明确的主旨、缜密的方案、规范的活动、坚强的主体。

3. 需要完善“大国工匠进校园”品牌建设的运行机制

“大国工匠进校园”品牌建设是一个工作平台，为保证其规范运作，需要建立完善的运行机制，主要包括党委统一领导机制、部门协同协作机制、校企合作育人机制、绩效考核激励机制、活动条件保障机制等。

4. 需要进一步发挥学校关工委在“大国工匠进校园”品牌建设中的作用

“大国工匠进校园”是职业院校实现全员育人的重要平台。搭建这一平台，应注重发挥学校关工委及其老同志在以下几个方面的作用：参与品牌设计、协调督导建设活动、诠释工匠精神、验收品牌建设成果等。

（二）对策与建议

1. 进一步加强顶层设计，有效指导“大国工匠进校园”活动

为保障“大国工匠进校园”活动的持续健康开展，教育部和全国总工

会应牵头协调有关部门，进一步做好国家层面的顶层设计，出台有关政策，制定指导方案，以有效指导各地、各行业和各院校的“大国工匠进校园”活动。

2. 建立长效机制，持续推进“大国工匠进校园”品牌建设

为使“大国工匠进校园”品牌建设常态化、规范化、长效化，建议：一是将“大国工匠进校园”拓展为“工匠劳模精神进校园”；二是推动同类型或同地区的职业院校联合创建“大国工匠进校园”品牌；三是不仅要明确由各级教育系统关工委牵头协调，统筹规划部署各级各类学校的“大国工匠进校园”活动，保证其有序开展，而且要借力社会组织，充分发挥各级工会、行业协会、教育集团、职业院校的协调联动作用，合力推动“大国工匠进校园”品牌建设的常态化、规范化、长效化；四是推进“大国工匠进校园”活动的主体从学校向系部或者二级学院延伸、从青年学生向青年教师延伸、从课堂外向课堂内延伸、从主题教育向各项活动延伸、从学校向家庭延伸，使“大国工匠进校园”活动落地生根，并枝繁叶茂、硕果累累。

3. 加强关工委组织建设，充分发挥关工委及其老同志的作用

建议各职业院校党委要高度重视关工委建设，精选离退休老同志建强关工委，配备得力在职干部负责关工委日常工作，并在人力、财力、物力等方面支持关工委工作，以建立一支政治素质过硬、热心关心下一代工作、积极主动开创局面的关工委队伍，为搞好“大国工匠进校园”品牌建设乃至整个关心下一代工作创造条件。

4. 创新活动形式，提升品牌建设实效

一是利用多种媒体传播。由全国总工会、中央电视台制作的《大国工匠》反响热烈，宣传效果明显，建议继续制作类似节目播出；同时，建议各省关工委与当地总工会、电视台开发本地人才资源，制作同类节目；各

职业院校要将播放、收看工匠精神专题片作为“大国工匠进校园”活动的重要形式之一，组织学生收看学习和讨论交流。二是开展线上交流活动。要搭建“大国工匠”等与职业院校师生线上交流的平台，利用微信、抖音等社交软件等，开展工匠精神的学习，扩大受教育面。三是校企合作开展活动。在现有校企合作模式的基础上，探索“人才共育”模式。即学校与企业（行业）以“大国工匠”等为桥梁纽带，联合设置教育教学目标、创新人才培养模式、改革课程体系、确立技术技能标准，使“大国工匠进校园”浸润整个人才培养体系。

当前，“大国工匠进校园”品牌建设在部分职业院校已初见成效，而且有的还进行了理论探讨，探索出不同的实现路径和模式，一个个关心下一代工作平台正在日渐成熟。相信经过不断的理论研究和实践探索，“大国工匠进校园”品牌建设必将在职业院校结出大批丰硕果实，并为职业院校的蓬勃发展增色添彩！

（2020年12月）

课题组负责人：杨禾；

课题组成员：马俊哲，郑伯坤，丁喆，王振水，杨少萱，乔永，冯歌，韩春立，张瑜，杨嘉麟，王博然；

报告执笔人：杨禾，马俊哲，郑伯坤，丁喆，王振水，杨少萱，乔永。

包头市青山区教育局关工委课题组

构建"1234"家校协同育人机制品牌建设的经验与启示研究

内容摘要

内蒙古包头市青山区教育局关工委牢记使命、立足实际，发挥"五老"人员引领示范作用，整合多方面教育资源，探索构建了系统全面的"1234"家校协同育人机制，使家校协同育人工作实现了高起点谋划、高标准推动、高质量发展、高规格落地，打造了多方受益的良好教育生态。

关键词

家校协同；机制；品牌建设

本专项课题研究，利用文献分析法、调查研究法、案例分析法、行动研究法和经验总结法，针对目前家庭教育中存在的问题，如部分家长为了孩子牺牲自己的幸福，包揽孩子一切劳动；有些家长在教育问题上过分焦虑，生怕自家孩子比不过其他孩子；部分家长不履行家庭教育责任，认为教育孩子是学校的责任；家庭教育目标比较模糊，不能着眼于孩子长远发展以及家庭教育协调性弱，聚合力量发挥不明显等问题，在关工委引领示范下，充分发挥“五老”人员作用，整合多方面教育资源，围绕“提高学校在教育过程中的参与度，稳步提升办学水平；提升家长教育意识和教育水平，吸纳更多家庭力量的参与；凝聚学校、家庭协同一致的育人合力，形成共同受益的教育生态；让学生在提升学习成绩的同时养成健全的人格，实现素质的全面提升”的日标，从体系建设、制度保障、课程建设、队伍建设等方面构建科学系统、特色鲜明、行之有效的长效工作机制，使每一所学校、每一个家庭从家校协同育人受益。

一、构建了“1234”家校协同育人机制

“1234”家校协同育人机制（图1）内容如下：

“1”——“一把手”工程。从家校协同制度、方法、评价、考核等方面入手，构建了“一把手工程”工作机制。通过顶层设计，制定三年规划，逐年对标推进，提出因校适宜的发展思路、实现路径、考核办法，打通了协同育人的发展瓶颈。

“2”——“两个体系”建设引领。从家校协同具体实施对象、方法等方面整体规划，形成了遵循学校办学理念为建构原则的家校协同育人课程体系与四级家长委员会体系，形成了“指导与实践、个性与全面、带动与发展”的纵向协同体系。

"3"——"三支队伍"建设。建设了强有力推进、高素质带动、共享优质师资的管理队伍、领航队伍、家庭教育指导教师队伍，通过制订不同队伍的"订单式"培养计划，有力地保证家校协同育人理念先进、讲解透彻、落到实处。

"4"——"四个保障"到位。形成了"制度保障、支持保障、创新实践保障、考核评估保障"的家校协同保障机制，形成"一条线"贯到底保障措施，有效推动家校协同育人工作稳步发展。

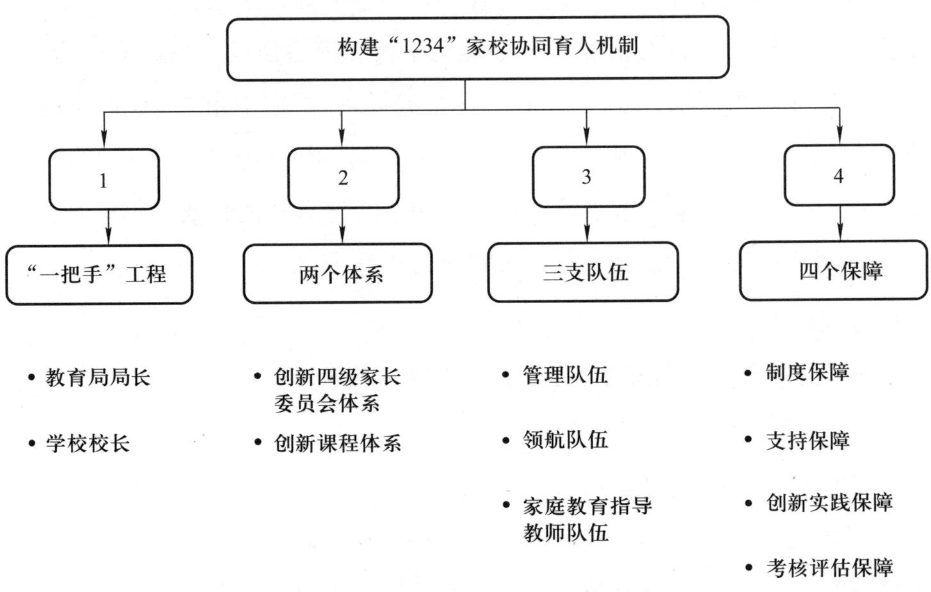

图1 "1234"家校协同育人机制

为确保机制顺利运行，先后印发了《青山区中小学幼儿园家长学校区域联盟教研活动实施方案》《青山区教育局中小学幼儿园家长委员会设置与管理办法》《青山区中小学幼儿园家庭教育工作考核评估方案》《青山区教育局成立家庭教育指导中心》（青教发〔2017〕11号）、《青山区中小学幼儿园家长学校区域联盟教研活动实施方案》（青教发〔2017〕10号）、《青山区教育局中小学幼儿园家长委员会设置与管理办法（试行）》《青山区教育局关于成立区级家长委员会实施意见》（青教发〔2017〕72号）、《青山区中小学幼儿园家庭教育工作考核评估方案》（青教发〔2017〕85号）、《青山区千名教师访万家活动实施方案》（青教发〔2018〕17号）等相关文件。

“1234”家校协同育人机制，明确了家校协同育人工作履职责任，指明了家校协同育人工作发展方向，打造了学校与家庭的教育合力，助力广大中小学生健康成长。

二、确立了家校协同育人的工作原则

（一）保持教育目标一致性

家庭、学校的教育目标应该是一致的。通过构建横向辐射、纵向贯通的家校协同育人机制，全面打通了沟通壁垒，理论做夯实，实践促提高，帮助家庭、学校在家校协同育人中建立了明确而共同的目标，通过不同的社会单元的不同角色，他们发挥着各自的独特作用，又彼此取长补短，有效促进了学生全面个性地健康成长。

（二）建立平等互信的地位

在协同育人的问题上，家庭和学校所起的作用是平等的，没有孰轻孰重的差别。“1234”家校协同育人机制中一方命令另一方的情况有效规避，只有一方“单打独斗”“孤军奋战”的情况得到有效改善。家长委员会作为家长代表和与学校沟通的纽带，要保持客观公正，以独立的姿态处置各种问题，让学校和家庭建立了平等互信的关系，起到“集中力量办大事”的作用，使家校协同育人走上良性循环、同频共振。

（三）尊重保障儿童的权力

“1234”家校协同育人机制让参与到家校协同育人机制中的各个主体，不管是学校、家庭还是学生本身，提高了应该享有的权利的保护，实现权力均衡，保障儿童各项权利，体现出教育的意义。

（四）学校家庭要彼此开放

学校、家庭彼此敞开大门，形成了彼此共享资源、彼此提升成长的良好生态。学校开放办学，让家长对学校各项工作不仅“知其然”还“知其所以然”，信访率逐年递减。所有参与家校共育的家庭都可以对其他家庭开放，实现家庭与家庭的交流与互动，良好家庭氛围和教育环境的家庭发挥了榜样示范作用。家校以一个共同体的形式向社会开放，从而使社会公益力量逐渐参与进来，作为教育的推动力促进了家校共育的良好发展。

（五）坚持方法的丰富多样

方法力求多种多样，能灵活融入日常教育教学中。家长进课堂、班级案例教学、家长成长手册、亲子实践活动等，以往的固有模式被打破，丰富多彩、科学、高效、简单、易行的育人方法获得了理想的育人效果，使得家校双方彼此更加信任，实现更深入的合作。

（六）保持家校共赢的状态

从家长角度而言，协同育人不仅使学生得到成长，父母也从中有了改变，特别是亲子间的交流更加融洽，家庭生活更加和谐幸福；从教师角度而言，协同育人获得了更多家庭的支持，减少了教育管理过程中的阻力，获得了更多动力支持，使教育教学开展更顺畅；对学校而言，家校协同育人打造了适合学生成长的一致性环境，培育优质人才，办人民满意教育。

家校协同育人的工作原则推动了现代学校制度的建设，提高了教师教育理念，促进其改进教育方式，激发教育情怀，促使他们更热爱教育、教学相长。切实提升了家长素质，达成家庭与学校在教育上的一致性，让孩子在家庭中实现人格的完善，在学校中收获智力的增长，在双方有力配合的环境中获得持续发展。

三、坚持体系建设，使家校协同育人高标准推动

（一）坚持“四级家委会”建设

各地各校的家委会建设普遍停留在学校层面，建设校级、年级和班级三级家长委员会，区旗县教育局由分管领导负责。该机制有三种弊病：领导忙，不能及时沟通、指示；易形成有失偏颇的“一言堂”；顶层设计高度不够、兼顾不足。为此，青山区教育局成立“区级家委会”，创新性地形成四级家委会结构，坚持四级家委会建设。组织四级家委会主任从家委会组织职能、权利和义务、应建立的制度、建设中注意的问题、把握的原则及扮演的角色六个方面进行讲解培训，各级家委会有章程、规划、计划、总结，依法实施家委会工作。

四级家委会的有序运转更多渠道地实现了家长与学校的沟通，化解了家校矛盾，近年来家长集体上访事件为零；四级家委会不断补充和扩展了学生的业余生活，积极组织各项活动，有主题、有目标、有计划、有组织，家长学生参与率大幅提升，拓展了教育空间；各校家委会参与学校管理工作具体清晰，成立家校护卫队，为平安校园建设锦上添花；第一时间了解并反馈学生的思想、行为情况，并开展合理的沟通，以诚恳的态度接受家长的意见，同时也能让家长更加理解各项教改措施、学校办学理念，以增强家长们的家庭教育水平。

（二）坚持课程体系建设

家长学校课程在设计和安排上需要满足不同家长的实际需求，要丰富多样。坚持课程体系化建设，逐渐形成符合《全国家庭教育指导大纲》的家校协同育人课程体系。开设了包含普及性、针对性的基础性课程。各校又创建了校本化的拓展性课程，以活动为主体的综合性课程，线上约课、线下听课的选择性课程，送课上门的家访课程，学生讲家风、家长讲家教

课程，微信平台推出的空中视频微课程等。

目前各校（园）坚持开展课程体系建设，与学校办学理念和特色相融合，不仅实现了系统化，还形成了一定的品牌效应。为了让家校协同教育更同频，2018年，在青山区教育局关工委的统筹下，课题组成员与区家庭教育教研室的讲师团成员共同创设了班级案例教学模式，由班主任针对本班案例进行授课。家长学习课程的频次逐年增加，参加家长学校线下课程频次11次、线上学习频次10次，主动阅读家庭教育书籍，多样化课程提高了家长的家教理念，夯实了协同育人基础。

家长学校本身便存在其特殊性，由于其所面对的群体——家长具有多元化的特征，所以课程体系建设无论在教学内容的选择与安排上，还是在上课方式的选择上，都很好地适应了家长群体的差异性变化，满足了不同家长的不同需求。这些课程更贴近家长的实际需要，家长在学中做，做中学，课程助推家长转型，“你需我讲，我讲你学，你我共赢”的家校协同育人生态更和谐。

（三）坚持“三支队伍”建设，使家校协同育人高质量发展

1. 坚持管理队伍建设

组织26名校长和主任赴厦门、成都、江苏等地参加教育部课题培训；组织13名德育副校长赴山东潍坊市参加培训；组织14名校长赴广州市学习培训。在青山区内部开展学校和家委会典范代表经验交流。

2. 坚持领航队伍建设

组建由“五老”队伍、家长学校教研员、专家型教师队伍、学科带头人队伍、讲师团队伍、骨干教师队伍、家庭教育志愿者队伍共同构成的领航团队。借助区教研室专业优势，成立家庭教育教研室，从理论及专业高度，对家校协同育人课题、教学方法、课堂教学模式等进行指导提升。领航团队定期研究教学模式、教案、课程建设、课题等，不断提高科研能力。

目前，已有11所学校共同参与了课题研究，并取得结题报告，其中8所学校的子课题被评为精品课题，在学校评比中荣获一等奖。共同研发区本、校（园）本及班本家庭教育教材51本，创建了符合青山区特点、家长实际的家校协同育人的课程体系及课程标准，这支团队已走上全国家长学校讲台。

3. 坚持家庭教育指导教师队伍建设

这支队伍由中小学和幼儿园骨干教师、班主任以及优秀家长代表组成，领航教师队伍带动、引领，同时举行专题讲座，如“如何上好家长学校课”，派骨干教师参加自治区、包头市家庭教育培训，组织班主任进行班级案例教学体验式培训，开展家长学校赛课、班级案例教学比赛或示范课、说课比赛、“我的家风家教家访”演讲比赛等活动，创办联盟家长学校，按照学段划片、整体统筹的原则，把青山区52所办学单位组合成15所家长学校区域联盟校，整合资源，进行集体教研备课，以提升家庭教育质量。

“三支队伍”建设，逐渐形成了讲师团队伍以本土教师为主，外聘专家为辅。以领航教师队伍为带动，辐射到各学校，指导培养了一批家庭教育指导教师团队，开展了卓有成效的工作：组织全区家长学校指导教师专题讲座，组织班主任进行班级教学体验式培训，组织家庭教育骨干教师参加区市两级家庭教育指导教师培训等，以培促研，提升了专业化水平。举办两届家庭教育优质课和三届班级案例教学比赛，选拔出青山区家庭教育讲师团成员、骨干教师和学科带头人。讲课课程通过青山区教育局微信公众号和包头市教育局家庭教育“静待花开”栏目推送，每节听课人数达到1万多人次，留言率60%。线下由“最美五老”陈文学、“全国劳模”陈吉祥及于正心、孔令梅等组成的“五老”报告团，先后到学校开展宣讲活动，让青山区师生和家长们深受教育，受益匪浅。

家庭教育指导教师队伍建设解决了以往因没有完整且稳定的家庭教育

讲师团队伍而带来的诸多弊端，更有利于教师的专业化发展和人才培养质量的提高，有效地推动了家庭教育教学内容和方法的改革与研究，促进了教学经验的交流，更好地整合了教学资源、凝聚了教育力量。

（四）坚持“四个保障”到位，使家校协同育人高规格落地

1. 坚持制度保障到位

所有学校均建立了家长学校制度、家长委员会制度、家长星级评价制度，且不断改进和完善，强化监督作用，促使各项工作规范开展。局校两级进一步健全和完善章程、教学大纲、教研备课、学员守则、家长自主学习制度、四级家委会工作职责等规章制度。

2. 坚持支持保障到位

软硬件保障到位。局校两级既配备兼职教研员、家庭教育指导教师，又设有专门的家庭教育讲堂、家长学校教研室、家委会办公场所，有完备、现代的办公设备。目前所有学校均建立家长学校教研室和家长委员会工作室，投入经费增加至86.5万元，增幅达到221%。

3. 坚持创新实践到位

各校依据星级家长考评细则和实际情况，精心设计《家长成长手册》，并开展星级家长考核评比工作。星级家长评定带来了家校协同育人全方位的提高。家庭教育履职责任有大幅提升，家长主动与各科任老师联系的比例、每学期至少两次与孩子面对面沟通情况、每年至少参加一次家风家教的宣讲和交流活动情况、有针对性地培养孩子习惯和技能等，占比均达到90% 以上。

星级家长的评定，带来了家校协同育人全方位的提高。研究前，家庭教育履职责任的情况仅占30%，家长主动与学校各科任老师联系的数量非常少，仅占25%，只有少部分家长可以与孩子经常面对面沟通交流，多数家长对家风建设没有什么概念，家长有目标地培养孩子好习惯的占比

21%，有意识地培养孩子生活技能的占比8%，大多数家长处在无序无目标无要求的自发培养模式，极少数家长会和孩子一起制订家庭学习计划。研究后，家庭教育履职责任有大幅的提升，占比达到95%，家长主动与学校各科任老师联系比例达到92%，有91% 的家长能够保持每学期至少两次与孩子面对面地进行真诚沟通，家长每年在学校的安排下至少参加一次家风家教的宣讲和交流活动，95% 的家长能够有针对性地对孩子进行习惯和技能的培养，98% 的家长认识到制订家庭学习计划的重要性，让家校协同育人在共同实施和完成中得到巩固提升。

4. 坚持考核评估到位

成立青山区教育局家校协同育人专项督导评估组，制定星级评定制度，对家长学校、家委会进行星级评定。一年一评估，两年一表彰。所有学校参与一星级至五星级评星定级，优秀家长学员人数比研究前增长10个百分点，增加了优秀校长、优秀管理人员、优秀教师的考核评估，发挥了规范、监督、激励作用。

坚持“四个保障”到位，改变了家长学校制度内容单一、不全面的局面，使得各项工作有章可循，规范开展；有场地、有设备、有经费，极大地便利了家庭教育工作的开展；树立典型，互帮互学，切实有效地提升了家长家庭教育的履职情况；强化监督管理作用，有效推动家校协同育人工作稳步发展。

四、以评促育，推动家校协同育人高质量发展

组建由“五老”及高校教师参加的青山区教育局家校协同育人督导评估组，对此项工作进行全面督导评估。

（一）工作展评

由学校家长委员会主任、德育副校长分别对家委会工作和家校协同育人工作进行展评，当场打分、亮分、公布得分，将分值按照比值计入督导评估结果。展评活动不仅仅是展示、评析、交流家校协同育人成果，更是我区家校协同育人机制建设学习提升的一次重要的盛会。

（二）档案检查

充分体现了各学校一把手工程落实情况，各学校档案规范、设计新颖。家长学校普及性课程做得扎实有效，针对性课程结合实际，创新课程新颖独特，线上线下宣讲好家风、好家教、好家访已成常态。各学校还建立班级家访台账，让家访成为促进学生、家长、老师和谐关系的重要途径；学校不断完善相关制度、规章，合理划分职责，使家委会的各项工作都有章可循，家委会协调矛盾工作有实施方案，有记录表，能体现处理结果；各学校家委会编印的《家长成长手册》更科学更具体化，根据家长升级，各学段的内容既有梯度，又有温度，评选星级家长得到广大家长的认可。三级家长委员会组织的亲子实践活动有声有色，《家校携手校报》记录了家校间有效的沟通与交流，家校共育云平台走在了时尚的前沿。

（三）电话访谈家长

督导评估组成员电话访谈家长，在交谈中感受到各校家庭教育工作已逐渐扎根于家长的心里。各学段的普及性课程能够按照要求认真开展，既有线上课堂，又有线下年级大课堂、班级小课堂，此外，还有老师的家访课程等，渠道多，内容适合，使家长在家庭教育理念和方法上不断学习和提升，特别是填写《家长成长手册》已成为每位家长家庭教育方向指导的标配；参加星级家长的评选工作，增强了家长对孩子示范引领作用的认识；家长随时到学校传达室领取听课证并进班听课已成常态等。以上为营造良好的育人环境打下坚实的基础。家长对各学校家校协同育人工作持满意态度。

（四）班级案例教学说评课

现场听评指导。各学校班主任按照家长学校教师“六认真备课”要求，即认真备教材、备案例、备方法、备学生、备家长、备作业，严谨周密，落实有效。根据本班家庭教育问题，确定授课课题；严格按照班级案例教学流程，从案例展示、案例分析、交流反思、引导实践、拓展提升五个环节进行说课，通览教材，分析教材，灵活使用教材，条理清晰，方法得当，案例具有共鸣性与启发性，能够引起家长的互动与反思；课后既有实践性作业，又有学习提升作业，使原本说教式课堂改变为互动交流体验式课堂。通过家长学校各类课程，教会了家长打通三门——家门、校门、心门。

（五）反馈交流

督导评估组成员每走进一所学校，通过听、查、说、访环节，都留下宝贵的建设性意见，对学校在工作中遇到的疑惑、问题作出明确的解答和指导。

根据督导评估结果，进行表彰。2018年12月，青山区教育局隆重表彰了25所三星级家长学校、14所二星级家长学校、12所一星级家长学校，17个三星级家长委员会、17个二星级家长委员会、17个一星级家长委员会，15名家校协同育人工作优秀校长、77名家校优秀工作者、67名家长委员会优秀工作者、76名家庭教育优秀教师、51名家庭教育优秀班主任。

五、研究成果的推广和取得的社会效益

整个课题的研究理论结合实际、实事求是，在观点上抓准，在问题上找准，在方法上具体，在操作上简便。既科学正确，操作性强，又有实际适用性。

青山区建立四级家委会1577个，形成完备机制。共建家长学校52所，有本土家庭教育指导教师1571名，四年来培训家长225621人，评出优秀家长22562人。本区未成年人由于缺乏正确的家庭教育而导致的恶性事件发生率降至零，上访事件逐年减少，教育教学成绩名列包头市前茅。

相关宣传报道在区级、市级乃至自治区和全国媒体上发表。青山区教育局关工委多次受邀做交流发言，并承办了包头市中小学家庭教育工作现场推进会，成为国家首批家庭教育立德树人实验基地，获多项荣誉称号。

六、研究存在的问题及今后设想

（一）研究实施中存在的问题

本课题的提出和研究在全国尚属首家，没有可以借鉴的模式，研究工作常常出现反复。

第一，在研究过程中，有些研究方法不够得当，有些问题研究不够透彻。例如，学校和家庭教育的差异性对学生的影响、学校和留守儿童家庭教育的差异性对学生的影响、学校和特殊家庭（单亲、困难、孤儿）教育的差异性对学生的影响等，这些问题还暂时无法着手研究。

第二，受客观条件的限制，个别数据不够准确。

（二）今后的发展思路

第一，反复运用课题研究成果，形成制度。

按年龄特点细化研究目标，做到既有阶段性效果，又有过渡性衔接，使理论研究发展阶段与实际教育阶段对应吻合起来，进一步丰富和完善研究成果。

第二，对在本课题研究中衍生出来的新的课题进行研究。

如进一步研究学校和家庭教育的差异性对学生的影响、学校和留守儿童家庭教育的差异性对学生的影响、学校和特殊家庭（单亲、困难、孤儿）教育的差异性对学生的影响等。

第三，探索家校社协同育人机制，拓展研究广度。

协同育人的范围不应只包含家校教育，还应该包括社区教育。按教育部等九部门《关于进一步推进社区教育发展的意见》（教职成〔2016〕4号）精神，今后，将侧重于构建家校社协同育人机制的建设研究，让社区教育真正起到教育学生、影响家庭、辐射社会的"乘数效应"。

总之，本项课题的研究报告，既有明确的研究成果，又有研究过程中未能达成的一些遗憾。课题结题是结束，更是新的开始，课题组全体成员会带着问题向着协同育人更深更广的领域迈进。

（2020年11月）

课题组负责人：吴生强，李存保；

课题组成员：孔令梅，曹莉萍，苏慧，邵晶洁，崔正操，师冬香，郝红英，侯振河，初宏，郝慧珍。

成都市青羊区教育局关工委课题组

发挥“五老”优势，探索家校社一体化家庭教育的基本路径

内容摘要

家庭是人生的第一所学校，孩子问题多起源于家庭、显示于学校、危害于社会。学校、家庭、社会以不同的空间和时间占据了孩子的整个生活，任何一方“脱节”或“缺失”，都会削弱甚至抵消教育的合力。探索家校社一体化家庭教育基本路径，实现家校社在家庭教育方面的无缝对接，可满足人民对优质教育的向往，是新时代对教育的新要求。在2018年全国教育大会上，习近平总书记指出：“办好教育事业，家庭、学校、政府、社会都有责任。”家庭教育不仅是关乎千家万户幸福的事，还是关乎国家兴旺、民族复兴的大事。在实现立德树人教育根本任务过程中，发挥“五老”优势，更有利于探索家校社一体化家庭教育的基本路径。

关键词

“五老”优势；家校社一体化；家庭教育；基本路径

一、研究背景

（一）问题的提出

青羊区位于成都市中心城区，现有在校中小学生及幼儿园儿童10万余人，从2016年以来，教育局从区域层面推动家庭教育工作，经过4年多的努力，在家校协同共育、家校沟通等方面已取得了可喜的变化，家长对学校的满意度也在逐步提升。而调查发现，越来越多的家长感觉，孩子回到家，特别是寒暑假等节假日，遇到了家庭教育中的棘手问题、突发问题，真不知道该怎么办，有一种求助无门的感觉，很困惑、很无奈，家长非常希望能在家门口、在社区随时就近享受到专业的家庭教育指导服务。有家长说："孩子放假后，成长中的问题不断出现，如果能通过社区提供及时的、有效的专业支持，是再好不过的事情。"全区中小学生及家长分散居住在青羊67个社区，怎样让青羊家庭教育在社区落地扎根，是摆在青羊教育人面前亟待解决的课题。实现"家校社家庭教育一体化"，打通家庭教育最后"一公里"，以方便、快捷、有效、实用的家庭教育专业支持，提升广大家长和孩子的获得感、幸福感。因此，充分发挥"五老"优势，探索家校社一体化家庭教育基本路径是有效解决广大家长面临的家庭教育众多问题的需要。

（二）研究的意义

在2018年全国教育大会上，习近平总书记指出："家庭是人生的第一所学校，家长是孩子的第一任老师，要给孩子讲好'人生第一课'，帮助扣好人生第一粒扣子。"这清楚地告诉广大家长身上肩负的责任重大。习近平总书记强调，关心下一代工作要坚持服务青少年的正确方向，推动关心下一代事业更好发展。十年树木，百年树人。做好关心下一代工作，关系中华民族伟大复兴。关工委要着力加强青少年思想道德建设，引导青少年成长成才，团结教育广大青少年听党话，跟党走。

“发挥‘五老’优势，探索家校社一体化家庭教育的基本路径”是当今关工委工作面临的新形势、新问题。例如，教育理念的滞后、教育方法的欠缺，导致家长身陷家庭教育的误区难以自拔。重智育轻德育、重言教轻身教、家校社教育脱节、家风家教的缺失等都严重阻碍着下一代的健康成长。习近平总书记高度重视家庭教育，强调指出，“家庭是社会的基本细胞，是人生的第一所学校”“要重视家庭建设，注重家庭、注重家教、注重家风”。

站在营造有利于孩子健康成长的家庭、学校和社会环境，促进国家发展、民族进步、社会和谐、实现中华民族伟大复兴的历史高度，关工委应勇于担当，充分发挥“五老”的优势，进一步推动关工委工作创新发展。

通过发挥“五老”优势，探索家校社一体化家庭教育基本路径，总结提炼出富有创新性、实效性的家庭教育指导的基本做法，普惠更多家庭的家长和孩子，让“五老”积累的情怀优势、经验优势、知识优势和时间优势在践行家庭教育立德树人的根本任务中发挥不可或缺的作用。

1. 课题研究的理论意义

本课题的研究对于家庭教育立德树人以及贯彻落实社会主义核心价值观具有积极理论价值。

第一，搭平台，发挥“五老”优势。教育关工委通过搭建科研平台，充分调动和发挥“五老”的科研优势。

第二，聚合力，担负立德树人根本任务。无论是学校教育、社会教育，还是家庭教育，都必须紧紧围绕立德树人这个根本任务展开，因此探索家校社一体化家庭教育基本路径是实现教育根本任务的必然要求。

第三，多形式，实现家校社一体化。通过社区家庭教育加油站、智慧父母学习沙龙进社区、在社区设老教师家庭教育工作室等多形式，拓宽家校社一体化家庭教育的路径。

2. 课题研究的实践价值

本课题研究的实践应用价值，主要表现在以下三个方面：

第一，充分发挥"五老"优势，让"五老"老有所为、发光发热，在弘扬主旋律、传播正能量的过程中助力于家庭教育的提质。

第二，引领家长转变观念，主动担负立德树人的重任，注重榜样示范对孩子的教育作用，培育一批生动活泼的、具有可操作性的家庭教育范式，推动家校社一体化家庭教育在区域范围的良性发展。

第三，充分发挥家庭教育在家校社一体化中的基础作用，有效弥补家校社三个场域教育的脱节，规避因脱节带来的教育合力的削弱和抵消。促进"三教"合力助力孩子成人成才，形成家校社一体化家庭教育新生态。

二、研究设计

（一）概念界定

1. 家校社一体化

孩子问题多起源于家庭、显示于学校、危害于社会。学校、家庭、社会以不同的空间和时间占据了孩子的整个生活。在家校社不同场域，实现家庭教育指导无缝对接。家长在家校社不同场域均可享受到家庭教育的指导服务。

2. 家庭教育

家庭教育有广义和狭义之分。狭义的家庭教育，是指家庭中的父母及监护人对未成年孩子进行教育和影响。广义的家庭教育，就是家庭成员之间的相互影响教育。本课题中的家庭教育指的是广义的家庭教育。

3. 基本路径

路径是指通向某个目标的道路，家庭教育的终极目标是立德树人，让每个孩子都成长为最好的自己。本课题旨在从家庭教育共性出发，探索出具有共识性和普遍指导意义的基本方式方法，兼顾个性化指导。

4.“五老”优势

从教育关工委的层面，“五老”是指老党员、老校长、老德育工作者、老班主任和老教师。“五老”优势在于：第一，情怀优势。“五老”大多具有教育情怀，他们把关心下一代的健康成长当成自己的终身使命。第二，经验优势。“五老”在教育战线工作了一辈子，积累了大量的教育培养下一代的经验。第三，知识优势。“五老”用自己的丰富学识，为家庭教育事业发展提供智力支持。第四，时间优势。“五老”退休以后，居住在不同的社区，他们有更多的时间、精力投身于关心下一代的事业中，且更有利于家校社的连接。

（二）研究内容

本课题的研究内容包括文献研究、调查研究、课程研究、行动研究及推广研究五个方面。其中课程研究中以课程建设为中心，研发了理论与实践互为依托的“七段三块”家庭教育系列课程，以年龄学段为纵线，形成覆盖准父母、早教段、学前段、小学段、初中段、高中段和职高段共七个学段的课程链，以模块内容为横线，覆盖对家长指导的必备领域，形成修身齐家、育才树人、家校社共育三个篇章的课程模块，构建起科学化、序列化、模块化的家庭教育课程体系。现已推出269个主题、近2000个课程菜单，供学校、社区和家长选用，有效地促进家长从自然家长向合格家长、优秀家长到智慧家长的转变。

（三）研究方法

本课题的研究方法采用了文献研究法、问卷调查法、个案研究法、行动研究法、经验总结法，确保了课题研究的方向明确、结构清晰，在掌握第一手材料的基础上，以问题为导向，边研究边实践，不断提升，提高研究成果的科学性及可操作性。

（四）研究阶段

本课题研究分为四个阶段。

第一阶段（初期）：2018年2—3月，学习领会《关于申报教育部关工委2018年度研究课题的通知》精神，组建课题组，确定课题名称，撰写完成课题研究方案，上报省教育厅关工委。

第二阶段（前期）：2018年4—12月，①设置家校社一体化家庭教育课程体系；②建立课题研究基地校及研究社区；③充实优化"五老"讲师团队伍；④探索家校社一体化家庭教育的基本路径并总结提炼范式在全区推广，让家庭教育在家校社不同的时空中无缝对接。

第三阶段（中期）：2019年1—5月，①家校社一体化家庭教育工作基地校、基地社区及全区各中小学典型案例征集；②总结提炼家校社一体化家庭教育工作的基本路径的"青羊模式"。

第四阶段（后期）：2019年6—9月，①完成研究报告撰写；②完善提炼家校社一体化工作模式及经验总结；③完成结题报告书撰写；④接受教育部关工委验收。

三、研究过程

（一）做好探索家校社一体化家庭教育基本路径的顶层设计

成都市青羊区委区政府把家庭教育纳入社会公共服务体系，作为民生工程和深化改革重点项目强力推进。在政府的主导下，青羊区教育局关工委积极作为，科学引领，务实求真，从家长的实际需要出发，解决家校社在家庭教育方面不统一、不匹配的问题，形成了探索家校社一体化家庭教育基本路径的顶层设计（图1）。

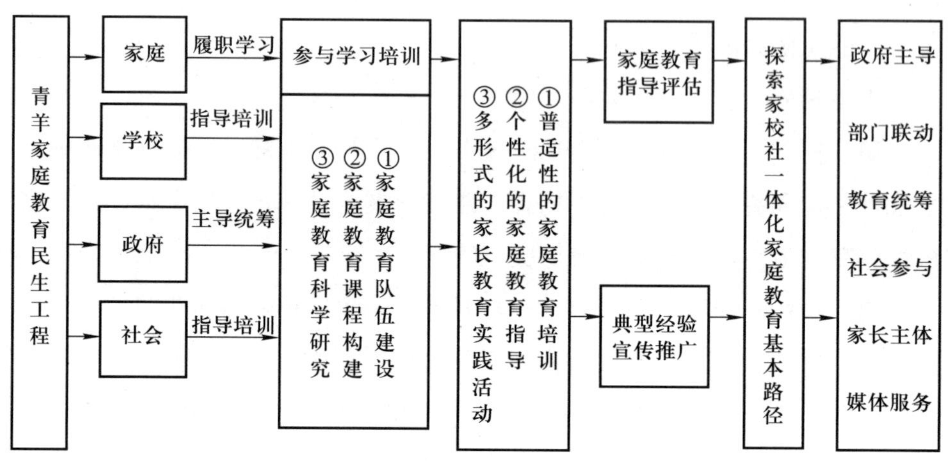

图1 家校社一体化家庭教育的顶层设计

在此顶层设计下，全区家长在享受家庭教育指导服务方面实现了家校社在时间、空间上的无缝对接，家长在社区、在家门口就能享受到科学的、及时的家庭教育指导服务。

（二）建立课题研究基地校和课题研究社区

从课题申报开始，教育局关工委领导多次就课题研究的重大意义等方面召开来自家长代表、学校分管领导和社区领导参加的座谈会及专题会议，让更多的学校、社区对探索家校社一体化家庭教育基本路径有了更深的认识。先后有32所中小学、幼儿园申报为课题研究基地校，16个社区为课题研究社区，并形成了典型范式。

在课题组的指导下，各课题基地校和课题研究社区结合本校本社区实际，开展家校社一体化家庭教育路径的探索，助力家庭教育提质，各有特色、精彩纷呈。

（1）成都市草堂小学通过活动、课程、社会机构立体化驱动家校社一体化的模式，充分利用学校周边的社会资源，有效促进了家校社良性互动，让广大家长、孩子受益匪浅。

（2）成都市泡桐树幼儿园在探索家校社一体化家庭教育基本路径的过程中，采用“请进来”，即把家长请进幼儿园的品格教育课堂，每月举办一次现场互动、讨论、举例论证的活动，有效促进了家长对品格教育的理解；“走出去”，即带领孩子、家长走到社区去开展各种各样的活动，引导孩子健康成长。

（3）成都市文翁实验中学是一所城郊初级中学，在探索家校社一体化家庭教育路径的过程中，走出了一条“引领学区共建‘四维一体’教育新生态”之路，在校级、年级、班级三级家委会的基础上，成立了学区家委会，依靠章程、制度，确保有效整合学区内各种教育资源，打通了家校社的连接通道，让广大学生和家长享受到更丰富优质的教育资源。

（4）成都市青羊区东坡路社区在探索家校社一体化家庭教育基本路径的过程中，走出了党建引领家庭教育新路径，创建了“家风建设中心”和“五老”志愿者“李萍家庭教育工作室”，以务实创新的姿态服务家长和孩子。他们组织开展的亲子活动，例如“我们一起定家规”就具有很强的吸引力，以家庭为单位，家长和孩子在“家规家训家风”建立以及养成方面进行充分讨论，思维碰撞，最终形成统一的家规。家长深有体会地说：“通过和孩子一起定家规，才真正体会到了家长和孩子需要一起成长。”这才是家庭教育服务落实落地之举，家长点赞这样的活动“非常有价值”。“李萍家庭教育工作室”坚持义务为家长提供一对一的家庭教育咨询指导，为家长做好家庭教育出谋划策，深受家长认可。

（三）青羊教育“五老”在家庭教育中充分发挥作用

青羊教育的“五老”，退休不褪色，以“不忘初心、牢记使命”的担当，继续在教育这块土壤上勤耕不辍，将他们的经验智慧奉献给更多的家长和孩子，在探索家校社一体化家庭教育基本路径的过程中，发挥着不可或缺的作用。

李萍是一名拥有45年党龄的老党员，也是一名退休10年的老教师。退休之后，她坚持做家庭教育科学研究，先后担任了教育部关工委立项的三个家庭教育方面课题研究的主研执笔。不仅以求真务实的精神做研究，还将研究的成果传播给百万家长，为家长作讲座1000余场，为数万计的家长咨询答疑。她深入社区、做咨询、开沙龙，满足家长个性化需求，引领家长走出一个个家庭教育误区。2013年，因在退休之后推动家庭教育事业中的突出贡献，被授予“四川省三八红旗手”荣誉称号。2016年被成都市关工委授予“关心下一代先进工作者”称号。

季应朗是一名老德育工作者，也是一名老校长。她将自己积累的经验传授给更多的家长和年轻老师，为提升年轻老师的能力开展专题培训，为家长讲座答疑，她撰写的文章“家庭教育中的道与术”在《中国教育报》发表。

罗国凤是一名老校长，也是一名老党员。她给家长讲课一丝不苟，耐心解答家长的提问，她贴近现实、通俗易懂的讲解，让家长豁然开朗。用家长的话说：“真是老校长，经验丰富啊！”

胡珍是一名老教授。作为一名专业从事家庭性教育的专家，她将有关性教育的科学知识，以通俗易懂的方式传授给家长，破解了家长在家庭性教育方面一个又一个难题，帮助家长解决了很棘手、很焦虑的问题。

卢淑彬是一名老班主任，她以自己做几十年班主任工作的经验，在亲子课堂上组织引领家长和孩子规范有序地听课、操作，确保了亲子课堂的安全和实效，深得家长和孩子欢迎。

以李萍、季应朗、罗国凤、胡珍、卢淑彬等为代表的“五老”团队，在探索家校社一体化家庭教育基本路径过程中作出了重大贡献。

四、研究成果

（一）创新工作方式

1. 组织领导创新

本课题从申请立项到研究的全过程都是在青羊区家庭教育协调领导小组的直接领导下展开的，形成了“政府主导、部门联动、教育统筹、社会参与、家长主体、媒体服务”的家庭教育新格局。

2. 课程培训创新

课程培训的创新体现在以下四个方面：有走进学校、走进社区、走进企事业单位的流动培训课堂；有利用节假日开展的固定培训课堂；有满足家长个性化需求的特色培训课堂；还有利用互联网优势开班的网上培训课堂。

3. 咨询指导创新

为家长提供以“五老”为核心的多形式个性化咨询指导，有电话咨询、面对面咨询和微信咨询，还有走进社区为家长做现场咨询，以及在《新青羊》纸媒上开辟的“五老与您对话”的问题解答专栏等等。通过多方式、多渠道的咨询指导，有效地帮助家长解决家庭教育中的棘手问题，深受家长欢迎。

4. 队伍建设创新

在课题研究的过程中，家庭教育队伍不断扩展优化，为提升家长教育素质提供了强有力的智力支持。拥有以“五老”为骨干的70余人跨界专家讲师团，有超过千人的志愿者团队和“五老”关爱团，还有遍布各中小学、幼儿园及社区的68支家庭教育科研团队。

5. 评价体系创新

在课题研究的过程中，我们全国首创的星级家庭教育评价体系又有了进一步的完善，即为了更好地发挥“五老”优势，推动各级关工委为“五老”发光发热，搭建平台，吸引更多老同志投身于关心下一代事业中。在家庭教育星级评价体系中，考核家长学校的指标增设“五老”志愿团队一项。

（二）研究影响及实效

本课题在研究的过程中得到各级领导的关心和指导，全国妇联党组书记、副主席黄晓薇，教育部关工委主任李卫红等部委、省、市各级领导亲临青羊家庭教育基地调研指导。教育部官网、《中国妇女报》《四川教育导报》《中国教育报》、人民网等媒体都有相应的报道，在课题研究过程中，接待领导调研及参观交流共80余次。国家、省、市级各类媒体宣传报道40余次，在较高程度上让课题研究产生了良好的社会影响。

2019年3月5日，《成都日报》第9版以“发挥老教师正能量 推动家庭教育向纵深发展”为题，报道了青羊区教育局2019年老龄工作会发挥“五老”优势的情况。2019年4月2日，《成都日报》第9版以“发挥‘五老’优势关爱下一代，青羊再受点赞”为题报道了成都市教育局关工委领导莅临青羊教育局关工委的调研考察。

在课题研究过程中，课题组办公室设在教育局关工委，有专人负责课题的管理，完善的工作机制确保课题研究顺利推进。

在课程研究的过程中，我们探索出了具有青羊特色的实现家校社一体化家庭教育的十条基本路径：

路径之一：做好顶层设计——“政府主导、部门联动、教育统筹、家长主体、社会参与、媒体服务”。

路径之二：搭建专业平台——青羊区家庭教育指导中心。

路径之三：构建课程体系——家校社一体化家庭教育课程体系。

路径之四：组建家庭教育团队——为实现家校社一体化提供智力支

持。

路径之五：开设网上课堂——“青羊家庭教育微信公众号”和“青羊家庭教育直播课堂”。

路径之六：在社区建立“社区家庭教育加油站”——聘请“五老”为荣誉站长。

路径之七：开辟纸媒专栏“青羊家长帮·五老与您对话”——为家长答疑解惑。

路径之八：提炼家校社一体化家庭教育典型范式——以点带面，宣传推广。

路径之九：研发《青羊家庭教育家长指导手册》。

路径之十：出版家庭教育区本教材《青羊家长读本》。

五、问题及对策建议

（一）当前我国家庭教育存在的主要问题

1. 家长自身存在的问题

当下还有为数相当多的家长，教育观念滞后，还自以为是，忽视自身学习，深陷家庭教育误区茫然不知，对孩子期望值过高，急功近利，包办一切等，导致孩子没有自主能力，缺乏责任感和与人交往的能力；教育评价方式采用单一的结果评价而忽视了孩子学习过程的动态性评价，错误家教酿成的悲剧也屡见不鲜。今天大多数家长为孩子做得太多，但孩子们却感到空虚、迷惑和焦虑，甚至产生逆反和反抗情绪等。

2. 家庭及社会生活变化出现的新问题

目前我国的家庭构成和经济状况发生了很大变化。一是随着二孩政策的放开，不少家庭有了两个孩子，二孩家庭问题频频发生，大的欺负小的，大的被冷落后自杀等，让身为多生子女的父母无所适从。二是生活条件改善，居住面积增大，电子产品普及，这些优越的物质条件为孩子学习提供了方便，却容易造成孩子与父母沟通越来越少。三是部分家长养育孩子压力大所带来的问题。据调查，有超过50%的家庭对孩子教育培训的投入占了家庭总收入的30%以上。因为教育开支过大，对孩子期望值就越高，而因孩子的表现不能如愿以偿，导致很多家长常常处于烦恼和焦虑之中。四是我国的单亲家庭子女比例越来越高，孩子在父母矛盾和闹离婚的冲突中受到不同程度的伤害。五是改革开放以来，随着流动人口大量增加，隔代教育也随之大量出现。六是网络飞速发展，“黄赌毒”、网瘾对孩子的负面影响不容忽视。还有突发的公共卫生事件导致亲子相聚的时间增多，随之亲子矛盾也更加凸显等。面对上述新问题，广大家长非常需要随时、方便地得到家庭教育专业指导。

3. 孩子自身因素之影响

孩子是家长家庭教育行为成功与否的关键，孩子的一切言行都会对家长的家庭教育行为产生影响或作用，因此孩子也需要对自我进行了解，具体包括思想和行为两方面因素，分述如下：

（1）思想因素：

①多元文化元素的影响。现在的孩子生活在一个多元文化气息的社会里，有的孩子所接受的思想里无处不透露着怀疑一切、虚无境界等后现代主义思想，这与其家长所接受的传统思想形成了自然的冲突。所以当今孩子的所思所想与家长们观念不一致，其现象本身是孩子们自己无法规避的。

②巨大负面情感压力的不健康心理表现。孩子生活在父母的督促要求下，孩子们的内心缺乏对自我感情进行清醒认识的能力，处于感情饥渴状态，因此他们往往会变得目标不明确、人生无方向、意志不坚定，而且极

不自信、封闭自己真实的感情；还有的孩子会变得极端功利，为了取悦别人、得到家人的认可，有的孩子不择手段。

③独立意识增强的后果。随着孩子年龄的增长，他们与父母关于自由、权利的争论越来越多，这是孩子独立意识增强的表现。而与此同时，父母却更倾向于保持社会传统、规则和责任，希望以此来影响孩子的行为和习惯。然而因双方对社会很多领域的认知观点不一致，所以会造成亲子冲突。

（2）行为影响因素：

①惰性与本能的抗争。生活在太安逸的家庭环境下，事事都由父母操心代办，被家庭几代成员过分娇纵与照料，久而久之，孩子形成了依赖心理，缺乏时间观念，没有责任心等。到了青春期后，随着孩子体内荷尔蒙的增长，男孩攻击性会表现强烈，向家长发起夺权之战；女孩会表现出较多的抑郁情绪，变得多愁善感；随着这些变化，家长会对孩子加强管理与控制，于是亲子冲突加强。

②敏感而好奇的性及性别教育。对于中国家长来说性是一个忌讳的话题，而对于目前的孩子来说却是一个充满神秘而好奇的东西。由于家长们闭口不谈、羞于启口或谈性色变的态度，导致很多孩子在成长过程中没能获得相关的科学知识和正确引导。有的孩子会通过多种方式满足自己本能的渴望，有的会选择更为大胆且逆经叛道的方式，这便会给整个家庭的和谐带来巨大震动。

③学业上受传统教育影响。孩子们面对学业大多处于被动状态，学习积极性不高，对待学习，家长、老师比学生自己更操心。由于学习目标不明确、动力不足、学习方法不当、学习习惯不好等，而导致学习效果不佳。

（二）对策建议——加快家庭教育国家立法

1. 加快家庭教育国家立法

家庭教育是现代教育体系的三大组成部分之一，它与学校教育、社会教育一起，共同构成了塑造人的完整的教育体系。新中国成立以后和改革开放以来，党和国家一直十分重视家庭教育工作，采取了一系列重大措施，并收到了显著成效。但是也要看到，相比学校教育而言，我国家庭教育立法显得滞后，至今仍然无专法可依，呈现出立法缺位、“三足”不能“鼎立”的局面，家庭教育在教育体系中的基础作用长期被忽视。

众所周知，一个人的成长与社会化过程首先从家庭开始，从模仿父母家长开始。父母是孩子的第一任老师和终生老师。如果对家庭教育和家长教育重视不够，或是出现重大失误甚至失败，不仅会影响和毁掉孩子的一切，而且会影响国家与民族的未来。党的十九大明确指出：要努力让每个孩子都能享有公平而有质量的教育。“有质量”清晰地指明了未来教育发展的一大着力点。家庭教育没有做好，是对孩子最大的不公平；家庭教育质量不高，孩子难以成人成才。

因此，未成年人的家庭教育绝非是个人家庭私事，应将其作为国家兴旺与民族复兴的大事对待，高度重视起来。

2. 发挥社会主导作用

进一步明确政府主导家庭教育工作的领导体制。通过理顺关系，努力促成家庭教育工作均衡化、有序化发展的新格局，推动家庭教育的研究、传播、践行工作向专业化、科学化的方向推进，进一步提升家庭教育指导服务品质，造福于民。

（1）把家庭教育纳入国民教育体系：把家庭教育工作经费预算列入教育经费预算和开支。因为孩子的诞生，父母是对教育需求渴望最为迫切的群体，但这种需求基本都投入到了孩子身上，而很少对自我开展教育。在推动对父母进行教育的工作上，政府投入一些经费，起到保底作用。在此基础上引导家长主动参与学习并积极投入，学校、家庭、社会三方形成合力，助推家庭教育全程、全员、全面推进，从而改变家长家庭教育的被动局面。

（2）多举措支持加强家庭教育理论研究：对先行一步进行了较好家庭教育研究的企事业单位和社会机构，可以支持其尽快把研究成果转化为实践培训指导。对当下急需理清的更多问题，如家校社怎么实现一体化，形成协同共育机制、重大公共危机背景下家庭教育的应对、传统家庭美德的辨析梳理等研究课题，要给予支持并推动各相关研究深入进行。

（3）通过相关媒体的大力宣传，引发全民对家庭教育的高度关注与重视：当下中国教育，形成了一个大多数人愤然鞭笞、很少行动破解的怪圈。一方面父母们对优质教育的呼声日益高涨，另一方面教育部门的一些正确改革却又遭遇父母们的阻力，导致素质教育难以推动、应试教育愈演愈烈。通过广泛宣传，让家庭教育的重要性深入人心，推动围绕家庭教育开展全民讨论在家庭教育中如何传承优秀的中华传统文化、如何落实社会主义核心价值观等问题，进行深入细致的全民辩论并达成正确的共识。只有家校社协同共育，才能培养出立足中国、面向世界的卓越新一代，实现中华民族的伟大复兴。

（2019年9月）

课题组负责人：杜忠云；

课题组成员：刘立频，宋奕云，邵开泽，李良兵，李萍。

贵阳市教育关工委课题组

贵阳市教育关工委推进家庭教育工作的实施途径和策略研究

内容摘要

本课题研究，以现代教育理论、《全国家庭教育指导大纲》和《教育部关于加强家庭教育工作的指导意见》（教基一〔2015〕10号），结合贵阳市学校家庭教育实际，遵循科学的教育研究方法和教育规律，立足学校家庭教育工作推进的实际状况，解决学校家庭教育中存在的问题，重点对推进中的实施途径、有效指导策略进行了比较研究，形成了贵阳市中小学、幼儿园整体推进家庭教育工作的实施途径和有效策略及一些实施的范式，提高了家长家庭教育的意识和综合能力，提升了教师的研究能力，促进了教师的专业成长，推进了学校的特色化办学和整体水平。

关键词

推进；家庭教育；实施途径；策略

一、课题研究背景

（一）家庭教育是学校教育和孩子成长的基础

父母是儿童健康成长的第一任教师。儿童健全人格的形成与发展，和家庭环境、父母教育密切相关。良好的家庭教育可以为儿童顺利完成学校教育打下良好的基础。2015年10月31日，由中国教育学会主办、中国教育学会家庭教育专业委员会承办的2015年家庭教育国际论坛在广东省中山市召开，在“教育始于家庭”的会议宗旨引领下，与会者围绕研讨家庭、家教和家风建设进行了研讨，一致认为家庭教育才是真正的人生“起跑线”。

（二）国家对家庭教育的要求越来越明确

《中华人民共和国教育法》明确提出了要建立和完善终身教育体系。家庭教育是终身教育的重要组成部分。为落实家庭教育，党和政府出台了一系列与家庭教育相关的政策和文件。2015年2月17日，习近平总书记更在春节团拜会上强调“要重视家庭建设，注重家庭、注重家教、注重家风”；10月22日，教育部印发《教育部关于加强家庭教育工作的指导意见》（教基一〔2015〕10号），明确了家庭教育必须坚持“政府主导、部门协作、家长参与、学校组织和社会支持”的工作方针。2016年11月15日，九个国家级部门联合发布了《关于指导推进家庭教育的五年规划（2016—2020年）》。在政策上“将家庭教育纳入‘十三五’经济社会发展规划、部门相关规划计划，纳入经济社会发展整体布局”，这说明家庭教育的发展已经确定明确的路径。

从教育关工委的性质看，关工委的工作方针是围绕中心、配合补充，因地制宜、量力而行，立足基层、注重实效，宗旨是立德树人、关心帮助青少年健康成长。家庭教育既是关心帮助青少年健康成长的大事，又是教育行政部门和学校的重要职责，教育关工委参与家庭教育工作很有必要。

（三）贵阳市教育局对该项工作的重视

2016年3月9日，贵阳市教育局出台了《贵阳市教育局2016年家庭教育工作实施方案》，明确指出，要以党的十八大和十八届三中、四中、五中全会精神为指导，深入贯彻落实习近平总书记关于注重家庭、注重家教、注重家风的系列讲话精神，紧紧围绕“立德树人”总任务要求，以社会主义核心价值观教育为中心，以促进学生健康成长和全面发展为依归，努力把握家庭教育的规律性，不断增强家庭教育的针对性，切实提高家庭教育的有效性，积极强化家长在家庭教育中的主体责任，充分发挥学校在家庭教育中的重要作用，着力构建社会、社区密切配合的家庭教育社会支持网络，为下一步推动实施家庭教育服务供给侧改革，实现家庭教育工作精准化打下良好基础。

（四）贵阳市推动家庭教育的需要

目前贵阳市在这些方面也加大了发展力度和扶持力度，各方面的情况总体上有所好转。2015年云岩区17校参加了市级重点课题“家庭教育促进学生健康成长的研究”，培养出386名高级家庭教育指导师，取得可持续可推广成果；南明区创造了为省教育厅关工委认可的家长学校工作经验；息烽县留守儿童家庭教育工作全面展开……各个区、县（市）都不同程度地形成了家庭教育工作的特色。这是本课题研究在创新、特色形成、难点突破等方面可贵的资源。

但是，学校对家庭教育的指导内容比较零散，形式比较单调，还不能真正满足家长们的需求，对家长如何处理学生成长中的问题还未能提供科学、正确、切实可行的参考。课题从家庭教育成为立德树人最薄弱环节的实际出发，以贵阳市幼儿园、小学、中学的典型学校为研究单元，针对家庭教育与学生健康成长过程中出现的矛盾与问题，通过系统的研究，分析产生这些矛盾与问题的原因、症结所在，探寻化解矛盾、解决问题的对策，探索出贵阳市中小学、幼儿园整体推进家庭教育工作的实施途径与策略，形成促进学生和谐发展的教育模式。

二、研究设计

（一）课题研究的目标

1. 形成贵阳市中小学、幼儿园整体推进途径与策略。

2. 提升贵阳市中小学、幼儿园教师专业技能。

3. 形成贵阳市中小学、幼儿园家庭教育讲座菜单。

4. 建成一支优秀的家庭教育教师队伍。

5. 提升家长素养，促进学生健康成长。

（二）课题研究主要内容

1. 家庭教育的相关概述

本部分是整个研究的一个前期准备，拟从问题的提出、核心概念界定、研究意义与价值、家庭教育的文献综述、研究方法以及可能的创新与不足等方面作一个理论性的规划与设计。

2. 进行我市家庭教育工作现状调查

对课题研究实验校及区域中小学生、幼儿园学生的家庭教育指导现状进行调查，了解我市学校家庭教育工作的现状、特点及需求。进而分析其存在的问题，寻找解决的方法。

3. 推进我市家庭教育工作策略研究

即学校教育与家庭教育互动的组织建设及制度建设策略研究，学校教育与家庭教育互动的内容及策略研究。

4. 整体推进家庭教育工作的宏观管理机制研究

包括总体目标、实施途径、教学设施、师资配备及教师专业发展、课程资源开发建设、学校管理、教师责任与激励措施、督导内容与方式等一系列制度、章程。

（三）研究的重点与难点

1. 研究重点

针对导致我市家庭教育发展乏力和滞后的因素，找到影响贵阳市中小学、幼儿园整体推进家庭教育工作的关键，并提出有效的应对策略，是本课题要研究的重点。

2. 研究难点

一是如何确保有关政策措施的有效执行。二是初步探索出贵阳市中小学、幼儿园整体推进家庭教育工作实施途径与策略。三是目前在全国范围内，这一研究大多尚处于探索、尝试过程中，这一现状给本课题研究在理论支撑和经验借鉴上带来一定难度。

（四）研究对象

各课题校家长、学生、教师。

（五）研究的主要方法

1. 行动研究法

针对学校（含幼儿园）在家庭教育指导活动实践中的问题，通过收集相关资料，探索改进和解决问题的途径与策略，力图将改革行动和研究工作相结合。

2. 个案研究法

研究团队会追踪研究某一个体或团体的行为，如对一个或几个个案材料的收集、记录，并写出个案报告。

3. 调查研究法

如通过对实验校行政领导、教师、学生、家长采用观察、面谈、问卷、访谈等方式，了解我市家庭教育的实施现状。

三、研究过程

（一）贵阳市中小学、幼儿园推进家庭教育工作的现状

通过问卷调查和实地访谈的研究方法，了解贵阳市中小学、幼儿园指导家庭教育工作的现状，发现问题，由此确认子课题的研究内容和着力点。本次调查采用无记名的方式，面向息烽、花溪等12所实验学校发放问卷，从家长视角出发，调查贵阳市的家庭教育及指导的现状，共计2756人参加调查，统计结果及其分析如下。

1. 对家庭教育的组织者——学校的调查

通过统计可见，学校作为家庭教育指导的组织者，开展相关活动的组织形式、活动形式、指导方式单一，教育资源缺乏，对家长进行家庭教育指导的频率较低。让我们不得不思考，学校该如何开展家庭教育指导工作？应该对家长们指导些什么？指导的形式和方式能否多元？指导的内容如何能符合学生的就近发展、满足家长的需求？

2. 对家庭教育指导的实践者——教师的调查

通过统计可见，主要对家长进行家庭教育指导的，大多数是学生所在班级的班主任老师。老师们对孩子比较关心，也能根据孩子的特点提出有针对性的家庭教育建议，教师更多的是告知家长如何正确配合学校的教育活动，但是教师与家长关系紧张、不和谐。这让我们不得不思考，作为指导者的老师，他们为什么不能很好地与家长互动？为什么不能让家长成为教育的助力？ 作为指导者的老师应该具备什么样的能力？ 学校对指导者的工作可以如何激励？

3. 对家庭教育指导的对象——家长的调查

通过统计可见，家长关心教育的方法，关注孩子的成长，但是也需要专业的指导。因此，在家庭教育指导过程中，如何提升家长的自我教育意

识，成为我们最该思考的问题。

（二）贵阳市中小学、幼儿园推进家庭教育工作存在的问题

1. 学校指导缺乏主动性和计划性

学校家庭教育指导工作缺乏主动性和计划性，虽然各学校根据教育部门的要求都建立了家长学校，但流于形式；学校对家长的指导频率太低，难以满足家长的需求；指导对象缺乏针对性和层次性；指导形式单一，以家长会和家长学校为主要形式，学校不具备对家庭开展个别指导的能力；指导方式封闭，新媒体运用不够；指导内容碎片化，没有体系也不够规范，不能满足不同素质层次家长的不同需求。学校的管理功能的局限性，让学校难于在家长的自愿性参与与强制性教育方面有机统一。

2. 指导者缺失家庭指导知识素养

教师在任职前，没有接受过有关家庭教育以及家庭教育指导方面的相关学习，不具备相关的理论知识；在任职后，接受的继续教育培训也以师德师风、教育理念、法律法规为主，仍然缺乏家庭教育及相关知识的学习，这些就导致作为指导者的教师无法有效进行家庭教育指导的工作。还有一部分教师在与家长的交流和沟通中，以“教育专家”自居，不关注家长的教育力量，不了解家长对家庭教育指导的需求，自然就不能对家长给予正确的家庭教育方法的指导；新任教师和青年教师，面对家长，缺乏自信，认为自己在年龄和经验方面都没有经验，面对家长时表现自卑，导致家长不信任，从而指导不力，指导的质量不佳。

3. 家长自我教育意识的缺失

家长在成为家长前，没有接受过相关“上岗培训”；成为家长后，虽然把目光集中在孩子的成长上，意识到孩子的教育很重要，但是没有自我学习的意识，只是用“自己的经验”来教育子女。关注孩子的成长多，关注自我的提高少；被动地与学校（教师）交流孩子教育的问题，不会主动

咨询。有一部分低学历低收入的家长存在自卑心理，认为自己教育不了孩子；而一部分高学历高薪水高职位的家长自负自傲，认为教师不如自己，从而不能正确理解和接受教师对其进行的指导，影响了家庭教育工作指导的实施。

4. 家校合作现状不容乐观

家校合作的形式比较单一，家长缺乏参与家庭教育活动的主动性和积极性，基本依靠学校主动引导、开展活动。学生不信任教师，认为老师见家长就是为了“告状”；教师不信任家长，认为家校双方立场不同，是对立关系；学校缺乏相关工作的管理制度、激励机制，缺乏对教师进行职后培训的意识，缺乏对家校合作的计划，导致学校主导的作用没有发挥；家长学校活动开展随意性强，计划性不够；家校的合作还停留在出现问题时才了解、才反馈的局面。

（三）贵阳市中小学、幼儿园整体推进家庭教育工作存在问题的归因分析

1. 学校制度缺陷

在学校承担这一角色的人员以班主任为主，而这些工作很多时候都是在工作的八小时以外，且不计工作量、不列入课表、不作为职称评定条件，学校缺乏对教师的奖惩和激励制度，组织管理没有系统，没有定人、定岗负责专项工作，没有稳定有品质的指导团队，缺乏考核、监督机制，导致教师和家长游历边缘，学校家庭教育指导工作不能常态化、规范化地开展。

2. 教师和家长的互动障碍

教师和家长存在互动的障碍，主要因为三个原因。一是因为时间、精力、财力受限。教师日常教育教学任务过重，缺乏足够的时间和精力自我提升，缺乏如何与家长沟通、有效指导家庭教育工作的思考。而家长也因为工作繁忙或为生计所迫，缺乏与孩子和教师的沟通。二是因为理解的缺

失。家长的素质、文化水平差异较大，与教师在合作交流中，容易因为沟通不畅导致相互的不理解。三是目前学校的家庭教育指导的重点集中在"问题学生"和"学生学业"的指导上，而且还是有了问题才进行教育和指导。

3. 专业教师缺乏

家长学校专业教师的缺乏，导致难以保证家庭教育指导的科学性和有效性。学校的教师欠缺专业性，校外聘请的专家具有"临时性"，对家长不够了解，教授的内容欠缺系统性、针对性、常规性和稳定性。学校的教师虽然了解被指导者，但他们本身没有经过家长教育指导相关的系统培育，全凭个人的学习或经验，因此很难保证教学的专业性和科学性。

（四）贵阳市中小学、幼儿园推进家庭教育工作的提升策略

1. 明确三个重视

第一，重视制度性，让家庭教育工作规范化制度化。制定了《家庭教育指导中心管理制度》《家庭教育指导中心工作实施计划》《家庭教育讲师评优实施办法》等有关制度，确保了家庭教育工作制度化。第二，重视专业性，为架起家庭教育与学校教育之间的桥梁，学校成立了以校长为主任、班主任为核心成员、优秀教师为主要成员的学校家庭教育指导中心，聘请退休老校长、老教师、老党员、知名教育专家组成我市家庭教育专家顾问团，增强了家庭教育工作的专业性；组建了由副校长、骨干教师和优秀班主任及家长组成的家长学校讲师团队伍，通过学校行政正确的领导，加上授课老师的精心组织，最终达到家校合一、共同提高的目标。第三，重视可操作性，让家庭教育工作规范化，制定了《学校家庭教育发展规划》，对学校家庭教育工作的基础投入、教育内容等都作了周密规划和部署，确保了家庭教育工作的顺利开展。

2. 完善家校互动制度

（1）探索学校家庭教育工作保障机制：

构建了《家庭教育指导工作运行框架》，制定了《教师与家长沟通制度》和《教师与家长沟通制度实施细则》。

明确了严密的考评制度和办法，将教师指导家庭教育纳入工作量计算，制定了相关考评措施，将之纳入工作考核体系，制定《教师与家长沟通考核评价办法》。

折算出家庭指导评价权重，把家庭教育指导工作制度化、常态化。在重要活动中折算工作量；列入班主任工作绩效考核，作为班主任的职责之一、评优评先的条件之一。

（2）建立学校家庭教育工作经费保障机制：

设立市、区（市、县）家庭教育专项经费。明确学校每年生均办公经费的一定百分比须用于学校家庭教育工作，即把家庭教育经费列入学校公用经费预算予以保障。

（3）建立和完善考评机制，推进家庭教育指导工作：

对老师的评估：将教师承担的家庭教育工作纳入学校教学工作计划，与日常教学任务及其考核评价同等对待，将指导家庭教育纳入教师工作考核中，建立激励机制，鼓励支持教师参加家庭教育指导工作。通过明确指导内容、要求，切实加强教师的指导责任意识。

对学校的评估：将家庭教育工作纳入教育行政部门和学校教育规划，将家校联动机制建设列入学校发展性评价考核的内容。教育主管部门建立督查评估、激励表彰制度。对学校家庭教育工作指导、监测、评估的内容和方法主要有领导与管理、组织与实施、效益与成果等方面，监测评估的方法是自评与抽查相结合。

3. 推进学校家庭教育工作互动

（1）让家长信任，达到教育上的合作。学校除了做好常规教学管理工作以外，还要把学生的父母，这一更重要的教育力量吸纳到这个教育团队中来。让家长进一步了解学校，了解干部、教师的工作，增强家长对学校、对教师工作的理解与信任，成为强大的教育助力。

（2）让学生放心，在校园体会幸福。当学生发现，老师请来家长，不是告状或分配任务，而是和自己一起做个游戏；而与父母久违的嬉戏让他们为彼此打开久闭的心门，从这一刻起，学生选择了和父母、老师站在一起。活动让学生体会到父母的真心，增进了彼此的感情，提升了家长素质，改善了亲子关系，优化了家庭环境，促进了学生的健康成长。

（3）打破家校隔阂，选择不同指导模式。家长学校是指导和服务家长的主阵地，也是家庭教育工作的主渠道。在研究中，我们积极探索符合家庭教育实际的多元化、多类型的家长学校指导模式，改进工作方法，采取以课题引领加强阵地建设的项目化动作方式，寻找不同学段、不同类型的学校推进学校家庭教育工作的有效策略。

（4）管理模式创新，充分调动家长的主动性。学校可利用学校校报、校刊、学校微信公众号、学校网站等平台定期和不定期向家长发放有关家庭亲子教育的宣传资料，向家长推荐家庭教育的书籍，鼓励家长通过自主学习的方式提高教育理论水平，每学年定期评选校级“优秀家长”，开展育子心得和亲子共读心得的撰写活动等，并将他们的优秀稿件发表在校刊上，让家长有学习也有借鉴。

4. 提升专业教师工作素质

（1）让教师了解，确保指导上的有效。基于对家庭教育重要性的认识，课题实验校从校级领导到中层干部，都带头学习家庭教育的理论，成立家庭教育指导中心；对教师分批分级培训，指导教师学习家庭教育理论，树立正确的家庭教育指导观；指导教师与家长之间建立平等的合作关系，像同伴一样陪伴和引领家长。

（2）家长学校教学内容按需开发：

第一，根据学生、家长需求用关键词构建家长学校的教学内容。学校结合学生、家长的需求，提炼出家长、学生、教师关注的关键词，构成家长学校教学内容的主体结构，开发出相应课程，保证家校教育的良性互动，增强家校教育的合力。

第二，根据家长能力和学校育人理念构建家长学校的教学内容。学校结合自己的育人理念，结合学生成长的就近发展期和家长的水平、需求尝试构建家长学校的课程。按照学生的年龄特点设计内容，围绕各年级的核心素养要素，开展专题讲座或者主题亲子活动。

第三，根据学生心理发展特点和德育目标构建家长学校的教学内容。通过分析各年级学生心理特点、构建各年级的德育目标，确立每个年级需要达到的家庭教育目标，开发相配套的ppt和教学设计，搭建有特色的家长学校教学体系，形成各年级家长学校的校本课程。

（3）推进学校家庭教育工作人员队伍建设：

第一，组建一支高素质的家庭教育管理者队伍。加强对家庭教育管理者的培养，选拔和任用既有专业知识和工作经验，又有组织管理能力的人员，通过多种形式的培训提升其专业水平。

第二，组建一支专业化的家庭教育指导者队伍。加强家庭教育骨干系统化培训，明确市级至少每年举办2次家庭教育骨干示范培训，区县以上每年至少培训1次家庭教育骨干。

第三，组建一支多学科、高水平的家庭教育研究者队伍。即从家庭教育和家庭教育指导的实践活动出发，通过对实践活动进行调查、研究、总结来探索其规律，并上升到理论高度。

（4）提升教师的学校家庭教育指导水平：

第一，增设家庭教育及家庭教育指导类课程。在教师继续教育培训中，增设家庭教育及家庭教育指导类课程，并强化青年教师和担任班主任工作教师的学习要求，加强对班主任进行家庭教育指导的指导。

第二，加强教师在职学习家庭教育指导技能培训。以继续教育为起点，通过案例教学进行实践指导，使教师感受现场、在实际情形中掌握操作技能，获得切身体验。

第三，进行校内交流和校本培训。进行现场观摩，让已经成长起来的学校与刚起步的学校结对子，让已经成熟起来的老师与刚接触家庭教育的老师结对子，让有经验的区域与刚开始摸索的区域结对子，借此引导教师走“学习、实践、研究、再学习”之路。

四、研究的主要成果

（一）初步构建学校整体推进家庭教育工作的策略

本研究对推进学校家庭教育工作常见的实施途径进行了探索，突破了家庭教育研究中存在的碎片化现象，从对象、内容、机制、课程等多角度进行综合性的实践研究，注重整体——全学段、全方位，建构了整体推进家庭教育指导工作的新模式、新格局。

（二）专兼职家庭教育教师队伍基本形成

通过研究，提升了教师教育研修能力，培养了一批优秀科研骨干，初步形成了一支稳定、有爱心，由家庭教育专家、心理健康辅导员、教师和优秀家长组成的专兼职家庭教育教师队伍。各校还成立了家庭教育辅导中心，为家长进行有关学生成长中出现的热点问题的辅导培训。

（三）课题研究实现了教师的专业成长

通过研究，教师的家庭教育理念和指导行为发生了很大变化：更加认可“教师和家长的合作伙伴”关系；对家委会有更为全面准确的认识，并积极地构建家校沟通的桥梁；接受并认同在学校开展家庭教育这项重要的活动；大多数教师在不断创新、改变家校沟通方式，在家庭教育指导能力方面有了大幅度的提高，对学校开展家庭教育工作的积极性也更加饱满。

（四）课题研究促进了学校的发展

通过研究，推动了学校教育与家庭教育良性互动形式、途径、方法的改变，学校就家庭教育对学生成长发展影响的思考进入途径和策略的研究，家校合育形成良性互动。家校关系、师生关系、家庭关系变得和谐，校园风气积极健康，学生精神面貌有较大改观。研究中，有8所实验校被贵阳市妇联、贵阳市教育局、贵阳市教育局关工委联合授予“贵阳市首批家长学校示范校”荣誉称号。

（五）课题研究促进了家长素养的提高

通过研究，家长的育儿观念有了明显的变化，对孩子的关注已经从知识技能的准备转向了态度、能力和习惯的培养；加强了与老师的沟通，和孩子之间的关系得到改善……课题研究开展后，越来越多的家长依托学校这个平台树立了正确的家庭教育观念，帮助自己处理家庭教育中的问题，帮助自己转变观念，认识到家庭教育对孩子成长的重要性。同时，家长对学生的教育不单单只依赖学校，而是开始寻求家校合作的方式。

（六）课题研究促进了学生的健康成长

通过对学生的调查可以看到，学校的讲座、家教系列活动的进行，让学生感受到父母开始关注自己在心理方面的状况，和父母之间的关系有了很大变化，感觉与父母之间更亲密了……课题的开展，使在校家长素质和家教水平有所提高，初步掌握了科学育人的方法，为学生的健康成长提供了良好的生长环境。

五、研究的总结与反思

本课题研究，依据现代教育理论、《全国家庭教育指导大纲》和《教育部关于加强家庭教育工作的指导意见》(教基一〔2015〕10号)，结合贵阳市学校家庭教育实际，遵循一定的研究方法，立足学校家庭教育工作的推进，重点对推进中的实施途径、有效指导策略进行了比较研究的探索，形成了贵阳市中小学、幼儿园整体推进家庭教育工作的实施途径和有效策略及一些实施的范式，培养了家长家庭教育的能力，提高了教师的研究能力，促进了教师的专业成长，推进了学校向素质教育、特色教育的方向发展。研究实践证明，课题达到了预期的研究目标，研究成果具有科学性、实效性、可操作性和推广应用价值。

通过一年时间的课题研究实践，我们深深地感到家庭教育工作任重道远。我们虽然取得了一些成绩，但是从我市中小学现状来看，还需要打造指导家庭教育的专业化团队，搭建家庭教育学习、培训、考核、评价平台，丰富各种形式的家庭教育资源，尝试构建家庭教育课程，从教学内容、资源开发、课程评价（学生评价、家长评价）等方面进一步探讨。

我们将会继续帮助家长科学教子，促进学生的健康成长。

参考文献

[1] 姜云云 . 乡镇中学家校合作现状调查研究 [D]. 贵州师范大学 ,2017.

[2] 杨民，苏丽萍 . 日本小学家校合作的研究及启示 [J]. 教育科学，2013（6）: 91–95.

[3] 吴重涵 . 从国际视野重新审视家校合作——《学校、家庭和社区合作伙伴：行动手册》中文版序 [J]. 教育学术月刊，2013（1）: 108–111.

[4] 张丽竞 . 国内外中小学家校合作研究综述 [J]. 教育探索，2010，225（3）：160–161.

[5] 李阿盈 . 家庭教育对青少年成长的影响 [D]. 江南大学，2008.

[6] 周旭 . 上海市小学家庭教育指导的现状调查及问题分析 [D]. 华东师范大学，2007.

[7] 张美云 . 近年来我国大陆关于生命教育的研究综述 [J]. 上海教育科研，2006（4）：17–20.

[8] 骆风 .20世纪90年代以来我国家庭教育研究进展述评 [J]. 教育理论与实践，2005（9）：52–56.

[9] 王艳玲 . 英国家校合作的新形式——家长担任“教学助手”现象述评 [J]. 比较教育研究，2004（7）：54–59.

[10] 张恒 . 形塑合格家长 促学校管理发展 [D]. 贵州师范大学，2018.

[11] 李莉 . “家庭教育与儿童阅读习惯养成的指导策略研究”课题研究报告 [J]. 贵州教育，2016（7）：17–25.

[12] 常俊英 . 基于网络的家园共育交互平台的研究 [D]. 辽宁师范大学，2012.

[13] 柯贵美 . 家长参与教育 [M]. 台北：商鼎文化出版社，2004：2–3.

[14] 张芳全 . 教育法规 [M]. 台北：十大书苑，2000：484.

[15] 刘纯姣 . 学校家庭协同教育构想 [J]. 怀化师专学报，1996（3）：328–330.

[16] 段敏 . 高中阶段家长学校问题和对策的研究 [D]. 鲁东大学，2016.

（2019年12月）

课题组负责人：李明昌，厉飒；

课题组成员：田芳，白家源，林岚，田维栋，曾拥，蔡萍，崔小华，龚大林，刘津，王佩，曹俊华；

报告执笔人：李明昌，厉飒。

大连理工大学关工委课题组

关工委助推高校“青马工程”的经验与启示研究

内容摘要

党的十八大以来，以习近平同志为核心的党中央高度重视高校思想政治工作。各高校全面贯彻党的教育方针，坚持立德树人，积极调动多元主体作用，多措并举推进思想政治工作。关工委作为高校思想政治工作的重要主体，“五老”（即老干部、老战士、老专家、老教师、老模范）积极投身思想政治工作之中，特别是作为高校思想政治工作特色品牌的“青年马克思主义者培养工程”（以下简称“青马工程”）之中，积极发挥优势，助推“青马工程”深化实施，取得了积极成果。面对新形势新要求，进一步深化梳理关工委助推高校“青马工程”的现状、经验与启示，并从加强宣传调研、强化平台建设、推动队伍建设、完善政策设计、营造社会环境等五个维度提出了引导对策。

关键词

关工委；“五老”；“青马工程”；经验与启示；引导对策

一、引言

教育部关心下一代工作委员会成立于1991年4月，是教育部党组领导下、以离退休老同志为主体、有在职同志参加的群众性工作组织。高校是人才聚集的地方，拥有一支有知识、有思想、有阅历、懂教育的关工委组织。在大学生思想政治教育过程中，发挥关工委“五老”独特优势具有十分重要的意义。而“青马工程”作为高校大学生思想政治教育的重要品牌，自共青团中央2007年实施以来，各高校进行了积极探索实践。在此过程中，关工委作为大学生思想政治教育的重要参与者和推动者，在“青马工程”实施过程中发挥着重要作用。全国人大常委会原副委员长、中国关工委主任顾秀莲同志表示，为进一步推动“青马工程”深入开展，教育系统关工委要把“青马工程”作为一项系统性工作来抓。教育部关工委主任李卫红同志在东北三省高校关工委“青马工程”经验交流会上充分肯定了高校关工委在推进“青马工程”建设、服务青年成长成才上的成效。2020年11月，习近平总书记在纪念中国关工委成立30周年暨全国关心下一代工作表彰大会召开之际，就做好关心下一代工作作出重要指示，强调广大“五老”是加强青少年思想政治工作的重要力量。从各高校的实践来看，关工委在助推“青马工程”方面进行了积极的探索与实践。

基于关工委“五老”的群体特点及实践，进一步凝练其在助推高校“青马工程”中的经验和启示，具有积极的理论和现实意义。一是为关工委在新的时代背景下更好地助推高校“青马工程”深入开展提供理论参照；二是为高校思想政治工作的开展创新提供理念上的支撑和实践上的参考；三是为高校有效履行立德树人的根本任务、培养德智体美劳全面发展的中国特色社会主义建设者和接班人提供有效助力。

二、关工委助推高校“青马工程”的研究概述

近年来，围绕高校关工委的研究逐渐增多，主要基于三种视角。一是聚焦关工委对思想政治教育的作用研究，如任经辉提出高校关工委是对大学生进行思想政治教育的宝贵资源和重要依靠力量。[①]齐秀娟则进一步提出高校关工委是做好大学生思想政治工作的宝贵资源、得力助手和重要参谋。[②]张伟则从更微观的角度剖析了关工委在深化思想政治教育工作中的传承作用、辅助作用、推动作用和引导作用。[③]刘弢提出要充分发挥关工委在大学生思想政治教育中的独特优势作用。[④]该视角下进一步明确了关工委在高校思想政治工作中的作用和优势，为研究的深入开展提供了逻辑基础。二是聚焦于关工委融入高校思想政治教育工作的路径、途径的研究。如牟俊因在研究中指出，要建立健全关工委参与大学生思想政治教育的途径，为关工委老同志作用的发挥创造良好条件。[⑤]张伟莉在研究中则分析了关工委融入大学生思想政治教育的具体实践载体。[⑥]该类研究中主要凝练了关工委参与高校思想政治教育工作的方式和路径，其中“青马工程”就是一种良好的参与方式。三是聚焦关工委开展高校思想政治工作的

---

① 任经辉．充分发挥高校关工委在大学生思想政治教育中的作用 [J]. 河南机电高等专科学校学报，2007（1）：4–5.

② 齐秀娟．高校“关工委”在大学生思想政治教育中的作用探析 [J]. 河北科技师范学院学报（社会科学版），2014（3）：108–112.

③ 张伟．高校关工委深化学生思想教育工作作用的探讨 [J]. 时代金融，2017（7）：318–319.

④ 刘弢．充分发挥高校关工委在大学生思想政治教育中的独特作用 [J]. 西南科技大学学报（哲学社会科学版），2014（1）：115–118.

⑤ 牟俊因．高校关工委参与大学生思想政治教育工作的途径探析 [J]. 思政教育，2018（11）：110–111.

⑥ 张伟莉．“关工委”工作融入大学生思想政治教育“主渠道”的实践与探索 [J]. 学校党建与思想教育，2012（3）：69–70.

机制、模式的研究。如胡渠在研究中探索了关工委参与大学生思想政治教育的多元平台，力求通过平台建设，发挥关工委的独特优势，形成大学生思想政治教育的合力。[①]彭益欣等从实践的角度总结了关工委在推进思想政治教育、培养时代新人方面的有益探索。[②]该类研究在一定程度上总结了关工委在推进高校思想政治教育中的实践。基于以上研究可以得出，目前关工委基于独特的优势，广泛融入高校大学生思想政治教育，取得了积极的成果。但是聚焦关工委在助推“青马工程”实施方面的经验和启示的研究还较少，现有研究不足主要表现在：一是研究内容的系统性不足，目前的研究多为学术论文，受篇幅限制，研究不够系统聚焦；二是对一些重点问题研究深度不够，聚焦关工委开展助推工作的机制、对策研究不够深入；三是研究方法整合运用不够，已有的研究方法相对单一，没有相关实证数据支撑，缺乏相关学科的研究方法的综合运用。因此本文将聚焦以上分析，基于实践成果，进行深入理论梳理和研究。

三、关工委助推高校“青马工程”的现状与分析

30年来，高校关工委在深化大学生思想政治教育，特别是助推高校“青马工程”方面进行了积极探索。在文献分析、专家访谈、学生访谈的基础上，分别制定教师版、青马学员版的《关工委关于助推高校“青马工程”实施的调查问卷》。兼顾样本代表性及地区差异，问卷调查对象囊括“985”高校、“211”高校及其他公办普通高校等，从我国东、中、西部地区以及东北地区，运用随机抽样与非随机抽样的方法，选取调查研究清华

① 胡渠．高校关工委参与大学生思想政治教育机制研究 [J]. 云南开放大学学报，2014（1）：24–27.

② 彭益欣，宋萌．发挥“五老”优势，培养时代新人 [N]. 天津日报，2018年12月

大学、同济大学、西南大学、合肥工业大学、东北师范大学、长春中医药大学、吉林大学、大连海事大学、大连理工大学等9所高校的“青马工程”指导教师及学员，依托网络平台发放问卷，回收问卷1362份，有效问卷1314份，有效回收率为96.48%。

（一）高校“青马工程”实施总体情况

结果显示，调查的9所高校均按照团中央出台的《青年马克思主义者培养工程实施纲要》要求，从2007年开始陆续实施“青马工程”，大多数院校出台了“青马工程”相关实施方案等文件，并设有“青马工程”推进实施领导小组或其他议事机构（图1）。

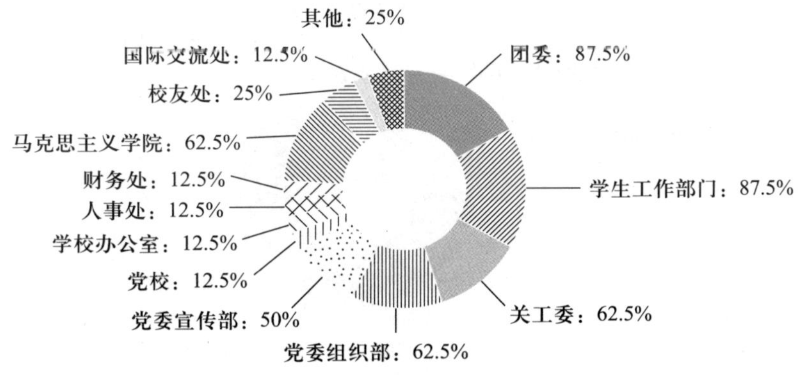

图1 各高校设有“青马工程”推进实施领导小组或其他议事机构情况

调研发现，高校“青马工程”的开展部门以校团委为主体，马克思主义学院、关工委、学生工作部门也发挥着不可或缺的作用，但部分高校将关工委列入“青马工程”推进实施领导小组，对助推“青马工程”工作更好地实施提供了帮助。“青马工程”培养周期各高校长短不一，多集中于1~2年的培养时长（图2）；在校级层面的一个培养周期内青马学员参与人数多为100~200人的规模（图3）。

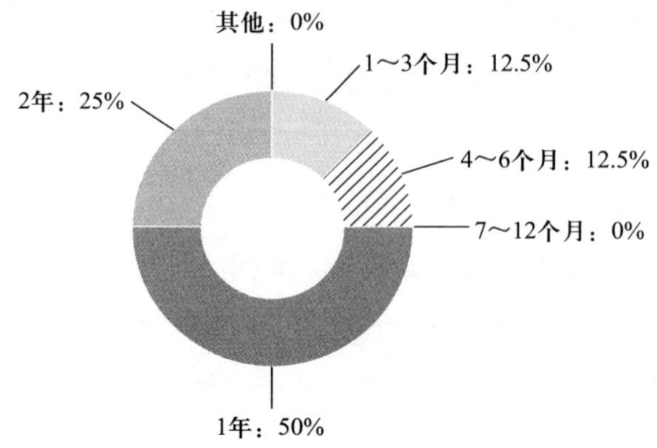

图 2 高校“青马工程”培养周期情况

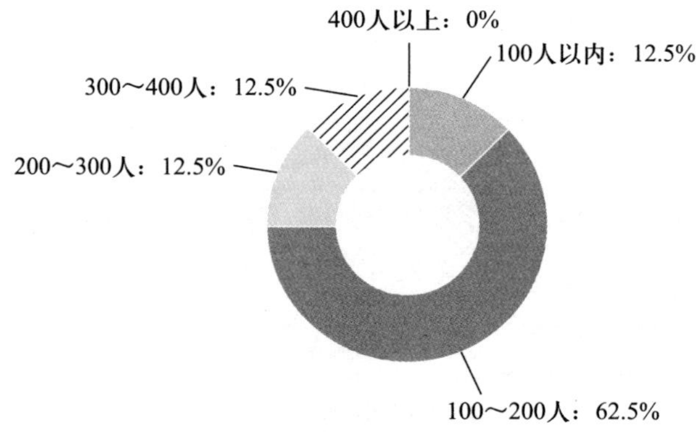

图 3 学校在校级层面的一个培养周期内青马学员参与人数范围

在“青马工程”培养环节（图4）方面，理论学习与社会实践是各高校均采用的形式，另外较多采用的形式包括志愿服务、课题研究。

各高校均为“青马工程”配备了指导教师，包括马克思主义学院教师、党政干部、辅导员、专业授课教师、关工委教师、机关教师、校外专家教师、知名校友以及优秀学生代表（图5）。

在“青马工程”培养对象组成架构方面，就政治面貌而言，各高校均兼顾中共党员、入党积极分子与共青团员，各自比例均有不同，其中中共党员（含预备党员）占比在1/5左右，共青团员占到80% 左右；就面向群体而言，团员骨干占主体（图6）。

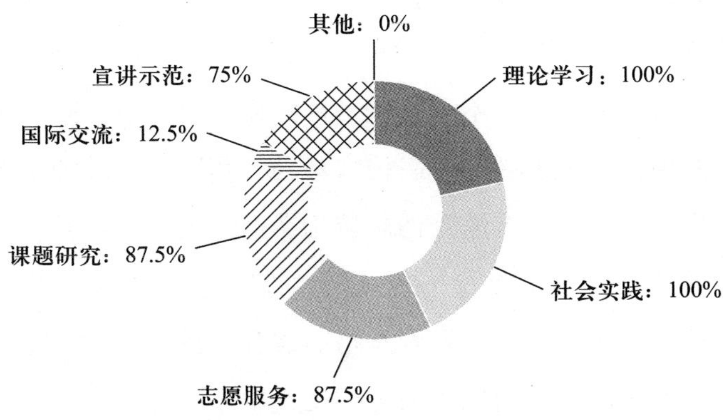

图 4 高校“青马工程”培养环节

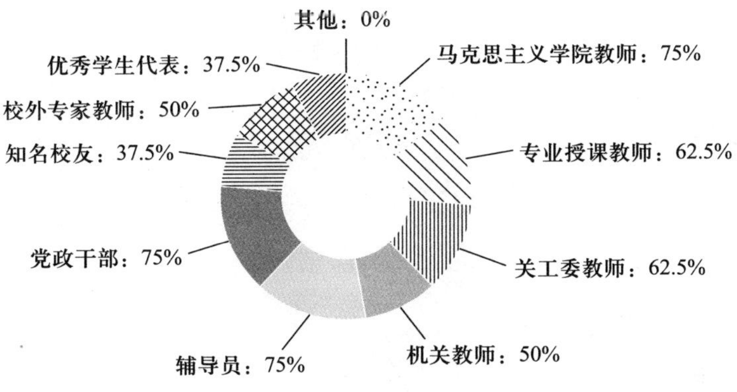

图 5 “青马工程”指导教师的组成

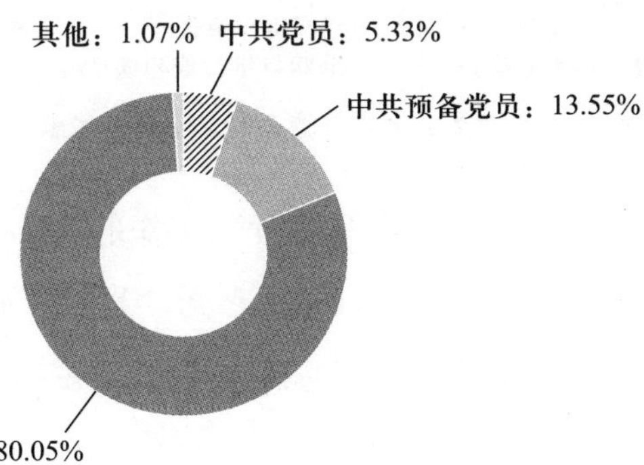

图 6 青马学员的政治面貌

（二）关工委助推高校“青马工程”的现状

1. 关工委助推高校“青马工程”工作参与度存在差异性

结合各高校实际情况及调研的现状发现，学校关工委在“青马工程”实施过程中，由于参与角色不同，所发挥的作用也一般不同。

调研中发现，关工委教师是高校“青马工程”指导教师中的重要组成群体。参与形式多元，所有的受访高校均会邀请关工委的教师以开展讲座报告的方式参与“青马工程”，60% 以上的高校会邀请关工委教师参与青马培养方案设计，或是协助开发青马培养课程（图7）。关工委教师指导青马培养工作的主要内容多为思想引导与理论讲座，有的学校关工委教师也会参与社会实践、志愿服务、心理咨询与学业帮扶等环节（图8）。

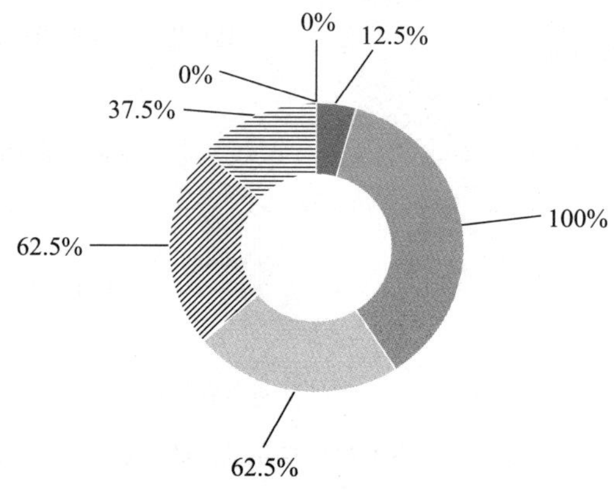

图 7 关工委教师参与学校“青马工程”渠道

当前，受访高校参与“青马工程”工作的关工委教师数量多为1~3人，平均年龄集中于55~60岁（图9）；在参与“青马工程”工作的关工委教师人员构成方面，以马克思主义学院退休教师为主力军（图10）。

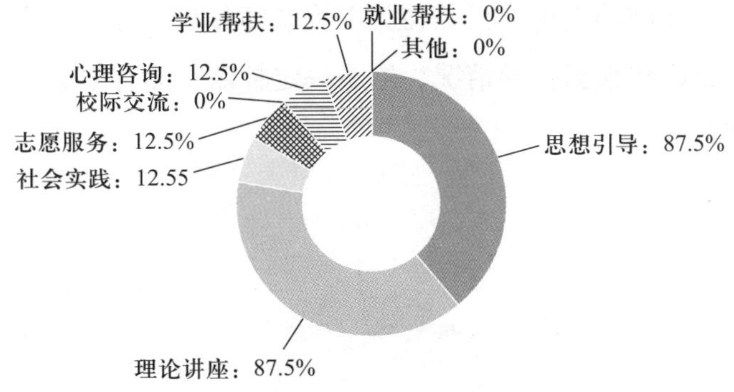

图 8 关工委教师指导青马培养工作的主要内容

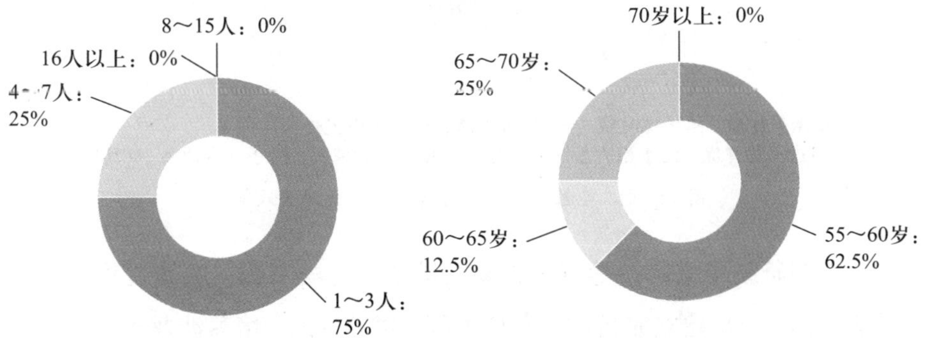

图 9 参与“青马工程”工作的关工委教师数量及平均年龄

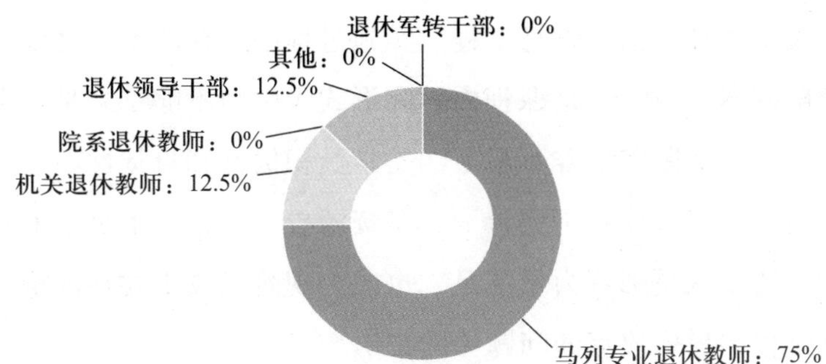

图 10 参与“青马工程”工作的关工委教师人员构成情况

关工委在推广“青马工程”的宣传途径方面尚待加强，受访高校有近一半没有建立相应的宣传途径。在关工委教师参与“青马工程”的配套政策方面，所属高校根据指导情况，给予一定补贴；亦有根据工作量，给予课时费的情形（图11）。

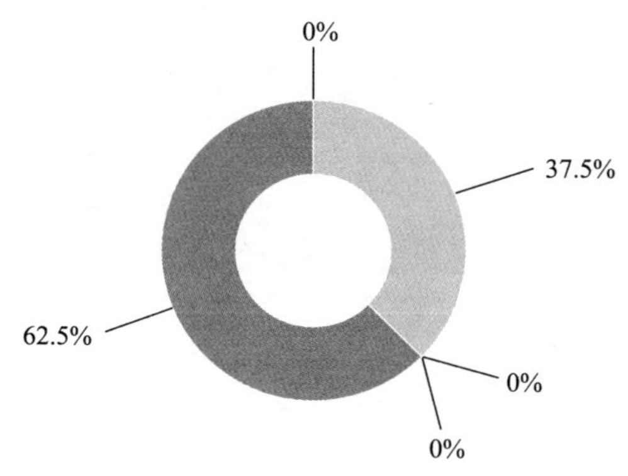

图 11 关工委教师参与“青马工程”的配套政策

此次调研结果显示，学校关工委在助推“青马工程”实施过程中的经验做法包括：一是建立完备的“青马工程”培养体系，培养涉及多个领域；二是注重新媒体建设，积极利用微信、微博、抖音等媒体平台；三是开展形式多样、内容丰富的交流研讨活动；四是注重国际、校际交流（图12）。

关于关工委在助推“青马工程”实施过程中存在的不足之处，教师与学员的感触基本一致：一是课程内容和形式吸引力不够；二是社会实践机会不多；三是后期跟踪培养不足；四是学员积极性和自觉性不高；五是管理和激励机制、考核体系不完善；六是资源投入与整合不足；七是培养层次和类别不清；八是师资力量不足，也成为现阶段关工委在助推“青马工程”实施过程中需要攻克的问题（图13）。

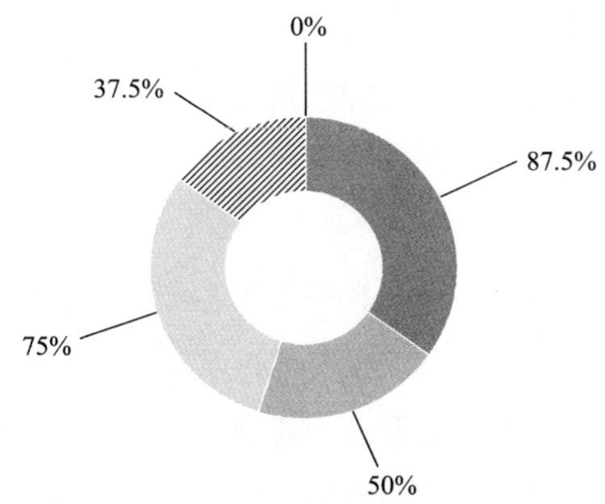

具有完备的“青马工程”培养体系，培养涉及多个领域
注重新媒体建设，积极利用微信、微博、抖音等媒体平台
开展形式多样、内容丰富的交流研讨活动　注重国际、校际交流　其他

图 12 关工委在助推“青马工程”实施过程中的经验做法

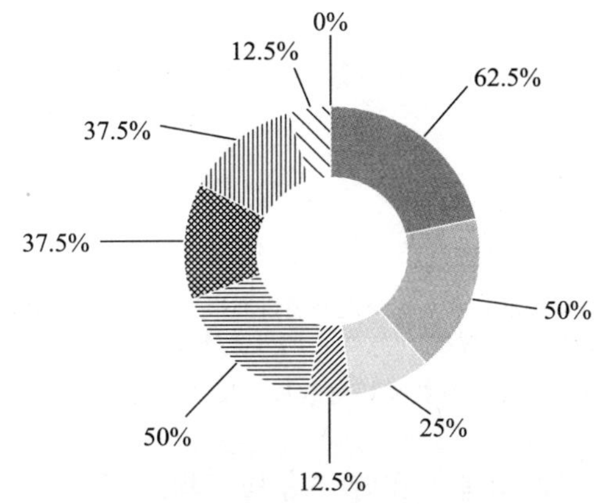

师资力量不足　课程内容和形式吸引力不够　学员积极性和自觉性不高
培养层次和类别不清　管理和激励机制、考核体系不完善　资源投入与整合不足
社会实践机会不多　后期跟踪培养不足　其他

图 13 学校关工委在助推“青马工程”实施过程中存在的不足之处

加强高校关工委在“青马工程”实施中的助推作用的举措，综合调研中教师与学员的意见与建议，包括：增加相关指导活动；进一步整合资源，

提高思想引领作用；增加指导培训次数；搭建更多的社会实践平台；贴近学员的实际，推进形式更加丰富，增大覆盖面；加强交流，进一步建立长期联络机制；进一步开辟线上平台，创新活动开展模式，适应学生个人成长需求。

2. 关工委助推高校“青马工程”工作参与形式较为多元

关工委作为“青马工程”推进实施领导小组一员，主要参与到开展讲座报告、青马培养方案设计、协助开发青马培养课程、与学员谈心谈话等环节，加强对青马学员的思想引导、理论指导（图14）。

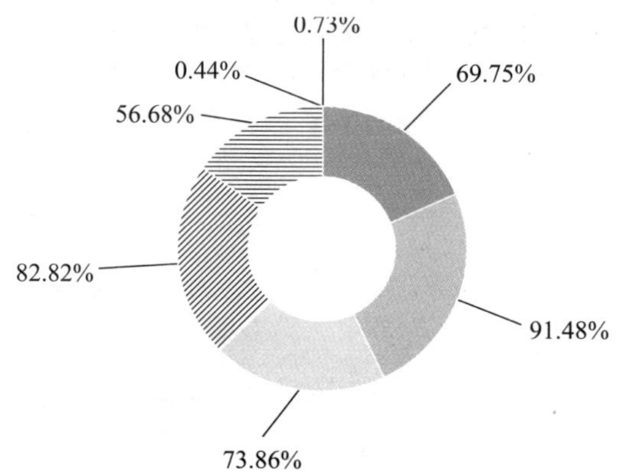

图 14 关工委教师如何参与学校“青马工程”（青马学员）

自2007年共青团中央实施“青马工程”以来，为党的事业和队伍输送了一大批新鲜血液，并以科学化培养“具有忠诚的政治品格、浓厚的家国情怀、扎实的理论功底、突出的能力素质、忠恕任事、人品服众”的青年政治人才为目标，为高校“青马工程”开展提出了新要求、新目标。面对突如其来的新冠肺炎疫情，“青马工程”学员面对一场特殊的疫情“大考”，无畏无惧显担当，展现出青年工作骨干的品行和担当，交出了合格答卷。

特别是在疫情常态化防控的现在，开展“青马工程”需要通过形式新颖、内容丰富的课程设置，创新实践教学，增强青马学员的学习热情、投身社会实践的动力。

3. 关工委助推高校“青马工程”工作参与效果较为显著

面对9所高校青马学员进行调研分析，其中政治面貌为共青团员的占到79.88%，中共党员（含预备党员）占到19.09%，同时对关工委老师对“青马工程”起到的作用开展调查研究。结果显示，在关工委的支持下，青马学员在理想信念、个人成长、职业规划、心理健康、社会实践、志愿服务等方面取得了很不错的发展进步，并有志于将个人发展融入祖国建设之中。青马学员在关工委老师的帮助下，汲取更多理论知识，与关工委老师建立深厚的友谊与情感，激发了参与学习讨论的热情，进一步解决了工作、学习、生活中的困难。在结束了一个周期内“青马工程”的培养后，有88.4% 的青马学员通过定期会面交流、线上实时交流与关工委老师保持了长线的培养交流。

4. 关工委助推高校“青马工程”工作被认可程度普遍提升

以大连理工大学为例，关工委作为参与开展“青马工程”时间较久、发挥作用较大的部门，对学校“青马工程”的参与提供了较大的支持。学校党委高度重视“青马工程”开展情况，联合学校各部门开展“青马工程”各项工作。进一步深化“青马工程”实施，选聘关工委教师担任思想导师，强化对青马学员的思想引领和价值引领，同时在社会实践、志愿服务、学业就业帮扶等方面予以指导（图15）。

从“青马工程”学员的调研结果来看，关工委教师在其中发挥着重要的助推作用，具体作用包括：能够汲取更多理论知识、了解更多往事；能够解决工作、学习、生活中的困难；激发了参与学习讨论的热情；与关工委教师建立了深厚的友谊与情感等。关工委老师同学校历届青马学员保持了良好的联系沟通，并在学生学习、成长、就业、工作等方面提供帮助和建议，得到青马学员的高度评价，评分高达4.58分，认为自己在坚定理想信念、涵养家国情怀方面得到了很好的支持与帮助。

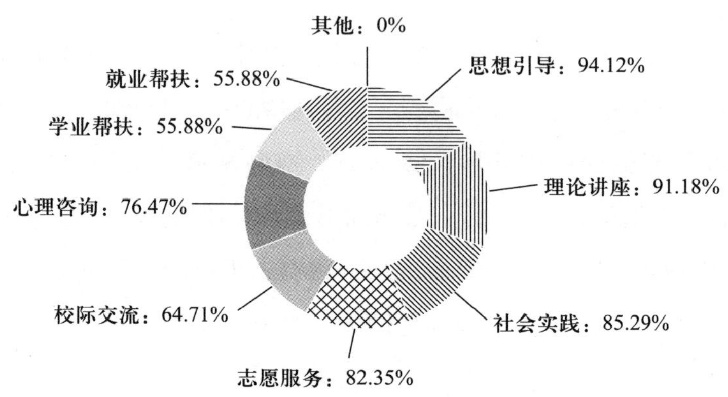

图 15 大连理工大学关工委教师指导青马培养工作的主要内容

学员高度认可关工委教师对其的影响力，“建立深厚的家国情怀”“树立报效祖国的理念”“理论学习热情”“理想信念的塑造”等各项均值达到优秀水平以上，其中认可程度最高的是“受到关工委教师的影响，我建立了深厚的家国情怀，将自己的小我融入祖国的大我，为实现中华民族伟大复兴的中国梦不断奋斗”。在培养期间的课外时间，学员经常与关工委教师进行联络，频率一般每月2次以上；结业后，88%的学员与关工委教师有长线的培养交流，交流实现的主要形式是定期会面交流，亦有线上实时交流或邮件等形式。

四、关工委助推高校“青马工程”的经验与启示

（一）关工委“五老”主动投身“青马工程”的价值选择是重要前提

通过调查分析看出，关工委“五老”在“大思政”格局之下，将贯彻

落实党的先进理论，特别是习近平新时代中国特色社会主义思想作为重要的政治任务，与学校各部门积极协同，投身思想政治教育工作之中。而“青马工程”作为高校思想政治教育的重要载体之一，也是高校关工委“五老”助力高校思政的重要平台。在很多高校中，关工委都是“青马工程”的实施单位之一，“五老”在其中充分发挥引领带动作用，助力学生开展马列论著学习、时事政策研讨等。关工委“五老”形成了较为普遍的价值共识，高度关注学校发展建设和育人工作，特别是党的十八大以来，伴随高校思想政治工作会议、全国教育大会的召开，关工委“五老”高度认可立德树人根本任务，形成了坚持立德树人，力所能及投身大学生思想政治教育工作的共同认知，并在其驱动下，对思想政治教育工作具有较高的责任感和奉献意识。“青马工程”作为高校思想政治教育工作的重要阵地和品牌，有越来越多的关工委“五老”形成助推“青马工程”的认知和价值选择，注重发挥自身优势，深入“青马工程”的育人过程之中，开展面向优秀大学生骨干的指导工作，全力投入青年学生骨干的思想引领和成长服务中。

（二）关工委“五老”自身较高的综合素养是助推“青马工程”的重要基础

“青马工程”旨在巩固和扩大党执政的青年群众基础，培养和输送一批“具有忠诚的政治品格、浓厚的家国情怀、扎实的理论功底、突出的能力素质、忠恕任事、人品服众”的青年政治骨干。基于对青马学员综合素养的较高要求，对学员导师的综合素质要求亦相应较高。通过调查发现，关工委中“五老”多数是党在艰苦创业时期的重要历史开拓者和亲历者，具有坚定的政治信念和鲜明的政治力量，具有较高的道德情操、品德修为和个人威望，且具有多年行政管理岗位或一线教学科研岗位的经验，这对于青马学员具有天然的教育引领力和亲和力。关工委“五老”多数为共产党员，均经过较为长期的政治理论学习，形成了扎实的政治理论功底和丰富的实践经验，在引领教育青马学员的过程中，能够结合个人经历、岁月积淀、理论联系实际地开展教育引领工作。关工委“五老”在政治素养、个人威望、人生经验方面的优势，与“青马工程”培养需求高度契合，为关工委“五老”助推“青马工程”奠定了基础。

（三）关工委“五老”与青马学员的良性互动模式是重要支撑

相较于第一课堂教学的模式，“青马工程”多是基于第二课堂模式开展的，这对于培养教育过程的互动性具有较高的要求。通过调查发现，各高校关工委“五老”参与“青马工程”主要是通过专题报告、互动研讨、谈心谈话、指导实践等方式开展的，这为青马学员提供了不同于第一课堂的教育体验。特别是关工委“五老”多采用交流研讨的方式，为青马学员提供了平等交流、思辨交流的氛围，充分调动、激发了青马学员学习、思辨的积极性，更乐于接受来自“五老”的思想引领。还有部分关工委“五老”是基于谈心谈话的方式开展青马学员培养，青马学员对“五老”有一种晚辈对长辈的亲切感，形成了爷孙辈式的交流模式，形成了良好的亲情氛围，使得思想引领更容易直达心底。这种交流互动模式，取得了良好的教育引领效果，青马学员普遍表示关工委“五老”的参与对个人成长具有突出的作用。

（四）高校积极构建“青马工程”多样育人机制是重要保障

从调查中发现，很多高校均出台了关于“青马工程”的实施文件，对于“青马工程”的领导议事机构、培养模式、导师配备等方面进行规划设计，其中也包括关工委“五老”的工作内容与方式的规定，提供了较为明确的工作遵循和指导。特别是针对青马学员的理论锻造、党性锤炼、实践能力提升、学术研究等方面的培养机制，进行了相应的平台搭建。以大连理工大学为例，通过制定“青马工程”深化实施方案，进一步明确了关工委“五老”在“青马工程”中的角色定位和职能定位，明确了工作内涵和任务目标，为“五老”开展青马培养工作提供了明确的指向和工作载体，为“五老”助推“青马工程”提供了强有力的保障。

五、关工委助推高校“青马工程”的引导对策

通过问卷调查与深度分析，关工委“五老”在助推高校“青马工程”方面具有独特的优势，并开展了大量的工作。但同时，通过广泛的调查分析亦不难看出，关工委“五老”在助推高校“青马工程”的过程中也面临着新变化新挑战，离退休老同志退休后的选择日趋多元化，青年大学生群体呈现出新特点新变化，网络新媒体快速发展的挑战和国际国内形势的复杂多变，均为关工委助推高校“青马工程”增加了诸多不确定因素。为进一步深化推进“青马工程”实施，关工委要在充分认识青马培养工作难点重点的基础上，把握新形势新变化新机遇，坚持问题导向、目标导向与效果导向相结合，在不断破解问题和挑战的过程中推进“青马工程”深化实施，进一步提升“青马工程”工作质量。

（一）加强宣传推介，激发关工委“五老”助推“青马工程”的主观意愿

强化“青马工程”及关工委“五老”的宣传推介，提升“五老”参与的积极性、能动性。从内容上来说，一是聚焦“青马工程”的宣传，对于其实施背景、重要意义、实施举措等内容进行宣传，进一步形成高校党委、各部门协同推进的共同认知和责任意识，呼唤更多关工委“五老”加入其中；二是聚焦关工委“五老”的宣传，切实宣传其在思想、理论、威望等方面的优势，提升“青马工程”学员对“五老”的信任感、亲近感，提升其影响力和示范力。从形式上来说，注重从线下和线上两个平台发力，特别是结合疫情防控常态化形势，进一步创新宣传方式。线下要积极依托实

体宣传阵地，拓展校内外宣传阵地平台，广泛依托教育部关工委“读懂中国”系列活动，主动开展对于“五老”先进事迹的发掘、凝练、宣传；广泛依托校内精品活动，以大连理工大学“走近老教授”系列活动、“走近老校友 寻访红色基因”系列活动为例，走近“五老”寻访先进事迹和感人故事；积极组建由青马学员和“五老”组成的宣讲团，从不同视角宣讲“五老”故事，提升广大“五老”对于投身“青马工程”的获得感和幸福感。线上要积极拓展新路径新方式，注重运用新技术新手段，切实开辟高校关工委微信公众号、微博、抖音、B 站等各类新媒体阵地，建设校内外媒体矩阵，形成新媒体产品互动供给的模式，提升“五老”的网上引领力。

（二）强化平台搭建，创新关工委“五老”助推“青马工程”的协同机制

契合“青马工程”培养目标，从理论锻造、党性锤炼、实践能力、课题研究等维度出发，着力强化平台搭建。搭建理论锻造平台，探索“大班报告、小班研讨”的理论学习模式，紧密结合“五老”个体实际，积极与马克思主义学院、党校建立协同机制，形成“五老”理论锻造课程指导课表，探索形成“一人一讲、一人一精品”的理论指导内容。充分利用好“学习强国”等网络学习平台，由“五老”带领青马学员定期开展线上学习。探索实施导师制模式，打造“成长导师”品牌，为青马学员答疑解惑。搭建社会实践平台，依托“五老”优势，实施“实践砥砺行动”，构建形成以寒暑期社会实践为主、日常社会实践为辅的社会实践体系，打造“五位一体”的社会实践格局，坚持组织学员到革命圣地去培养坚定的信念，到基层一线去了解真实的国情，到龙头企业去读懂国家的战略，到贫困地区去播撒希望的种子，到海外研修去开拓国际视野。积极搭建志愿服务平台，实施“五老”铸人计划，持续关注、培养青马学员，并建立毕业后的长期联系沟通机制，动态关注追踪青马学员的成长发展。推进青马学员对“五

老”的关注关怀，打造“情暖夕阳”等志愿服务项目，形成双向志愿服务模式。积极搭建理论研究平台，积极探索设立关工委理论研究中心，定期发布关工委理论研究课题等，推进高校关工委及“青马工程”工作的理论研究，破解难点问题，实现理论对实践的有效指导。

（三）推动队伍建设，完善关工委“五老”助推“青马工程”的组织架构

推进关工委领导机构、组织机构、队伍结构、培训机制的建设，建强配齐关工委队伍。切实加强关工委领导机构建设，建设组成机构完善、工作效能较高的校级关工委领导班子；推进建章立制，切实完善日常学习、例会、研讨备课、总结汇报、经费使用等管理制度；注重形成规范合理的换届制度，及时补充领导班子队伍，保持班子活力。积极组织带动“五老”加入“青马工程”工作之中，通过各级组织推荐、典型“五老”事迹带动、学员主动联系，积极探索从马克思主义学院退休教师、科研一线退休教师、机关党政干部退休教师等各个领域动员更多“五老”担任青马学员指导教师。在二级院系中建设一支素质较高、规范性较强的二级关工委组织，明确职能定位与工作方向，并实施“活力提升”工程，加强对二级关工委的服务与指导，总结优秀经验，选树先进典型，为二级关工委工作开展开好头。积极构建关工委“五老”培训体系，学校党委要积极为关工委培训创造条件，完善培训计划，推进“五老”掌握国内外发展新形势、教育发展新情况、青马培养新要求，建设学习型关工委组织。

（四）完善政策设计，建强关工委“五老”助推“青马工程”的保障体系

立足关工委与“青马工程”实际，优化保障体系，持续有效推进“青马工程”。从学校党委层面，要高度重视关工委、“青马工程”工作，积极推进同级党政领导担任关工委领导职务，把关工委工作纳入党委重要议

事日程和工作计划，强化对关工委工作的筹划与顶层设计。加强软硬件保障，创造条件为关工委“五老”开展青马培养工作提供必要的办公和活动场所；给予经费支持，满足日常工作、学习培训等实际需求，并根据开展青马培养工作的实际，给予工作量认定、课时费或补贴等。加强表彰激励，定期开展关工委“五老”总结表彰工作，切实挖掘优秀“五老”人物和事迹，形成示范带动效应。

（五）协调多元主体，营造关工委“五老”助推“青马工程”的社会环境

高校在推进实施“青马工程”的过程中，要协调多方主体，有效为“五老”工作开展创造良好外部条件。从学校党委层面要切实加强对关工委工作的领导，定期听取工作汇报，开展工作研讨，解决工作困难。坚持把各项重要文件、会议精神和工作要求及时传达给关工委，推进关工委各项工作有的放矢开展。在学校“青马工程”各相关责任部门层面，要积极构建涵盖关工委的协调议事机制，要持续关心、支持关工委的工作，保持高效、有序的沟通和反馈。同时，注重关注关工委“五老”的工作、生活和身体情况等，通过各种方式提供帮助和服务。在青马学员层面，要切实加强感恩教育，引导青马学员尊重、爱护“五老”，弘扬中华传统美德，积极与“五老”结对子，在学习、生活方面给予其帮助和支持，形成良好的师生氛围。

（2021年1月）

课题组负责人：侯庆敏；

课题组成员：张言军，崔强，冯立芳，刘宇彤，马宽，张程江，赵秋娜，刘精晶，王旭，高瑞晗，张萌，叶哲；

报告执笔人：侯庆敏，冯立芳。

厦门大学关工委课题组

积极推进“关心下一代工作”品牌建设高质量发展

内容摘要

关心下一代工作运用品牌影响力，在促进青少年健康成长方面发挥着重要作用，推动“关心下一代工作”品牌建设高质量发展是各级关工委的重要任务之一。本文阐述了“关心下一代工作”品牌及品牌建设的基本概念和主要内涵；从“关心下一代工作”品牌建设的运行模式和运行功能两个方面，分析了其运行机制的要素构成、功能作用、约束和促进关系；从分析“关心下一代工作”品牌建设的实践路径入手，揭示了品牌建设的主要亮点和突出做法，以求提高工作的质量和效率；最后围绕品牌建设提质增效问题，提出“关心下一代工作”品牌建设必须遵循的重要原则，以及可操作性的对策建议。

关键词

关心下一代工作；品牌建设；高质量发展

中央八部委联合印发的《关于进一步发挥五老队伍在加强青少年思想道德建设中的作用的意见》明确指出："广大五老在我国长期的革命、建设、改革实践中积累了丰富经验，具有不可替代的政治优势、经验优势、威望优势，是加强青少年思想道德建设的宝贵资源，是确保中国特色社会主义建设事业薪火相传的重要力量。"在以习近平同志为核心的党中央的关怀和指导下，广大"五老"正发挥着自身的特长和优势，为促进青少年健康成长作出积极的贡献。与此相适应，中国关心下一代工作委员会的各项工作已步入制度化、常态化、规范化发展轨道，工作载体和手段不断丰富。

"关心下一代工作"品牌，顺应了中国特色社会主义建设的历史和现实需要应运而生。它遵循"自下而上与自上而下"相结合的路径，通过上级部门的关心和指导、基层组织的协调和创新、"五老"同志的参与和奉献、广大青少年的响应和认同，逐步把"品牌"或"思政品牌"这一手段运用到关心下一代工作中，并在各级关工委的工作实践探索中，赋予新的内涵和时代特征。如何"在继承中创新，在创新中发展"，努力推动"关心下一代工作"品牌建设高质量发展，是各级关工委面临的机遇和挑战。这就需要在工作实践的基础上进行理论研究，把感性认识上升到理性认识，更好地总结经验，确立导向，树立典型，找出不足，推动工作。

一、"关心下一代工作"品牌建设的主要内涵

品牌是一种名称、术语、标记、符号或图案，或是它们的相互组合。品牌建设是指品牌拥有者对品牌进行的设计、宣传、维护的行为和努力。品牌及品牌建设，最初主要是应用于经济活动中的市场营销或企业战略，现在已经延伸到社会活动中宣传、思想、文化、教育等相关领域。品牌及

品牌建设不仅可以作为商业性、营利性的运作工具，也可以作为公益性、非营利性的服务手段。

“关心下一代工作”品牌及其建设，是以关心和助力青少年健康成长为目标，对经常性开展的各类教育活动、工作机制、作用主体与被关心对象互动等交织形成的固化平台，进行设计、宣传、维护的行为和努力，它追求的是社会主义核心价值观的培育和践行。各级关工委在工作实践的探索中，已经把品牌建设这个概念应用到关心下一代工作中，使之成为工作的抓手和开展活动的载体。这一过程中的四大基本要素为：各级党组织的关心和指导，各级关工委的组织和协调，广大“五老”同志的参与和奉献，广大青少年的响应和认同。它们为“关心下一代工作”品牌及其建设，奠定了坚实的工作基础，构成了有机的运作系统，实现了互相联系、互相促进、互相制约。

“关心下一代工作”品牌建设根据内容和形式不同，可以归纳为以下主要类型：一是建设以教育活动内容命名的品牌，如“读懂中国”、“中华魂”读书活动、“学党史、颂党恩、跟党走”、“青春告白祖国”等主题教育活动等；二是建设以常态化活动平台命名的品牌，如“院士回母校”“中国‘五老’说”“青马工程”“校园文化传承”等；三是建设以工作机制命名的品牌，如“特约党建组织员”“帮困助学”“大学生‘三个三’思想教育系统工程”等。

二、“关心下一代工作”品牌建设运行机制分析

运行机制一般是指有机体的构造、功能和相互关系，随着经济社会的发展，运行机制的范畴也从自然科学研究领域向社会科学研究领域延伸，也可以泛指一个工作系统的组织结构、内部机理及其相互作用的过程和相

互制约促进的关系。

“关心下一代工作”品牌及其建设是一个工作系统，该系统包含诸多的要素，这些要素有各自的本质规定、特有功能、依存关系、连接渠道、内在要求。要实现“关心下一代工作”品牌建设的良性运转，就必须对其运行机制进行深入的研究，科学认识要素作用，努力畅通运行渠道，准确把握发展规律，从而建立一套协调、灵活、高效的运行机制。

（一）“关心下一代工作”品牌建设的运行模式

1. 领导高度重视

党中央高度重视关心下一代工作。习近平总书记等中央领导同志多次作出重要批示，强调要弘扬“五老”精神，尊重“五老”，爱护“五老”，学习“五老”，重视发挥“五老”作用，推动关心下一代事业更好发展。教育部党组于2009年制定部党组20号文件，进一步加强对教育系统关心下一代工作的指导与支持。周济、袁贵仁、陈宝生等历任教育部部长均多次强调，要把教育系统关心下一代工作摆上重要位置，切实做到“四个到位”，即思想认识到位、分管领导到位、组织协调到位、关心支持到位。一些地方教育部门还专门制定文件，将高校关工委工作纳入年度经费预算和常态化建设考核。据统计，75所中央直属高校中有63所高校关工委主任由校党委书记或者分管工作的副职校领导担任，占比达84%，这充分体现了高校党委对关心下一代工作的高度重视。

2. “五老”队伍建设有力

高校关工委“五老”队伍中，老教师、老专家是基本队伍，老领导、老党员是骨干力量。建设好“五老”队伍，发挥好“五老”优势，是开展好品牌建设的重要基础。以75所教育部直属高校为例，常年有32000多位“五老”参加关心下一代工作，其中活跃骨干人数达到8900多位。充分调动广大“五老”队伍的积极性，把他们可贵的精神、有限的力量汇聚起来，凝成一股勇往直前的力量，是关工委各项工作持续发展的动力源泉。

3. 紧密配合主渠道开展工作

高校是培养中国特色社会主义事业合格建设者和接班人的重要阵地。高校关工委紧紧围绕高校人才培养工作大局，按照"24字工作方针"原则，密切与组织部门、宣传部门、学生工作部门和学校团委等主渠道部门沟通联系，努力形成合力，共同配合学校党委开展大学生思想政治教育工作。同时，高校关工委还发挥老同志理论素养高、工作经验丰富的优势，围绕中心工作开展调查研究，为领导科学决策提供了有价值的参考依据。

4. 组织文化特色鲜明

组织文化从广义上理解，可以包含导向、约束、激励、调适和辐射等功能，运用好组织文化是实现组织目标的必要保证，同时也能够增强组织凝聚力。高校关工委以情系后代、关爱未来为共同理想，以深入进行社会主义核心价值体系主题教育、帮助下一代健康成长作为共同目标，紧抓"立德树人"开展大学生思想政治工作的"一条主线"；坚持面向青年学生和青年教师作为工作对象的"两个面向"；利用以党团活动、社团活动和社会实践活动为主平台的"三个平台"；注重发挥高校"五老"肯奉献的政治优势、懂教育的经验优势、爱学生的情感优势和灵活机动的时空优势的"四大优势"开展工作，具有较为鲜明的组织文化特色。

（二）"关心下一代工作"品牌建设的运行功能

1. 打造工作品牌

高校关工委是一个群众性工作组织，通过各类活动来推动工作开展，是高校关心下一代工作的重要途径和载体。经过近30年的发展壮大，各高校关工委围绕中心、服务大局，立足于青年学生成长中的现实需求和长远发展的需要，结合实际打造一系列"关心下一代工作"品牌。其中，一些活动品牌的形成首先由各高校基层关工委结合自身实际进行探索实践，之后经过自下而上的总结推广形成系列工作品牌。如2013年10月教育部关工委经过广大高校酝酿和评选出的“特邀党建组织员”“五老报告团”“校园文化传承”等高校关心下一代工作十大品牌。而另有一些品牌活动则采取自上而下的形式进行组织推广。如近年来广泛开展的“读懂中国”“院士回母校”“大国工匠进校园”和“老校长下乡”等一系列品牌活动，组织推进形式主要为教育部关工委围绕助力大学生思想政治教育、爱国主义教育和助力脱贫攻坚等中心任务，指导部分高校开展先期试点，待取得一定经验后再向全教育系统进行推广，现已逐渐形成品牌影响和效应。

2. 品牌主题结合高校办学定位和中心任务

党的十八大以来，以习近平同志为核心的党中央高度重视学校思想政治工作，发表一系列重要讲话，提出一系列明确要求，深刻回答了“培养什么人、怎样培养人、为谁培养人”等事关高校思想政治工作的方向性、根本性问题，为推进高校思想政治工作提供了根本遵循。各高校关工委充分发挥“五老”政治信仰坚定、党性观念强的独特优势，助力高校思政工作，涌现出如吉林大学关工委指导参与的“大学生 M.M 研究会”、华东师范大学“思齐聊聊吧”青马微课堂和厦门大学“马克思主义青年研修班”等一批特色品牌活动。各校“五老”广泛参与“思政课程”和“课程思政”，有效地提高了思政工作和思政课的针对性和实效性。

3. 品牌内容体现学校历史和校园文化特色

校园文化是高校在长期办学中积累而成的独特文化形态，是高校发展历史、人文精神和办学特色等方面的综合体现。校园文化对于培养大学生职业精神、个性特征、审美情趣等起着重要的作用，是高校发挥育人功能、实现德育教育的有效途径。高校关工委老同志大多是学校发展历史的亲历者和见证人，他们长期从事教育工作，是开展大学生思想道德教育，特别是爱国爱党主义教育的宝贵资源和重要力量。以厦门大学为例，福建省第一个党组织——中共厦大支部在厦大诞生，革命精神已经成为厦大的红色基因，流淌于校园的文化血脉之中。为充分发掘和利用红色资源，厦大关工委在校党委的领导下参与建设“厦门大学革命史展览馆”。多位老领导、老同志参与了展示内容的编撰和筹建工作。据不完全统计，革命史展馆开馆至今4年多，展馆接待参访团队600多个、访客9万余人次。中央、省、市领导先后参观指导。近几年先后被授予省、市红色教育基地称号。展馆已成为每年新生入学、新教职工入职开展党史、国史、校史教育的重要场所。

4. 利用信息化技术推动品牌创新

近年来，各高校充分运用信息化思维，依托网络平台展示和推进关心下一代的各项工作，通过互联网与关工委工作的深度融合，实现关心下一代工作创新发展。如教育部关工委近两年在高校中开展的“读懂中国”活动，除传统征文形式外，还广泛采用微视频的形式记录展示大学生面对面访谈“五老”的形式，并在电视台、网络上广泛传播，学生参与和受教育覆盖面得到极大的拓展。据统计，仅2019年开展的第二届“读懂中国”活动，全国共有726所高校100多万名大学生参与，采访优秀“五老”1.4万多名，优秀征文和视频作品通过网络新媒体广泛宣传和交流，大大拓宽了活动受益面和影响力，起到了“参与一个、受益一方”的效果。又如“院士回母校”“大国工匠进校园”等品牌活动，广泛通过网络进行现场同步直播，让未能走进活动现场的师生参与，并通过“微博墙”“热门话题”“微信扫码发表感言”等青年大学生喜闻乐见的方式引入学生评论，吸引学生的参与热情，提升活动关注度。活动结束后，通过网络或微信及时将活动的视频、图片、文字以学生喜闻乐见的方式发布，使影响持续扩散，取得了较好效果。

三、“关心下一代工作”品牌建设实践路径探索

实践路径一般是指人类社会活动中，人们为了实现预定的追求目标，遵循共同的价值理念，在现存的社会制度路径下进行的一系列活动与努力。人们只有遵循客观规律，坚守共同理念，制定出适宜的政策和可行的措施，充分调动各方面的积极性和创造性，才能保证实践路径按照预定目标，有序、有效地向前推进。

“关心下一代工作”品牌及其建设，是当前正在进行的中国特色社会主义建设的一个有机组成部分。这一事业是以关心、教育、培养全国各族青少年健康成长为目的，它在实践中面临着各种复杂、多变的机遇和挑战，形成了多方面、多层次、多环节的影响与作用。这就要求对“关心下一代工作”品牌建设的实践过程进行深入的研究，通过凝结工作亮点，进一步实现挖潜和推广；通过总结工作做法，进一步提高质量和效率。

（一）“关心下一代工作”品牌建设的主要亮点

1. 配合落实立德树人根本任务

中国关工委成立25周年之际，习近平总书记就关心下一代工作作出重要指示，高瞻远瞩地为做好新时期的关心下一代工作指明了方向和任务。在经济全球化与社会思潮多元化的时代背景下，各种社会思潮借助高校学术平台发声立言，对学校意识形态工作形成了极大挑战。广大老同志受党教育培养几十年，政治信仰和理想信念坚定，有丰富的人生经历和教育青少年的经验，特别是在意识形态领域斗争中具有独特的优势和不可替代的重要作用。高校关工委在品牌建设工作中以立德树人、加强社会主义核心价值观教育为主线，从学校需要和学生需求出发，配合主渠道做好高校思想政治工作，在青年师生的思想教育，特别是意识形态领域斗争中发挥着重要引领作用。

2. 发挥在思想政治教育中的特殊优势

高校关工委始终明确坚持"急教育所急、帮青少年所需、尽关工委所能"的职能定位，大力弘扬"忠诚、关爱、创新、奉献"的"五老"精神，充分发挥"五老"队伍的政治优势、经验优势、威望优势、亲情优势和时空优势，积极配合主渠道开展社会主义核心价值观教育，通过专题讲座、报告会、座谈、沙龙以及理论研讨等多种形式，让有理想的人讲理想，让有爱国情感的人讲爱国主义，让历史见证人讲革命传统，引导青年师生坚定马克思主义政治信仰，更加自觉地坚持和运用辩证唯物主义世界观和方法论，把思想和行动统一到中央的决策部署上来，在关心下一代工作中当好参谋助手，积极为学校发展和青年师生健康成长出谋划策。

3. 坚持党建引领，抓好青年师生的核心价值观教育

习近平总书记在学校思想政治理论课教师座谈会上强调："青少年阶段是人生的'拔节孕穗期'，最需要精心引导和栽培。"关工委老同志做学生"拔节孕穗期"的守护者，可以发挥自身优势关注青年师生的思想动态，特别是针对青年在理想信念方面出现的迷茫困惑进行研究。着力研究和掌握青年师生不同群体的成长特点和规律，围绕新时期青少年的成长规律和发展要求进行研究，开展既符合中央精神又贴近师生需求、彰显关工委特色的主题教育活动，帮助他们从党建思政、科学文化、身心健康等方面提高综合素质，引导青年师生树立正确的世界观、人生观和价值观，培养德智体美劳全面发展的中国特色社会主义建设者和接班人。

（二）"关心下一代工作"品牌建设的突出做法

1. 突出老少参与共建

关工委老同志与青年师生通过共建实现良性互动、相互启发，是关工委的鲜明特色。关工委老同志人生阅历丰富，是对当代大学生进行革命传统教育和艰苦奋斗教育的"活教材"。新世纪的大学生成长环境优越，依

赖性强、心理承受力弱，需要加强革命传统教育和艰苦奋斗教育。一方面充分发挥“五老”的作用和优势，引导青年自我教育、自我约束、自我提高，为学校发展和学生成长出谋划策；另一方面切实关注青年师生的精神诉求，尊重青年教师和大学生的主体地位，形成老少“双受益、双提高、双发展”的良好局面。老少共建是关工委工作创新的有益尝试，老同志通过讲述亲身经历、史料重现、互帮互助等方式教育引导青年师生，增强老少两代的互动性和亲切感，既加强关工委自身建设、拓展新路径，又进一步做好老少共建、老少共进，带动全社会关怀青少年健康成长，培养尊老爱幼、社会和谐的良好风气。

2. 发挥校本文化资源优势

党的十九大报告把文化强国建设热潮推向时代高点。高校承担着传承、创造和发展先进文化这一光荣而艰巨的历史使命。大学的发展历程也是文化传承积淀的过程，既继承发扬中华优秀传统文化精髓，吸收借鉴世界先进文化成果，又因为办学历史、人文品格、地域环境等差异，在文化发展脉络上呈现出不同的特性，形成融历史底蕴与时代特征为一体的文化品质。各高校在长期的办学历程中积淀了深厚的历史文化底蕴，形成独具特色的办学传统，依托校本文化资源开展党史国史校史教育，是关工委开展工作的又一途径。让关工委在工作中继承弘扬学校优良传统，又融入时代特点，充分利用校本红色革命文化资源加强大学生理想信念教育，将学校历史文化展馆与校园文化活动和社会实践活动相融合，使青年师生在潜移默化中接受爱国荣校教育，在耳濡目染中筑牢思想文化根基。

3. 推进长效机制建设

关工委工作不是中心工作、大局工作，却影响中心、牵动大局。学校党委把关工委工作纳入年度工作计划，为关工委开展工作创造了必要的条件；高校关工委坚持“围绕中心，服务大局”的原则，贯彻落实学校的各项决策部署，工作思路和举措与学校改革发展等中心工作同频共振。关工委工作是一项系统工程，各高校建立健全协调配合和密切联动的工作体制和长效机制，通过健全完善组织机制、建立经费保障机制、着力加强队伍建设机制，逐步形成理论学习和业务培训结合、下基层调研和与兄弟院校交流并重等一系列行之有效的工作机制。与学工部门和共青团等群团组织建立协作机制，着力打造亮点、塑造品牌，抓好“思路、载体、方法”三个方面的创新提升，形成点面结合、齐抓共管、协同推进关工委工作的新常态化工作格局。

四、“关心下一代工作”品牌建设提质增效的对策和措施

（一）“关心下一代工作”品牌建设的重要原则

1. 坚持党的领导，确保品牌建设正确性

习近平总书记曾在全国高校思想政治工作会议上的讲话中明确指出，“我们的高校是党领导下的高校”“党委要保证高校正确办学方向，掌握高校思想政治工作主导权”。习近平总书记还曾在考察中指出，要坚持党对高校工作的全面领导，坚持社会主义办学方向，努力培养更多一流人才。我们党的教育方针是培养社会主义建设者和接班人，要坚持不懈培育和弘扬社会主义核心价值观，引导广大师生做社会主义核心价值观的坚定信仰者、积极传播者、模范践行者，要把中国特色社会主义道路自信、理论自信、制度自信、文化自信转化为办好中国特色世界一流大学的自信。坚持党的领导是高校“关心下一代工作”品牌建设的根本前提，关心下一代工作是高校思想政治工作的重要组成，应在学校党委的领导下突出思想引领的作用，时刻保持立德树人的责任意识，以大力开展社会主义核心价值观教育为重点，遵循思想政治教育的规律、教书育人规律、学生成长规律，

始终保持正确的方向。

2. 从大局出发，推进品牌建设系统性

为中国特色社会主义事业培养合格的人才是高校关心下一代工作的大局，是当前思想政治教育工作的出发点和落脚点。从大局出发，牢牢把握思想政治教育的意识形态领导权和话语权，坚持以马克思主义为指导，实现社会主义高校立德树人的人才培养目标，是高校“关心下一代工作”品牌建设的原则。高校“关心下一代工作”品牌建设应牢固树立为中国特色社会主义事业培养合格人才的全局观，充分借鉴经济领域品牌建设成果，把品牌建设当作一项思想政治教育的系统工程，从大局出发，采用整体性视角进行科学规划，不仅关注品牌建设的战略性，确保“关心下一代工作”品牌在建设中具有立德树人的战略高度，更要注重各个要素之间的联系，确保“关心下一代工作”品牌各项内容之间的始终协调一致，自成有机一体。唯此，方能整体打造和培育“关心下一代工作”品牌，使之为师生喜闻乐见，发挥应有的长效作用。

3. 把握方针定位，增强品牌建设实效性

《中国关心下一代工作委员会工作规则》指出，关工委应坚持“急党政所急，想青少年所需，尽关工委所能”的工作方向和“围绕中心，服务大局，积极配合，主动作为”的工作定位。高校应牢牢坚持关工委工作方向和工作定位，做到“围绕中心、配合补充，因地制宜、量力而行，立足基层、注重实效”。“围绕中心、配合补充”要求“关心下一代工作”品牌建设要紧紧围绕党和高校的中心任务，急党政所急，积极配合主渠道开展工作，主动破解思想政治教育难题；“因地制宜、量力而行”要求“关心下一代工作”品牌建设正确把握党情、国情、地情、校情和大学生的特点，想青少年所需，立足于工作开展的现实条件，量力而为，尽关工委所能，形成符合实际的品牌建设模式和特色；“立足基层、注重实效”要求“关心下一代工作”品牌建设深入大学生群体中，建设的品牌能够增强大学生思想道德素质，促进大学生成长成才，产生服务大局的实际效果。

4. 理论联系实际，实现品牌建设创新性

党的教育方针政策，前文叙述的全面发展理论、品牌应用理论、系统理论等，都是开展“关心下一代工作”品牌建设的理论基础。关工委工作是一项打基础、利长远的树人任务，其工作出发点和落脚点应放在做实事、求实效上。一方面，“关心下一代工作”品牌建设应在理论的指导下，紧密联系实际，实现、维护和发展好青少年利益。另一方面，对“关心下一代工作”品牌建设实践中形成的特色经验要及时进行总结，提升为下一步工作的理论指导。要使高校“关心下一代工作”品牌建设更具感染力、号召力和凝聚力，不仅需要充分考虑当代大学生的需求、高校思想政治教育工作内容的特点，制定出切合实际的建设方案，发动师生积极参与创建工作，使品牌具备师生认同的文化价值，更需要保持与时俱进、持续创新的动力，特别是把关工委老同志的“旧”知识和当代大学生的新时尚紧密结合，使“旧”知识不老气、接地气，真正能够融入当代大学生的日常学习生活，甚至把“老少结合”的新组合变为当代大学生的新时尚。如此，方能彻底解决关工委工作中适应新形势下大学生思想政治教育新问题、新变化的创新难点，保持“关心下一代工作”品牌建设的青春活力。

（二）“关心下一代工作”品牌建设的对策和措施

1. 明确品牌建设目标

“关心下一代工作”品牌建设的关键是明确品牌建设目标。宏观上看，站在党和国家的角度，高校发展目标就是高校“关心下一代工作”品牌建设的目标，即为中国特色社会主义事业建设培养合格人才。中观上看，站在地方和学校的角度，高校“关心下一代工作”品牌建设的目标为建立科学规范的管理制度、形成品牌规划和目标管理体系、加强品牌组织保障、树立品牌服务理念、深植品牌影响力、提升品牌知名度和美誉度、完成品牌整套视觉形象系统建设等，从而服务地方发展和学校建设。微观上看，站在团队和师生的角度，高校“关心下一代工作”品牌建设的目标为建设一支创新、高效、务实的建设团队，形成育人的品牌文化，实现高校“关心下一代工作”品牌持续、健康、快速发展。只有详细分析学校发展的内外部条件和环境，明确品牌建设的目标定位，才能推进品牌目标建设进程。

2. 塑造品牌形象

高校“关心下一代工作”品牌的塑造和提炼，应基于学校的发展历史、办学方针、管理方式和师生员工教育教学过程中共同陶冶而成的文化积淀。在建设过程中，高校“关心下一代工作”品牌建设各方责任人要高度重视品牌形象树立工作，校内教职员工、校友以及其他人士等多方面需共同努力，牢牢把握品牌建设的育人理念，提高育人质量与水平，葆有古老而又常新的大学精神，提炼与弘扬富有个性和特色的校训，培育具有深厚文化底蕴的校园环境，设计个性突显和特色鲜明的品牌形象。通过整合各方资源，强化品牌意识，邀请专家对品牌进行论证和设计，确立品牌主题，把党建、“五老”、青年、思政等各要素相融合，挖掘品牌红色特质，形成品牌育人风格，树立品牌亲切形象，进而推出高质量的品牌项目，同时进行品牌延伸，使大学生对品牌产生强烈认同，塑造良好的品牌形象。

3. 采取项目化管理

“关心下一代工作”品牌建设采取项目化管理需要制定标准化的工作程序。首先，在项目申报和制定方面，校级关工委要根据国家和校党委的要求，充分把握学校党建工作要点，制订品牌建设项目年度计划，经过研讨后审定，形成年度工作品牌建设项目清单；将项目目标细化、量化，制定具体实施方案，明确项目建设推进步骤、阶段目标和年终目标等，与项目申报人签订责任书。其次，在项目实施和管理方面，各项目承担主体要按照项目预设时间，推进项目建设，并建立管理台账；承担主体所在的单位党委对品牌建设项目进行动态关注，帮助推进项目实施进度，提高品牌建设质量，及时协助解决建设过程中的困难。再次，在项目验收和评估方面，要把评估贯穿项目化管理的全过程，包括对人、对事、对效果的评估，可通过专题调研、问卷调查、座谈讨论、答辩等方式开展评估，重点考核品牌建设目标的实现情况、效果和影响力等，使其成为项目化管理中的重要一环，反馈评估结果至项目承担主体所在党委，作为所在党委党建工作业绩，并列入基层党委书记年度述职考评项目。

4. 加强宣传推广

"关心下一代工作"品牌建设要做好品牌的传播工作，制造良好氛围，不断提高知名度和美誉度。品牌创建好后，需要通过各种渠道对其加以宣传推广。各级责任人要从思想上重视宣传推广工作，校内各职能部门要积极配合，共同摈弃"等靠要"的旧观念，突破宣传推广的传统形式，扩大宣传范围，加大推广力度。一方面，"关心下一代工作"品牌建设要主动争取支持，在学校的网站、学报、院刊、校园网等占有一席之地，提升师生对品牌的认知，提升品牌的知名度。通过加强对品牌活动实效的宣传，在学校里树立品牌形象，增加品牌美誉度。另一方面，在品牌推广方面，需要利用现代传播手段，进行整合传播，创新宣传的依托形式，丰富宣传的文化特色，好好宣传品牌，宣传好的品牌。

（2020年5月）

课题组顾问：陈力文；

课题组负责人：苏劲；

课题组成员：傅丽芬，王坤钟，郑莉，沈辛毅，胡雯，林秀娟。

西南大学关工委课题组

网络环境下关工委品牌建设的经验提升与创新研究

内容摘要

为深入总结教育系统关工委成立30年来取得的理论与实践成果，进一步发挥关工委品牌经验的引领示范作用，西南大学关工委“网络环境下高校关工委品牌建设的经验提升与创新研究”课题组，对全国东、中、西部31个省、自治区、直辖市，以及港、澳、台地区共58所高校（包括“985”高校、“211”院校、普通本科院校、专科院校）开展以网络环境下关工委品牌建设经验提升与创新研究的问卷调查，共回收有效教师（包括有关行政人员）卷1298份、学生卷45475份，同时对调研高校在校大学生、党政干部、教师、关工委工作人员等进行基线访谈，对西南大学关工委4个品牌（即“12345”工作模式、“关工委校地合作协同育人”、“中华魂”主题教育、“三老（五老）下乡”）进行个案分析，在此基础上，探析网络环境下高校关工委品牌建设的现状、问题和成功经验，提出网络环境下高校关工委品牌建设经验提升和创新的相关建议。

关键词

网络环境；品牌建设；高校关工委

一、研究背景

（一）问题提出

党的十八大以来，党中央更加重视关心下一代工作，习近平等党和国家领导人对关心下一代工作作出重要指示，对关工委提出殷切希望和要求。在新时代信息化社会中，关工委品牌建设在网络环境下的经验提升和创新已成为关工委当前亟待解决的问题。

西南大学关工委先后被评为全国关心下一代工作先进集体（2010年、2020年）、全国教育系统关心下一代工作先进集体（2007年、2016年）、重庆市教育系统关心下一代工作先进集体（2008年、2010年、2012年、2013年）、“五好”基层关工委、全国主题教育活动优秀集体等，积累了30年品牌建设的理论和实践经验，推动高校关心下一代工作发展是学校应尽职责，提出“网络环境下高校关工委品牌建设的经验提升与创新研究”课题研究，理应为以品牌建设带动新时代高校关心下一代工作特色发展贡献智慧和力量。

（二）研究目标

总结提炼网络环境下西南大学关工委品牌建设的经验，把握关工委品牌培育、建设、发展规律，探索网络环境下关工委品牌建设的经验提升和创新，为关工委在网络环境下进行品牌建设的经验提升和创新提供新的思路、增添新的举措。

（三）研究意义

第一，探索关工委如何发挥“五老”作用，落实立德树人根本任务，把学生培养成为德智体美劳全面发展的社会主义事业建设者和接班人。

第二，进一步探索网络环境下西南大学关工委品牌（“12345”工作模式、“关工委校地合作协同育人”、“中华魂”主题教育、“三老（五老）下乡”）经验，探索网络环境下关工委品牌建设的经验提升和创新，以更好地发挥引领示范作用。

第三，通过总结提炼西南大学关工委在网络环境下品牌建设的经验提升与创新，促进学生更加坚定不移地走中国特色社会主义教育发展道路。

二、研究方法、进程及组织分工

（一）研究方法

1. 文献分析法

梳理关工委工作相关文献，先后6次组织全体主研人员学习、研究习近平等党和国家领导人对关工委工作的重要指示精神，领会全国高校思想政治工作会议精神和习近平总书记寄语青少年的一系列重要讲话精神，学习教育部党组文件和教育部关工委领导讲话，尤其是关于品牌建设的指导意见。

2. 案例研究法

对西南大学关工委4个品牌——“12345”工作模式、“关工委校地合作协同育人”、“中华魂”主题教育、“三老（五老）下乡”进行个案剖析研究。

3. 问卷调查法

对全国东、中、西部31个省、自治区、直辖市，以及港、澳、台地区的58所高校，通过问卷星以网络问卷形式开展以网络环境下关工委品牌建设的经验提升与创新为主题的研究调查。调研对象包括高校学生、关工委工作人员、“五老”等。

4. 访谈法

通过互联网对调研高校在校大学生、党政干部、教师、关工委工作人员等进行了深度访谈，获得访谈纪要240余份。

5. 行动研究法

先后组织关工委“五老”带领青年教师和学生，多次赴重庆市北碚区东阳街道西山坪村、澄江镇民权村、重庆市青少年劳动教育实践基地、北碚复兴小学、北碚红岩小学等开展科技扶贫和助弱关爱等活动；通过线上线下结合，对重庆市北碚区三圣镇中小学，以及四川凉山州、西藏自治区等地20余所中小学开展义务支教、普法教育、践行社会主义核心价值观等关工委活动。

（二）研究进程

1. 准备阶段（2020年3—5月）

学习习近平总书记对关心下一代工作的重要指示、批示，以及教育部党组、教育部关工委相关文件，梳理西南大学关工委成立以来取得的成效和经验，分析发展中需要改进与创新的问题，探索网络环境下、新冠疫情常态化形势下关工委工作发展的创新思路。选择契合本校关工委实际的研究项目，在京会议期间，还向教育部关工委汇报了本校关工委工作和课题申报有关情况。课题负责人做顶层设计，包括提炼西南大学关工委品牌建设的经验，调研问卷和访谈提纲的设计和实施，调研报告、研究报告、咨询报告、结题报告的框架结构和分工安排等。

2. 实施阶段（2020年6—11月）

根据研究计划，主研人员围绕研究主题分工负责，协同推进。

第一组：研究制作调查问卷提纲，制作问卷星；

第二组：发放、收集、整理问卷，并对问卷进行数据分析；

第三组：系统总结西南大学关工委“12345”工作模式、“关工委校地合作协同育人”、“中华魂”主题教育、“三老（五老）下乡”4个品牌的主要经验；

第四组：通过座谈、走访（向仲怀院士、林德清教授等），调研网络对青少年思想政治工作的影响和如何利用网络优势加强关工委品牌建设。

3. 总结阶段（2020年11月）

在个案剖析、问卷调查、走访、座谈、文献研究的基础上，通过对大量材料的分析、综合、归纳，完成调研报告、研究报告、咨询报告和结题报告。

（三）组织分工

课题组研究人员中，教授（研究员）、副教授（副研究员）共13名，博硕2名，参与关工委工作10年以上的10名，担任课题执笔拟稿的老同志占80%。组织分工如下：

宋乃庆：全面负责，包括组织和制定研究提纲、调查问卷审核修改和发放，研究报告、结题报告的内容确定及修改等，课题经费管理；

蒋伟：协助宋乃庆做好上述工作，重点承担“咨询报告”拟稿、部分“研究报告”拟稿工作，课题经费管理；

周厚彬：协助宋乃庆做好上述工作，重点承担“结题报告”拟稿，部分“研究报告”拟稿工作，课题经费管理；

郭昌瑜：重点承担“研究报告”统稿工作；

郭昌瑜，曾光霞，郑莉佳：承担“调研报告”拟稿和汇总工作；

陈明树：重点承担西南大学品牌建设个案研究（“中华魂”主题教育）；

周鸣鸣：重点承担西南大学品牌建设个案研究（“三老（五老）下乡”）；

曾光霞：重点承担西南大学品牌建设个案研究（“关工委校地合作协同育人”、“12345”工作模式）；

魏昭林：重点承担西南大学品牌建设问卷调查、基线走访等；

郑智勇，曹媛：调查问卷的制作、发放和统计分析等，协助宋乃庆修改并完善调研报告、研究报告、咨询报告等；

李素伟，廖万洪，周厚彬，李晓玲：材料提供和审核，调查问卷发放、回收、统计，课题组视频研讨会联系，配合课题经费管理等。

三、研究内容及调研概况

（一）研究内容

1. 贯彻落实习近平总书记对关心下一代工作重要指示精神

习近平总书记强调广大“五老”是党和国家的宝贵财富，是加强青少年思想政治工作的重要力量，各级党委和政府要加强对关心下一代工作的领导，支持更多老同志参加关心下一代工作，使广大“五老”在关心下一代的广阔舞台上老有所为、发光发热，为培养社会主义建设者和接班人作出新的更大贡献。充分体现关工委工作是党的工作的重要组成部分，在青少年思想政治教育工作中具有不可替代的优势和作用。加强网络环境下关工委品牌建设的研究就是充分利用“五老”资源，拓展服务平台，为新时代青少年思想政治教育发挥更大的作用。

2. 西南大学关工委品牌建设

（1）“12345”工作模式。“1”即一个中心：关工委工作紧紧围绕学校立德树人工作中心。“2”即两轮驱动：二级关工委与校关工委志愿者服务团“两轮驱动”模式。“3”即三个贴近：关工委工作贴近主渠道、贴近青少年、贴近老同志。“4”即四个坚持：坚持以理想信念教育为核心，深入开展社会主义核心价值观教育；坚持以爱国主义教育为重点，深入开展民族精神教育；坚持以道德规范教育为基础，深入开展道德品质教育；坚持以全面发展为目标，深入开展基本素质教育。“5”即五个要领：领导重视是关键，队伍建设是基础，基层工作是重点，开拓创新是动力，品牌建设是特色。该模式多次受到教育部关工委、重庆市关工委、重庆市教委关工委的充分肯定。

（2）“中华魂”主题教育。西南大学关工委组织开展“中华魂”主题教育活动始于2005年，相继举办了“弘扬民族精神 全面建成小康社会”“崇尚真善美，争做诚信人”等15个主题教育活动，连续5年在重庆市高校名列榜首。30万余名大学生在“五老”指导下，通过读书、演讲、座谈、撰写读书心得等方式，明党史、知国情、感党恩、跟党走，唱响共产党好、社会主义好、改革开放好、伟大祖国好的时代主旋律。主题教育活动对大学生理想信念教育、核心价值观教育、爱国主义教育、思想道德建设、学科专业教育等发挥了重要推动作用。

（3）“关工委校地合作协同育人”。2013年西南大学关工委获得教育部关工委专项课题，西南大学关工委与重庆市北碚区关工委、北碚区教育关工委携手，建立合作育人、协同育人共享平台，受到重庆市教委关工委、重庆市关工委的多次好评。该平台既打通了高校大学生社会实践的通道，又将分散资源有效整合，为建立“大德育”格局奠定基础，实现资源共享、优势互补、合力育人的目标。

（4）“三老（五老）下乡”。20多年来，西南大学关工委一大批老干部、老战士、老专家、老教师、老模范怀着对农业、教师教育、基础教育的特殊情感，退休后仍然心系国家、心系三农、心系基础教育，带领大学生和青年教师，深入川、渝、黔、滇、藏等省、自治区、直辖市的35个区县、52个乡镇、186个村社、20余所贫困地区中小学校，开展科技扶贫、教育扶贫、文化扶贫。

3. 认识和学习网络信息技术，提高“五老”的信息技术素养

面对网络信息技术的飞速发展，新时代下青少年的心理特点和行为方式发生了巨大变化，关工委工作必须与时俱进，主动适应新的网络环境，高度重视网络信息技术对关工委工作带来的革命性影响，提高“五老”的

信息技术素养和应用能力是时代的需要，敢于突破传统的教育模式和方法，遵循网络环境下青少年的教育规律，通过网络信息技术搭建“五老”与青少年学生沟通的桥梁，推进线上线下协同育人。

4. 网络环境下关工委品牌建设的经验提升和创新

网络环境下关工委品牌建设的经验提升与创新是指在利用现代化电子信息技术的加持下开展关工委品牌建设，通过网络设施、资源、平台、工具等方式，从认识层面、学习层面、应用层面和推广层面积极对关工委品牌建设进行经验提升和创新。

针对学校4个品牌而言，通过关工委自身网络平台建设，构建网络环境下“12345”模式长效机制，搭建学校关工委、二级关工委和大学生的沟通渠道，实时了解当代大学生的思想动态，促进关心下一代工作的有效展开；充分发挥互联网优势，融合网络环境组织“中华魂”主题教育活动，通过短信、微信、微博加以宣传推广，利用微信、钉钉等网络平台指导撰写征文，举行演讲比赛等，创新活动开展形式；借助腾讯会议等网络信息交流工具，创新学校关工委和地方关工委的合作交流方式，分享地方特色活动视频等，实现资源共享、携手共进，消除传统教育模式带来的地域阻碍。“五老”借助网络信息技术创新开展下乡活动，传授新技术，解答疑难问题，畅通需求信息，提高服务时效，助力地方乡村科技、教育、文化、经济发展。

（二）课题调研概况

为系统梳理关工委取得的重大理论和实践成果，进一步探索网络环境下关工委品牌建设的基本思路和举措，课题组历经2个月，开展了大量的调查工作，通过调查提纲设计、拟定、论证、修改、制作、分析，召开线上线下讨论会共28次。课题组对全国东、中、西部31个省、自治区、直辖市，以及港、澳、台地区共58所高校（“985”高校、“211”院校、普通本科院校、专科院校）的教师（关工委工作人员、在职教师、辅导员、管理干部、“五老”等）和学生（研究生、本科生）开展以网络环境下关工委品牌建设的经验提升与创新为主题的问卷调查，共回收有效教师问卷1298份、学生问卷45475份。

本次问卷调查以关工委品牌在培育和发展过程中面临的问题为依据，拟定调查题目212个，涉及品牌建设的系统研究、组织体制、运行机制、主要活动、教育内容、活动方式、平台建设、活动成效、宣传工作、“五老”队伍等10个方面的内容。问卷特别突出网络环境下活动开展方式、网络平台建设、网上教育内容、网上活动效果、活动宣传途径、网络工具使用、网络掌握应用程度等。

四、研究成果与结论

（一）高校关工委品牌建设成效突出

调研表明，教育系统关工委成立以来，取得了显著成效，培育并形成了“特邀党建组织员”“五老报告团”“主题教育活动”“青蓝工程”等全国10大品牌，各地（校）也培育和形成了各具特色的品牌，促进了关心下一代工作，获得了社会尤其是广大青少年的广泛赞誉，关工委的社会影响不断提升。数据显示，学生参加关工委组织开展的活动后，感到“非常有收获”和“有收获”的占99.19%，“没有收获”的仅占0.81%。教师对关工委的“作用和成效评价”感到“非常满意”和“比较满意”的占84.86%，不满意的仅占0.92%。说明关工委的工作获得了广大师生的赞誉。

（二）高校关工委品牌建设中亟待改进的问题

1. 品牌建设缺乏系统的经验总结与研究

调研表明，接受调研的高校中有的品牌运行机制不健全，质量水平不高，保障能力不足。数据显示，23.44% 的高校关工委有工作品牌但没有系统总结过，47.99% 的高校关工委仅在工作总结中谈到过品牌建设。整体而言，关工委品牌建设经验缺乏系统总结和深入研究，缺乏对关工委品牌建设规律的理性认识，在一定程度上影响了关工委品牌建设的价值提升和持续发展。

2. 品牌建设“五老”队伍跟不上网络环境发展需要

在品牌建设队伍方面，一是少数高校实际参与关工委工作的“五老”队伍人数太少，工作力度有限；二是“五老”队伍年龄偏大，70岁以上占52.3%，其中年龄超过80岁的占5.2%(事实上，有些单位70岁以下的“五老”非常少)，力不从心；三是部分老同志，甚至大部分“五老”同志使用信息技术的能力不强。调研表明，使用网络工具开展工作的仅占40%；网上教育活动效果的满意度仅为40%。

3. 品牌工作成效有待进一步提升

调研表明，网络环境下关工委工作思路和活动方式有待创新。数据显示，0.45% 的教师对关工委工作思路和活动方式感到“非常不满意”，0.92% 的教师感到“比较不满意”，13.76% 的教师表示“一般满意”。0.24% 的学生对学校关工委的活动成效感到“非常不满意”，0.76% 的学生感到“比较不满意”，19.2% 的学生感到“一般满意”。关工委工作满意度还有较大提升空间。

4. 工作品牌对接“互联网 +”的网络环境差距大

调研表明，网络环境下关工委对网络信息技术和工具的使用十分不足。数据显示，高校关工委中建有网络平台的不到10%，无法适应新的形势和网络环境的挑战。关于所在学校“是否建设有微信公众号、微博等网络平台？”，回答“是”的教师仅占47.25%，回答“否”的占13.53%，回答“不清楚”的占39.22%；在活动开展形式方面，“以传统教育活动为主”

开展活动的高校占37.16%，“以网上交流活动为主”的占5.05%。再如“中华魂”主题教育活动，线上开展活动的仅占9.89%。表明在部分高校工作品牌建设中互联网优势未得到充分发挥。

5. 网络环境下品牌宣传推广缺乏力度

课题组随机抽查了全国20所高校（部属10所，地方10所）的宣传窗口——校园网，仅3所部属高校在校园网一级页面“机构设置”设置了“关心下一代工作委员会”栏目，有7所高校（部属3所，地方4所）在校园网二、三级页面离退休工作处网页中设置了“关工委”或“关工委工作”栏目，其余50%（10所）高校的校园网一、二、三级网页均无“关工委”栏目。另一方面，从学生角度而言，全国关心下一代工作十佳品牌“中华魂”主题教育活动，有2.94% 的学生“完全不了解”，10.45% 的学生“不太了解”，有30.29% 的学生“一般了解”。再如，24.69% 的学生从未参加关工委活动，其中66.93% 的学生表示未参加的原因是“没有活动信息获取渠道”，失去了机会。这充分表明，部分高校关工委本身缺乏存在感，对活动的宣传不到位，执行不力，效果不佳。

6. 网络环境下品牌建设缺乏完善的保障机制

调研表明，部分品牌活动中遇到的困难，占比最高的是“缺乏资金、物资支持”，学生占91.37%，教师占84.58%。此外，教师遇到的困难还有“网络设施不完善，资源受限”“缺乏纽带桥梁等服务平台”“组织者担心安全责任”等。另外，当面对突发事件时，如2020年春新冠疫情突发，人员隔离，部分学校关工委工作被动，缺乏应急措施，致使关工委的工作开展受阻。

（三）网络环境下关工委品牌建设的经验提升与创新的建议

1. 加强品牌经验总结、研究与创新，促进网络环境下品牌持续发展

网络环境下关工委品牌建设的实践经验充足，但理论研究不够，应积

极争取相关课题，深入研究网络环境下品牌建设的经验提升和创新，进一步探索新时代下青少年的发展规律，将实践经验上升到理论高度。一是学校关工委应积极总结过去多年工作，特别是疫情期间网络环境下关工委的工作。二是总结创新学校关工委、老教授协会、秘书处和服务团、学生处、团委、二级关工委的运行机制，整合“五老”资源，积极做好大学生的思想政治教育，尤其是“中华魂”主题教育活动、“读懂中国”教育活动。三是加强老教授协会与地方关工委、中小学关工委的合作机制，携手共进，发挥教育优势、农业优势，振兴乡村教育，开展科教扶贫、科技扶贫，共同做好网络环境下关工委品牌建设的经验提升和创新。

2. 加强网络环境下品牌队伍建设，确保关工委工作薪火相传

一是要坚持不懈地抓好“五老”队伍建设，着力打造一批相当规模的“五老”骨干。“天下之事，虑之贵详，行之贵力，谋在于众。”目前学校关工委队伍“老化”现象较为严重，以西南大学为例，主力队员70岁以上的老同志占比2/3，如何让“五老”队伍年轻化，成为我校和其他高校急需解决的问题。建议发挥“党建带关建”主导作用，动员即将退休、刚退休的党政干部（尤其是处级干部）和有热情有威望、身体健康的党员、专家，退休后参加关工委工作，充实关工委队伍，形成合理的梯队机构。二是引导“五老”同志重视网络环境，实时加强“五老”网络学习培训，不断更新理念思路，掌握新技术新方法，提升能力素质，尤其是网络信息技术水平。三是品牌培育和建设要充分发挥“五老”示范带动作用。教育部关工委李卫红主任指出，关工委“五老”是中国志愿者第一方阵中的排头兵，是不可或缺的政治资源，要充分发挥他们在关工委品牌建设中的积极作用。四是关工委同志要明确责任，勇于担当。关工委并非一般性群众组织，它是党领导下的群众性工作组织，关心下一代工作是党的工作的重要组成部分。

3. 注重品牌建设的时代性与导向性，突出自身特色和优势

品牌建设应紧跟时代主题，发挥价值导向作用。习近平总书记对新时代青少年思想教育的系列重要指示、对关心下一代工作的重要指示，都是关工委工作的行动指南和品牌建设的思想指导。实践表明，关工委品牌培育、建设和创新，必须具有鲜明的时代主题和正确的价值导向，坚持立德树人为根本，开展以理想信念为核心的社会主义核心价值观教育。

围绕立德树人的育人根本，各地区各单位关工委尽量做到“人无我有，人有我新，人新我特”，凝练自身的品牌特色和优势。第一，依靠本校、本地的优质资源（学科专业优势、校园教育文化资源、地方教育文化资源等）开展科教扶贫、科技扶贫等活动，积极走进地方经济建设主战场和中小学校；第二，努力推动活动主题、机制、方式、形式上创新，形成自身的特色和优势；第三，在教育活动中充分展现出“五老”社会影响大、教书育人的丰富经验；第四，及时掌握网络环境下大学生思想动态，遵循青少年成长成才规律、思想政治教育工作规律和教书育人规律，推动关工委工作品牌的科学发展。

4. 加大品牌建设力度，主动适应网络环境下关工委工作发展需要

加强关工委网上品牌建设势在必行，无论从青少年学生教育角度，还是从关工委自身建设的角度来看，都极具意义。第一，实现观念的创新。充分认识网络发展对青少年学生思想行为、思想政治教育工作带来的深刻影响和变化，不断增强网上品牌建设的自觉性、紧迫性。第二，加大网上品牌平台建设。在学校主页搭建关工委自身网络平台，借助腾讯会议、微信、QQ 等网络平台的辅助力量，创新学校关工委和二级关工委、地方关工委的合作交流方式。第三，从青少年学生思想行为需求出发，积极探索网上品牌建设的思路和举措，实现观念、方式和机制的突破，让传统品牌在网络环境下产生新的活力。第四，推动品牌活动线上线下融合，做好人

文关怀工作。尽管网络发展为“五老”与青少年学生远距离互动和交流带来了方便，但是网络空间的虚拟性始终代替不了线下的人文关怀，线下的现场活动、思想交流、关爱帮扶等仍需开展。第五，推动网络环境与疫情防控常态化的融合。面对突如其来的新冠疫情，不能与学生面对面交流，关工委工作要因事而化、因时而进、因势而新，运用互联网和新媒体，如微信、微博、QQ、钉钉、微视频等途径，老少携手，同心抗疫，战胜疫情。

5. 加大网络宣传力度，努力发挥品牌的示范效应和带动作用

充分遵循工作品牌的发展规律，努力使关工委品牌价值最大化。关工委工作品牌成效除自身活动质量和水平外，很大程度上还要依赖宣传工具，才能提升品牌价值和认可度。高校关工委应充分利用互联网速度快、关注度高的特点，充分利用网络媒体和自身平台，在学校主页上设置“关工委”栏目，加大品牌工作特色和亮点的宣传力度，努力提升品牌的影响力。

6. 为“五老”提供必要的物质条件，建立健全关工委运行保障机制

在纪念中国关心下一代工作委员会成立30周年暨全国关心下一代工作表彰大会之际，习近平总书记对关心下一代工作再次作出重要指示，强调广大“五老”是党和国家的宝贵财富，是加强青少年思想政治工作的重要力量。各级政府、学校领导、学校关工委，应站在培养教育好青少年关系到“祖国的未来和民族的希望”的战略高度，切实按照总书记的要求，热情支持广大“五老”参与关心下一代工作，为关工委“五老”提供应有的工作条件和必要的物质、资金保障。

（2020年11月）

课题组负责人：宋乃庆，蒋伟，周厚彬；

课题组成员：郭昌瑜，曾光霞，郑莉佳，郑智勇（博士），陈明树，周鸣鸣，魏昭林，廖万洪，李素伟，李晓玲，曹媛（硕士），鲜宗广。

陕西铁路工程职业技术学院关工委课题组

高职院校关工委打造“工匠精神在校园”工作品牌的实践研究

内容摘要

高职院校关工委在弘扬工匠精神、培育工匠人才工作中，发挥着不可替代的作用。本课题以“坚持立德树人，培育工匠精神”为主旨，以陕西铁路工程职业技术学院为实践研究背景，通过系统构建关工委打造“工匠精神在校园”工作品牌的组织机构、制度体系和实施路径；系统建立关工委全程参与工匠文化品牌培育的新途径；系统构建关工委深度参与、以工匠精神为内核、“立、传、习、强、固、评”六化联动的学生职业素养培养新体系，高效激发了关工委参与工匠精神融入教育教学全过程的积极性，推动了“三全育人”综合改革，形成了高水平人才培养体系，实现了工匠精神在校园落地生根，全面提升了“德能并进、知行合一”的工匠人才培养质量，为高职院校提供了示范性的教育方案。

关键词

高职院校关工委；工匠精神；职业素养；人才培养

一、研究背景和意义

高职教育的主要功能、价值和使命就是为国家经济社会发展培养高素质技术技能人才。党的十九大报告提出："弘扬劳模精神和工匠精神，营造劳动光荣的社会风尚和精益求精的敬业风气。"《国家职业教育改革实施方案》要求："培育和传承好工匠精神"。《职业教育提质培优行动计划（2020—2023年）》提出："劳动精神、劳模精神、工匠精神专题教育不少于16学时"，要深入开展"大国工匠进校园"等活动。

工匠精神是指工匠对自己的产品精雕细琢、精益求精的精神理念。职业教育的属性要求职业院校的教育教学必须围绕"工匠精神"的培育展开，必须让"工匠精神"在职业院校学生身上生根发芽。当前，高职教育普遍存在重技能培养、轻人文精神的教育现象。因此，如何集聚和发挥校内外资源，探索工匠精神育人新途径，培育大批具有工匠精神的工匠人才，成为新时代高职院校面临的一项重要命题。

关工委作为高职院校立德树人工作中的一支重要队伍，在打造"工匠精神在校园"工作品牌中，有着独特的优势和不可替代的作用。由于各高职院校成立关工委时间普遍不长，参与学生培养的方法、手段较为单一，创新途径不足，其作用未能有效发挥。因此，如何用好关工委尤其是"五老"这一宝贵资源，不断探索和创新育人途径，引导其积极参与到学生工匠精神培育当中，已成为各高职院校关工委亟待解决的重要课题。

二、国内外研究现状

近年来，国内外学术界对于高职学生工匠精神培育进行了大量研究。王晓漪认为，工匠精神应当从职业素质培育的职业技能、职业思维、职业道德三个维度来进行培养。[①]孔宝根指出，学生、学校和社会是影响工匠精神培育的主要因素。[②]国外诸如德国、日本等发达国家对工匠精神的学习方面有非常深的研究。[③]在德国社会生产链的各个环节都渗透着工匠精神，德国对技术工艺宗教般的狂热追求远远超越了对利润的追求，使其能够领先世界制造业。而日本对技艺精致的追求则达到了神经质般的狂热程度。这对于我们现阶段培养大学生的工匠精神有很多启发之处。

纵观国内外关于工匠精神培育的研究成果，大都基于学校层面展开研究，关工委均未有效参与。另外，国内外大量的研究成果均存在重理论轻实证、重研究轻实践的问题。关工委的深度参与，将为高职院校学生工匠精神培育的实践研究提供广阔的平台。研究成果将为高职院校学生工匠精神的培育提供一条行之有效的新途径，具有重要的学术和应用价值。

三、研究目标和内容

（一）研究目标

充分发挥高职院校关工委在人才培养中的桥梁纽带作用和资源优势，以“坚持立德树人，培育工匠精神”为主旨，建立关工委全面参与学生工匠精神培养的长效机制和实施路径，打造“工匠精神在校园”工作品牌，提升以工匠精神为核心的职业素养和职业技能，促进工匠精神在高职院校落地生根，培养大批工匠人才。

---

① 王晓漪．“工匠精神”视域下的高职院校职业素质教育 [J]. 职教论坛，2016（32）：14–17.

② 孔宝根．高职院校培育“工匠精神”的实践途径 [J]. 宁波大学学报（教育科学版），2016（3）：53–56.

③ 李云飞．德国工匠精神的历史溯源与形成机制 [J]. 中国职业技术教育，2017（27）：33–39.

（二）研究内容

本课题主要开展六大板块的整体构思和两大板块的个案研究。六大板块：一是着重研究国内外高职院校工匠精神培育的历程和经验；二是我国高职院校工匠精神培育的现状和存在的问题；三是关工委打造“工匠精神在校园”工作品牌的目标和任务；四是高职院校关工委打造“工匠精神在校园”工作品牌的有效途径；五是高职院校关工委打造“工匠精神在校园”工作品牌的长效机制；六是构建以工匠精神为内核的学生职业素养培养体系。两大个案：一是在陕铁职院开展试点实践研究；二是在全国不同层次高职院校开展个案研究，如全国示范及骨干高职院校、行业特色高职院校等。

四、主要研究成果

（一）高职院校弘扬工匠精神的理论研究

1. 工匠精神的时代内涵

工匠精神是工匠们对设计独具匠心、对质量精益求精、对技艺不断改进、为制作不遗余力的理想精神追求。工匠精神发源于工匠，形成于工匠。在新时代，从狭义上讲，工匠精神是各类从业者对工作、对职业的一种尽职尽责、追求完美、不断超越、永不满足的工作态度和价值认识。广义地说，工匠精神是一国公民对待生活、劳动乃至生命的一种积极乐观、健康向上的人生态度和精神品质，是一个民族、一个国家的社会风尚和文化品位①。

2. 高职院校培育和弘扬工匠精神的意义

在国家全面深化改革之际，高职教育提出培育工匠精神，是提升内涵

① 刘景忠 . 当我们在谈论工匠精神时我们在谈论什么 [N]. 幸福职教人，2020年12月 .

建设，满足社会经济发展的需要。

首先，锤炼“工匠精神”是“中国制造2025”的战略需要。在高职院校中加强工匠精神的培育，有利于适应社会对技术技能人才的需要，实现中国由制造大国向制造强国迈进。其次，工匠精神是职业教育“立德树人”的特征和灵魂。高职院校只有将工匠精神融入人才培养全过程，才能真正贯彻落实立德树人根本任务。再次，工匠精神是职业教育文化的软实力。培育工匠文化，用工匠精神滋润学生心灵，才能真正提升职教文化软实力。最后，工匠精神是学生可持续发展、实现自身价值的现实需要。高职院校理当成为弘扬工匠精神的主阵地，将工匠精神融入教育教学全过程，才能实现自身价值和持续发展的终极目的。

（二）高职院校关工委培育“工匠精神在校园”工作品牌实践路径研究

1. 顶层设计，构建关工委打造“工匠精神在校园”工作品牌的长效机制

一是成立专门工作机构。建立学校关工委主任为总负责人，学校退休领导为副主任，退休老干部、老专家及校办、学工部、团委等部门负责同志担任委员的领导机构。在党政统一调度部署下，把工匠精神培育列入议事日程和年度工作计划，做到与学校中心工作同部署、同要求，同时提供必要的工作条件和经费支持。

二是制定详细工作方案。把工匠精神教育融入办学理念，建立完善相关制度保障。制定“工匠精神进校园”工作方案，通过实施工匠精神进校园、进课堂、进教材、进社团“四进”工程，在校园内物化工匠精神，在师生中研传、弘扬工匠精神，引导学生在学习和生活中践行工匠精神。

三是建立表彰激励机制。建立以精神激励为主、物质激励为辅的表彰激励机制，利用新媒体等大力宣传“五老”的先进事迹，开展各类评比表

彰活动，激励老同志“老有所为、老有所乐”。

2. 打造团队，形成工匠精神育人合力

按照“现职主导、离退主体”的工作思路，形成由校、院党政领导为主导、以“五老”为主体，各相关职能部门参与的工匠精神协同育人体系。坚持“有进有退、动态管理”的工作原则，不断调整优化队伍结构，提升队伍整体素质。加强学习和培训，不断更新他们的知识结构，使他们的思想认识、教育观念与时代同向同步，与大学生同频同心。

3. 创新模式，全面参与指导学生职业生涯

根据学生工作周期性规律和能力成长规律，探索和实施学生工匠精神“三个三”培养模式，全面参与和指导学生职业生涯，使工匠精神培育贯穿于学生从入学到毕业的全过程，融合于教育教学、管理服务等各环节，形成全方位、立体式的工匠精神培养体系。

针对大一学生，关工委配合学校党团组织做好专业教育，着重开展“明德、树德、立德”教育活动；针对大二学生，聘请“五老”担任专业社团指导教师或社团顾问，协助专业系部与企业联合开展现代学徒制办学试点，着重开展“练技、强技、展技”教育活动；针对大三学生，发挥“五老”经验优势，着重开展“择业、创业、立业”教育活动，引导学生树立正确就业观念。

4. 搭建平台，共育工匠精神技术技能人才

一是弘扬工匠精神的文化熏陶平台。通过优化校园环境布局、推行半军事化管理、培育特色技能文化、融通校企文化等措施，将工匠精神融入校园文化建设和人才培养的全过程，落实在师生行动上，打造“德技双修、匠心筑梦”的工匠文化品牌。

二是研传工匠精神的宣讲平台。关工委牵头，在学校开设“鲁班讲堂”“校友大讲堂”等研传工匠精神的宣讲平台，举办学术论坛；通过报

告会、宣讲团等教育宣讲平台，宣传报道工匠精神、先进事迹；组织编写工匠精神教育读本，构建培养具有工匠精神的创新课程体系。

三是党建思政教育工作平台。聘请“五老”人员担任专职党建组织员；组建“五老”讲师团，进行爱国主义教育；担任课程思政和思政课程改革导师，创新思政课程、课程思政教学与工匠精神培育相融合的长效机制。

四是产教融合校企合作平台。结合新时代职教改革新要求，发挥关工委“五老”资源优势，联系企业与学校开展紧密型校企合作，深化产教融合，共建产业学院，推动专业建设，培育教师团队，践行工匠精神，培养复合型工匠人才；紧随行业产业技术创新升级，共建生产性实训基地和技术应用研究中心，指导学生开展全过程、多岗位职业技能训练，打造工匠精神培育的实践平台。

五是教学督导工作平台。利用“五老”在教学管理方面丰富的实践经验，督导学校课堂教学；与青年教师结成对子，做好“传帮带”，帮助青年教师在思想上、业务上尽快成长。

六是帮困助学工作平台。利用“五老”德高望重的优势，通过宣传动员和对外联络，特别是动员毕业校友和其他社会力量，出钱出力，创立爱心基金，做好扶贫帮困助学工作。

七是就业创业指导工作平台。利用报告会、谈心厅等形式，引导青年学生树立正确择业观，组织“五老”充分利用校友等社会资源，为大学生就业提供信息、牵线搭桥、联系就业。

八是校史研究工作平台。组织“五老”进行学校发展史的整理以及校友信息的搜集、甄别和完善，形成独特的教育和影响大学生积极向上、健康成长的德育素材。

（三）高职院校关工委培育工匠文化品牌的路径研究

充分发挥关工委的桥梁纽带作用和资源优势，通过优化校园环境、参与教学改革、深化产教融合校企合作、融通企业文化等措施，大力弘扬“崇尚工匠精神、技高能行天下”的工匠文化理念，提升学生的职业素养和职业技能，培育工匠人才。

1. 校园环境营造工匠文化氛围

将工匠文化融入校园VI设计，凝练形成凸显工匠文化精神的校训、校徽和校歌等，让一标一识都“传能”；打造体现工匠文化特色的路文化和广场文化等，让一景一物都“含情”；在教学楼、公寓楼道设计工匠文化长廊、校友风采长廊等，让一墙一壁都“说话”，使工匠文化内涵转化为具体的“文化符号”融入校园环境之中。

2. 教学改革强化工匠精神培养

组织“五老”人员参与教学改革的方案设计和全程实施，指导教师开展教学改革课题研究与实践，参与教材编写、教学资源建设、教法改革等教改项目，按照“职教20条”的新要求，落实“工匠精神”全过程融入教育教学各个环节，深入推进“三教”改革落地见效、行稳致远。

3. 校企合作融通企业工匠文化

充分发挥“五老”资源优势，深化校企合作，推动校企工匠文化融通。一是校企战略对话，实行校领导深入企业调研、企业领导来校指导制度；二是思想文化互动，建立校友论坛等平台，邀请关工委老专家、大国工匠、劳模定期来校作报告；三是人员文化交流，建立校企人员互兼互聘制度；四是企业文化体验，安排学生到企业现场教学和顶岗实习；五是制度文化借鉴，吸收借鉴企业先进管理经验，优化教育环境，提高工作效能。

4. 技能竞赛打造工匠文化平台

一是开展校内比武，打造工匠文化盛宴。建立国省校三级技能竞赛机制，每年举行“技能竞赛月”活动，邀请关工委老专家参与国家及省级技能竞赛参赛学生的指导工作。二是参加校外竞赛，展示学子风采。选派学生参加各级各类技能竞赛，指派关工委老专家担任顾问或指导教师。完善奖励制度，对老专家、指导教师及获奖学生进行表彰奖励，并大力宣讲先进典型，在全校形成“榜样引领学技能、切磋交流共提升”的文化氛围。

5. 专业社团拓展工匠文化内涵

充分发挥关工委老专家的专业优势，参与专业社团指导，拓展工匠文化内涵。一是进行政策支持，在资金、设备上为社团建设提供必要的条件，出台奖励制度，提高关工委老专家指导、学生参赛的积极性。二是实施分类指导，按照关工委老专家和骨干指导教师的专业类别，对学生进行专业技能训练。三是承接项目，发挥专业特长，积极承担社会服务。充分发挥关工委老专家的资源优势，积极联系企业，开展项目研究，承接企业横向课题、技术服务和社会培训，以提升教师和学生的专业技能。

（四）高职院校构建以工匠精神为内核的学生职业素养培养体系研究

职业素养是就业的敲门砖，在大学生就业中起着关键作用。通过调研发现，企业越来越重视学生是否具备以工匠精神为核心的职业素养。目前，高职院校普遍缺乏系统培养学生以工匠精神为内核的职业素养的体系和路径。课题组以陕铁职院构建以工匠精神为内核的学生职业素养培养体系的研究与实践为例，详细阐述了关工委深度参与的“工匠精神引领，六化联动育人”的职业素养培养体系构建路径，创建了以工匠精神为引领，以关工委老专家为典范，以“精准化培养标准贯穿、一体化课程矩阵塑造、融合化文化生态渗透、协同化培养团队保障、项目化实践平台支撑、智慧化评价系统检验”为路径的学生职业素养培养体系，为打造“工匠精神在校园”工作品牌提供了有力支撑。

1. 制定培养标准

充分发挥“五老”作用，找准产教融合、校企合作的双赢点，构建校企协同育人机制。对接职业岗位需求，以工匠精神为核心，制定“精准化”

职业素养标准（图1）。通过调研归纳出“质量、安全、规矩、吃苦、坚守”5个岗位群特质要求；以《中国学生发展核心素养》为蓝本，对工匠精神进行校本化表达，归纳出“忠诚、敬业、诚信、合作、学习、进取、创新”7个共性素养要求。将12个素养要素进行归类，划分为匠心、匠行、匠艺3个维度，细化为120个观测点融入人才培养全过程。

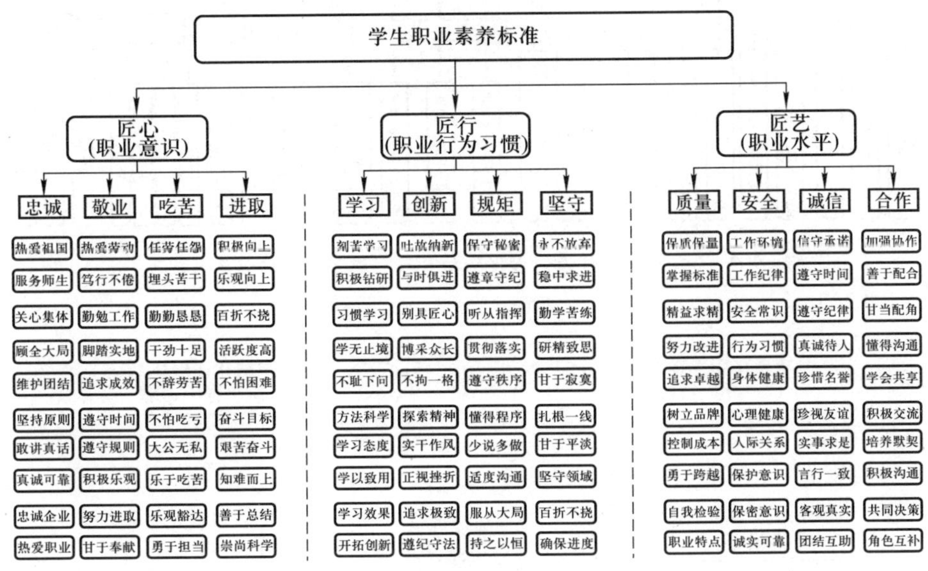

图1 学生职业素养内涵分解图

2. 建立培养体系

成立关工委深度参与的学生职业素养教育领导小组和工作小组，设立铁路工匠文化、劳动教育等5个研究中心，从标准、课程、队伍、实践、文化、评价等6个方面构建“工匠精神引领，六化联动育人”的职业素养培养体系（图2），设计精准化培养标准立素养、协同化培养团队传素养、一体化课程矩阵习素养、项目化实践平台强素养、融合化文化生态固素养、智慧化评价体系评素养的“立、传、习、强、固、评”职业素养培养方案（图3），培养“德能并进、知行合一”的工匠人才。

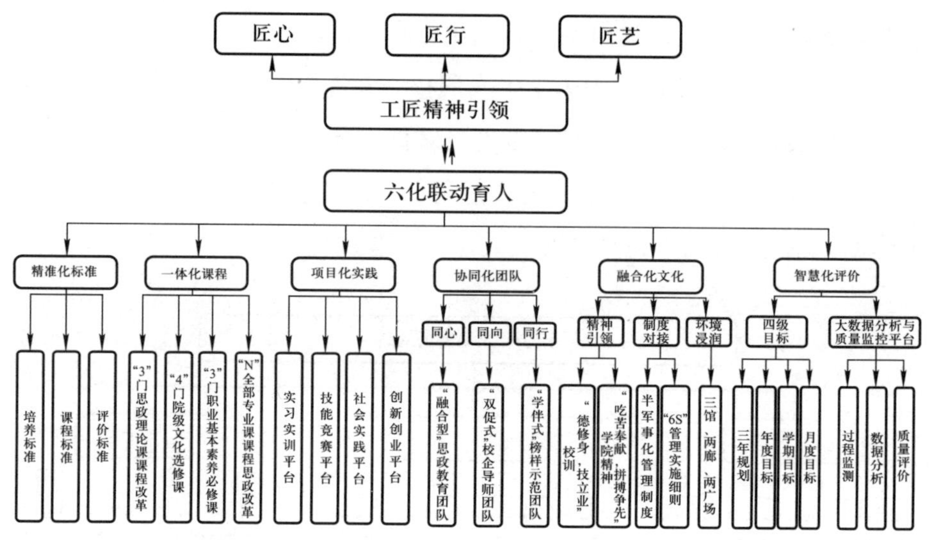

图 2 “工匠精神引领，六化联动育人”职业素养培养体系图

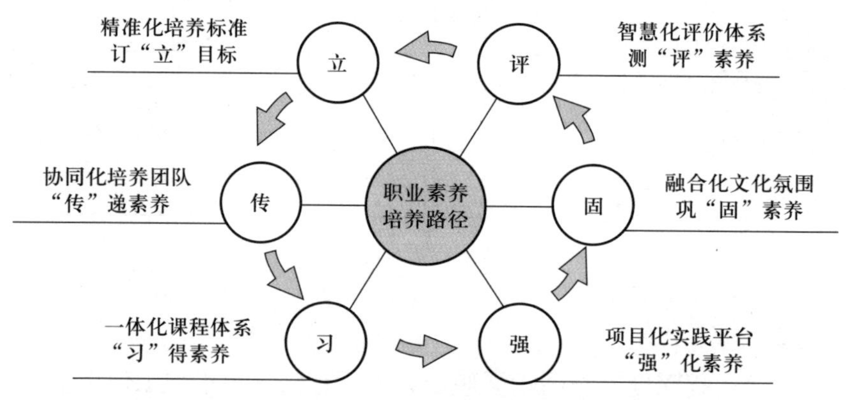

图 3 “立、传、习、强、固、评”职业素养培养方案图

3. 构建课程体系

聚焦目标要素，设置“334N”课程套餐，构建“一体化”职业素养课程矩阵。基于职业素养培养进行人才培养方案系统开发，重构培养目标、专业标准、课程体系，使职业素养培养全线贯通。以培养工匠精神为主线，精心甄选并科学构建了思政理论课、素养必修课、文化选修课、专业课等

课程同向发力、一体推进的“3+3+4+N”职业素养课程矩阵（图4）。

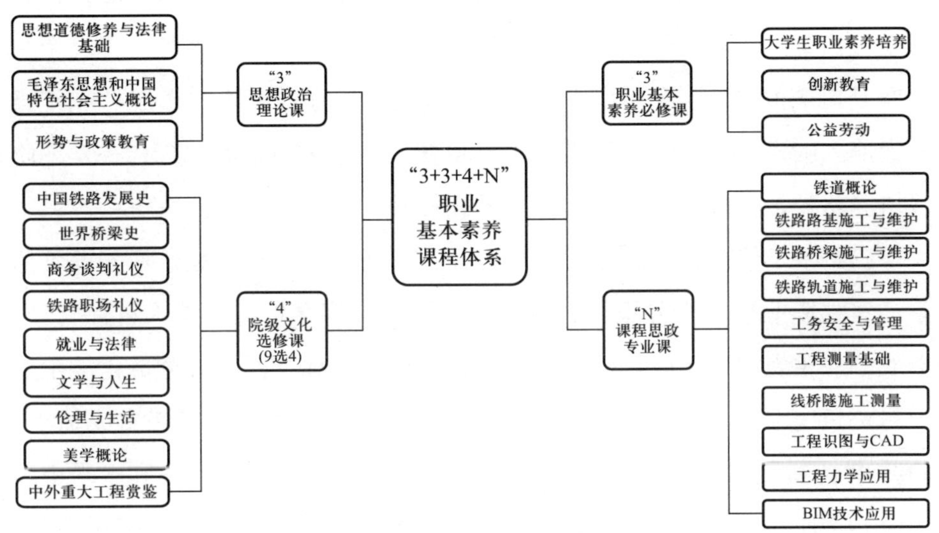

图4 “334N”一体化职业素养课程矩阵图

4. 一体协同培养

一是推进机制创新，关工委牵头，集成行企校三方合力，打造“协同化”职业素养培养团队。以管理机制创新为突破口，推进思政课教师队伍与辅导员队伍互兼联合、校内专业教师与企业兼职教师对接组合、关工委“五老”及大师榜样与青年学生互动融合；开展完善“校级领导上讲台、‘五老’人员和中层干部进课堂、基层教师勤思政”活动，让思政元素在专业学科中“发声”、教材中“显形”；打造“大师名匠引领、思政学工协同、师傅校友示范、青春榜样带动”的榜样示范团队，形成以工匠精神培育为核心的职业素养培养共同体。

二是坚持实践导向，发挥“五老”作用，搭建“实习实训 + 技能竞赛 + 社会实践 + 创新创业”4个平台，建立“项目化”职业素养实践平台。建成与企业技术要求、管理规范、设备水平同步的生产性实训基地，实施项目贯穿教学模式；围绕职业素养培养，设计技能竞赛项目，师生同台竞技，关工委专家、行业专家、企业师傅做裁判，形成“校赛铺面、省赛拉动、国赛创优”三级大赛联动机制；以在校三年作为3个培养阶段，设计开发目标聚焦的“校纪校规、专业认知、生涯规划、志愿服务”等11个模块及其对应的127个活动项目，并以项目化形式推进实施，形成“一年级知素养入脑入心、二年级融素养精准培育、三年级强素养知行合一”三阶段培养路径，实现学生职业素养递进式提升。

三是基于信息技术，强化过程监控，形成“智慧化”职业素养评价体系。建立职业素养学分银行，设置10个学分。将学生成长纳入目标管理，形成“三年规划—年度目标—学期目标—月度目标”四层级全员化学生成长目标链；制定《大学生发展成长手册》，建立学生“第二课堂成绩单”制度和学分转换制度，将学生思想成长、实践实习等方面状况和水平进行记录；借助学校大数据分析和质量监控平台，构建职业素养云服务子平台，对照指标要素和评价标准，建立系统登记、审核和评价机制，对每个学生的课堂表现、学业成绩等情况进行有效记录、实时诊断、及时预警，清晰呈现职业素养总学分、贯穿三年的成长折线图和雷达图，全方位、全流程、网络化、数据化呈现每个学生的成长轨迹和质量，实现职业素养培养的精准定位、持续改进和全程监控。

五、主要实践成效

（一）人才培养质量显著提升，彰显了品牌效应

通过陕铁职院的有效实践，关工委“五老”人员深度参与学校人才培养全过程，联系企业共建8个产业学院和14个技术应用研究中心，实现了校企互动共融、人员互兼互聘、文化互融互通、技术协同创新，为工匠精神在校园里落地生根奠定了基础。学生的职业素养和职业技能显著增强，

人才培养质量得到显著提升：学生在技能大赛、双创大赛、“挑战杯”三项国赛中成绩居全国铁路院校前列。2019年，学生在中省技能竞赛中获奖159项，在文体竞技中获奖167项，实现历史性突破。毕业生就业率超过97%，90%以上就业于大型央企，用人单位满意度达96%。第三方评价机构麦可思发布数据显示，毕业生就业质量7项指标均高于全国平均值，薪酬待遇高出全国平均水平1000余元。

（二）教育教学改革成果丰硕，产生了催化效应

形成的工匠文化等校园文化系列成果荣获省级一等奖。“强化技能培养，弘扬工匠精神”获教育部立项；编写《中国金牌工人窦铁成》《窦铁成精神教育》等教材5部，被29所高职院校使用8万余册。“工匠精神引领，六化联动育人：铁路高职学生职业素养培养体系的构建与实践”教学成果获陕西省特等奖。

（三）工匠精神落地生根，打造了文化建设新标杆

学校成为教育部职业院校文化素质教指委委员及工匠精神培育专门委员会副主任委员单位；杨云峰教授入选全国机械职业教育思想政治工作研究会素质教育工作委员会副主任委员，2人入选教育部职业院校文化素质及高校思政课教指委委员，1人担任教育部校园文化建设教育指导委员会委员，均为陕西高职唯一。获批全国职业院校工业文化研究中心、全国职业院校劳动教育研究院劳动教育研究中心成员单位，入选全国高职思政工作创新示范案例50强、高职院校网络思政创新示范案例各1项。

（四）综合实力显著增强，提升了学校的社会影响力

2019年，学校建成国家优质高职院校，成功入选中国特色高水平高职学校建设单位。创新发展行动计划17个项目通过教育部认定，认定项目数位居全国高职第十位。入选中国高等职业教育“国际影响力50强”“育人成效50强”。

（五）示范引领作用凸显，打造了工匠精神培育工作品牌

基于关工委打造“工匠精神在校园”工作品牌的研究与实践的有效开展，有力推动了工匠精神在校园内的落地生根和在学生中的入脑入心，培育了一大批“专业素质强、职业素养高”的优秀现代铁路工匠：涌现出全国铁路系统技能竞赛冠军张戈亮，省级劳模唐昭平等一大批全国劳模、全国技术能手、省劳模、三秦工匠、金牌工人。成功承办教育部第八届全国职业院校“文化育人”高端论坛；成功举办“工匠精神在陕铁”成果展示活动，教育部离退休干部局党委书记、局长，关工委副秘书长于虹等领导给予了高度评价，在全国范围内引起强烈反响。吸引陕西工业职业技术学院及重庆城市管理职业学院等省内外100余所高职院校学习借鉴。《光明日报》《中国青年报》等中央和省主流媒体宣传报道学校工匠精神育人做法120余次。

六、主要创新点

（一）首次系统设计出高职院校关工委培育“工匠精神在校园”工作品牌的新路径

通过顶层设计，建立学校关工委主任为总负责人的领导机构，制定工作方案，建立表彰激励机制等组织机构和制度体系，构建关工委打造“工匠精神在校园”工作品牌的长效机制；创新实施工匠精神“四进”工程和“三个三”培养模式；搭建8大工匠精神培育平台，系统设计出高职院校关工委培育“工匠精神在校园”工作品牌的实施路径，有效提升了关工委深度参与品牌打造的积极性和实效性，确保工匠精神在学校落地生根。

（二）系统建立了高职院校关工委参与培育工匠文化品牌的新方法

首次提出“崇尚工匠精神、技高能行天下”的高职院校工匠文化培育

理念。通过充分发挥关工委的桥梁纽带作用，系统建立了优化校园环境，营造工匠文化氛围，参与教学改革，强化技能培养，深化产教融合及校企合作，融通企业文化，指导技能竞赛，打造技能文化品牌，指导专业社团建设，拓展工匠文化内涵等工匠文化培育的新方法，提升了高职学生的职业素养和职业技能。

（三）系统设计了"立、传、习、强、固、评"六化联动的高职院校以工匠精神为内核的学生职业素养培养新路径

充分利用"五老"资源，系统构建了"精准化培养标准立素养、协同化培养团队传素养、一体化课程矩阵习素养、项目化实践平台强素养、融合化文化生态固素养、智慧化评价体系评素养"的高职院校以工匠精神为内核的学生职业素养培养总体解决方案，实现了全员、全过程、全方位育人，为高职院校强化工匠精神为内核的学生职业素养培养提供了示范性的教育方案。

七、研究结论及建议

（一）研究结论

1. 通过构建关工委打造"工匠精神在校园"工作品牌的组织机构、制度体系和实施路径，激发了关工委参与工匠精神融入教育教学全过程的积极性，推动了"三全育人"综合改革，形成了高水平人才培养体系，实现了工匠精神在校园落地生根，为高职院校提供了有益借鉴。

2. 通过充分发挥"五老"作用，结合新时代职教改革的新要求，搭建产教融合、校企合作平台，融通校企文化，系统建立了工匠文化品牌培育的新途径，为高职院校培育新时代校园文化品牌提供了有益参考。

3. 通过构建关工委深度参与、以工匠精神为内核的学生职业素养培养

新体系新路径，为弘扬和践行工匠精神、培养“德能并进、知行合一”的工匠人才奠定了坚实基础，为高职院校强化工匠精神为内核的学生职业素养培养提供了示范性的教育方案。

（二）工作建议

1. 高职院校必须强化关工委在人才培养中的作用发挥，要通过顶层设计，系统构建体制机制和制度体系，激发关工委“五老”人员深度参与学校事业发展及人才培养全过程的积极性和创造性。

2. 高职院校必须强化工匠文化品牌建设，系统构建关工委深度参与、以工匠精神为内核的学生职业素养培养体系，才能使工匠精神在学生思想上入脑入心，在学生的行动中得到自觉践行。

参考文献

[1] 杨云峰，张玉鹏，蔡昱 . 高职院校关工委培育“工匠精神在校园”工作品牌实践研究 [J]. 心系下一代，2019（6）: 46–48.

[2] 张玉鹏 . 行业类高职院校工匠精神育人实践路径探析——以陕西铁路工程职业技术学院为例 [J]. 石家庄铁路职业技术学院学报，2018，17（3）: 111–114.

[3] 顾卉 . 高职院校“工匠精神”培育的困境与路径 [J]. 教育与职业，2019（17）: 36–40.

[4] 李慧萍 . 技术技能人才工匠精神培育研究——理论内涵、逻辑框架与实践路径 [J]. 中国职业技术教育，2019（13）: 43–48.

[5] 石芬芳，刘晶璟 . 现代工匠精神内涵及高职院校工匠型人才培养的路径选择 [J]. 中国职业技术教育，2019（28）: 59–63.

[6] 张伟莉 .“关工委”工作融入大学生思想政治教育“主渠道”的实践

与探索 [J]. 学校党建与思想教育，2012（9）：69–70.

[7] 王小平 . 发挥“五老”优势 深化“四项”教育 [J]. 学校党建与思想教育，2011（24）：13–14+60.

[8] 王剑敏 . 高校基层关工委工作着力点及路径选择 [J]. 前沿，2010（10）：177–179.

（2020年5月）

课题组负责人：上官养志；

课题组成员：杨云峰，蔡昱，张玉鹏，祝和意，李昌锋，吴海光，杨旭。

拉萨师范高等专科学校关工委课题组

红色资源开发与西藏教育关工委工作品牌创建研究

内容摘要

进入新时代，西藏经济社会发展呈现加速发展、高质量发展的良好态势，对高水平的人才需求更加迫切，教育事业发展的重要性更加凸显，对关心下一代工作也提出了更高标准和更严格要求。西藏区情特殊，除了存在全国性的主要矛盾外，还存在西藏各族人民同以达赖集团为代表的分裂势力之间的特殊矛盾，对西藏教育关工委工作提出了特殊要求。西藏关心下一代工作，要紧紧围绕“培养什么人、怎样培养人、为谁培养人”的根本问题，深入挖掘西藏红色资源，建设西藏教育关工委红色工作品牌，传承红色基因，落实好立德树人根本任务，培养一代又一代拥护党的领导、坚决维护祖国统一、坚决反对分裂的社会主义建设者和接班人。

关键词

西藏；教育关工委；红色资源；工作品牌

西藏教育关工委始终结合西藏特殊区情开展工作，形成了有鲜明特征的工作亮点和特色。但西藏教育关工委工作品牌塑造力度不够，尚未形成有一定影响力和一定知名度的工作品牌。进入新时代，西藏教育关工委需要立足红色资源开发与应用，塑造特色红色品牌，创建性地开展好新时代关心下一代工作。

一、西藏教育关工委工作中红色资源的应用

西藏教育关工委工作中突出对青少年儿童维护祖国统一、反对分裂、加强民族团结等方面潜移默化的教育，注重早育苗、育好苗。红色文化是关心下一代工作的重要内容和重要载体，对关工委工作起着至关重要的作用。但由于西藏红色资源开发的实际和关工委对红色资源的高效应用等方面的制约，红色资源对西藏教育关工委工作的推动作用尚不显著。

（一）西藏主要红色资源

西藏有较为丰富的红色资源：一是建设于西藏和平解放和民主改革时期，如波密县扎木镇县委红楼、易贡乡将军楼、拉萨烈士陵园、川藏青藏公路纪念碑等；二是建设于改革开放至今，如纪念西藏和平解放五十周年纪念碑、拉萨火车站等。这些红色文化资源是历史的见证，也是西藏弥足珍贵的红色记忆、精神财富。[①]随着西藏经济社会的快速发展，西藏对红色资源的保护和开发力度也在不断加强。目前，西藏红色资源得到有效保护和开发的主要有：江孜宗山抗英遗址，山南烈士陵园，波密县委红楼，波密易贡乡将军楼，阿里“英雄先遣连”旧址，西藏第一个农村基层党支部克松村党支部旧址，中央人民政府驻藏代表楼、将军楼、会议室和工委办公院，十八军军部旧址，西藏军区一、二号院，十八军开荒生产指挥部

① 廖承英．西藏红色文化资源的开发与利用 [N]. 西藏日报，2015-05-22（001）.

旧址，西藏工委办公处，昌都解放委员会办公旧址，扎木镇县委红楼，昌都烈士陵园。随着阿里进藏先遣连纪念馆、拉萨烈士陵园纪念馆、西藏百万农奴解放纪念馆建成并开馆，红色资源的使用效率进一步提升，其中，西藏博物馆、火车站、拉萨市烈士陵园、驻藏大臣衙门、西藏军区军史馆等参观和受教育人次最多。

（二）关工委工作中红色资源的应用

在关心下一代工作中，西藏大中小学关工委充分使用红色资源，有些学校开展了专题德育活动。如拉萨市部分大中小学在清明节组织学生开展祭扫英烈的专题团日、党日活动，结合“四讲四爱”主题教育组织学生到西藏百万农奴解放纪念馆接受新旧西藏对比教育，在德育教育中发挥了红色资源的重要教育功能和价值。日喀则市教育局组织离退休干部、“感动日喀则人物”和劳模到中小学开展新旧对比教育巡讲，讲述亲身经历的历史，深化“老西藏精神”宣传教育。江孜教育局依托“英雄城”的丰厚历史和宗山、帕拉庄园等爱国主义教育基地开展实践主题教育活动，有效利用了地方红色资源，提升了教育实效。在有效利用红色资源遗迹遗址的基础上，江孜教育局把红色资源转化为教学资源。在上海援藏江孜小组的帮助下编纂了《美丽江孜》德育读本，以党领导下江孜的发展变迁为主线，融合红色资源、风土地理，有效提升了红色资源的育人实效。

西藏教育关工委工作中红色资源总体应用的频次、效率和效果还远远不足，红色资源的育人功能还没有充分释放。一是西藏教育关工委到红色资源的遗址遗迹、纪念馆、展馆等开展工作较少，受交通、安全、经费的制约，校外活动较少，影响了红色资源的使用效率。二是传播红色文化、西藏新旧对比教育的展馆缺乏适宜青少年、儿童学习教育的针对性，小学生对展馆内容理解较为困难，参观后没有太多的印象和记忆。三是西藏教育关工委对红色资源的开发缺乏深入的参与，没有结合青少年和儿童的学习、认知特征参与到红色资源的开发中，没有有效地把红色资源有效整合到关心下一代工作中。四是关心下一代工作在培育和践行社会主义核心价值观、传承和弘扬“老西藏精神”和“两路精神”的过程中，还存在简单宣讲教育、机械记忆等问题，没有从青少年、儿童学习特点和思维习惯上，对红色资源进行再次“加工”和“重组”，教育形式上还需要丰富和创新。

二、西藏教育关工委工作品牌建设的不足

由于对关工委工作品牌建设缺乏创建性，在一定程度上影响西藏教育关工委工作的整体推进。特别是红色资源的有效运用不足，影响了关心下一代工作特色和亮点的塑造，难以“精准”满足青少年儿童的成长需求。

（一）有效资源不足，关工委工作品牌建设难度大

从资源观视角分析，西藏教育关工委工作中面临有效资源不足的主要问题。虽然西藏各级教育部门和学校能够按照上级关工委工作要求积极推动工作，但缺乏以关工委“主体”来开展工作，多是从行政主体、德育工作视角开展工作。很多学校关工委没有独立的预算，没有相应的资金保障，直接制约了关工委工作的有效开展，关工委工作不得不整合到德育工作中去。学校关工委领导小组和办公室缺少对“五老”人员这一重要资源群体的有效调动，与社区、村居及社会机构（公益性组织等）联系不紧密，各自开展活动，无法整合社会资源有效推进工作。西藏教育关工委在资金、人员、项目、规划等方面资源相对匮乏，资源运用能力较弱，没有运用品牌去凝聚和吸引社会资源，难以有效开展品牌建设工作。

（二）缺乏对社会资源的协调，没有形成合力

在西藏经济社会快速发展过程中，围绕青少年、儿童成长的各类活动日益丰富。如：青少年兴趣爱好、比赛等系列活动越来越规范，覆盖范围

逐渐扩大，影响力和吸引力也逐渐增强。社会机构和私人举办的各类教育辅导班、兴趣班、特长培训班等不断涌现，在一定程度上满足了青少年成长的需求。正是缺乏对社会资源的协调及整合的力度和能力，西藏教育关工委工作中始终没有形成相应的工作品牌，关工委工作缺乏特色和亮点，在开展工作时也没有抓手和着力点，出现了工作“弱化”现象。西藏教育关工委工作亟待以工作品牌来吸引资源，不仅仅是整合和协调西藏本土的资源，更要以广阔的视角从全国范围吸引资源。可以通过国家关工委、公益组织、大型企业以及对口支援省市，形成大联动的模式，助力西藏教育关工委工作开展。也可以引入成熟的、知名度高的其他省市和学校的关工委工作品牌，以合作、援助、共同发展等形式植入“品牌”，实现资源聚集、整合与共享，形成多方合力，有力推动西藏教育关工委工作。

（三）红色资源应用不足，品牌建设乏力

西藏教育关工委工作没有有效延伸到纪念馆、展览馆中，没有与爱国主义教育基地形成长期合作机制，在育人上合力不足。很多中小学生多是和父母及同学自发地到西藏博物馆、西藏军区军史馆、驻藏大臣衙门等参观，学校组织的很少。由于缺乏对红色资源传承和弘扬的活动载体，对“老西藏精神”“两路精神”的学习教育缺少具体生动的案例，缺乏围绕某一主题开展系列性、长期性、相对固定化的活动，无法把活动上升为品牌。同时，在充分利用“五老”人员开展新旧西藏对比方面缺乏模式化和长效化，邀请“五老”人员开展的德育辅导班、专题讲座、谈心成长活动，没有以鲜活多样的形式“固化”下来。由于红色资源的应用不充分，既造成有效资源“不足”，又难以培育特色品牌。

三、西藏教育关工委红色工作品牌创建

关工委工作品牌建设应以习近平新时代中国特色社会主义思想为指导，深入贯彻落实党的十九大精神、习近平总书记关于教育的重要论述和中央第七次西藏工作座谈会精神，特别是习近平总书记在全国教育大会上的重要讲话精神、习近平总书记致西藏民族大学建校60周年贺信精神和给在首钢医院实习的西藏大学医学院学生的回信精神，弘扬红色文化、传承红色基因，建设红色工作品牌，落实好立德树人根本任务。

（一）以主旋律规划品牌

西藏教育关工委工作品牌创建，要把红色文化融入青少年日常生活学习中，达到更好的教育效果。将青少年思想政治教育活动的内容和形式，与西藏特色相结合，更符合青少年的心理特征，从而增强思想政治教育的吸引力。将思想政治教育内容用民族地区青少年喜闻乐见的形式进行阐释，融入实践活动之中，实现教育内容的“本土化”。

一是社会主义核心价值观教育。将社会主义核心价值观教育贯穿于关工委育人工作全过程，通过专题宣讲、道德模范进校园等实践活动的方式，加强青少年中华民族优秀文化特别是红色文化和社会主义先进文化的教育，加强国家意识、中华民族意识、法制意识、社会责任意识教育，引导青少年从小践行社会主义核心价值观的行为与习惯自觉。

二是“老西藏精神”“两路精神”教育。加强党史、新中国史、改革开放史、社会主义发展史教育，深入开展西藏地方和祖国关系史教育，深化西藏和平解放历史、民主改革历史、社会主义现代化建设历史的教育，引导青少年深入学习党治理西藏的光辉历史，深刻认识到是谁救了西藏，是谁发展了西藏，是谁真正关心关怀西藏各族人民群众的疾苦。

三是新旧西藏对比教育。引导青少年深刻了解旧西藏的黑暗、反动和

落后，认识到党带领西藏人民进行民主改革、建设社会主义新西藏的伟大成就。特别是深刻揭批十四世达赖集团祸藏乱教的反动本质，切实做到明辨大是大非、立场特别清醒、维护民族团结行动特别坚定、热爱各族师生特别真挚，铸牢中华民族共同体意识。

四是民族团结教育。民族团结教育是增强各民族青少年“五个认同”、铸牢中华民族共同体意识的核心。通过深入开展藏汉民族一家亲、藏汉民族共同抗击外来侵略史、西藏百万农奴翻身解放史教育，积极引导青少年学生牢固树立“三个离不开”思想，切实增进对伟大祖国、对中华民族、对中华文化、对中国共产党、对中国特色社会主义的认同。以红色资源为依托，深入宣传党的民族政策、宗教政策和民族区域自治法，促进各民族师生交往交流交融，唱响民族团结进步主旋律。

（二）以平台建设经营品牌

平台建设是基于红色资源开展关工委工作品牌建设的重要载体和依托，是一整套品牌建设的支持体系，是一项极为重要的基础性工作。西藏教育关工委要发挥主体主导作用，引领和协同社会机构、学校、家庭等建设好青少年成长平台。

一是德育专家工作室平台建设。习近平总书记指出，广大老干部、老战士、老专家、老教师、老模范等离退休老同志是党和人民的宝贵财富，要尊重“五老”、爱护“五老”、学习“五老”、重视发挥“五老”作用，推动关心下一代事业更好发展。要以德育专家工作室为依托，综合运用网络多媒体等现代科技，进一步创新服务青少年的手段，广泛宣传“五老”人员事迹，构建“五老”人员事迹库，将“五老”这个宝贵的关心下一代工作资源，转化为形象化、具体化的德育资源。同时，以德育工作室为平台，把“五老”转化为德育专家，把“五老”事迹资源化，构建科学的资源开发与建设机制。

二是社会机构平台建设。要依靠党委政府的重视和支持，充分发挥关工委联系青少年的桥梁和纽带作用，发挥出关心下一代工作的坚强堡垒作用。特别是对关心下一代工作谋划、品牌建设与平台建设等方面，搭建党政部门支持关心下一代工作的平台。同时，要充分争取国有企业、民营企业、企业家等社会力量的支持，以激发企业社会责任、关心祖国未来为主旨，共同搭建赞助活动、资助困难家庭、关爱留守儿童等服务青少年成长的工作平台，凝聚起关心下一代工作的广泛合力。

三是学校青少年成长平台建设。其一是理论学习平台建设，建强校内业余团校、业余党校平台，加强青少年马克思主义理论学习。其二是多媒体资源库等线上教育平台建设，将青少年健康成长教育资源转化为网络多媒体资源，为青少年学习、成长提供多种载体形式的学习资源。其三是实践活动平台建设，进一步深化民族团结教育、新旧西藏对比教育、反分裂教育、“三联三进一交友”活动等，充分发挥主题教育在关心下一代工作中的作用，把实践教育引向深入。

（三）以校园文化建设凝练品牌

红色文化进校园要依托西藏红色资源，根据每个学校的不同情况，走出一套契合学校教育教学实际、符合学生学习特点的红色教育之路，为红色基因代代相传奠定基础。

一是要发挥课堂在青少年教育中的主阵地作用，推动红色文化进课堂。深入推动“大思政”建设，充分发掘每门课程中的思政教育资源，将西藏红色教育资源的教育融入课程之中，以“滴灌”的形式，用红色精神感染学生心灵。充分发掘西藏红色资源的教育价值，结合西藏红色资源具体内容，建立以选修课为主、以必修课为辅的符合西藏青少年特点的红色文化课程体系，寓思想性、教育性、趣味性于一体，引导青少年学习和弘扬红色文化。

二是要加强红色文化理论研究。在关工委品牌基地建设和优势品牌活动建设的基础上，深入开展理论研讨和实践探索。依托基地建设深入开展理论研究，把基地建设成为教育教学创新、学术研究创新、人才培养创新的平台，积极申报各类课题、撰写理论文章，进一步发掘红色资源的育人功能。同时，整合多方力量，撰写红色文化教育方面的普及读物，扩大红色文化的覆盖面。

三是要开展系列主题实践活动。围绕西藏红色资源开发主线，以宣讲红色故事、追寻红色足迹、观看红色教育影片、传唱红色歌曲、诵读红色书籍、缅怀革命先烈、拍摄红色短视频、编写红色剧本、表演红色剧目等形式创新实践活动。将红色文化剪辑成一个个故事、歌曲、舞蹈、视频等，以青少年学生喜闻乐见的形式将红色文化展现给他们，在实践活动中开展红色文化宣传教育，推动红色文化入脑入心，提高青少年弘扬红色文化的自觉性。

四是要注重运用网络平台开展红色文化进校园。西藏教育关工委要积极推动红色网络文化建设，结合学校自身特点和优势，借力西藏丰富的红色文化，使思想政治教育更贴近青少年生活实际。红色文化网站应以展示、宣传和学习西藏特色红色文化为主题，特别是要注重形式的多样性，增加互动，及时更新，增强网站的吸引力。

四、新时代西藏教育关工委工作创新

红色工作品牌的建设是推动西藏教育关工委工作发展的重要渠道，能够弥补有效资源的不足，提升工作质量。在红色品牌建设的基础上，西藏教育关工委还要立足新时代关心下一代工作的发展趋势，以品牌建设为主导调动多方资源，推动关心下一代工作创新发展。

（一）以信息化促进关工委工作高质量发展

西藏教育关工委工作网站和工作平台的建设相对滞后，在网站建设的基础上要特别加强客户端的建设，解决信息化建设的最后“一公里”。一是通过网站建设积极宣传关心下一代工作的政策精神，提高关工委工作的知晓度，让全社会更深入了解关工委工作、关注和支持关工委工作。二是要通过网站和客户端积极宣传关工委工作和各项活动开展情况，特别是通过网络媒体的宣传来塑造关工委的工作品牌，扩大西藏教育关工委红色品牌的影响力，聚集起全社会力量来推动关心下一代工作。三是要加强关工委工作和品牌活动的客户端建设，让青少年和社会机构更便捷有效地参与到关工委工作和活动中，通过参与范围的扩大，让关工委工作有效覆盖到更多青少年，特别是在边境地区和高海拔地区的青少年，以信息化手段和媒介提高他们参与关工委活动的机会和实效，让关工委工作真正做到“全覆盖”，把关心和温暖送到每一个青少年心里。

西藏教育关工委在信息建设中，要突出红色内容建设，以红色内容丰富网络资源，扩大红色文化的辐射范围。特别是要围绕红色工作品牌的建设，把红色资源网络化、信息化，创新红色文化的传播路径，提升红色文化的宣传力度，让红色资源能够更高效地实现共享，丰富各级学校关工委工作内容，提高工作质量，为青少年成长提供丰富健康的网络学习资源，营造风清气正的网络环境，以红色网络空间保障青少年健康成长。①

（二）借力对口支援加快关心下一代事业发展

西藏教育关工委在自身财力、人员数量、工作实效短期内无法有效提高的情况下，可以积极借助对口支援省市单位的力量来弥补工作上的短板。如：拉萨师范高等专科学校利用江苏省智力援藏资金，与江苏南通师

① 张丽君．探析“互联网 +”时代拓宽高校关工委育人工作的途径和方法[J]．教育教学论坛，2018（51）：45-46.

专、泰州师专等开展专科生二年级师范专业学生一个月见习活动，借助江苏省优质教育资源实现了对自身短板的有效弥补。西藏教育关工委要充分借鉴高等教育援藏的成功经验和做法，通过对口支援渠道把优质教育资源引入工作中，补齐短板，推动工作高质量发展。

西藏关工委工作有较强的特殊性，有效资源相对缺乏，成为关工委工作中的较大难题。如：在西藏青少年、儿童疾病防控和治疗方面，仅仅依靠政府、医院、疾病防控部门和西藏关工委推动难度仍然较大。在国家关心下一代委员会、全国红十字会和公益性组织的推动下，在社会各界的关心下，以强大的合力推动了西藏青少年、儿童的疾病救治工作，保障了西藏青少年、儿童的健康成长。再如：北京市、安徽省等对口援藏省市免费对西藏先天性心脏病儿童进行救治，嫣然天使基金免费对兔唇儿童救治等，都为西藏关心下一代工作注入了新动力。

（三）共建共享，培育合格建设者和接班人

关心下一代工作是全社会的共同责任，西藏教育关工委工作要充分调动各方力量，发挥不同主体的作用，构成互补、形成合力，才能推动关心下一代工作的科学发展、健康发展。西藏教育关工委工作的创新发展，要紧紧围绕为西藏长治久安和高质量发展育人，要紧紧依托各主体的职能作用，协同创新、协同发展，才能推动西藏关心下一代事业的长足发展。①

一是与爱国主义教育基地共建，推动红色文化传播。西藏教育关工委与爱国主义教育基地的共建，不只是单纯的红色品牌的建设、红色内容活动的开展，而是要形成长效机制，把关心下一代工作融入爱国主义教育基地的工作中去，把爱国主义教育基地建设成为关心下一代工作的重要阵地。关工委与爱国主义教育基地的共建，不只是形式与工作上的共建，不

---

① 杨富．西藏高校思政课教学质量提升共同体构建研究 [J]. 西藏大学学报（社会科学版），2020（6）：206–209.

只是简单地实现资源共享，而是要把红色资源通过爱国主义教育基地转化为促进关工委工作的教育资源。协同发展、共建共享，共同落实好培育马克思主义信仰者、中国特色社会主义建设者和接班人的立德树人根本任务。

二是与科普基地共建，提高科学素养。西藏经济社会快速发展对科技人才的需要极为紧迫，新时代西藏各族人民的科学文化素养亟待提高，这是西藏发展的重要趋势。西藏教育关工委要立足西藏发展趋势，与科普基地共建，把科普基地建成关心下一代工作的重要基地，聘任科技专家、基地工作人员为关工委科普教育专家，充分发挥他们的专业知识和才能，为青少年成长服务。西藏地区科普基地数量较少、规模较小，但西藏教育关工委可以通过共建把科普基地建成关心下一代的教育基地，把科普基地人员引入校园，在校园建设科学家工作室，定期开展科普知识讲座、科普训练营等，为西藏的科学技术进步培养一代又一代的“小科学家”。

三是与社区和家庭共建，淡化宗教消极影响。通过共建形成教育合力，学校、家庭和社区共同抓好青少年的思想教育，从小科学认识宗教，树立科学的世界观、价值观和人生观。关工委通过与家庭工作共建和协同，充分发挥学校教育对家庭教育的引导作用，让家庭教育丰富和强化学校教育，形成对学校教育的有效补充，促进青少年健康成长。通过与社区工作共建，发挥社区的社会教育职能，社区与家庭有效协同开展关心下一代工作，构建网格化关心下一代工作模式，实现全社会育人。

西藏教育关工委工作创新，要立足新时代、新发展和新要求，要用足用好国家的倾斜性政策，要充分发挥对口支援的优势，实现与全国关心下一代工作均衡发展、协同发展。更要立足西藏稳定与发展的实际，充分发掘西藏红色资源，塑造红色品牌，传承和弘扬“老西藏精神”和“两路精神”，落实好立德树人根本任务。特别是要广泛开展关心下一代工作共建共享，发挥全社会、多主体的职能作用，形成最广泛的育人合力，培养德智体美劳全面发展的一代又一代的社会主义建设者和接班人。

（2020年5月）

课题组负责人：杨富；

课题组成员：蔡丽丽，米玛卓玛，徐颖怡，刘家书，李艳永。

深圳职业技术学院关工委课题组

高职院校创建关心下一代工作品牌的探索实践与发展路径研究（节选）

内容摘要

本文节选自教育部关工委理论研究中心同名研究课题的结题报告，这里省略了该报告前面第一、第二、第三部分的内容，仅节选了该结题报告第四部分“高职院校关心下一代工作的品牌建设”的研究成果。文章结合高职院校关心下一代工作的部分探索与实践，提出了实施品牌战略、加强品牌建设并完善长效机制的建议。

关键词

高职院校；关心下一代工作；品牌建设

关心下一代工作多年来发展的经验证明，在工作实践中以培育和打造工作品牌为着力点，深化品牌项目建设，通过抓品牌建设、树立品牌来带动推进关心下一代工作的开展，是很有成效的做法。创品牌、树品牌，已成为全国各地关心下一代工作的重点之一。

品牌的树立非朝夕之功可成，它凝聚着先进的理念、开拓的思路、持之以恒的努力和成功的工作方法，具有广泛影响力，是关心下一代工作的亮点。通过推进关心下一代工作特色品牌的创建，的确能助推高职院校关心下一代工作整体的发展。鉴于此，需要对高职院校关心下一代工作的品牌建设进行深入研究。

一、品牌的定义及内涵

（一）“品牌”的定义和缘起

“品牌”是随着改革开放而引入的外来词，对应的英文是“Brand”。《新牛津英语词典》（上海外语教育出版社）将该词定义为“a type of product manufactured by a particular company under particular name”，意为“由特定的公司用特定的名称制造的特殊产品”，这便是“品牌”语义学意义上的内涵及其属性。

近些年“品牌”一词成了热词，国家在经济社会发展中倡导品牌建设氛围，通过培养国民品牌意识，增强品牌发展理念，促使“中国产品向中国品牌转变”。与此同时，常可看到类似“工会工作品牌”“党建工作品牌”……这样的表述，说明“品牌”这个词已被人们赋予了更宽泛的含义。

（二）关工委“工作品牌”的含义

借用“品牌”这一商业术语的内涵与外延，可将关心下一代工作“品牌”定义为“以助力青少年健康成长为目标，关工委工作主体与被关心对象交流互动的固化教育平台”。对高职院校来说，关心下一代工作的“品牌”指的就是“关工委主体利用‘五老’优势，发掘本校特点，发挥长处强项，聚拢关工资源所打造的关心关爱青年人、帮助其健康成长的完善的教育活动载体和高质量的工作平台”，它可以是某项特色活动，也可以是长期坚持的某项工作。

打造这样的工作品牌，旨在追求关心下一代工作效果的最大化，也使得助力青少年健康成长有了明显的着力点，而且有利于关心下一代工作的宣传和知名度提升。在关工委与被关心的青少年这对行为体之间打造起交流互动的固化教育平台，与临时性、一次性的关工委活动有了区别。

二、创建关工品牌的意义和重要性

做关心下一代工作像从事其他工作一样，面临的工作事项常常千头万绪，如果根据自己单位的实际条件和特点，选择好工作突破口，凝聚力量做好一件或数件深受年轻人欢迎的关心下一代工作项目，效果会比“眉毛胡子一把抓”开展工作要好很多。如果坚持下去，不断探索完善，就会逐渐形成关心下一代工作（以下简称“关工”）品牌。工作品牌有利于关工委工作形成长效机制，有利于凝聚、激励广大“五老”的智慧和力量，提升关工委组织的社会影响力。

（一）创建品牌有利于发挥学校独特优势

每所学校都有自己的独特之处，创建关心下一代工作品牌，要从学校自身实际出发，因地制宜。创建关心下一代工作品牌就是要扬长避短，使本校所具备的独特优势得到利用和发挥，通过创建品牌，使这种原本就有的优势产生放大效应，释放其潜力为关工所用。

（二）创建品牌有利于聚拢优质关工资源

关工倡导创新，各个学校应探索最有利于开展工作的侧重点，或是某工作项目，或是某种特色活动。一旦确定下来，就可以调动力量、聚集资源，往创建工作品牌的路上走，长期坚持下去，可以拉动能为关工所用的优质资源向创建品牌聚拢，有利于提升学校育人质量和关工水平。

（三）创建品牌有利于完善工作平台

关心下一代工作可做的事很多，随着不同工作平台的搭建，老同志们关心青年学生开展工作就有了舞台和着力点。有的平台发展得好，就会成为关工委的工作品牌。在品牌建设的拉动下，各工作平台建设亦会臻于完善和成熟，在关工不同方面发挥积极作用。

（四）创建品牌有利于提升关工委影响力

各级领导对关工委工作的重视与其在学校师生心目中的实际地位有时候会有反差，关键就要看关工实际表现和工作成效。关心下一代工作只有展示自身的杰出表现和实实在在的工作成效，才能赢得尊重和青睐。所谓品牌，不是自封的，而是需要靠业绩得到普遍认可。当关工委在工作实践中经过不断努力，创出了公认的工作品牌，那一定会提升关工知名度和它在人们心目中的地位，扩大影响力。

三、关心下一代工作品牌述要

教育系统各级关工委在多年工作实践中创建了一系列各具特色的工作品牌。2013年4月至10月，教育部关工委组织开展了高校关工委工作品牌评选活动，确定了12个候选品牌，后经网上公开投票，教育部关工委常务主任办公会议研究之后，确定了高校关工委工作十大品牌。

(一)高校关工委工作十大品牌简介

特邀党建组织员：由政治素质高、经验丰富的离退休老党员担任，主要是协助党组织做好学生党员培养、发展和考察工作；审查《入党志愿书》等有关材料，与入党申请人和发展对象进行谈话；指导学生支部建设工作等。

“五老”报告团：由老干部、老战士、老专家、老教师、老模范组成，主要任务是以立德树人为根本任务，以社会主义核心价值体系教育为重点，结合个人阅历和体会，在青年人中间进行宣讲、弘扬主旋律，引导其树立正确的世界观、人生观和价值观。

主题教育活动：是各高校根据时事需要和学生成长特点，有针对性地确定主题教育内容，由学校关工委组织老同志协助学校党政部门，引导广大学生开展的特色教育活动。

青蓝工程：就是聘请师德高尚、业务精湛的离退休老教师参与青年教师培养工作，在师德建设、教学态度、语言表述、教学方法、辅导员开展工作等方面对青年教师进行“传帮带”。

校园文化传承：就是组织离退休老同志讲述学校办学特色、发展过程，解读学校精神，讲述为推动学校发展作出突出贡献的历史人物、杰出校友的故事，讲述学校在促进社会发展、民族振兴中的故事，弘扬爱国爱校精神，激发学生成长成才的动力。

社团指导：就是组织学有专长的离退休老同志，深入学生中间，参与学生社团的指导活动，加强与社团骨干的沟通交流，了解社团活动中存在的问题，及时向学校有关部门提出改进工作的建议。

大学生涯导航：是由高校关工委配合学校有关部门，以老同志为主体，对大学生在校期间的学习、生活实施全程引导和跟踪教育的一种工作机制。

老少共话：就是关工委老同志配合学校有关部门，在加强大学生党建工作、思想政治教育等方面，围绕一些热点话题，通过书信、面谈、电话、座谈等形式来教育、启发、引导大学生明白做人道理、明确人生目标、坚定理想信念。

帮困助学：是高校关工委组织实施的以老同志为主体，对在心理、学习、生活、感情、就业、健康等方面有困难的学生开展的关爱活动。

专题调研：即发挥老同志优势，开展专项调查研究，写出有情况、有分析、有建议的调研报告，为学校党政领导当好参谋，建言献策。

（二）高职院校关工委工作品牌建设

各地高职院校在创建关心下一代工作品牌方面做了不少工作，也形成了各具特色的一些工作品牌，大都与“高校关工委工作十大品牌”一致或类似。下面以北京农业职业学院和深圳职业技术学院这两所高职院校为例，“解剖麻雀”，了解一下高职院校关工委工作品牌建设的情况。深职院和北京农职院作为教育部关工委高职院校联系点，在创建关心下一代工作品牌方面进行了积极探索、实践，也形成了一些比较成熟、独具特色的工作品牌，以创建品牌带动了关心下一代工作深入开展，通过有意识地实施品牌战略，探索出了新的工作发展路径。

1. 北京农业职业学院关工委主要工作品牌

北京农职院关工委在长期工作中已形成了一些得到师生认可的工作品牌。

（1）关心下一代大讲堂：关工委老同志借助这个平台给学生讲党史、讲雷锋精神、讲励志、讲诚信、讲长征，引用大量生动事例和数据来阐述，很有说服力，让学生了解中国革命的艰苦历程，感悟中国共产党几十年奋斗的苦难与辉煌，激励学生努力学习、增长才干，将来更好地为人民服务。

（2）红色影院：2012年创建的这一关心下一代红色影院品牌，已放映革命战争题材和时代主旋律影片400多部，受众学生达8万多人次。同时播放纪录片或举办报告会、讲座和座谈会等，让学生带着问题去看、听、思考，观看后随机抽取学生解答问题或谈感受，要求学生写观后感。

（3）学国学、知国粹："学国学、知国粹"是文化传承这个平台上形成的品牌，主要形式包括举办国学常识、国学经典介绍等系列宣传专栏，配以各种丰富多彩的文化活动。

（4）"忘年交"乒乓球友谊赛："忘年交"师生乒乓球友谊赛始自2007年，每年举办一次。关工委代表队都是60岁以上的老人，与学生队老少对决，推动了群众性体育活动的开展。北京市乒乓球协会已命名学院为北京市乒乓球训练基地。

（5）"老少共话"："老少共话"活动是北京农职院坚持得比较好的品牌，形式多样，机动灵活，根据需要可以选择不同的主题随时展开，效果非常好。

2. 深圳职业技术学院关工委主要工作品牌

深职院关工委认为，关工品牌产生于持之以恒的常态化实践与探索。近年来深职院关工委将关心下一代工作向几个重点方面聚拢，有意识地创建关工品牌，从内容形式到工作方法上找到一条最适合自己的关工开展途径，逐渐形成了独有的特色。

（1）创办校园文学刊物以文"化"人：深职院现有各类在校生近2.8万人，校领导一直希望办一份校园文学刊物，因种种困难一直未能实现。关工委了解到这一情况后，从2015年年底开始筹划，经过半年努力，创办并主编了校园文学刊物《官龙山》，面向全校学生征稿，请退休老同志来协助编辑审稿，每学期出一期，以半年刊的形式编印发行。每期都邀请本校年轻教师撰写"特稿"。刊物版面设计和作品质量得到了全校师生的一片赞扬。《官龙山》现已获得了政府新闻出版局颁发的准印证。

在整个从征稿、编辑到成册、发行的过程中，关工委和参与编辑的老同志始终做到以文“化”人，为导引同学们追求真、善、美，形成和确立正确的价值观提供了一个新渠道，为弘扬社会主义核心价值观、传播正能量、营造健康向上的校园氛围做了实事。

（2）青蓝工程：深职院关工委把关心下一代工作融入传统的督导工作中，致力于重点培育青年教师的职业道德与教书育人风范，实施“青蓝工程”多年，使一批批年轻教师从中受益。通过把培育社会主义核心价值观注入授课效果测评中，帮扶和培养青年教师成长，促进其全面发展。中国教育电视台受教育部关工委委托，曾于2015年7月专程来深职院对“青蓝工程”实施成效进行了采访报道。2016年年初关工委提出“把‘青蓝工程’品牌擦得更亮”的目标，扩大了指导的青年教师人数，制订了详尽的“培优”和“帮扶”计划并予以实施。

（3）书画育人：深职院关工委直接指导院书画协会，该协会是学校200多个学生社团中仅有的5个“五星级社团”中的一个。这些年来，校书画协会吸引、聚拢了数千名同学加入书画爱好者队伍中来，校关工委与书画协会同学联系紧密，互动密切，关工委主任则身体力行推进书画育人，定期为同学们作书法讲座，场场爆满，通过各种方式和场合循循善诱指导校书画协会同学提升书画水平。在关工委指导下，书画协会每年都要举办2次以上大型书画作品展览，展出获奖作品和入选作品，现已举办了8届，事后均印制精美的作品集。关工委还指导书画协会每年开展“写春联送春联”活动，并定期举办各种书画交流活动或笔会，切磋琢磨，开展丰富多彩的活动，弘扬优秀传统文化。关工委还成立了“书画俱乐部”，推进建设了专用“书画教室”，为书画爱好者接受中华传统文化熏陶和开展活动提供了良好条件。

（4）“点‘菜单’”育人机制：关工委给退休人员发放登记表，让其填写自报准备参与关工委哪些工作，征集收集老同志个人所长和做事意愿，在此基础上遴选出一批党课、讲座或关工事项的题目，以“菜单”形式在学校网站上予以公布，同时发至各二级学院书记邮箱和各二级关工委。各学院在开展学生工作时，根据需要，有针对性地从关工委提供的“菜单”中挑选最适合的讲题或项目，点“菜”下单，安排退休“五老”前往授课、举办讲座或参加活动。

四、对高职院校关工委加强工作品牌建设的建议

上述两所院校关工委经过多年的实践探索，初步形成了具有自身特点的工作品牌，使得各自学校的关心下一代工作有了活力和动力，并取得了可喜的业绩。实施品牌战略，以建立品牌来促进关工发展现已成为共识，也是关工委工作的指导方针之一，各地、各学校关工委都给予了高度重视，有必要在此深入探讨创建关心下一代工作品牌的工作路径和应注意的事项。

（一）关工委常态化工作是品牌建设的基础

高职院校关工委开展工作的情况各校之间参差不齐，有的院校还相当薄弱。在常态化工作都不能很好开展的情况下，很难创建工作品牌。因此抓好关工委常态化工作仍是当务之急，只有实现关工委工作常态化，才能充分发挥关工委职能，通过抓品牌建设促进关心下一代事业更好发展。关键是要努力选好“一号老人”，让组织能力强、理论水平高、有热情和威望、身体健康的低龄老同志来做关工委主要负责人，组建好关工基本队伍，以推进关工委常态化工作开展，这对关工品牌建设是非常重要的。最适合自身特点的工作品牌往往不是刻意打造或预先设计的，而是在本校育人环境中，随着关心关爱活动深入开展自然产生、逐渐形成的。有了扎扎实实的

常态化工作，关工品牌的树立就有了坚实基础，关心下一代工作品牌则是一个由量变到质变的发展与形成过程，这个过程中常有“柳暗花明”的感觉，甚至有“踏破铁鞋无觅处，得来全不费功夫”的愉悦感。深职院关工委和北京农职院关工委的工作品牌都是产生于常态化工作实践中，都是在实际工作中逐渐形成的深受学生青睐的工作平台。如果为品牌而品牌，无异于缘木求鱼。

以深圳职业技术学院为例，校关工委用七年时间，打造了关心下一代工作的10个工作平台，包括入学教育平台、党建工作平台、社团活动平台、技能竞赛平台、社会实践平台、心理辅导平台、人文讲座平台、毕业教育平台、网络信息平台和教学督导（“青蓝工程”）平台等。这些工作平台为老同志与同学们之间的联系交流、彼此沟通提供了条件，关心下一代工作得以顺利开展，有了这些常态化工作的积淀，工作品牌的形成才有了基础，水到渠成。例如，假设没有在社团活动平台指导学生书画协会的长期工作积累，“书画育人”工作品牌的创建就无从谈起。

（二）从实际出发是品牌建设的基本准则

工作品牌的创建必须从本校实际出发，而不能从想象出发。要在调查研究的基础上，把关工委过去的工作经验、典型案例加以梳理、总结，弄清楚学生的需求和意愿，了解上级文件精神和校党委的意图，认清关工委自身所具有的人力条件、能力和所长，发现现有工作平台的发展潜力，经过分析论证，然后才能确定创建什么样的工作品牌，把着力点选在什么地方。简单说，创建关工品牌就是要实事求是、扬长避短，想方设法使所建的品牌能够贴近学生需求，贴近学生实际，贴近校园生活，能让同学们受教益、得实惠，体会到关心关爱的温暖。

以北京农业职业学院关工委的工作品牌“‘忘年交’乒乓球友谊赛”为例，正是由于该院开展大学生乒乓球体育运动有广泛的群众基础，且退休老同志中乒乓球爱好者不少，技艺高超，才催生了这个品牌的建立。老少选手连续10年同场竞技、乐此不疲，师生情谊借助球场越来越深，证明了这个从该院实际出发建立的品牌是多么受欢迎、多么有生命力。

再以深圳职业技术学院关工委的工作品牌“书画育人”为例。首先，教育部一直强调中华优秀传统文化进校园，该院也把“文化育人”作为基本办学理念之一。其次，该院学生中书画爱好者众多，深职院是教育部考试中心主办的“中国书画等级考试”在深圳市唯一的考点，九年来每年都有三四百名达到相当水准的学生前来应考，推广普及书画艺术具有群众基础。再次，该院关工委主任是书画爱好者（现任和前任主任都是）。最后，该院艺术设计学院、数字创意与动画学院等学院有一批高水平的专业老师，热衷于研习书画艺术。基于以上实际情况，深职院关工委把书画育人作为重要的工作着力点，成效逐渐彰显，形成了得到全校师生认可、受到党委肯定的工作品牌，影响越来越大。

综上所述，建设关心下一代工作品牌时的确得依据自身的基本条件、能力范围、实力状况和政策方向等来进行考虑，从实际出发，避免因超出自身条件和能力而不能实现预期效果和目标的情况发生，少走弯路。

（三）注重创新是品牌建设生机与活力的保证

2013年10月教育部关工委颁布的高校关工委工作十大品牌是受到普遍欢迎、有影响力的工作“大”平台，已成为高校关工委的名片，它为各地高校关工委提供了品牌建设的工作菜单和标杆。在这些品牌之下，各校关工委根据本校实际，总能找到能够发挥自身优势的活动“小”平台。在创新理念的指导之下，其实高职院校关工委工作的平台是非常丰富的，各个二级学院（或系、部）都有自己的学生工作创新点，比如在十大品牌中的“主题教育活动”“校园文化传承”等品牌之下，就会生发出许多富有创意且各具特色的活动，这些活动如果开展得好，坚持下去就会成为新的工作平台。有些关心下一代工作开展得好的高校，关工委为老同志搭建的活动平台多达二三十个，愿意参与关工的退休老同志都可以找到发挥自身优势的活动平台。经过时间的沉淀和实践的磨砺，新的工作品牌就会从中形成。在已颁布的高校关工委工作十大品牌之外，一定还会有适应高等教育新发展的关工新品牌产生出来，各地高校党委在抓关心下一代工作时，要鼓励关工委勇于创新，适应新形势，推出更多受学生欢迎的关工品牌。

创新不是用来喊的口号，而是指引关心下一代工作作出新业绩的指南。举例来讲，当前如何运用新媒体开展关心下一代工作就是对关工委提出的一项新课题。2016年12月习近平总书记在全国高校思想政治工作会议上指出："要运用新媒体新技术使工作活起来，推动思想政治工作传统优势同信息技术高度融合，增强时代感和吸引力。"这个重要指示指引我们从事关心下一代工作的同志必须以创新精神来迎接新媒体带来的新挑战。迎接新媒体的挑战开展关心下一代工作，其中有巨大的工作创新空间，什么时候我们高职院校关工委能以青年学生喜闻乐见的语言内容和沟通方式在微博、微信、博客、空间、日志等新媒体上发布信息并跟同学们交流，而且还能拥有众多粉丝拥趸，到那个时候我们关工委的工作水平就真正上了台阶。

值得一提的是，教育部《高等职业教育创新发展行动计划（2015—2018年）》提出了新形势下高职院校的发展方向，高职教育人才培养面临新的挑战。在这个新挑战面前，要求从事关工委工作的老同志也得拓展思路，积极开拓进取，以创新的精神开展工作，不断强化创新意识，避免因年龄偏大而墨守成规。关工委的品牌建设要适应学校的创新发展，适应"中国制造2025""互联网+""大众创业、万众创新""一带一路"倡议等重大国家规划对职业教育人才培养的要求。对已有的工作品牌要在总结、沉淀的基础上进一步探讨：还应该充实哪些内容？适应国家发展战略的人才应该具备什么样的禀赋？我们关工委在新型人才培养上应该发挥什么作用？怎样发挥作用？只有把关工委的品牌建设放在学校发展的大背景下，放在适应高职教育发展的大前提下，关工委的工作才能永远保持生机和活力。

只要秉持与时俱进、不断创新的理念，品牌建设就会有生生不息的活力。生活之树常青，实践之源不绝，无数白发老同志在关心下一代工作中勠力奉献，老同志的经验和执着加上群众中蕴含的无穷创造力，一定会创建出新的工作品牌。

（四）持之以恒是品牌建设取得成功的法宝

品牌建设绝非一时一事之功，其中包含着“五老”长时间的努力、持续不断的付出。在每一个品牌的背后都可以看到白发老同志忙碌的身影，听到他们深情的谆谆教诲。从当前被公认的关心下一代工作品牌来看，无一不是关工委老同志多年来悉心经营的产物，无一不是关心下一代工作长期实践的经验积累，凝聚着“五老”的心血，体现了关工委的工作质量和成就。

工作品牌的创建绝不能一蹴而就。创建关工委工作品牌，要围绕工作主旨，和学校人才培养中心工作结合起来谋划，也要和党建重点工作结合起来，在立德树人工作实践中发展、完善、提升，假如做不到长期坚持，就不可能在发掘内涵上下功夫，更不用说提高工作质量了。品牌建设又是一项系统工程，需要建立完善有效的机制来提供可靠的保障，短时间内是难以收效的。并不是某项工作做得久了，就会成为品牌，“工作品牌”是反映关工委工作水平和质量的标志，不是光看这件事做了多长时间，而是要看工作开展的质量如何。没有高质量，品牌就丧失了价值的基础，而质量的提升不是短时间的事，只有靠锲而不舍的努力来实现。

所以说关心下一代工作品牌建设要想取得成功，坚持不懈是必要条件。2014年国际知识产权创新管理高峰论坛期间，全球品牌战略专家麦肯锡指出："一个强大的品牌不是由创意打造的，而是由'持之以恒'打造的。"诚哉斯言！以深职院关工委实施的"青蓝工程"为例，在过去以"课堂教学评估"为目标的单纯技术性督导工作的基础上，引入了关心下一代工作的元素，把"是否具有教书育人的品格和人格魅力"纳入督导的范围内，将师德师风作为重要的观察和考核指标，纵观整个"青蓝工程"品牌创建的历程，走过的就是一条持之以恒的漫漫探索之路，其间经历了十多年的历练。这说明持之以恒的确是品牌建设取得成功的法宝，久久为功，驰而不息，必定会有成效。

（五）建设工作品牌推进关心下一代工作可持续发展

关工委以离退休老同志为主体，因为年龄、身体状况及家庭负担等诸多因素，从事关工委工作的老同志流动与更替比较快，工作队伍常呈现"流水席"状态。关工委工作只有中央领导的指示精神和上级文件要求作为工作依据，并没有统一的大纲或教科书，很难硬性规定老同志做什么、不做什么，也很难给老同志规定必须达到的工作量。

关工委工作为什么要创建品牌？一部分原因就是由关工委这个"群众性工作组织"的上述特殊性决定的。关工委工作创建出了品牌，并日益固化为完善的教育活动载体和高质量的工作平台，就非常有利于关工委工作的可持续发展，不会因人事的变更而影响关工委的工作。即使参加关心下一代工作的老同志因各种各样的原因不能再从事工作或者离开关工队伍，有关工委的工作品牌存在，其完善的教育活动载体和高质量的工作平台就仍能继续发挥作用，后续的老同志只需继承前面的同志所做的工作，"一茬接着一茬干"，就能使关心下一代工作"不断弦"，解决了关心下一代工作可持续发展的问题。从这个意义上讲，关工委建设品牌就是在建工作传承的平台，可以保证关心下一代工作薪火相传、生生不息。

随着关心下一代工作的不断深入和持续发展，会不断有新的品牌创建出来，品牌可以引领关心下一代工作，推动关心下一代工作，丰富关心下一代工作。它的创立不是工作的结束，而是工作的开始，品牌的生命力在于不断充实、发展与完善，品牌自身也会与时俱进，不断创新。

我们要继续深入研究和总结新形势下关心下一代工作的新特点、新规律，实施品牌战略，加强工作品牌建设，努力发现新品牌，精心培育新品牌，促进建品牌活动普及，不断提高关心下一代工作水平，为全面建成小康社会，实现“两个一百年”奋斗目标、实现中华民族伟大复兴的中国梦作出新的贡献！

（2017年6月）

课题组负责人：杨润辉；

课题组成员：管新平，周文济，刘兴东，罗楠舟。

后　记

近年来，教育系统关工委高度重视理论研究工作，不断加强对关工委工作规律性的理论研究，取得了一批高质量的研究成果。在教育部关工委成立30周年之际，编辑出版《教育系统关心下一代课题研究成果集萃》，总结教育系统关工委的理论研究成果，旨在探索新形势下做好关心下一代工作的新思路新举措。

本书收录自2016年以来各地各校撰写的30篇课题研究理论成果，涵盖思想政治教育、关工委体制机制创新、组织力建设、品牌活动建设等方面，理论联系实际，紧紧围绕立德树人的主线，总结提炼出教育关工委工作的规律、特点和经验，具有较强的理论性、实践性和前瞻性。

本书既是对教育系统关工委理论和实践工作的全面总结，更是谋划未来的工作基础。在编辑出版的过程中，得到了部分省级教育系统关工委和高校关工委相关负责同志的大力支持，他们为本书的编撰和修改付出了大量的时间和精力，北京大学关工委、北京大学出版社相关负责同志也提供了大力支持，在此一并表示感谢。

教育部关心下一代工作委员会

2021年8月